[MIRROR]
理想国译丛
031

想象另一种可能

理想国
imaginist

理想国译丛序

"如果没有翻译,"批评家乔治·斯坦纳(George Steiner)曾写道,"我们无异于住在彼此沉默、言语不通的省份。"而作家安东尼·伯吉斯(Anthony Burgess)回应说,"翻译不仅仅是言词之事,它让整个文化变得可以理解。"

这两句话或许比任何复杂的阐述都更清晰地定义了理想国译丛的初衷。

自从严复与林琴南缔造中国近代翻译传统以来,译介就被两种趋势支配。

它是开放的,中国必须向外部学习;它又有某种封闭性,被一种强烈的功利主义所影响。严复期望赫伯特·斯宾塞、孟德斯鸠的思想能帮助中国获得富强之道,林琴南则希望茶花女的故事能改变国人的情感世界。他人的思想与故事,必须以我们期待的视角来呈现。

在很大程度上,这套译丛仍延续着这个传统。此刻的中国与一个世纪前不同,但她仍面临诸多崭新的挑战。我们迫切需要他人的经验来帮助我们应对难题,保持思想的开放性是面对复杂与高速变化的时代的唯一方案。但更重要的是,我们希望保持一种非功利的兴趣:对世界的丰富性、复杂性本身充满兴趣,真诚地渴望理解他人的经验。

理想国译丛主编

梁文道　刘瑜　熊培云　许知远

[美] 伊娃·霍夫曼 著　胡洲贤 译

回访历史：
新东欧之旅

EVA HOFFMAN

EXIT INTO HISTORY:
A JOURNEY THROUGH
THE NEW EASTERN EUROPE

南京大学出版社

EXIT INTO HISTORY: A JOURNEY THROUGH THE NEW EASTERN EUROPE by EVA HOFFMAN
© Eva Hoffman 1993
This edition arranged with ROGERS, COLERIDGE & WHITE LTD (RCW)
through BIG APPLE AGENCY, LABUAN, MALAYSIA.
All rights reserved.

江苏省版权局著作权合同登记 图字：10-2018-287号

地图审图号：GS（2018）1789号

图书在版编目(CIP)数据

回访历史：新东欧之旅 /（美）伊娃·霍夫曼（Eva Hoffman）著；胡洲贤译.
—南京：南京大学出版社，2018.9
书名原文：Exit into History: A Journey Through the New Eastern Europe
ISBN 978-7-305-20677-1

Ⅰ.①回… Ⅱ.①伊…②胡… Ⅲ.①东欧－概况
Ⅳ.①K951

中国版本图书馆CIP数据核字(2018)第172713号

出版发行	南京大学出版社
社　　址	南京市汉口路22号　邮编：210093
发行热线	(025)83594756
网　　址	www.njupco.com

责任编辑　卢文婷
特邀编辑　刘广宇
装帧设计　陆智昌
内文制作　陈基胜

全国新华书店经销
山东临沂新华印刷物流集团有限责任公司
　临沂高新技术产业开发区新华路　邮政编码：276017

开本：965mm×635mm　1/16
印张：28　字数：372千字
2018年9月第1版　2018年9月第1次印刷
定价：88.00元

如发现印装质量问题，影响阅读，请与印刷厂联系调换

目 录

前　言 001

第一章　波兰（上）.................................. 009
第二章　波兰（下）.................................. 073
第三章　捷克（斯洛伐克）..................... 133
第四章　匈牙利.. 205
第五章　罗马尼亚...................................... 281
第六章　保加利亚...................................... 369

后　记 433

致　谢 437

前 言

　　就像一个人生命中所有重要抉择一样,引发这个决定的诱因冥冥中早已天定。当1989年东欧的革命开始如一串强烈拨弹的琴弦回响之时,我就知道这是我想要亲自见证的历史事件。

　　"东欧"之于我,是有着私人联结的强烈概念。我在波兰(Poland)出生,在那里上小学,并接受密集的政治及情绪的早期教育。尽管甫一成年就移民,但之后很长一段时间,波兰,或者延伸来说,东欧,一直是我心中那片理想大地。因为我爱过它,失去过它,也因为与它草草切割分离,因此无可回避地,它就如同一片牢牢攫住我想象力的大地,承载着童年的欢愉、柔情、活力与人性的温暖。

　　很大程度上,东欧实际上也始终陪伴在我左右。我在共产主义庇护下的波兰长大,那个系统在四十多年中为世界很大一部分区域提供了,也可说是强加了主导话语。这套既定的"体系"在几代人身上强加了一些不容动摇的限制,把整个社会分成相对极端的"我们"和"他们"。在各式各样的缓和与冷战、自由与钳制之间,这一重要划分的基本元素始终在那里。但在1989年的此刻,这一元叙事戛然而止;接下来会发生什么事情,大家都不怎么清楚,只知道东欧将会改变,且是彻底的改变,而我想在这件事情发生之前赶到那里去。这是我长途跋涉背后极端私人的渴望:我想要在"我的"东欧消失前看看它。但这一次,不带我童年的梦幻和偏见。我想要努力一下,至少试图了解它原来的风貌,从比较宏观、比较健全,也比较全面的视角来看。弗洛伊德(Freud)说所谓的幸福,就是童年希望的实现;那么有意义的知识,或许就是童年的好奇获得了满足。

但是在我的远征背后,还有个不那么隐私,但毫无疑问比较任性的冲动。我对那种使世界的眼光突然都集中到东欧的魅力无法无动于衷。很显然,随着1989年重要的事件一件件出现,历史正在那里发生——而我认为这是我见证历史的机会。我想要近距离地目睹它一天天地发生,了解这样一个重大的社会转变对特定人群的生活和心灵有何意义;换句话说,撇开我要去那里一趟的极端私人理由不提,我就是想要在历史发生的当下亲眼见证,捉住活生生的它。

不过想去看任何一个地方原来的模样,从来都是出了名的困难任务,或许东欧还是举世最困难之地。我们的精神构造似乎天生就渴望一个想象的"他者",不管是闪亮亮、精雕细琢和理想化的"他者",还是一个黑暗、野蛮和骇人的"他者"。东欧在这方面颇符合我们的需要。好几个世纪以来,它都在某种程度上与我们分割、隔离,而且——考虑到那微不足道的地理距离——对我们而言奇怪地陌生。几个世纪以来,它一直作为"他者"、"异国"的替身。当莎士比亚（Shakespeare）想要找个地名来表示非真实的梦幻之地时，便称其为伊利里亚（Illyria，对照实地，应位于当今的保加利亚〔Bulgaria〕和阿尔巴尼亚〔Albania〕)，或是波希米亚海岸（Seacoast of Bohemia，众所皆知地理上实际是不存在这个地方的）。而当他谈及某个属于我们政治关系外围的幽暗领土时，他选择在《哈姆雷特》（Hamlet）的最后粗略地提及波兰。

真正的东欧地区，其文明和西方世界一样轮廓鲜明而历史悠久。大摩拉维亚帝国（The Greater Moravian Empire），也就是现代捷克斯洛伐克（Czechoslovakia）*的前身，大约建于公元8世纪；第一个保加利亚王国在7世纪就达于巅峰；即使不算政治，波兰和匈牙利也皆可宣称自身的社会和文化有一千多年历史；而罗马尼亚人则声称是达契亚人（Dacian）†的后裔——太过难以征服的一个民族，以至于罗马最终胜利后一庆祝就庆祝了三十年。然而尽管文明存活了下来，并且保住其特性，欧洲这一区域的国界在过去十个世纪里却像在一位特别恣意放肆的玩家重新安排的棋盘迷局中，变化无常地漂移。波兰、匈牙利（Hungary）和波希米亚在17世纪之前都有过帝国扩张的阶段；但最近以来，东欧却成了东西方帝国争胜和扩张的竞技场。部分是因为其在贸易通道上的位置，部分是因为地理结构，即几个国家挤在一个相对小的区域里，于是欧洲这一部分的国家遂成为侵略、殖民、强权谈判、分割和干脆占领的永恒目标。

---

* 世人习于简称捷克的国家，其实有极其繁复的历史背景，第一次世界大战结束，奥匈帝国瓦解，素来关系较为密切的捷克与斯洛伐克于1918年10月28日合并为捷克斯洛伐克，即Czechoslovakia；直到1993年1月1日捷克与斯洛伐克才又解体成为两个独立国家。但因本书记录年度为1990—1991年，文中所提及的捷克，仍是两国各自独立前的捷克斯洛伐克共和国，只是为顾及阅读方便，此处说明之后，仍统一译为其简称"捷克"。——译注，下同。

† 达契亚人于公元前约1000年时开始居住在该地区，亦即现在的罗马尼亚民族，所以现在的罗马尼亚人被认为是达契亚人和罗马人混血产生的民族。

那也就难怪这一区域甚少获得长期的安定和经济增长，并且在西方世界的想象里，始终都是"另一个欧洲"，相对于我们所认为的那个货真价实的欧洲，发展得比较弱，比较不文明，也比较动荡，更充斥着冲突。即便到了现代，在东欧已经变得比较容易进入，也更为人所知时，人们还是倾向于要么视其为原始野蛮之地，要么视其为轻歌剧娱乐的发源。但是，在20世纪两次世界大战间的那些年，东西欧之间的一些隐形屏障开始倒塌：波兰和捷克斯洛伐克再度成为民族国家，出了几位有代表性的受人尊敬的政治人物；东欧孕育出来的文明成果作为现代主义的突出部分开始受到赏识；而那些地区的大城市似乎也成了可合理造访之地。

但是第二次世界大战的爆发和紧随其后的铁幕的降下，都让那段间歇中任何可能的渗透骤然缩减，使得东欧在接下来的四十几年间，隐没得比过去更暗不可见。东西之间的沟通和旅游皆大范围地停顿。讽刺的是，在实质距离变得益发微不足道的同时，文化和生活条件的裂缝却渐次加宽。第二次世界大战后，当西方开始沿着物质发展的道路加速前进时，东欧的经济却接近停滞，甚至倒退。而在西方世界不断经历各式各样的民主制度和多元主义时，东欧却苦于政治煽动和中央集权而陷于实质的停滞。

这几十年来，东欧再度成为测试西方世界希望、恐惧和误解的罗夏墨迹测验（Rorschach test）*。对某些人而言，它是理想有望的乌托邦宝库；对另一些人而言，它是英雄战区，挣扎对抗邪恶的反乌托邦社会；不过对绝大部分的人而言，我会大胆地揣测，"东欧"已经变成死气沉沉的单调领土，那里的人民被压在一个沉重的制度下，弯腰而行。

---

* 罗夏墨迹测验，叫人解释墨水点绘的图形以判断其性格的心理学测验。

在那里长大的我知道，实情至少不是后者。我知道在东欧，生活就像其他各处一样充满惊喜与多样化，不可能被简略或缩减成少数几个面向。

尽管如此，在踏上旅途之前，对于要看些什么，我还是做了些假定。我当然理解"东欧"这个概念在某种程度上是虚构的，而我旅行所要经过的那些国家有着独特的历史、传统和特性。然而我认为虚构至少是有用的，或许还存有某种程度的史实根据。这在第二次世界大战后尤其真实：那段历史大部分出于毫无选择，结果却不得不大家共同承担。苏联的占领时代创造了东欧，即便这样的实体过去并不存在。尽管我很清楚目前对于恢复中欧、中东欧和中南欧间的差异的争论，不只是口头上说说而已，但这对于我的写作目的来说并不重要。因着单纯和方便，大部分时候我都还是将其称为"东欧"，不过显然有时"中欧"似乎才是比较正确的用语；这同样也适用于"巴尔干半岛"这个概念。

我决定走访的五个国家：波兰、捷克、匈牙利、罗马尼亚和保加利亚，都可以合理地被说成古代东欧或者战后欧洲的一部分；同时它们也是在我到达之时已经发生"革命"的地方。我决定不去那些退出共产主义阵营之后走上不同寻常道路的地方，即南斯拉夫（Yugoslavia）和阿尔巴尼亚；我也把东德（民主德国）排除在我的行程之外，因为就历史上而言，即便在战后曾是"兄弟"联盟的一员，但它并非东欧的一部分。

不过尽管我认为将其称作"东欧"有充分的理由，但我也知道那其实是一个有其社会和民族多样性的区域。一致性是过去四十五年强加在东欧身上，并且被最近的事件迅速抹去的神话之一。如今东欧诸国再度呈现出多元化的族群、阶层和亚文化，其中许多都熬过了同一性的意识形态而保存下来，且认同——通常还有敌意——

依然未变。在探险之旅中，我试着公平对待这些分别和区隔。我既到外围的小村落，也到主要的大城市；既造访工厂，也去编辑办公室；聊天的对象既有农夫、工人和自曝身份的贵族，也接触了波兰的犹太人、匈牙利的吉卜赛人和保加利亚的土耳其人。

尽管并非原先就做好的计划，但从波罗的海（Baltic）到黑海（Black Sea）的行程我走了两次。1990年夏天走了一次，1991年夏天又走了一次。部分是因为我非得旧地重游不可，因为我觉得眼看两次才为实。除了一些特定的印象必须自己再度确认外，也要加深其他的印象，继续尚未完成的对话，充分感受特定地方的气息；但重返也让我得以瞥见一年后"改变"如何在每个国家发生。两段旅程我都平均分配进每一个章节中。

在从波罗的海到黑海的途中，我倾听人民日常生活的叙述。东欧人虽没有美膳雅（Cuisinart）料理机，可是他们有故事，他们的故事中嵌着历史，与重复扫荡这些小国家的骚动事件紧紧纠缠。在东欧，历史似乎经常更厚实、更紧凑，也更沉重；少有几人能够与之脱离，或者完全不受影响。这在过去几十年共产主义成为一种主导一切的主题时，或许尤其真实。这个主题以各式各样的形式，充斥于一切，渗透进所有，既是抽象的想法，也是具体的日常现象。无法逃离，也无法忽略在其庇护下所进行的大规模公共事件，或者这些事件对个人所产生的结果。这套体系非常全面系统，其成就之一就是几乎抹杀了个人和政治之间的区分，而这个结果也绝对会让人怀疑这种等同是否真的可取。

不管如何，这都意味着个人经历在东欧往往要比在其他支离破碎得更严重的社会更容易被理解，也更具代表性。显然个人生活和国家生活在性质上有着天壤之别，然而观察周遭的社会百态，特定模式的贯穿始终还是让我深感惊讶：讶异于特定种类的故事在每个国家重复发生的频率，以及它们反映每个国家的历史和处境的程度。国家、文化和社会毕竟是有机体，就某个程度而言，部分确实反映了整体。

如果说在东欧，故事比较接近历史，那它也就比较接近道德剧——这是体制的另一项成就，强迫人民经常要在相当大的压力下做出困难、冒险和**道德上的**选择。几乎每个人都曾经面对这样的抉择：他/她是要支持还是反对；在某一场会议中是要举手赞成让某人毁灭，还是袖手旁观以求自保；是要告发邻居，签下危险的请愿书，在一场反犹太人的战役中默立一旁，还是冒着遭到羁押的危险而抗议。

依我之见，人性在东欧似乎显得更加强烈，因为在这样的压力下，**塑型更强烈**，畸形也就更强烈。当然，在我碰到的人当中，有我比较喜欢或比较不喜欢的，有比较认同或者比较不认同的；但更常令我感到悸动的，是东欧人在面对改变时的恢复力、冲劲和清醒的自觉。他们苦苦努力以对的障碍是巨大的，人类精力和创造力中的未知因素几乎让一切都变得可能。

整个社会是如何一下子推翻所有制度安排的？人们如何适应或许自己曾深恶痛绝，但生活却又深深受其支配的世界观的解体？他们如何重置日常和长期的生活方式？在我旅行经过的国家里，改变几乎是大家共同的渴望，而除了罗马尼亚外，也几乎都是在全面非暴力的情况下完成的，鲜少遭到统治力量的反抗。随着历史改变的推演，这是最佳状况的剧本，是披着最柔软光滑外衣的革命。然而在那里发生的更深层的转化，其实是更戏剧化的，也经常是没有方向的。因此我所看到的变化后的场景，就是各种调性和情绪的混合、平静和热情的纷争,既乐观又谨慎;也是不同时代的怪异组合,有点像是新近挖掘和翻转出来的考古遗址,各年代地层的遗骨都在同一场混乱中被翻上表面。如今东欧饱受各式各样的过去的纠缠,记忆、失忆和刻意的删除也在其后紧追不舍。共产时代当然留有大量复杂的遗产,可是早于那个时代的种种也清晰可见。这个系统虚假的统一性一经突破,包纳着种种态度、敌意、习俗,甚至是政党的沉泥便从早前世代整个复活过来——这是"过去"从人为禁锢中挣脱出来后,所做的一种奇妙的重述。

如果说东欧的过去非常活跃,那未来则充满了不确定性。对于今天发生在东欧的实验,我们没有已有的词汇来称呼它,也没有先例可循。我们知道其历史的重要性;但一旦靠得更近一些,历史便会分解,粉碎成亿万的日常琐事。除了高潮的时刻外——有时即便高潮也是如此——我们相对于历史,依然是司汤达笔下滑铁卢战役中的法布里奇奥[*]。

在我旅行的时候,东欧虽然身处旋涡的最中心,但从中浮现的模式却还难以探明。而且,任何观察者的经验都会经过他/她自己的视角和偏好的筛选,而所有旅游者也都要仰赖偶然和机遇的垂怜。所以当一本书的主题和范围如这本书这样广泛时,提出的主张就一定要非常谦逊。接下来是对一段特定旅程的记述,也是一个人和一个地区在一个特殊历史交叉点的遇合——一连串的碰面、交谈、反思和印象,如同马赛克碎片一样,我仅希望从中能正确地浮现出更大的轮廓与图景。

---

[*] 法布里奇奥是司汤达所著《帕尔马修道院》的男主人公,误打误撞遇到拿破仑的军队,上了战场,开了枪,受了伤,但直到事后才意识到自己参加的是著名的滑铁卢战役。

第一章

波兰（上）

"意外，令人惊艳的意外，往往在别处发现。"司汤达曾在他的一篇乡间旅游札记中这样写。意外带来的刺激，正是我们旅行的目的。这回我所要旅行到的别处，曾经是我的家乡，但是当波兰航空班机下降至华沙（Warsaw）乳白的晨光中时，我心中仍情不自禁地涌现出一股期盼的雀跃。距离我上次来到波兰其实还不到两年，但是在我心目中，我的故乡已经变得陌生了。波兰在这期间经历了一桩接一桩戏剧化的大事，一再占据新闻大标题：**革命，共产主义的结束，一个世代的终结**。在我心目中，这些头条新闻已经重叠拓印在我个人成长的故国影像之上。波兰已经从我身边飞跃而去，这种远去不是距离上的，而是时间上的。不知怎么的，我总感觉它的改变将会超出我的想象。

不过当巴士带着我们从停机坪驶向机场时，我立即发现自己置身一种熟悉的氛围中。准备下车时，一个男人以挖苦的口吻炫耀道："波兰文化的花朵回到了波兰的土地！"每个人都报以会心的一笑。

这班飞机的旅客大部分或许都是过去十年里的劳工阶层移民——他们通常以政治为借口离开波兰，其实只是想前往所谓的机会之邦改善他们的命运。他们算不上是高尚的流亡型移民，这也正是这句犀利的自嘲所承认的。这是我所熟识的幽默，俨如当地性格的一个标记，看到它那么自然地融入新的环境，我感受到了一阵小小的熟悉的喜悦。

入关处的女士很努力地挤出一个笑容。不自然的笑容明显僵硬，她脸部的肌肉并不习惯这种表情，不过我还是对此表示感激。这种假装出来的礼貌至少比我在这里经常受到的怒目而视要好多了。这个狭小、设备原始，且只有单一航站楼的奥肯切（Okęcie）机场还保留着货真价实的搬运工人，他们来往穿梭忙碌的景象是我之前在波兰所未见的。那位搬运我行李的脚夫十分热爱这份工作，他不但朝我一鞠躬，抓着我的行李，兴冲冲地卖力工作，而且在帮我把行李放到人行道后，不待我从皮包掏出赏金，就两脚一并，又匆匆忙忙跑去招呼下一位顾客了。

但是当我和兹比谢克（Zbyszek）驱车穿过这座城市时，它的外观看起来什么也没改变。兹比谢克是我的一位电影导演朋友，特地前来机场接我。在这个5月的清晨，天气异常寒冷，细雨绵绵，灰意朦胧。兹比谢克正为牙疼所苦，牙疼虽然恼人，却再平常不过；华沙也同样再平常不过，毫无亮点。这里绝对反对标新立异，宁愿缩减而绝不逾越，宁愿低调而不求极致。我们行经宁静的小区，两旁是低矮的灰色石砖建筑，沿着维斯图拉河（Vistula）有一条被两排树夹着的人行步道，背着皮质书包的孩子们步行上学。

意识到自己对这宁静的场面有点失望，我立刻谴责自己的古怪反应。我到底在期盼什么？旗帜飞扬宣扬革命的胜利？还是不要这么灰暗，多点明亮？或者因为最近才扬名国际，所以空气污染应该要更严重一点？我猜就某种层面而言，我确实有这种心思，虽然不算太久前我才来过这里，这也正是新闻头条和选择性画面的威力，即新闻界的海森堡效应，我们当下的认知都已受到其强烈的影响。

为了保持客观，我问兹比谢克他对这里所发生的事有什么感觉。

"哦，我一直比较悲观，"他轻快地回答，"我觉得所有事情都在崩溃中。"

"崩溃得比以前还厉害吗？"

"厉不厉害并不重要。以前一切崩溃的时候我很高兴，因为崩溃的是'他们'；但现在，所有事情都离我更近了，虽然不至于说是我的事，但是我会同情那些无法适应的人。"

我知道对波兰人而言，失去悲观就等于丧失了荣誉，所以我进一步探询："到目前为止，这当中有没有产生什么好事？"

"呃，我最近在外地一个小镇待过，那里讨厌的嘴脸比较少了。你懂我的意思，他们最擅长的那种嘴脸。"

"我很好奇那些嘴脸发生了什么事。"

"哦，那些嘴脸是可以改变的。"兹比谢克坚定地说，"如果开始关心某些事，或停止酗酒，人的样貌就会不一样。那些嘴脸还是可以改造的，你晓得吧。"

我觉得人的面貌可以重新改造这个想法很神奇，不过言谈间我们已经来到我即将居住的地方了。由于一个海外朋友的慷慨邀请，我有了落脚之处，一间位于随处可见、俗称"蚂蚁窝"的建筑群中的公寓。这些建筑群俨如一团垂直叠放、毫无优雅可言的方块盒，突出于光秃秃的地面，没有草坪或树篱柔软地点缀其间，只以一扇扇密密麻麻排列的空洞的窗口冷眼瞅着这个世界。一片泥泞、未经整理的荒地在建筑后方延伸。停车场上有几个孩子在学习溜滑板；

水泥小径上，两个粗壮黝黑的男人不怎么清醒地搂肩而行，展现出醺然的同志友谊。

我从来没有过在"蚂蚁窝"停留或居住的经验，不过这里的公寓是我经常造访的一种类型：典型的波兰公寓。公寓面积很小，清一色的浅褐色装潢，而且就西方的眼光看来，建材极其轻薄脆弱。波兰——或者说东欧——的大部分生活就是在这种公寓中展开，而人们也不惜为之等待、贿赂与期盼。在我置身的这间公寓中，每处可使用的空间都摆满了书：包括波兰文学作品、学术性杂志、美国经典的翻译本等。兹比谢克以赞许的眼光来回审视。后来他的牙痛加剧，只见他痛苦地皱着脸，跟我道别，把我一个人扔在这个新环境中。我有点紧张地环顾四周，自然而然地接了杯水，然后就只是握在手中，没往嘴边送。有人曾经警告过我不要喝这里的自来水，否则不是中毒，就是拉肚子。幸好一位受托前来帮我熟悉的邻居及时来援，送我一瓶瓶装矿泉水当礼物——虽然在递给我的时候有点舍不得的样子。

我决定在附近走一走，熟悉居住环境，顺便寻找改变的迹象，却看不到什么明显的证据。由于华沙的大部分是在战后最贫瘠的几十年间建造的，因此建筑充斥着有意的社会主义集体意识的平庸风格。这里没有餐厅、海报或霓虹灯，没有任何迹象显示在这附近能一窥都市生活，或有个灯火通明的避风港，得以喝上一杯上好咖啡。这里有的只是宽阔的街道、沉闷的建筑和一片灰色。

我很了解这种灰色，以前甚至还喜爱过这种灰色。对于在这里长大的人来说，那是心情和天气的一部分，沁入骨髓，给人一种舒适的忧郁感。只是为何此刻却让人感到一股更甚于以往的凄凉？我想我是在用不同的天线接收它，此刻已经没有了体制的保护性过滤——这种体制赋予很多内容以正当性和解释，甚至包括这层层灰色。这种单调乏味确实可算是"他们"的所作所为,不单出于经济上的考虑,也是刻意采取的清教徒主义。他们不是傻瓜,深知美学和欲望的关联,比如他们禁止在招牌上使用明亮的色彩,因为这些色彩会唤醒梦想,让人梦想一个更加色彩缤纷的现实。

这里还没有竖起五颜六色的招牌,所以这个小区就是眼前的光景,光秃秃的不具任何特色。不过这里绝对发生过某种大事,因而即便是眼前这般单纯的景观,也能引发我这般不同的看法。

回到公寓后,我泡了杯咖啡,并试图打几通电话,却发现这完全是徒劳。三通中就有两通完全没有任何信号或连线,即使连上线了,也经常出现忙音,事实上是否真的占线也令人存疑。接着我突发奇想,想打电话给纽约的某个人,但在我坚持不懈的拨打后,长途接线员却告诉我打到纽约要四到六个钟头才能接通。

我放弃了跟外界联系的企图,爬上床钻入好几层毯子下。外面的细雨绵绵已经转为滂沱大雨,公寓内寒意刺骨。而这,这就是东欧,不是头条新闻,也不是历史。我怎么能让自己陷在这里好几个月?我伸手拿了一本书,想起何以图书在这里大为畅销。当然,在充斥着新闻扭曲与审查的黑暗年代,书本通常得以比新闻传递更多可靠的消息;同时,书本也是这一切的解毒剂,一个心灵的休憩之所,可以穿透四周摇晃的单薄墙壁,让我们不但可以暂时逃避至幻想之境,也可融入书本中所描绘的另一个世界和真实中。

历史往往过于夸张,沿着华沙街道而行的我一直在思考。到底是在哪里发生的?这里到底有没有发生过什么?不过当我接近市中心时,改变的迹象终于出现了。首先,在商店门面和旅馆入口处,竖立有若干不引人注目的招牌,标示外币交换的字样。我走入一家挂有招牌的简陋木屋,它另外还挂有蔬菜贩卖的招牌。店内,一箱箱胡萝卜和马铃薯的旁边摆着一块黑板，上面用粉笔写着各种外币的官方汇率。外币交换在以前是非法的，因此我总心虚地有回头观望的冲动。帮我兑换外币的人现在当然已经习惯这一切了，镇定如常地递换了一堆数目怪异、夸张，宛如回到昔日通货膨胀时代的货币。我的五十美元换得了近五十万元的兹罗提（zloty）[*]，让我刹那间觉得自己有如百万富翁，不过我也可以感到波兰货币的急剧贬值带给百姓的焦虑不安。

"不过货币现在已经稳定了，男人也可以真的拿点钱给他们的女人花花了，"当我就此问兑换外币给我的人时，他这么说，"只要他们别来找麻烦，我们自己一个人过也没问题了。"

"他们？他们是谁？"

"嗯，该怎么跟你说呢，非法组织吧！他们想要控制这个行业，还有枪。我是自己独立的；但他们是黑手党的，全都是。我敢讲他们有一半是以前的当权派，或民兵出身。否则这里谁会有枪？"

靠近市中心新世界大道（New World Street）的一些建筑低矮的街道上，充斥着临时聚集的摊贩，直接就在车顶或在人行道铺的报纸上，陈列贩卖些不起眼的杂物：一双厚裤袜、一件夏威夷裙、一瓶伏特加酒、一些香蕉和草莓等等。这是新经济秩序的萌芽，但整体而言，多么破旧又寒酸！那些拆除了闪亮包装的货品，有种"次级超现实主义"的忧郁色调，随意排列组合，却毫无诗意。

城市的核心部分，是灰尘飞扬、过于宽广的大道，单调无趣的建筑和拥挤的人行道，一群人心情愉悦地从一间阴暗的餐馆走出来。我走过共产党总部大楼，又是一幢乏味的建筑，企图透过冷硬的风格和阴暗的窗户传递威严的气质。有两个男人手提公文包站在建筑

---

[*] 兹罗提，波兰货币名称。

前面低声说话。我好奇里面正在发生什么。前面又是些卖水果和蔬菜的摊位，又是些神态疲惫的人细心地检查贩卖的胡萝卜和橙子。我知道我应该将这一切视为企业活力和冒险精神的象征，但是相反地，在快速浏览之后，我还是感到和昨天一样的失望。以往，在剥夺中仍有股虚饰的尊严，空无一物就像是荒诞至极的笑话，令人有种病态的喜悦，甚至邪恶的满足。但现在，正如沉闷阴郁的建筑一般，眼下这些就是全部一切，微不足道的改善只衬托出感伤的气氛。这就是波兰勇敢踏入新世纪的出发点，一切归零，满目疮痍。

我在一间毫不起眼的咖啡店跟我的朋友雷娜塔（Renata）碰面，点了一份三明治和沙拉。有位年长的女士已经研究了半天选择有限的菜单，当看见我点的东西时，她嘟囔了一句："就是有人口袋够深，能够填饱肚子。"

"你看到这里的情况了吧？"落座以后，雷娜塔开口道，"以前这里绝对不会发生这种事。在那种可悲的水平下，人们不会彼此忌妒。忌妒有什么意义？他们知道谁也不比谁多。这里会变成一个完全不一样的国家。"

是的，这点毫无疑问，这里会有好长时间同时具有贫穷的症状和资本主义的病态。我向雷娜塔提及我对这里的最初印象和沮丧的心情。"转变所带来的忧郁，你所感到的就是这个，"她告诉我，"你才浅尝一小口，我们可是不打折扣地经历了整个过程，或者应该说，我们都正在经历整个过程。我的意思是，没有人知道前面是什么，我们必须从头挨过。"

"当然，你不会认为以前反而比较好吧。"

"不，当然不是。不是比较好，而是比较单纯。我们，他们，那是一场可以预测的游戏。现在我们处于完全开放的情况，没有人知道每天会发生什么变化。我的意思是，我们不知道我们的工作会怎么样,或者明天晚上的新闻主播会是谁,或者当地的托儿所会不会关门。这些事谁都可以凭本事争取,而且没有谁可以怪罪。这种情况真的会让人心情郁闷。"

"不过开放不是比较好吗?"我问道。

"算了吧!别一副美国人的口吻!"雷娜塔嘲讽我道,"对,是比较好,毫无疑问,只是我能从中得到什么呢?我的薪水大概只有以前的一半。而且买东西要花更多时间,因为我必须一个地方一个地方地比较价钱。以前是你买一个鸡蛋,就付一个鸡蛋的钱;现在是谁都认为他们可以随意喊价。"

讲到这里,她的声音上扬,有股义愤填膺的味道。雷娜塔在高中教生物,有三个孩子,没有什么时间去货比三家。

在返家的途中,我决定采买些基本的日用品。严重短缺的时代显然已经结束了,不过食物方面还是远不及西方世界的丰富多样。我买了一种奶酪,一种意大利香肠,从蔬菜店里买了一些西红柿和胡萝卜。这已经够了,我心怀感激。不过就一般波兰人的薪水而言,这些食物的价钱令人咋舌。在我暂时栖身的小区里,光是买这几样东西就要跑几家商店,它们分散在各处,很不方便。加上我忘了这里是不提供提袋的,所以没带当地人采买时都会带的"网兜",结果就是必须跟几个笨重的、几近松脱且随时可能滑落的包装奋战。回家途中,在一条几乎空荡荡的街道上,一位身穿军装和高筒皮靴的军人从容而行,两手令人嫉妒地提着两个差不多重的提袋,规律地在他双腿两侧晃动。然后不知道从哪里冒出一位弯腰驼背、包着头巾的老妇人,朝我的方向走来,重复着单调的悲叹:"我到处都痛,"她用甜美的声音埋怨着,"我的脖子痛,我的背痛,我的腿也痛……"噢!恒久的东欧,我心想,你毕竟还在啊,虽然也许不会太久了。这老妇人对自己身体的疼痛并不怨天尤人,她直视我眼底的眼神是信赖的，眼睛是湛蓝的，她知道她可以对我诉苦，因为我们都是人，我们都一样。

我去参加了"作家联盟"（Writers' Union）的一场会议，做个短暂的访问。会议在旧城举行，位于华沙一处风景优美的区域，那里算是从灰烬中重建的地区。初次漫游其间，宛如来到一座保存良好的典型欧洲都市，蜿蜒狭窄的街道，两旁文艺复兴和巴洛克风格的连栋建筑，整齐地围绕着一个方形大广场，其间包括不可或缺的教堂，还有一座皇家城堡，宁静地伸展在维斯图拉河畔的悬崖之上。尽管古意盎然，其实除了少数几块古老的石头外，旧城其他部分全是新近所造。

希特勒的野心之一，是让华沙成为"第二个迦太基（Carthage）"。在1944年华沙接近两个月的暴动期间，他几乎如愿以偿，任由德军将华沙炮轰成废墟。当时苏联陆军在维斯图拉河的另一端袖手旁观，因为德国人是在为他们两国征服波兰人。

旧城的重建工作几乎在战后就立即开始。其实在这饱受创伤的城市，华沙居民更需要的是基本住宅和医疗院所。但是这粉碎的砖块瓦砾与顿失的古老历史，必然有让人无可忍受之处，因此奋勇抵抗纳粹、牺牲惨重的波兰人毅然展开重建部分城市的工作，让自然积淀了数世纪的城市风华再现。这项工作的意义，是让这页历史不只活在人们的想象或党派的论战中，而且要用一砖一瓦具体呈现出来。

老实讲，我一开始并没有为旧城的风采所倾倒，也许因为我知道它是新盖的建筑，让我联想到舞台的背景。或许是它的精心保存，以及置于华沙的砂砾和尘垢之中的不协调与优美精致，令我有这种感觉吧。总之，我对于方形广场内的俗丽艺术市场，以及一些观光小店内的仿古装潢并不感兴趣。不过当我开始注意到装潢的细节，像有竖框的窗户、铸铁的门把手、纹章装饰和拱形地窖时，当我开始思索这种种造型所需要耗费的人力与心力时，这座旧城便开始呈现出层次感了，主要不是历史本身，而是此举所代表的意义。这种对过往的献礼，对被珍惜过也被摧毁过的文明的坚定忠诚，唤起了我的浪漫情怀，一如我在这里成长期间所被反复灌输的有关波兰英雄事迹的民族情怀。

这项工程规模浩大。巴洛克风格的建筑外观和哥特式教堂的重建得根据照片、印刷品和绘画进行。为了准确重现城堡，完成其中的大理石画廊、精致的木质镶嵌地板和挂毯、当代家具和闪耀的水晶吊灯，成群的波兰工匠必须重新学习早已被遗忘的技艺，废弃的采石场也重新开放以采集与原来一样的石头。那些战后建筑师所参照的画家之一是贝尔纳多·贝洛托（Bernardo Bellotto）*，也就是卡纳莱托（Canaletto）†的侄子。贝尔纳多·贝洛托之于华沙相当于卡纳莱托之于威尼斯。他那几幅以18世纪华沙为主题的作品目前就悬挂在皇家城堡内，城堡的重建部分就归功于这些画作。如果历史持续得够长够久，一个文明的生命和其相关的艺术便会开始融合，如同相互滋养的古老堆肥。

这项浩大工程所激荡的情感甚至穿透了所有党派的界限。城堡的重建工作是在战后二十五年才开始的，当时签署合约的是一名共产党官员。对他而言，致力于重建皇家官邸的工程或许有些讽刺；但是大概很少波兰人，即令是国际主义或共产主义的信徒，会完全抹杀自己体内所残留的爱国情操。他们必然也感到对一个饱受蹂躏

---

* 贝尔纳多·贝洛托（1721—1780），意大利城市风景画家、蚀刻版画画家，以创作德累斯顿、维也纳、都灵和华沙等欧洲城市的风景画闻名。

† 卡纳莱托（1697—1768），意大利画家，以描绘18世纪的威尼斯风光主题知名。

的国家来说,能够衔接与延续过去的标志,绝对具有超越象征性的价值。

"文艺俱乐部"(the Literary Club)本身是幢舒适优雅的建筑,对波兰的前瞻者或文人而言,是少数能让生命跳脱凡俗、可以忍受的庇护所之一。像处于这个重要时刻的任何事情一样,这次会议也别具历史意义。这是动荡后第一次会议,就连会议地点都有深层的含义。当1981年戒严令下达时,作家联盟内部分裂,有些决定和政府合作,有些坚决不肯。那些异议分子,当然也就是代表波兰大部分正统文学的成员,被禁止涉足文艺俱乐部的舒适领域。十年来,这是他们第一次重返此间,而且深具历史意义地获得平反。

这些在友善的主席那庄严低调的致辞中都提到了,他是个如橡树般稳重坚毅的人。所有声明、对话和走廊上闲谈的极致谦恭有礼,都标示着这次会议本身的正式程度,完全没有西方开这种会议时唇枪舌剑中通常展现的古灵精怪、淘气顽皮或愉悦快活。波兰作家从来不以任性孩子或反资产阶级恐怖分子的风格出现,或许是因为反资产阶级的立场专属于共产党员,所以在这里它不具有西方世界那种自负的吸引力。或许也因为波兰大量的重要作家都受到同等重视,所以在中产阶级的庸人和精选的少数艺术先锋之间从来就没有什么差别。作家本来就该为国家讲话,本来就该一本正经,而绝不该是放荡不羁的嬉皮,或是淘气的破坏分子。

但在这非常时期,成为作家的条件却几乎发生了彻底的改变。这室内的派头无可挑剔,却几乎没有提及文学,谈的都是生意经。波兰的文化界差不多要被丢进自由市场这既可怕又可敬的怪物的肚子里了,而会议上作家的议程就是要搞清楚那只野兽是想要喂食他们,还是吞噬他们。

后者似乎更加可能。"你的意思是写同样多的内容,有些人却可以拿到比较高的酬劳？"当讲台上的人说明了资本主义出版业的规则后，有人困惑地问道。"预付款呢？是按页计算吗？不是？那是怎么算？""然后有时你还可以拿到两次报酬，一次是在书出版前，一次是在出版后？"

一位来自罗兹（Łódź）的年长人士显然刚刚弄清楚了这一切的含义，起身用震惊的声音宣称，在新体制下，言之有物的好书可能会卖得比二流甚至是非常差的作品更不好。

不是"有"可能，而是"很"可能！我真想直接告诉他。因为对此我不但深刻了解，而且饱受其害，所以内心不禁涌现幸灾乐祸的感觉。但我短暂的恶意很快就被同情心取代了。这个会议厅里一些端庄威严、文质彬彬的人，一些比较没有适应力或领悟力的人，那些过分倚重陈旧的固定写作模式的人，还有那些假借政治严肃的罩袍掩饰自己欠缺文才的人，都将经历一段非常严峻的时期。

而且，尽管会像很多波兰人一样深受其苦，他们所失去的将远比他们的同胞更多。因为虽然有审查制度的困扰，但写作在社会主义波兰受到高度尊重，而且实际上享受补贴。当然，为了避免审查制度的干预，作家必须以迂回隐喻的方式写作，那段时期也有可敬的作家拒绝公开出版自己的作品；不过大半时候他们的写作——不管质量如何，是否受欢迎——都会像勤奋的劳工一样得到报酬，方式统一，相当优渥，以页数来计算。而且，为了弥补出书品种的稀少，至少就西方标准而言，波兰书是以大得惊人的规模来发行的。另外还有在西方世界举办的现场活动，像是在德国接受专访，在丹麦演讲等等，所支付的珍贵外币，也可在波兰黑市以优渥的汇率兑换。

所有这些都失去了。会议在一上午的议程后，终于迎来高潮，

第一章 波兰（上）

文化部的副部长,团结工会*的成员前来为政府的政策辩护。他的演讲在这场文明的聚会中几乎引发一场动乱。会场内陈述和质询来回飞舞,虽然内容都大同小异:政府怎么可以删减文化方面的津贴呢?当初在一切都崩解的时候,是文化保留了波兰的本质啊!

副部长恳请与会的文化人跟他一起考虑这件事,一起谋求解决之道。政府已经没有钱,无法再像过去一样支持文化产业了,这点他们应该了解吧?不过市场机制可以创造出它自己的繁荣景象,重点在此。这的确是重点所在,真正有才情的人总会脱颖而出,而如果畅销书真的畅销,有谁规定不应该如此呢?总之,在一般正常国家,事情就是这样运作的,我们都希望成为一个正常国家,不是吗?

不过可惜的是,团结工会是无法掌控全局的。这位副部长是个聪明的年轻人,胡须修剪齐整,动作轻快敏捷,俨然不习惯官方角色或西装革履的穿着,倒是长于唇枪舌剑,在此之前或许从没有过什么面向公众的经验,甚至没有正规工作的经验。眼前这批群众中一定有许多是他的好友,不过如今他已经越过了权力的壁垒,而权力的规则及其所带来的分野马上以惊人的速度取代原有的立场。依照文人们非正即邪的逻辑,副部长突然站到了和他们对立的一方。除此之外,尽管双方都没有恶意,但按照这个逻辑,宏观和微观的立场本质上就是互不兼容的,顾及整体利益和维护特定团体的利益之间也有区别。因此尽管副部长恳求大家考虑大局,这群文人的焦虑仍然无法平息。

---

* 团结工会,原名Solidarność,即波兰工会联盟,创立于1980年,由瓦文萨(Lech Wałęsa)所领导,主张非暴力的反抗模式。1980年代,团结工会结合波兰国内的天主教徒及异议人士组织,形成了一股强大的社会运动,最终击败当局,成立波兰共和国,瓦文萨亦在1990年成为波兰首位民选总统。团结工会的成功事迹引来其他欧洲社会主义国家各种反对团体的仿效,最后导致东欧社会主义政权相继垮台,并促成了1990年代初的苏联解体。

幸亏午餐时间到了，对许多会议而言，午餐经常扮演及时雨的角色。这次午餐安排在楼下布置典雅的餐厅，几代文学巨擘都曾在此用餐。餐厅的女老板兼服务员是克莉西亚（Krysia），我在波兰许多机构中都见过她的"分身"：面孔姣好严肃，灰发整齐后梳。由于已在文艺俱乐部任职多年，所以她已然成为中流砥柱，对待俱乐部所有知名和半知名的会员都直来直去。

"要有耐心，谦虚一点，"当有人因肚子饿和长久的等待而显得烦躁时，和我同桌的一名女士劝诫道，"最好不要惹恼克莉西亚。"当食物终于被端上桌时，其味道意外地可口，有雅致浓郁的酸黄瓜汤，爽口的奶酪卷，还有软浓美味的苹果甜饼，而且价格极为便宜。这显然是给作家们的优待和特权。

餐后，我上楼在一间舒适的客厅喝茶，里面的人很快就走光了，只剩下我和一名早先结识的作家。

"他们不会通过尊重波兰价值的决议案，你能想象这种事吗？"他告诉我。

我默默地摇摇头，接下来是一串令我惊愕的长篇大论。这位作家的个子不高，从我的角度只看到了他从深扶手椅中冒出的脑袋，一颗就波兰标准而言蛮漂亮的大头——方正规则又有棱有角，眼睛深邃，胡须修饰齐整。双唇在他慷慨陈词时略微扭曲，给他平添了几分疯狂的意味。不过他的用词精准节制，只是语气有些阴沉强烈。

"我们为什么要自以为耻？我们为什么要觉得这么愧疚？为什么要因为生为波兰人而捶胸顿足？"他发出一连串排比的质疑道，"我们为什么要代替全世界受罚？我们为什么要同意受罚？我们就比别人坏那么多吗？我们做了什么骇人听闻的事？我们从出生就被谴责为反犹太分子，我们被指控在战争期间表现恶劣。但天晓得，当时我们国家的处境多么恶劣！我是个工程师，也是个作家，数字是我的语言。我做过研究，我知道从统计学上讲，波兰根本没有办法拯救所有犹太人，何况任何藏匿犹太人的人都会被处死。但是拯救犹太人的大有人在，像是我的家人……好吧，我不想谈论自己的故事。我非常难过大多数犹太人都离开了。相信我，当我的一些犹太朋友觉得他们必须移民时，我的心都碎了。我研究过波兰犹太人的历史，那是独特的完美'结合'（他使用了法语发音），波兰文化精髓和六千年犹太智慧的结合。我最喜爱的文学是波兰的犹太人写的……真的是非常美好的结合！"

"但你必须承认……"我开口道。在言谈间，我曾向他示意我是犹太人，让他有机会停下来或转换话题。不过他太诚实，连暂停一下都不肯。

"对，我知道，有很多是必须承认的，但是为什么所有批评都只是单方面的？如果双方真心想要对话，你必须让我有说话的机会！再说立陶宛（Lithuania），现在我们又被指控给立陶宛带来灾难，因为在开战之初，我们帮助苏俄保卫立陶宛，不让纳粹占领。我们到底给立陶宛带来了什么伤害？我看连指甲刮一下都不曾有！"

我为这场精力充沛、义正词严的论战折服，但还是决定打断他，这回更加坚定些。"如果要维护波兰的名誉，"我问他，"你具体会说什么？"

他的回答令我颇为惊讶。"我会维护我所知道的，"他说，"波兰在1920年代和1930年代的工程成就，还有很大程度被误解的1939年9月的抗战。有人说我们的军队表现得像滑稽的小丑，那绝对不是真的。"

然后他又继续说："对他们来说，我们是个由没有理性的笨蛋组成的国家，我们是肮脏、喧嚣的野蛮人。你在我们街道上看到的是这种情况吗？我最近去新泽西（New Jersey）找我的一个阿姨，她现在可得意得很，因为她觉得自己挤进了一个更大的世界。但是相信我，许多波兰城市的城市化或漂亮程度都不输给纽瓦克（Newark）！"（这点我相信。）"再说说这个旧城，我们所在的地方。我并不常来这里，我住在罗兹，但是昨天我四处逛了一下，天晓得，它真的能让你感到温暖，包裹你整颗心……不过我该打住了，"他突然说，"我大概让你厌烦了。"

"一点也没有。"我真诚地回答。

"很高兴能跟你聊天。"他毫无笑容地说，只直视着我，行礼如仪地跟我握手，然后就这样离开了。一个受到围剿、饱受折腾、骄傲的波兰爱国主义者，一个致力捍卫国家荣誉的骑士型作家。我环顾四周，客厅依旧空荡无人，不过眼前更添上一层沉沉暮色，不禁纳闷：那人是回到今天的会场，还是回到19世纪波兰史诗或历史长河中。

文艺俱乐部建筑前面的大街上，摆有几张堆满了书本的长桌。这类摊位吸引到的，通常都是些表情坚毅的年轻人，在华沙随处可见。在我看来，他们是这个新鲜资本主义国家唯一真正值得高兴的表现。不过另一方面，我也可以从他们身上看到文艺俱乐部里那些文人的担忧。由我在美国扎在书堆里的生活中，我知道书本是最轻便、最容易生产，也最去神秘化的现代商品。就某种程度而言，文学也是一样。在这些摊位上，去神秘化的进程正急速向前跃进。琳琅满目的标题，高雅与通俗杂陈，这都是以前所无法想象的。有刚出道的明星的自传、烹饪书、轻佻的色情作品，还有重口味的惊悚小说。那些惊悚小说多半从美国引进，被统称为"勒德拉姆系列"，

第一章　波兰（上）

显然是对畅销书作家罗伯特·勒德拉姆（Robert Ludlum）*的礼赞。这些书全部由几十个独立出版商发行，他们动作迅速，很快就捕捉到了当下流行的口味。垃圾作品就如垃圾食物，有着迅速的吸引力，只需要最少的心力，便能提供最难以抗拒的满足。由于带着新鲜事物的魅力，西方的垃圾作品此时更令人难以抵挡。在旧有政治社会体制下，或基于上层命令，或为了回应官方立场，委实出版了相当数量的胡言乱语，不过那都是热切严肃的谬论，几乎毫无阅读的价值。

这个嘛，对于文学失去原有的崇高位置，我当然也不无遗憾，但同时对于西方饱学之士恣意批评东欧这种迅速吸收西方垃圾的情况，我也觉得不耐烦，仿佛东欧人就应该表现得比我们好，好于我们贫瘠却高尚的良知。

新兴的通俗作品并没有完全取代原有的严肃作品，虽然此刻的严肃作品也呈现出多样的面貌。新的小说作品明显缺乏，而多为传记和其他个人文件：在苏维埃古拉格受苦受难的英雄事迹、前内阁贵族的回忆录和原共产主义时期当权者的告白。比如前第一书记爱德华·盖莱克（Edward Gierek）†写的关于其当权期间事迹的著作便独占畅销榜龙头。在这种新时期，人们的第一需求似乎是追求新潮，第二是还原历史真相。这些纪录性作品是动乱年间的基本写实和记事。在新时代中，叙事型的记录经常比小说先行问世；想象、创新的加工作品，则需要等待一段时间才会出现。

与此同时，基本的事实是书本的多样化和令人困扰的选择。在

---

*　罗伯特·勒德拉姆（1927—2001），美国作家，著有二十九本谍报惊悚小说，有"现代惊悚小说之父"之称，《谍影重重》系列电影即翻拍自他的小说。
†　爱德华·盖莱克（1913—2001），1956年担任波兰统一工人党中央委员会委员，1970年担任第一书记，和西方政治家关系良好，曾创造出经济奇迹。后因经济恶化，被迫于1980年下台，并曾入狱服刑。

集体化的年代，一旦有热门书问世，人们都排长队争相购买。每个人都读同样的书，热切讨论书本的内容，如此形成了一个阅读共同体，而且我猜想，可以获得更深的体验。但是现在面对一堆没有区分、五花八门的书，到底要怎么选择才好？要读什么？什么时候读？要怎么读？有那么多书，要买哪本书好？再者，为什么要买书？还有那么多其他的好东西可以买啊！不知道会有多少人读同样的书？数量——这当代最有渗透性的力量——已经开始展现它的威力了，而阅读也注定成为更消费者导向的、更个人化的投入。

华沙的星期天。新世界大道上的教堂人潮汹涌；有人站在教堂外面，努力聆听布道内容，还有人跪在人行道上祈祷。我搭乘出租车前往华沙城的绿洲之一：瓦津基公园（Łazienki Park）。出租车司机就像这里的大多数司机一样：坐姿端正，说话有礼，开车平稳。因为通货膨胀的关系，司机收了计价器的金额乘以两百。街道上，一家人走在一起，身上穿着最好的衣服，手上捧着花束。尽管局势不好，出门访客时还是少不了鲜花。瓦津基公园是我所知道的最漂亮的城市公园之一，占地宽广，风格多变：有池塘、图画般的小桥、起伏的山坡和正式的林荫小径，还有可回溯至18世纪的各式皇家建筑，包括凉亭、露台和其他美丽的梦幻式建筑物。在一尊极其戏剧化的肖邦雕像前，孩子们正快乐嬉戏。一片宁静。相对于一般人对波兰人喧闹、无礼的刻板印象，这种安静是华沙令人惊讶的一点，甚至和我所预期的任性易怒的民族大相径庭。事实上，我很少在公共场合听到有人拉高嗓门说话，我也开始留意到波兰人仪态举止中十足冷静的一面，不过这冷静究竟是源于所处环境的压抑，还是通过学习而懂得在任何情况下都保持镇定，那就不得而知了。

第一章　波兰（上）

我拜访了波兰共产党政权结束后的第一家报社《选举日报》（*Gazeta Wyborcza*）。这是团结工会在圆桌会议时所创办的报纸，正因为当初圆桌会议的召开，才得以产生今日的过渡政府。* 报社位于一座宁静的庭院，一个毫不醒目的招牌指向一扇不易发现的门。入门后只见一幕几近杂乱的景象。由于仓促，《选举日报》用的是一间昔日的幼儿园。而那办公室——虽然叫办公室，但正如此间许多用语一样，都只是从比较富裕稳定的地区输入的名词而已——既有儿童用地不成比例的狭小，也带有临时搭台的魅力。人们三两成群地挤在造型小巧、没有涂漆的书桌旁，共享计算机、电话，还分享香烟。当然，墙面上挂着团结工会的海报，但也有教皇的照片等等，其中还有一张列宁的照片，衣领上别着一个团结工会的徽章。这幅图像出现在这个场景，仿佛在狡黠地眨眼，好像在说：记住我，我可是每个人读幼儿园时最熟悉的啊！

我没有惊动任何人地穿梭其间，这本身就值得一书了。我记得以前拜访过一些毫无生气的办公室，其间每个人其实都在进行小规模的罢工。访客的出现，立即成为大伙儿喝咖啡的借口，然后悠闲地怠工老半天。但在这里，年轻人神采奕奕地来来往往，一副严肃的表情，全神贯注于工作中。在举行编辑会议时，人们走进走出，几条看门犬也进进出出。一眼望去，没有人穿西装或其他有点正式的衣服。编辑会议由亚当·米奇尼克（Adam Michnik）† 主持，他是

---

* 波兰圆桌会议于1989年初在华沙举行，目的在于抑制社会动乱，规划国家未来。会议分为团结工会所领导的反对派和统一工人党所领导的联合政府派。同年6月进行半自由选举，统一工人党被彻底击败；8月底团结工会所领导的联合政府成立；12月波兰结束共产党统治。1990年初，波兰共和国成立；同年底，瓦文萨成为首位民选的波兰总统。

† 亚当·米奇尼克（1946—　），波兰思想家，致力推动民主化进程，其政治代表作是《通往公民社会》。曾担任团结工会顾问，并在瓦文萨执政期间短暂出任议员，1992年起负责主编《选举日报》。

位真正的地下英雄，如今担任《选举日报》主编。在种种贡献之外，他还是个极有魅力的人，在主持会议时也不拘形式，轻松幽默，没有美国类似机构常见的等级焦虑感。会议中笑声不断，日常新闻业务也同时进行：新闻标题该怎么拟，报道的重点在哪里，行文该如何保持客观等等，每件事都按部就班地决定，而且整个过程没有吹擂炫耀，只有波兰人所标榜的犀利与睿智。

但这种随意自在的态度其实是骗人的，因为尽管才成立几个月，但《选举日报》已成为一个极为严肃的组织，也是一份极为成功的报纸。报纸有好几页广告——广告这种东西在波兰已经销声匿迹好几十年，此外，报社也正在计划扩大规模，并打算提高薪资，让员工拥有股权。我对这一切进展的速度和老练程度大感惊愕，但或许我根本不该有这种感觉。《选举日报》是由一群与时俱进、受过良好教育的年轻人所经营的，我为什么会认为他们不能适应新的情势呢？西方普遍存在一种想法，认为后共产主义的东欧正处于青少年阶段，必须经过笨拙而漫长的成长，才能融入"我们的制度"。但是西方那一套毕竟没有那么神秘，而东欧也不全是跌跌撞撞的青少年。我凝视周遭急促忙碌的情景，心想：这就是自由，这种繁复琐碎的声音、这种真正在做事的专注力和蓬勃朝气——不是假装工作、被迫工作或抵制式地工作。从这里展现的活力和智慧看来，我觉得早在那愤世嫉俗的年代，每个人就已蓄势待发，只待解放的一刻到来，他们旋即展翅高飞。

在华沙停留几天后，一个导演朋友克日什托夫・基耶斯洛夫斯基（Krzysztof Kieślowski）*邀我走访位于华沙北部约一百五十公里

---

* 克日什托夫・基耶斯洛夫斯基（1941—1996），具有广泛影响的波兰电影导演、剧作家，以作品蓝白红三部曲和《十诫》等闻名于世。

的乡下小镇什奇特诺（Szczytno），他打算和一个朋友到那里去完成一桩土地买卖，那块地上盖了他们的乡间宅邸，只是之前一直租给别人。

"你早上五点半就得准备好出门。"当我同意一同前往时，他对我说。

"你在开玩笑吧！"我问。但是他没有，所以此刻我正透过车窗望着笼罩在朦胧晨光中的平坦、沉闷的乡村景致。道路两旁有垂柳，还有白杨环抱的树廊，对我而言这都是"波兰"的象征。偶尔还会出现一辆马拉的犁车，沿着田埂缓步前行。在村庄十字路口经常可以见到路边教堂，那是很漂亮的色彩柔和的民间艺术，中间放置着一尊通常是圣母的木雕圣像，站在一个像巢一样的有顶的小型神龛中，四周装饰有对称的、精细雕刻的图案和花朵。历经战乱和承平，这一部分总算保留了下来。

在这段时期，混乱应该是稀松平常的现象，克日什托夫和他的朋友也同样搞不清楚，各持己见地争论这是否是他们第一次可以合法购买土地，或者早先就可以买了。在克日什托夫的村庄里，我们和他的农夫地主碰面。那农夫身材魁梧，满头金发，还有一双水蓝色的眼睛；他太太则是一身古怪的装扮，紫色花裙搭配蓝色条纹上衣，再加上一件厚重的红毛衣。这显然是她最好的装束，为了来镇上，特意一股脑儿地套在了身上。

在什奇特诺法院里，脸色红润、牙齿缺损的农人正排队坐在长凳上等着办事。助理法官很快就叫到我们了，这毋庸置疑是对城市知识分子的优待。这是位亲和、活泼的女法官，她在活力十足、毫不间断地和我们聊天之余，手中不停敲打着一台古老的打字机，填写大量表格，而且每份还附有几页复写纸。

"现在这里完全是一团乱，"她向我们确认，"事情堆积如山，每一天都在变化。人们跑来问我有关卖土地或买东西的问题,我都不知道该怎么回答他们。你以为华沙的人就知道他们在做什么吗?他们自己也一团乱,看看他们每天送来的都是什么东西!"她指给我们一堆传真来的笨拙打字稿,内容都是关于某些法律新规定的指导方针的。

"这些呢?"她指着一个书柜,"他们必须也重写所有这些!"我仔细看了整书柜的法律卷册,光是想想要改写,甚至重新阅读这数以千计、印在薄纸上的法律条文和规章,便令人有置身炼狱之感,宛如清理奥吉厄斯(Augean)国王牛舍[*]的不可能任务。但是我们和蔼可亲的助理法官似乎并没有被这些繁重的工作压垮,她是如此充满活力而健谈。

法官约十岁模样的女儿来到办公室,向她报告早上上学的事。法官妈妈高兴地招呼女儿,然后要她乖乖坐好,好让自己完成手边繁复的填表工作。从法官迅速、坦诚而友善的聊天,小女孩像往常一样做事的这个流畅衔接的过程当中,我开始多少领悟到人们在经历这段重大、根本的改革时所采取的一种方式:就像这样,一步一步地适应来到眼前的事物,而且一路评论,将现在和过去交织在一起,静待未来展现的更大远景。

我们的任务大功告成,克日什托夫的地主想要前往当地一间酒吧庆祝这桩刚刚完成的新交易。克日什托夫有点不情愿地答应了,直待我们踏入酒吧时,我才了解他兴致不高的缘由。拜毫无人性的出发时间之赐,我们踏入酒吧时才11点,但酒吧内部那肮脏、毫无装潢、裸露的水泥地面上已经挤满了醉醺醺的大男人。他们不是

---

[*] 古希腊神话中,奥吉厄斯国王牛舍饲养有三千头牛,三十年来从未清理。大力士赫拉克勒斯为了赎罪,接受了这项挑战,于一日内引入河水,将牛舍清洗干净。

第一章　波兰（上）

微醺，就像英国酒吧里常见的那样，而是横冲直撞、大声叫嚣，牙齿不全的脸上眼神呆滞，不带表情，相互瞠视。这幕情景令人厌恶，却又带点滑稽，大伙儿好像在表演典型的醉鬼似的。不过克日什托夫认为他们只是季节性的醉鬼：农闲时无事可做，因此前来买醉，让女人们在家煮饭打扫。

把农夫地主留给他的兄弟和伏特加酒，我们自己则前往参观克日什托夫和他的朋友刚刚购入的土地。农舍本身状况不错，当初使用的预制建材，房屋比邻而建；此外还有清新的田野，摇摆行走其间的母鸡，外加附近一条清澈的小溪，现在这些属于他们了，全都是他们的了。

我们回去接农夫地主时，只见他神采奕奕地从酒馆冒出来。到目的地时，他还算清醒地弯腰亲吻我的手，就算历经了共产主义时代，终究还留着永不消弭的骑士精神。这是每个人对共产党同志式平等主义的小小抗衡，而农夫地主也以这种方式表示他和任何有教养的都市佬一样，是有格调的。

在返回华沙的路上，我们开过怡人的乡间，撞见一幕奇特的景象。在一片轻柔、天然的田野旁，一群农夫围在一张架放于草坪上的折叠桌周围，桌上铺的小型红毯上，放着一尊浅灰蓝色的圣母雕像。

"我们正打算圣化我们的田地。"一名面色红润、棱角分明、五官端正的农夫回答了我们的询问。

"是回到原来传统的时候了，你们晓得吧。"

"你还记得以前怎么进行的吗？"我问道。

"呃，不，我不敢说我记得，"他高兴地回答，"不过神父还记得，真的，他懂这一套。"

"神父呢？"我考虑是否该留下来观看他们的仪式。

"喔,他还在忙,他每个村子都要去,帮他们圣化田地,还要收钱。每个人都有他的利益要照顾,你们晓得吧。"他爽朗地大笑。

我心想,这也有一点波兰——尽管尊重传统、笃信宗教,但对两者亦抱有根深蒂固的、无礼的怀疑。

回到华沙后,我依约拜访了布罗尼斯瓦夫·盖雷梅克(Bronisław Geremek)*这位新兴的政治核心分子,他的世界地位犹如物换星移,在极短时间内飞速跃升。盖雷梅克是位广受尊崇的中古史学家,原来是瓦文萨的主要智囊,亦即反政府势力的成员之一;如今身居权力核心,担任"公民国会俱乐部"(Citizens' Parliamentary Club)的领袖。公民国会俱乐部是东欧局势急遽转变期间各地出现的众多政治团体之一。这个身份使他成为议会反对党领袖,而且不仅如此:虽然现有政府保障共产党拥有三分之二议会席次,但那些党员都非常低调,因为雅鲁泽尔斯基(Wojciech Jaruzelski)†将军已经明白表示,他在下次选举前将会辞职。因此事实上,团结工会已经掌握了实权。在这次临时选举中,团结工会的许多候选人都是作家、艺术家和其他知识分子,因此政府结构也极为罕见,虽称不上是哲学王‡,但至少堪称知识分子的结合。

我在波兰国会拜见盖雷梅克。那是一座舒适而不炫耀的现代式建筑,也是战争期间华沙市中心仅有的没有被摧毁的两座建筑之一,

---

* 布罗尼斯瓦夫·盖雷梅克(1932—2008),波兰社会史学家和政治家,对波兰第三共和国的形成贡献非凡。在欧洲大学长期任教,是欧洲实体的信徒。
† 雅鲁泽尔斯基(1923—2014),波兰政治和军事人物。1981—1989 年间担任波兰统一工人党中央委员会第一书记;1981—1985 年担任部长会议主席,即总理;1985—1990 年担任波兰国家元首,并在波兰民主化之后将总统职位交给瓦文萨。
‡ 哲学王一词源自古希腊哲学家柏拉图《理想国》一书。书中借其师苏格拉底的言论,认为理想国中的国民可分为平民、军人、哲学家三等,其中哲学家必须具有高超的智慧与强健的体魄,是国家的统治者。

另一座是国家博物馆。国会内部充满了忙碌、嘈杂而刻意压低的声音。盖雷梅克办公室的门厅挤满了等着见他的群众,其中一位是我早先认识的由作家转任的议员。以前他早上可不会出现在国会走廊,而只会待在华沙文人经常造访的咖啡屋。体格魁梧、容貌潇洒的他是令人注目的人物,有一头白发和浓密的粗眉。此刻他却是一脸怒色,酝酿着阵阵杀气。但是当我问他是否喜欢他生命中的新角色时,他只发出低沉的抱怨,还带着意义明确的手势。

"我告诉你,如果我早知道这工作是怎么回事,我是绝对不会接下来的。"他说,语气有着令人卸下武装的坦诚,"我已经迫不及待要结束任期,回去写作了。我筋疲力尽,实在跟不上……啊,事情真的太多了。"

"你办公室没有幕僚帮忙吗?"我问道。

"办公室?什么办公室?"他语气夸张地讽刺道,"我们没有办公室。我所有信件都自己回。你知道我收到多少信吗?当然,你还必须回复地方上领养老金的那些人,他们担心以后领不到钱。幸好我已经请了位很好的女士,到我家里帮我做这些事。我那可怜的太太,她光是接电话就忙不完。当然啦,有电话已经算我运气好了,不过她并不想把她的时间浪费在这种事上!"

在激烈陈词之际,他的名字被叫到了,于是他大手一挥,仿佛要抛开一切,然后吻了一下我的手,大步踏入了盖雷梅克的办公室。

轮到我进入办公室时,我还以为会见到一个愁容满面的政治家,但盖雷梅克是那种即使承受巨大压力,也有本事让对方觉得他正将所有时间和注意力都投注在你身上的人。他身材瘦削,动作精准有力,说话条理分明,此刻最关心的是新宪法,目前正监督草拟宪法一事。

他指出宪法委员会需要检视波兰本身悠久的历史。世人一般都将波兰人污名化，视为政治落后愚钝的民族，但事实上波兰人有相当漫长、有时还相当先进的民主传统。在 13 世纪初始，波兰各地区就已经有名为"瑟姆"（Sejm）*或称为议会的组织，运用投票的方式决定重大议题。从 16 世纪末开始，波兰的君主就是经过选举选出来的，选举权也逐渐从少数权贵团体扩展到所有名为"施拉赤塔"（Szlachta）†的阶级，包括低阶贵族和士绅阶级，亦即包括了波兰社会的一大部分成员。在文艺复兴时期，当时领域宽广的波兰联邦宪法，甚至还包括了值得注意的自由条款，保障宗教自由和个人权利。

"当然，还有我们的五三宪法（Constitution of May 3rd）‡。"盖雷梅克补充道。那是部令波兰人深感骄傲的文献，起草于 1791 年，是欧洲第一部成文宪法，受到举世称颂。埃德蒙·伯克（Edmund Burke）§称之为"伟大的美好"，托马斯·潘恩（Thomas Paine）¶也宣称该宪法是自由的突破性进展。

盖雷梅克表示，在他们编纂最新宪法的过程中，委员会还要研究美国、法国和西班牙的宪法，此外也要考虑保留共产党所遗留的现行宪法的某些部分，例如工作的权利、受教育的权利和接受医疗

---

* 20 世纪前，这个词指的是由三大议院，即下院、上院以及国王所组成的整个波兰议会。后来直到波兰第二共和国，瑟姆这个词才开始被用于专指下议院。

† 指波兰王国、立陶宛大公国（他们在 1569 年合并为波兰立陶宛联邦）和在他们的影响下逐渐波兰化的地方的贵族。

‡ 波兰立陶宛联邦在 1791 年通过的国家宪法，编纂时间仅次于 1788 年正式通过的美国宪法。这一宪法的通过，惹恼了强邻俄国，因此在施行一年后，即 1792 年，于俄波战争时被废除，波兰亦旋即遭到瓜分。五三宪法影响了后来的民主运动，在亡国期间成为复兴波兰的标志。

§ 埃德蒙·伯克（1729—1797），爱尔兰的政治家、作家、演说家、政治理论家和哲学家。

¶ 托马斯·潘恩（1737—1809），英裔美国思想家、作家、政治活动家、理论家、革命家及激进民主主义者。

第一章　波兰（上）

照顾的权利。

我很佩服他在谈到过去，甚至不久前的过去时，态度始终镇定，没有挑起争议的意思。当然，宪法只是关于最好意图的国家蓝图，这部宪法并不比其他宪法更能保障条文中所允诺的权益；但是能有一位史学家主导宪法的制定，应该也算是一个优势。

在离开盖雷梅克的办公室时，我特别留意了他悬挂在门上的一块有凹痕的匾牌。虽然不大，却蕴含着象征意义。匾牌主体是一只老式的、战前的波兰老鹰纹饰，头上仍戴有皇冠，而且是原来的皇冠戴在原来的老鹰头上[*]——这匾牌一定是藏在某个阁楼的箱子里的。匾牌的底部有个古字"soltys"，意思类似酋长。离开瑟姆时，我只希望这种友善的自嘲心态和参议员的热情坦率能在官方政治的框架中幸存下来。

纽约的朋友们让我带一样礼物给我从未见过的一些人，因此一位友人特地载我到那些人所住的华沙郊区。我们置身的建筑大厅铺着光秃秃的水泥地面，屋顶垂挂着一截截铁丝，空气中还飘散着尿骚味，也没有灯光。这显然是一幢衰败的建筑。"哈林区（Harlem）[†]。"我的朋友言简意赅地评论。尽管周遭气氛沉郁，但我仍不禁对把这个名词荒谬地用在这里感到有点可笑。

我进入一个颠簸运行的电梯，跻身四壁凹凸不平、狭窄的金属空间，幸而抵达的公寓还算整洁，主人还端出了波兰式下午茶，有好几种饼干和蛋糕——在波兰饮食中，糕饼甜点可是不到万不得已，绝不会被牺牲的。索非娅（Zofia）是位身材丰满的女士，编着一条

---

[*] 波兰老鹰纹饰最早出现于公元10世纪波兰第一王朝，后迭经修改。共产主义时期，皇冠作为反动标志从老鹰头上被移除；民主化之后，才又恢复原有的设计。

[†] 位于曼哈顿北部，以混乱的治安、奇异的路人、街头篮球和涂鸦艺术著称。

长发辫，态度有些矫作，显然很想表现出自己最好的一面。她丈夫尤雷克（Jurek）则身形憔悴，面容疲惫。我们的话题很自然地转向当下每个人最挂心的事：现在情况如何？局势转变给他们带来了什么改变？

噢，当然不可能变好的，绝不可能。这些人的财富急速缩水，相对的，另一批人的财富则急速增加。尤雷克刚刚失业，据他形容，他的工作是保护老旧建筑不受破坏。这也许意味着他是民兵中最低阶层的成员，不过他没有详细解释。

"现在倒好，他们文章写得好像很聪明，什么失业的人很快会变得忧郁，"尤雷克说，"早上越来越晚起床什么的。其实他们根本不需要做研究，他们可以直接来问我，我就能告诉他们！"

"你为什么会失业？"我问他，虽然我并不指望获得完整的答案，"哦，你以为他们对这种事会公平处理吗？我告诉你，这些新人跟旧人一样坏。全都是关系，他们根本不在乎谁比较有能力。这是一批新的贵族。很好，没关系，我去一些以前参加过团结工会罢工的大楼找工作，我想做我的工作。这不是我应该做的事吗？但不是的，他们看着我，好像我是什么怪物似的。"

"他们也找我麻烦，"索非娅插口道，"我做得很好，至少比有些人好，但是他们想知道的只是：你是不是团结工会的？只要他们不找我麻烦，我也不想惹他们啊。"

"你是党员吗？"我问尤雷克。"嗯，是的。"他回答，"我是党员。我成长在一个真正的工人家庭。我父亲是铁路工人。但我不是什么狂热分子。我参加了一些聚会，就这样而已。他们并没有要我们做什么，过去这些年，这个党根本没有什么了。相对而言，我更信仰天主教，虽然我不上教堂。所以你瞧，我信仰天主教，却不上教堂；我是共产党员，却不相信共产党。我只能告诉你，这不是一个正常的国家。"

"你看,我们只想在这里好好过我们的日子。"他愤愤不平地继续说,"我们有我们自己的小世界。我们听音乐,我们去看电影。索非娅去过美国一趟,去帮人做事。他们为什么要找我们麻烦?"

"我选举的时候还投票给团结工会,"他继续道,"因为我想有个反对力量是好事,我们不应该只有一个党。但是我告诉你,如果这个国家没有变得更好,我也要去街头抗议,去打倒他们。"我再度感到惊讶,这次是被他语气的恶意所吓到。

"你准备打倒谁?"我问。

"任何打倒我的人。"他愤怒地回答,我可以感受他苦涩的深切。这是新的底层边缘小人物,原本就没有享受到什么特权,现在又从原来攀附的社会平台往下滑落,正是憎恨、不满与极端主义政治要吸纳的理想人选。

就我而言,我在波兰的娱乐之一,是目睹波兰语言孕育出的新词汇与别有风味的俚语。这是这几天对话中常出现的表达:

比如"迈向欧洲之路"就是个多功能惯用语,比较像口号,而不像俚语,而且就像一般口号一样,带有多种意图。去欧洲无疑是众所想望之事,但是其中真正的含义,就要看你是什么人,还有你想要什么了。对期待及早采纳资本主义的休克疗法改革者而言,它代表全面的自由市场;对希望结合自由市场和社会主义精髓的"新中间路线"者而言,它代表社会民主;对民族主义者而言,它代表同种同宗;对革新主义者而言,它代表多元化。我还听到一位主教在电视演说中也提到"迈向欧洲之路",主张将宗教引入学校。根据他的理论,教会和国家的结合具有普欧洲的价值。

还有"合资企业"一词。啊,形形色色的合资企业!如果"迈向欧洲之路"是意识形态上的必需品,那么"合资企业"便是欲望上的爱慕对象。也许通往欧洲的路上就铺满了这些美丽、耀眼、难以描绘的商业计划书吧。当然,还必须有信誉良好的西方伙伴,不过这里所谓的"西方"其实还包括了日本和中国香港。

"多金男"大概指的就是那些已经在合资企业上获得成功的人。基于波兰词汇的变幻无常,这个名词应该泛指"有钱人",因为女性也开始创造财富。在这里人们提及"有钱人"时,多出于尊敬庄重,绝无侮辱或嘲讽之意,就像波兰人说"戏剧人"或"制服男"(man of the cloth)*一样。

和"有钱人"相对应的,是"美丽的灵魂",就是那些心灵高贵的穷人,那些依然信仰社会乌托邦、知识分子的生活或为艺术而艺术的人。那些即使昨天还自命为"美丽的灵魂"的人,如今在提及这个短语,或者应该说这个词时,也不再像以往那么心向往之了。在共产主义之后,这里需要的是心智强悍的实用主义者,而不是软弱的超验主义者。

除了上述人物形象外,还有"挥汗追逐权力的人"一词。这个词由一个年轻的政客首创,用以嘲讽那些从政目的与"一般国家"的政客没什么区别的政治人物。我自己认为,这里所谓的流汗的人跟那些手提公文包的美国人构成了很好的对比,那些提公文包的人当然是绝不会挥汗如雨的。

"我们的波兰地狱"这个词一直存在,但也不断融入新义。波兰人所谓的地狱是一个大熔炉,融合了争执与分裂、无政府的个人主义与外部生活——这些都多少带有本国的寓意。这是大家早已亲切熟知的,但是当每个人都可以自由表达他/她的想法,且每个人

---

* 这个词原本泛指各行业穿着制服的从业人员,后来专指神父。

似乎都有自己的想法时，人们认为它现在还有些其他的意涵。

另一方面，也有毫无戏剧张力的词"生命中的单调"。是我的想象吗？我总觉得这个美丽的词汇出现得更为频繁。当人们解释某项必须做的日常工作时，他们会说："这就是生命中的单调吧。"或者当面对眼前这种日复一日的生活时——毕竟，大多数日子都是这样的——他们会说："好吧，该回到生命中的单调了。"

开往克拉科夫（Cracow）的快车颇为拥挤，但是非常安静。"你一定要搭搭看，太方便了，跟西方的不相上下。"雷娜塔在我离开前怂恿我。这个嘛，其实不太像，这里烟雾弥漫，好像回到了从前，不过列车座位还算舒适，餐车供应的一些法式开胃小点心也颇为可口。人们聚集在通道上，压低声音聊天。

克拉科夫是我长大的地方，因此难免近乡情怯。这里是我对波兰和有关波兰的一切看法的根源与原型所在，因此我并不希望情势的变化打破克拉科夫数世纪来的历久不变。我希望那里只有适度的改变，或甚至毫无改变。虽然我连在脑海中都不愿承认，但是一股遗憾的感觉却逐渐滋生——遗憾即将消逝的波兰，那熟悉而淡去的现实，那时间缓慢流逝所带来的安全感。也许我只是不愿意失去个人的回忆，但我可以感觉到这里有人和我有着同样的感受，正如失去某些未必喜爱却熟悉的东西，令人有股无法言喻、难以捉摸的惆怅。

距离上次置身此地已有十四年了，可一漫步在克拉科夫，我很快就寻回了小时候这座城市所散发出的奇特隐晦的魅力。克拉科夫那堆叠在一起的年代、鹅卵石铺设的街道和意外的景观，既有令人舒缓的力量，也是一种释放。联排式石砖住宅可以追溯到14、16和18世纪。历史悠久的教堂，挣脱石材束缚的雕刻。这一切皆令人心情舒畅。这种奔放、这种超越功能与需要的存在！"啊！不要跟我说什么需要不需要。"我一直想着《李尔王》(King Lear)里的这句名言。物质的吝啬会造成心灵的吝啬，让我们缩小自己去适应环境。

回荡着足音的方场和庭院，老先生们沉思着漫步其间；飘着药草香味的老式药房，还有整齐的彩色玻璃和暗色木材；诡谲多变的白云，璀璨的阳光，以上种种似乎再度掳获中欧的心。在这里，即使下雨也令人神清气爽，雨声洋溢着昔日中产阶级的旋律，而没有后共产主义时期的冷漠严峻。

当我四处晃荡时，一阵大雨突然倾盆而下，我只好跑向最近的一处栖身所。我好像直接回到了过去。我驻足的门厅是小时经常光顾的一家电影院，但后来就再也没见了。记得当年十岁的我，曾在这里被一个男的花言巧语骗走了身上所有的钱。那段记忆突然浮现在脑海，清晰一如昨日。我以前的确在这里住过，在许久前的那个世界。

在古老氛围的衬托下，这里的新事物也看上去更好。街上兜售商品的比较少，更多是19世纪风格的可爱商店，装饰着拱形橱窗和铬合金门把。商店里摆满了德国和奥地利化妆品，显示出这里和原加利西亚（Galicia）*的关联，

这是我在华沙所未曾目睹的。在两条街道间的拱门处有手风琴手和小提琴手合奏着俚俗的曲调。市中心一处人比较多的地方，成排的俄国女人正兜售金戒指——几十个戒指，有的套在手指上，有的串在木条上。这些女人到这里贩卖商品，意在换取行情较高，兑

---

* 加利西亚是中欧历史上的一个地区名，居民西部为波兰人，东部为乌克兰人。该区长期为俄国和奥匈帝国的争夺目标，第一次世界大战后归属波兰。

换也比较容易的波兰币。从她们所持的金饰来看,即使经济困顿的俄国也有不少隐秘的资源。

这些都没有干扰到这个城市宁静的延续。古老的克拉科夫足以吸收这些新的景象而不至于被根本改变。当然,影响深远的改变也在酝酿中。我下午见了齐格蒙特·马提尼亚(Zygmunt Matynia),我们俩上次是在纽约碰面的。齐格蒙特五官柔和,声音轻柔,对他而言,秉性正直不是一种选择,而是不可或缺的特质,因此虚荣或谎言只会对他的感情造成显著的创伤。在一个将谎言制度化的体制下,我想他所承受的痛苦远比别人更多。他曾考虑过移民,但最后仍决定留下,不过已经辞去雅盖隆大学(Jagiellonian University)法学理论教授一职,只因无法接受该职位所要求的妥协。

如今,当局要求他参与克拉科夫"自治政府"的筹建工作,他也以无比的热诚和丰富的学识拥抱这个愿景。自治政府是波兰的新创机构,齐格蒙特畅谈这个组织可能的设置和可能遇到的问题,既美好又带有坦诚的理性。他已经思考了法国和美国模式各自的优点;思考了中央政府控制太多以及地方政府太过独立的危险;还思考了克拉科夫的哪些历史建筑应属于私人产业,哪些应属于国家资产。此时此刻,克拉科夫地方政府正处于最有希望、最有潜力的阶段,人们可以通过哲学的思考探讨它的前景,内心也因为有所期待而为之颤动。

我们的部分谈话是在克拉科夫的一家著名咖啡店米哈利克(Michalik)进行的。在20世纪初期,这家气氛温馨、山洞一样的咖啡店是克拉科夫浪荡不羁的文人和艺术家的聚会之所。灯光柔和的墙上装饰着以艳红色为基调的壁画,还有心怀感激的艺术家赠给咖啡馆的讽刺漫画,用来代替现金付款。咖啡店后方有一个小型的嵌入式舞台,旁边展示了昔日用于卡巴莱(cabaret)歌舞表演的成人木偶——后者的样子是对不同阶级和类型的人写实而机智的讽刺。在没有政治力量干扰时，卡巴莱歌舞表演和讽刺作品在波兰一向盛行。

齐格蒙特和我选了一间包厢，里面有大理石桌面的小餐桌，以及造型奇怪、风格独特的座椅。那些座椅的椅背不同寻常地高而弯曲，为入座者提供了一种有趣的夸张轮廓。在周末，克拉科夫人都特别重视下午茶，我们也在那里享受了片刻悠闲。之后，我们漫步到克拉科夫古老而庄严的主广场。这片铺设着鹅卵石的宽阔空地上有文艺复兴时期的大型卖场，名叫纺织会馆（Sukiennice）；有13世纪哥特式圣母教堂（Church of St. Mary）；还有一座钟楼，每天都播放一段断断续续的小号曲，纪念鞑靼大军的进犯。这里是我童年生活的重心之一。鸽子在这里聚集，纺织会馆的拱廊阴郁空荡。如今，拱廊上商店小摊云集，兜售木制民俗艺品、俄罗斯套娃和不入流的旅游纪念品。

这个下午，为了庆祝一个宗教节日，广场变成了一个偌大的户外教堂，游行队伍缓步穿过广场。信徒手上捧着圣徒雕像，正循着古老的传统路线，从附近一所教堂穿越广场而来。孩子们穿着五颜六色的传统服饰紧跟雕像，他们后面则是一个让人心酸的群体——年事已高的起义军，穿着挂满勋章的制服，个个弯腰驼背且满面沧桑。战后，他们就被迫从一个地下据点转移到另一个地下据点，这也许是长久以来他们第一次在群众面前露脸。看到这群老战士，我有种奇特，甚至称得上怪异的感觉，因为在我孩童期间，他们只存在于耳语中。如今他们身着制服，活生生地出现在眼前，宛如过去和崭新的时代间藕断丝连的传承。波兰保有太多的过去，深锁在门后，靠着对记忆的执着留恋而残存着。毕竟要完全抹杀历史的任何一部分都是非常困难的。

晚间出现的又是另一幅令人瞩目的场景。克拉科夫正大力筹备一场欢迎斯瓦沃米尔·米洛杰克（Sławomir Mrożek）的庆典。米洛杰克是剧作家、卡通画家和讽刺作家，二十年前因政治压力而离开波兰，现在才首度归国。归来者——这是属于他们的时刻。庆典包括表演、接待会和记者会。广场中央古老陈旧的市政厅塔楼还扎着一条整洁的大型领带，那是米洛杰克的标志。可惜不到几天，领带便因污染而被熏黑了。人们在街头等候好几个钟头，就为了亲眼目睹那位个性害羞的作家本人。米洛杰克是当地人在海外获得成功的典范，而且他的名气在家乡更大。

我来到史塔利剧院（Stary）——也称作老剧院——观赏《屠宰场》(The Slaughterhouse)，这部戏是对波兰人崇拜艺术、文化和高尚价值的性格的犀利讽刺。在礼数周全与风度翩翩的外表下，明显隐含着战争的残忍本质——肉块、鲜血、杀戮。这部戏有着优良的制作和精准深刻的表演。波兰人性情中的这一面是我觉得最让人振奋的，这种尖刻、沉郁的怀疑主义，这种穿透虚荣和神秘的力量。

在返回华沙的路上，和我同车厢的一位老先生不停地问他太太，他太太也一直用尖刻嘲讽的口气回应。"我们在哪里？"他问道，"这火车有多快？我们什么时候会到？"而每次他太太都毫不留情地责骂他。

快到终点时，老先生打了个盹，然后突然惊醒。

"起义开始了吗？"他焦急地问，"我们赶得上起义吗？"他指的是华沙起义。* 这一次，他太太没有回答。

历史，它是怎么发生的？部分是急于回归过去，逆潮流而行。

---

* 指第二次世界大战中波兰地下军反抗德国占领军的战役。

摆脱共产主义，某种程度上是倒退的革命。有时候看来，波兰似乎正试图往后倒退一大步，抹杀过去的四十年。数以百万计的皇冠被涂到先前光秃秃的波兰老鹰头上；共产主义时期的街道名称被抹去，换回原来的名称；皇家贵族的官邸也再度被冠以原本屋主的名号。目前对毕苏斯基元帅（Józef Klemens Piłsudski）*的狂热正在升温，他曾在两次世界大战间任波兰国家领袖，在20世纪波兰短暂的独立时期掌权。另外人们对波兰联邦（Polish Commonwealth）†的感觉也在增强，在14世纪到18世纪，波兰联邦覆盖广大领域，涵盖多个国家，目前很多人都将那段时期视为波兰的黄金年代。

"他们想回到的波兰，根本是迷思。"我的朋友雷娜塔以轻蔑不耐烦的口气评论道，"他们以为是在回到传统，或者回到历史，其实只不过是迷信神话而已。他们给老鹰戴上皇冠，自己戴着好笑的帽子，以为这些很有意义，其实只是幻想出来的怪物，根本就是自欺欺人。"

"但我想他们只是在寻找某种认同，某种象征……"

"你以为在老鹰头上漆上皇冠会给他们认同感吗？"

"呃，不然是什么呢？大家正在竞相探索作为波兰人的真正意义。我可以理解他们为什么四处寻找这种标志。"

"哈，他们在波兰联邦是翻不到什么东西的，"雷娜塔打断我说，"其实波兰联邦并不像他们想象得那么伟大。他们想回去的那个波兰，打从一开始就不存在。就我而言，作为波兰人此刻意味着回到

---

* 毕苏斯基（1867—1935），波兰政治家，曾任波兰第二共和国领袖。被普遍视为让波兰在经历了一百二十三年的瓜分后，于1918年重获独立的功臣。

† 指波兰立陶宛联邦（Polish-Lithuanian Commonwealth，1569—1795），在17世纪达到鼎盛，是当时欧洲面积最大、人口最多的国家。其雏形形成于1386年立陶宛大公国君主约盖拉（Jogaila）迎娶波兰国公主。

工作岗位，而不去烦恼老鹰头上的皇冠或对死去英雄的崇拜。专注于当下，这才是意义所在。过去的一切自然会解决。"雷娜塔傲然作结。

不过雷娜塔的见解是少数人的观点。波兰人有一个传统的传统，一种保留历史记忆的天赋——或许因为在太长一段岁月里，他们仅能活在历史记忆中。波兰人是通过对波兰的记忆而保留下他们的认同的。尤其是在历经了一个多世纪的瓜分，真正的波兰已经被从地图上抹去时，他们的认同完全是靠着对波兰的理想才被保留下来的。这是波兰人自我意识强烈的原因之一——源自顽强地保存昔日记忆。在共产主义时期，当官方版本的历史企图扭转人民对波兰的认知时，他们是靠着非官方的历史撑过来的。我还记得在我成长期间，老师如何在令人厌烦的政治必修课中，偷偷掺杂片断的真正历史，而那些冒险获得的片断资讯，日后又扮演了多么重要的角色。后来我还记起了从夜晚一直进行到凌晨的讨论会，亦即波兰人所谓的"同胞夜谈"。在那些讨论会中，有关波兰的问题从来没有缺席过。

但是每一个朝代的开始都需要塑造它自己的历史。历经种种变革，所有波兰的过去都被放在一个崭新的角度来重新审视，如同车辆转过弯道，先前经过的景色以完全不同的角度与样态重新出现在我们面前。在报纸报道和日常的辩论中，关于波兰的不同观点都被激发出来：民族主义者和自由主义者对波兰历史有各自的解读，也有新的论点强调波兰的商业史，还有种说法，认为波兰是正常国家，一向属于欧洲民主传统的主流。

不过除了对古老过去的再造、移借和修订外，刚刚发生的过去也有它的问题，这是由对"前"和"后"的最新划分产生的。这正是最近发生的事情的核心，亦即将过去四十年直接归入历史范围。这是一段大部分人不想要的历史，因此究竟该对这段历史采取何种立场，也已经掀起了一场论战。

后共产主义时期的第一位总理塔德乌什·马佐维耶茨基（Tadeusz Mazowiecki）*要波兰人在过去和现在之间画一条"粗线"。后来"粗线"这个词大为盛行，许多文章、对话和图像都重复使用这个表达。这个词本出于好意，目的在于杜绝苦涩的心态，忘记过去，继续前行。另一方面，也有一些主张对过去展开报复行动的人，所幸那些声音目前都被压制了。放眼望去，到处都显现着将那段不幸时光抹去的明证：比如推倒列宁、斯大林、捷尔任斯基（Feliks Dzierżyński）†雕像，还有极力恢复早期的符号、仪式和想象中的荣光的尝试。事实上，这种回归更早历史的做法，也是一种压制新近历史的表现。

在此同时，关于这段黑暗时期的被埋葬的知识也持续地被挖掘出来。几乎每一天，报纸都会刊登一些基于档案发现的报道：比如苏联在第二次世界大战之初占领东波兰，战后苏联和波兰的关系，以及波兰共产党的历史等。

不过当然，记忆不是那么容易控制的。把过去从人为的压制下解放出来，固然产生了光荣，但也制造了恶魔：比如极端民族主义、反犹主义和各种令人不待见的社会潮流。至于共产主义本身的遗存——不论是有形的基础建设还是内化的传统，例如日常习惯和思考模式——也不像雕像那么容易被推倒。各方对这些问题多有建设性的讨论，也有很多温和明智的诉求，而在目前，狂热的人似乎还处于边缘地位，处于中心的是几乎令人讶异的平静。

我和一位认识的老太太一起住了几天。由于经济改革的关系，

---

* 马佐维耶茨基（1927—2013），波兰作家、记者、慈善家和政治家，前波兰团结工会运动的领导人之一，二战后中欧和东欧第一位非共产主义政府总理。
† 捷尔任斯基（1877—1926），波兰裔白俄罗斯贵族，苏联克格勃前身全俄肃反委员会的创始人。该组织在俄国内战和红色恐怖时期，因拷打及处决大量人员而恶名昭彰。

她的收入紧缩，养老金只有原来的一半，不过按照波兰的生活方式，还勉强过得去。海外的亲戚会寄点钱给她，这也是波兰经济的秘密来源之一。她有个帮手每星期匆匆造访一次，送来一些以极低价格购买的奶酪和肉制品——显然，她也有自己的路子，或许有在农场的亲戚之类的吧。不过我的女主人兰妮卡太太（Ranicka）还是非常俭省地享用她的低因咖啡和火腿的。

公寓有位男房客，来去都非常安静，每次出现在我们周围时也非常有礼貌。他是位电影技术人员，而且就像所有人一样很担心失业，没有了津贴的电影业是受创比较严重的行业。他所就职的电影"合资"公司目前还勉强支撑着，可是薪水实在很难赶上通货膨胀的速度。

因为只有我的房间有电视，所以某个晚上，他们两人都来到我的房间看电视节目《质询》（Interpellations）。这是一个辩论节目，会邀请一位重要的公众人物，接受反对党和友党人士，以及一般群众的质询。节目现场很快成为大家辩论的场所，套用雷娜塔的话，成为"我们新的大型咖啡店"。每个周四晚上，《质询》几乎将全国的人都吸引到电视机前来。节目中讨论的节奏快速、犀利，而且每个来宾都能言善道，相比之下，美国政治辩论性节目的节奏就显得缓慢许多。到目前为止，辩论都不是毫无成果、陷于两极化的争辩。节目的重点似乎是在思考怎么做对国家最好，而不是煽动群众，或显示自己的政治正确。托神的福，到目前为止，好像还没有人知道政治正确是什么。

这一次，节目请来了莱谢克·巴尔采罗维奇（Leszek Balcerowicz）*，即当前波兰剧烈而艰苦的经济改革的工程师。讨论

---

* 莱谢克·巴尔采罗维奇（1947— ），华沙经济学院教授，历任波兰副总理兼财政部长、波兰国家银行总裁等，被誉为"波兰自由市场之父"。他以所谓的"休克疗法"（shock therapy）抢救奄奄一息的波兰经济，借由货币政策及市场改革的强力药方，迅速将波兰经济导入正轨。

主题为：是该进一步加速所谓的"休克疗法"还是减缓速度。这是目前波兰最火热与最重要的议题，因为一旦失败将影响重大。这项改革的目的在于快速朝自由企业发展，展现经济活力，创造财富；可是一旦失败，将导致更严重的失业问题与通货膨胀，将百废待举的国家推入更加绝望的深渊。我的女主人和她的房客已经深受改革之苦，但他们两人仍以哲学上接纳的态度面对这一情势。

"难道继续加速推进不会让你们感到紧张？"我问道，心想那一定会搞得我很紧张。

"哦，亲爱的，我还记得1920年代的改革，"兰妮卡太太回答，"那才更糟糕呢。"接下来，我惊异地听到这位八十多岁的老太太——她有时对自己昨天所做的事还糊里糊涂——居然能够如数家珍地记起她曾经历过的各次经济改革的细节，还包括通货膨胀的速度和薪水的变化。1920年代通货膨胀极为严重，于是每逢发薪日，她一领到父亲的薪水，就立刻去采购，只因吃个午餐的工夫，币值就会下滑很多。当时还在打仗，所以问题更加复杂。"总之，"她收起回忆，"我想他们总不至于让我们饿死。"

"当然，我并不喜欢这样，但是不这样做也没有办法。"年轻的房客坚定地说，"总之，目前情况还不算太糟。资本已经开始流动了。我们必须把眼光放远一点，你晓得的。"

这是我在这里和人交谈时最常感受到的情绪：一种清心寡欲式的冷静节制。当然，其中也不乏悲观的评论、自我批评，或专喜欢泼冷水的人，但是我交谈的人当中，几乎没有人是惊慌、愤怒或苦闷的。我们总得想办法撑过去，这是我一再听到的说法，大家都在同一条船上。令人惊讶的是，这里没有罢工，没有抗议，没有大规模的暴力。更让人意外的是，尽管政府宛如在没有使用麻醉药的情况下替国家进行一项痛苦的手术，却至今仍拥有非常高的支持率。

这种平静虽然给人一种错觉，似乎这里不曾发生过任何事，但对我而言，这才是此地发生过的最有趣的事情之一。毕竟一个国家必须具备相当的政治成熟度，才能在恶劣的情况下展现出耐心和节制，才不会为了不可避免的病症责怪自己选出的代表。但这是一个极其特别的时刻，这种奇特的安宁或许是动乱不已的波兰历史所孕育出来的。我的女主人一生经历了战争和其他种种大风大浪，因此钞票上多几个零还不至于让她动摇；年轻的房客不但经历了日常生活的艰困，也经历了波兰战后时期有如格外活跃的火山一样一再爆发的动乱：1956年、1970年、1977年、1980年、1981年，当然，还有1989年。

事后回看，我们或可推断那些暴动也许正为目前的境况奠下了绝佳的根基。没有一个国家像波兰一样，反对"体制"的浪潮遍及全境且历久不衰。一种反对文化从草根运动中，从地下刊物、非正式教育和形形色色的地方策略中，从直接的政治教育中滋生出来。这是有功用且可以运用的过去。在波兰群众不一般的耐心等待中，这样的过去得到了回报。

这无疑只是一个暂停和缓冲，不可能持续太久。但是我想说的是："请注意这个。请注意这里所发生和没有发生的一切。请注意，有这么一次，即使持续的时间很短，这里的情况并没有想象中那么恶劣。"也许我的要求太高了。不过我在想，如果我是女王，可以放下严肃的分析而有一点沉湎于愿望的满足的话，我会让波兰往前推动到某一点，然后停下来。我会让它多一点霓虹灯，但不要像纽约时报广场一样多到俗丽的地步；我会在街道上多放点车辆，但不是多到产生交通阻塞；我会鼓励私人企业，但不至于产生令人瞠目的社会不公；我会在更民主，无疑也更分裂的未来，维持若干此刻的清心寡欲，以及对一般局势的判断能力。

一个周六的晚上，我和一个朋友共进晚餐。雅努什·格沃瓦茨基（Janusz Głowacki）是这里的剧作家，过去几年住在纽约。但回到自己故乡的雅努什却显得比平时还不安，站在街上环顾四周，想要找找在晚上9点这种非常规的时间，我们还能去哪里吃晚餐。我们先去了一间外国人经常光顾的饭店：维多利亚（Victoria）。我们明明看到有几张桌子还空着，餐厅侍者却冷漠地说没有座位，我们只好愤愤地前往另一家。小餐厅都客满，我们干脆去了间大的，欧罗普斯基酒店（Europejski）。它不只大，简直堪称巨大。天花板太高，餐桌太大，全餐厅都沐浴在昏黄的灯光下。餐厅前方还设有一个舞台。雅努什和我坐下来，准备好了长久的等待，因为那些侍者好像并没有提供服务的意愿。"他们收外币小费，收入是一般人的十倍，所以干吗理我们？"雅努什告诉我。不过还有一项是我们没有料到的，只见餐厅前方的灯光突然大亮，电视摄影机也被推了出来，一个民间舞团循序登上舞台。他们艳丽的服装、浓重的妆容、虚伪的笑容和欢快的音乐在在令人不快。雅努什和我互望一眼，随即不约而同地起身往门口走去。

回到街道上的我们再度驻足而立，不知道该转向何方。"我们可以去某某人的家，那里总找得到吃的。"雅努什建议道。波兰的社交生活就是这样，每个人都可以随时造访别人的家。但是因为我不太愿意，所以两人只好开始在黑暗空荡的街道上漫步。街上没有车子，没有霓虹灯。我们唯一碰到的人醉得东倒西歪。又有两家餐厅已经打烊。最后雅努什终于想到有家餐厅也许还在营业。餐厅确实还开着，当然，菜单上的大部分都已经卖完了，幸而还有烤羊肉串可以点。"请注意这已经很好了。"雅努什似乎真的很满足于这项小小的胜利。我心情不好，所以喝了两杯伏特加。我开始理解为什么波兰人会酗酒了。"你瞧，这里的生活就是这样，"雅努什说，"这些就是我们的成就和胜利。只要能好好吃上一顿，或者把破的鞋子补好，就感觉完成了一件惊天动地的大事，可以非常高兴地回家了。不然，你以为自己还能做什么？"

某个晚上，我花了些时间和海伦娜·武奇沃（Helena Łuczywo）交谈。她和亚当·米奇尼克是《选举日报》的共同主编。一名报社"司机"载我们到海伦娜的家，虽然那辆车的凌乱状况实在不符合这个冠冕堂皇的头衔，他和海伦娜的交谈也缺乏老板和职员间的正式态度。不过，尽管享有这种片刻的特权，海伦娜几乎和这里每个人一样过得很朴素，只是她所住的区域算是华沙几个比较好的区域之一，甚至有个小小的庭院。她曾告诉我，人们现在开始指责像她这样的知识分子并不知道波兰生活的实际情形。"不过坦白说，我实在不知道他们在说什么。"在我看来，她的说法应该是对的。逐渐式微的共产主义式平等主义，确实对平等化有真正的贡献。而东欧的知识分子不像西方知识分子，并没有被一般民众排除在外的感受。

刚在她家的小客厅坐定，她女儿立即为我们端来白兰地。海伦娜长舒了一口气，《选举日报》在过去几个月成为波兰最成功的报纸之一。由于大部分时间都是她负责，因此她每天都得高速运转，忙个不停。

海伦娜是最近从地下组织浮出台面的新知识精英之一，在塑造新近历史上起了重要作用。她和其他一些我认识的人，他们这个大群体或许才是一直吸引我返回波兰和东欧的真正力量所在。每个移民都有另一本想象的自传，在我对自己历史的修改中，我会留在波兰久一点，久到足以参与和我同一代的政治反对势力。波兰战后的知识分子以更丰富的内涵、更强的精神力量应对历史的巨大挑战。

他们所体验的种种，是同时代西方知识分子所向往，却无法实现的浪漫传奇。他们塑造了一场革命，或至少成为革命的先锋。他们所发起的社会运动，就我而言，是任何时间、任何地方都无法比拟的最鼓舞人心的运动。其后的推动力量，是无数的智慧和创新，还有一群毫不妥协，也绝不狂热的政治精英。

总而言之，他们表达异议的方式，构成了**我**最喜爱的波兰传统。过去几年间，我跟他们碰面，聆听他们充满活力和机智的谈话，讲述他们共同享有的历史：共同行动、秘密学习团体、策略研究会议，还有不定期的被捕入狱。不过在这些讽刺与活力的背后，可以窥探到只有若干古老名词才能描绘的情操，诸如正直、勇气和道德承诺。

当然，海伦娜自己也冒过极大的风险，做过关键性的决定。她是位个子小巧、五官柔和的女士，脸上经常挂着温暖的笑容，讲话却如同机关枪，态度坚决而毫不浮夸。海伦娜的父亲是共产党核心分子的一员，或至少，作为宣传部副部长，曾处于核心集团的外围。海伦娜说，在成长过程中，她并不太了解父亲工作的特质，父女间对于他们犹太人的身份也没有过多讨论，部分是由于她父亲是个有原则的国际主义者，对他而言，这些事情并不重要。在她父亲眼中，族群的自我认同是一种倒退的行为。不管怎样，海伦娜认为这些事没有涉及也好。"我不相信美国每件事都要追根究底去分析的那一套，"她轻快地评论道，"毕竟，那不是重点。"但她自认是个坚强的人，并将自己的乐观以及基本的安全感和力量归功于父母对她的爱。

然而海伦娜对一些事毕竟心知肚明。她知道自己是犹太人，对于自己在夏令营企图掩盖这个事实的做法也深感嫌恶。这个插曲是她自我认知的重要转折点之一，让她下定决心，永远也不要再坠入这种错误的迷思中。

她也很早就感觉到波兰这个国家的某些地方已经腐蚀。比如她震惊地发觉家里有些情况和她所受到的教育并不一致,因为,不管在家里讨论什么,她受到的教育毕竟还是充满意识形态的。对一个年轻人而言,她注意到的某些情况总是显得格外刺眼,格外让人难以承受。比如理论上讲,平等应该是普及的,但是她家却住在相较于波兰的标准属于豪华奢侈的、特别保留给要职人员的住宅区。除此之外,他们还享有种种其他特权。另外,一些历史的发现也令她倍觉沮丧。比如她上高中时,曾听到一个崭露头角的异议分子谈到斯大林针对多个民族的政策*,对她而言,这根本是一个令人惊恐的真相。还有一次,当她首度踏出国门时,接触到一份由移民所发行的出版物《文化》(*Kultura*)†,其中公然抗议的文字也震撼了她,当时这种评论仍有亵渎圣物般的威力。此外,意识形态偶尔也会在她家里抬头。海伦娜记得她已经很大时,父亲还当街打过她一次,因为他发现女儿在投票亭里把所有候选人的名字都打了叉,以抗议选举的虚伪。"其实他是最疼我的,"海伦娜告诉我,神情间没有一丝对父亲的怨恨,"他只是一时气疯了。"

海伦娜直到1967年她二十二岁的时候,才真正下定决心投身政治。那年发生了两件令人震惊的大事,塑造了她那一代所有人的良知与意识。一是苏联入侵了捷克,二是波兰政府开始展开反犹太人和反知识分子的运动。波兰人习惯于将历史上重大事件发生的月份作为该事件的名称,所以那次运动便被称为"三月事件"。

"我认为三月事件是一场完全没有意义的表演,"海伦娜尖锐地评论道,"不过也逼得我们完全没有办法不投入其中。"也许迫使他

---

* 斯大林在1940年代集体迁移和流放诸多少数族裔,其中包括波兰人和犹太人等。
† 1947—2000年由自由协会先后在罗马及巴黎出版的文学政治性杂志,为研究波兰文学的重要文献,出版期间深受波兰境内外知识分子喜爱。

们无法置身事外的原因是反犹运动的惨无人道吧。许多犹太人在那时离开了波兰，其中大部分是政治精英和知识分子，海伦娜则属于那些未曾考虑过离开的人。这种选择总是部分出于理性考虑，部分源于偶然因素。海伦娜从未亲身经历过反犹主义，加上她后来完婚的丈夫不是犹太人，且定居波兰。就像许多那个年代的波兰犹太人一样，她深受波兰文化的熏陶；而且——或许海伦娜会讨厌我选用的字眼——如果不是受到团结一致和对国家的热爱的激发，没有某种爱国精神的话，她后来的许多行动都是无法真正得到理解的。

不过她的投身政治应该也受到出身背景的影响：海伦娜毕竟成长在社会参与的环境中，对她而言，某些理想虽然不时受到背叛，但仍然是她所认同的。事实上，她首次从事的政治活动，虽然内容不同，形式上却重复了她父亲约四十年前所从事的活动。当年她父亲是个年轻的共产党员，因印制和散发非法传单，很快被扔进监狱；同样的，海伦娜也和一个朋友印制传单，呼吁工人和学生的团结，并在乌尔斯（Ursus）的工厂住宅区散发。

海伦娜的小小煽动逃过了法律制裁。在第一次的尝试后，她抛下政治去结婚生子，在银行工作，然后在沉闷的工作之余学习英语。直到波兰再次天摇地动，再度面临道德的转折点。1976年，雅采克·库隆（Jacek Kuroń）*这位日后成为极有魅力的反对势力领袖，还出任国会议员的朋友要求海伦娜协助"劳工保护委员会"（Komitet Obrony Robotników, KOR）。那是个新成立的组织，目的是回应对工人的迫害，日后成为团结工会的萌芽之一。

库隆希望她担任一家瑞典电视台采访团的英文翻译，前往乌尔斯那家她曾散发非法传单的工厂拍摄纪录片。

---

* 雅采克·库隆（1934—2004），杰出的社会和政治人物，被封为"波兰反抗势力教父"。

海伦娜起先拒绝了这项会带来相当程度危险的行动，尤其她很担心"新闻里那些反犹太的屁话"，她不想承受那么丑陋的罪名。后来，她和另一个日后也成为团结工会重要领袖的朋友"仔细商议了"该怎么做。"我考虑了整整三天，"她说，"到第三天，我开始觉得反感透顶，对我自己、对我朋友都是。如果我同意为劳工保护委员会工作，我相信他们一定会让我失业，然后展开抵制我的行动，不过我已经做了无法拒绝的决定。做人就应该这样。乌尔斯的那些人的确受到不人道的待遇，我知道我不能视若无睹，那不是做人应该有的态度。而一旦我做了这个决定，我就绝不会回头。"

从那时起，海伦娜和她丈夫维特克（Witek）便将大部分精力投入到劳工保护委员会。后来雅采克·库隆在他精彩的自传中还曾述及劳工保护委员会时期的积极参与、无畏无惧，以及支持反对阵营的高明策略。劳工保护委员会最大的突破是有效地让案件曝光，以纯粹法律的立场就所有对劳工的迫害提出抗议，因此迫使当局遵守他们自己制订的规章，在他们自己的游戏中击败他们。就是在这期间，数以千计的人都知道库隆的电话号码，一旦在公众场合有逮捕行为，马上就有人打电话给他，而他则可以通知自由欧洲电台（Radio Free Europe）或其他有用的组织。这段时期有周末四十八小时拘留的规定，后来还形成了惯例，即库隆和其他人会告诉他们的朋友，待星期日晚上他们获释出狱后，记得打电话过来回复。

只要有需要他们的地方，海伦娜和她的丈夫便提供支持，包括整理劳工保护委员会最新资讯或联系西方媒体等。"事实证明，不论做什么我们其实都做得很好。"海伦娜的语气客观，心态持平。她习惯把自己和其他人一样看待，在称赞或批评自己时，没有矫饰的谦逊或浮夸。

波兰的特点在于工人和知识分子神话似的联盟，这是波兰"革命"独一无二的特征,很大程度上应归功于劳工保护委员会的努力。马克思主义的至善竟在此刻真正实现——当然,是站在反对马克思主义国家的立场上的。团结工会刚起步时,海伦娜担任《新闻快报》(Information Bulletin)的编辑,维特克则负责生产。海伦娜说,当时她的工作负担"沉重得难以想象",比她在《选举日报》担任编辑时辛苦得多。"消息大约有两百页,每个星期出版两次,还得毫无差错。"

在 1981 年的镇压行动中,海伦娜和维特克侥幸逃过逮捕。12 月 12 日晚上宣布戒严令时,他们刚好看完电影,顺便绕道办公室。"这是一年来我们第一次看电影。"他们抵达时,办公室的电话线已被切断,电报传送机也是。往窗口望去,只见一群群民兵正从前后包抄而来,办公室里的一些同事已经准备好要抵抗,但海伦娜认为那只是"没有意义的"英雄主义作祟,逃跑是唯一的出路。海伦娜和维特克即刻逃走,前往附近一栋建筑寻求庇护。门房立即让他们入内,与此同时,军队也闯入了办公室所在的建筑。

随后两年,他们一直生活在逃亡中。那是地下组织活跃的时期,只有透过海伦娜的描述,我才开始了解那种阴暗而辉煌过往的实质含义。海伦娜和维特克不能回家,否则马上就会被民兵带走。他们只能躲在其他人的公寓,而且每两个星期就要换一间,如此才不容易被追捕。当年才七岁的女儿露西(Lucja)被托给海伦娜的母亲照顾,他们每星期探视一次,通常选在一个公园散步。他们的婚姻因为维特克和跟他一起藏匿的女子有了感情,也于这期间破裂。尽管做不成夫妻,他们的政治活动却没有受到影响。两人在极其艰难的环境下,仍和几个朋友共同创办了《马佐夫舍报》(Mazowsze)这份主要的地下报刊。海伦娜和两个女性朋友藏匿在一处。三人同睡在一张沙发上,腿就只好伸到椅子上。"我睡中间,因为不管任何情况，我都睡得着。"海伦娜说，"我的适应力在那段时间还真的通过了考验。其他人都没有办法继续下去，我却可以。"她可以通宵工作，当其他人在桌上打字时，她也可以在桌子底下呼呼大睡。

对海伦娜而言，东躲西藏的生活最累人的地方，是必须一直扮演客人的角色。他们藏身的公寓很小，公寓主人都是一般民众，很希望和他们聊聊天，了解最新的发展。"他们对我们很好，"她补充道，"我真的觉得欠他们很多。"当我询问他们的短暂居留是否需要负担房租时，海伦娜对于我竟然会有这种想法深感惊讶："不可能，当然不用。我们根本不会想这种事。"她机关枪似地抗议道，"那是美国人才会问的问题。这里没有人会考虑这种问题。"

显然，也没有人想过能不能信赖收留他们的主人，或者彼此，又或者他们自己。"这是在这里做地下工作的特点之一，"海伦娜说，"在这个国家，我们知道谁可以信赖。我们认为不会有人告密。"

的确，这应该是波兰异议分子的典型处境，和东欧其他国家有着显著的不同。由于反对势力广泛，社会的大部分民众都团结在一起，再加上至少在这方面，人们相互是可以信赖的，许多民众都愿意承担巨大的风险。

除此之外，勇敢的精神也深植于波兰的传统，形成了一股信念的力量。海伦娜虽然没有被逮捕过，但是她和她的大部分同志一样，也有过公寓被搜查以及被秘密警察审问的经历。海伦娜说，到头来，每个人都发展出一套独具风格的应对技巧。"雅采克·库隆会和警察一直讨论某件事情，让警察觉得无聊之至，不过他本来就觉得我们应该跟每个人沟通。亚当·米奇尼克则会冷嘲热讽，或企图说服警察他们错了。我则什么都不说，因为我根本不想说。我知道他们所有的把戏，又臭又长且毫无戏剧性，都是些微不足道的小事。警察知道我们不是重要人物，跟我们磨也磨不出什么结果。"

尽管海伦娜对自己非法行径所冒的危险显得若无其事,但确实有那么几次,她也觉得自己就像置身电影《法国贩毒网》(The French Connection)*中一样。比如有几个晚上她去报社上班时,会换乘好几辆车,或绕道而行,或在高架桥下面奔跑,以便摆脱她认为形迹可疑的跟踪者。后来这段秘密岁月终于接近尾声。政治气候开始转变,海伦娜和其他人判断应该可以现身了,不过还是必须聪明机变,以免招来对自己的指控。1980年代末期,团结工会总算恢复实力,又开始和政府展开谈判,只是绝对没料到他们会大获全胜。

"我们完全缺乏想象力。"海伦娜说。因为团结工会当时所要求的不过是作为工会的官方地位,但当局已经看到了墙上的抗议涂鸦,准备交出部分权力了。

尽管事情的发展在意料之外,但他们却很快心领神会。早在1989年讨论过渡政府组成的圆桌会议期间,《选举日报》便开始发行了。亚当·米奇尼克要求海伦娜加入报社。从那时开始,她便担任发行人和副总编一职。对于这个新角色,或者踏入资本社会丛林,海伦娜显得毫无所惧。我看到过她在《选举日报》凌乱的办公室主导全局时的自信,还帮她的职员从一家美国银行取得房屋贷款。在一部关于《选举日报》的纪录片中,她也用她柔和而坚定的声音表示,如果你真的很想做一件事,那么艰困的环境并不是障碍,因为你绝对可以利用你所能掌握的方法和资源找到出路。海伦娜对报纸的规划远大,不过我可以感觉到,她的野心不纯然是自私的,仍是为了理想。对于《选举日报》,她希望能成就和世界上最好的报

---

* 警匪剧情片,是好莱坞第一部拍出都市内飞车相互追逐效果的电影,1972年获得奥斯卡金像奖最佳影片奖。

纸相互抗衡、平分秋色的"甜蜜的小奇迹"。

尽管这种态度好像是标准的美式想法，但在跟她交谈后，我能看出其根源多半还是本土的。就某种意义而言，地下工作为海伦娜此刻所踏入的更开放的世界提供了最好的准备。虽然抱持着高度理想主义，但在历练的过程中，异见分子也训练了承担巨大风险、迅速做出困难决定，以及肩负困难责任的能力。海伦娜是比较幸运的那群人之一，对他们而言，从一个时代到下一个时代几乎做到了无缝衔接，不但工作上如此，在某些更珍贵的方面也是——比如一直未被扰乱的良知。她无需背负自责的包袱或藏匿羞于启齿的秘密，也没有需要放下的遗憾。

处于一个拥有如此巨大权力和责任的位置，她有没有感到作为一位女性有什么特别困难之处？"没有，完全没有问题，"海伦娜回答，"在我旅居美国那年，这也是我无法理解美国女权主义的原因之一。不过你知道，在波兰，女性的情况不一样。一方面，女性处于更恶劣的情况——所有那些下班回家后排队等着你的事；但另一方面，她们的境遇比较好。"她认为波兰女性的境遇比较好，是因为波兰的传统，女性在参加社会运动与参政当权上始终没有缺席，有着悠久的渊源。的确，在波兰面临危难时，许多起义和秘密活动中都能看到女性的身影，她们加入反抗力量，后来还潜入地下活动。这种为了维护共同的脆弱理想而产生的同志情谊，远比两极化的性别刻板角色更有力量。这也部分揭示了我在海伦娜等人身上所目睹的令人敬佩的女性力量。

天色渐暗，海伦娜的女儿露西原本一直在做功课，此刻进来问母亲一个有关英语文法的小问题。海伦娜告诉我，逃亡藏匿最痛苦的一面，就是"想到露西，担心自己会扭曲了孩子的一生。不过露西成长得很好，那段经历也强化了她的某些个性"。的确，露西不像是个生命被扭曲的年轻人。她是个纤细高挑、非常迷人的十六岁女孩,面容俏丽,动作轻盈。海伦娜对自己女儿的美貌、经历种种困难的适应能力,以及在《选举日报》担任助手时的乖巧能干十分自豪。不过此刻海伦娜却忙着教训露西:"来吧,露西!不要这么懒,你自己想得出来的,请你稍微动点脑筋好吗?"她的语气犀利但充满疼爱,我看得出来露西也并不介意遭到挑战或被布置任务,她们之间并没有敌意或代沟。从这段短短的互动中,我可以想象露西正被导向我童年记忆中那套波兰的人际关系体系。在那套体系下,人们互相喜爱却并不感情用事,因为大家都平等地接受某种共同的期待,对于自己和对方应扮演的角色有着某种共识。或许这种共同的价值观和荣誉感才是团结工会和海伦娜力量的核心所在吧!

当海伦娜陪我下楼帮忙叫出租车时,我又问了她一个"美式问题"。我问她,为什么要做这一切,为什么在明知随时可能遭到惩罚,而且几乎无法获得报酬的情况下,还要承担这些沉重的压力和艰险?

"喔!伊娃,饶了我吧!"她回答,正如我所料,"其实,你知道的,"她有些尴尬地停顿片刻,"基于一种责任感吧!为维护我自己的尊严。人是不会自己走进粪坑的。我可以告诉你,"她的语气略有变化,仿佛终于解释到重点,"这里的实际情况就是那么讨厌,让人完全无法接受。是啊,有些人不喜欢我们,因为他们知道自己以前干过什么脏事。我不干那种事,我既不想说谎,也不想过双重生活。也许人天生还是有点正义感的,知道自己何时不正确,何时正确。所以有些事是一般人不会做的,仅此而已。"

我在波兰长大期间,在克拉科夫周遭的社交圈中,海伦娜说的"他们"是遥远的一群人,而且人们就希望他们维持那种形象:毕

第一章 波兰（上）

竟"他们"是那个意图掌握我们生命、为所欲为的体制的一部分。后来我阅读了他们中一些人的回忆录，看过他们对良心的叙述、对灵魂的探索，以及对上帝失败的分析，但是我并没有真正和"他们"碰过面。在我居住的波兰地区的日常生活中，一般是见不到他们的。除了铁幕以外，波兰内部也有一层屏障。

那当然是个有孔的屏障，在某些圈子中，人们会定期穿梭于屏障两侧，不过他们也会感到自己真的跨越了一层无形的边界，或在一层面纱后面，带着偷窥的刺激心理往外窥探。他们是国家中的国家，就某种意义而言，可以说是被隔离的少数分子，是困在自己城堡里的蓝胡子[*]。

不过当我和我那群异议朋友交谈时，却发现这个框架下有个有趣的转变，因为这些异议分子很多实际上就是"他们"的孩子。在这方面，海伦娜也不例外。在波兰异议人士领袖中，父母属于早期共产党领导人物者的数目相当惊人。精英中的精英引领某种反精英的风气，或者相反。

我的朋友们对于他们父母的所作所为通常模糊其词，也许他们宁愿不知道。不过当他们发自内心地厌恶他们年长一代所支持或代表的东西时，就会打趣地谈及自己父母的一些轶事。

比如我的朋友玛尔塔（Marta）提到的1968年她入狱时的一段趣事，是我最喜欢的故事之一。也许因为她是一名重要共产党员的女儿，所以当时波兰总理写了一封信给她，信中说明愿意释放她，不过她得做些让步，并且发表声明。当她正发愁该如何回复总理时，父亲前来探监，告诉了她一个有关他自己父亲的故事。在大战前，

---

[*] 法国诗人夏尔·佩罗（Charles Perrault）所创作的童话。故事主角蓝胡子是个有钱却样貌丑陋的贵族，在城堡中独居。

玛尔塔的父亲因为从事共产主义活动入监服刑，她的祖父前来探视。当时玛尔塔的父亲如果答应类似的条件，也有获得特赦的机会。"我不知道你会怎么做，"玛尔塔的祖父告诉她父亲，"你也知道，我不是共产党，我跟你的意见也不一样。不过对于这种恩惠，我们是不会去乞求的。"在知道这个故事后，玛尔塔知道该怎么做了。她拒绝了总理的提议。

当然，这批异议分子的父母都是早期的共产党人，大多都在理想主义的激发下挺身而出，虽然后来踏上了腐化和滥用权力的不归路。有一天，我终于见到了"他们"中的一分子——海伦娜的父亲。刚见面时，不知为何，他立即让我联想到托尔斯泰小说中的一个小人物：一个落后于时代的、过气的启蒙主义理性主义者，丝毫不理会外面的世界早已超越他，依旧逗留在他的私人实验室，以极其清晰的理智、乐观健全的心态操作毫无意义的科学实验。

海伦娜的父亲费迪南德·哈博（Ferdynand Chaber）个头矮小，因为年岁已高而身形消瘦，不过以八十四岁高龄而言，他仍旧行动敏捷，声音也很爽朗，对于自己的年纪和活力甚感得意，"我的生活方式很理性，"他愉悦地告诉我，语气明显带有教条主义的意味，"我吃得很健康，每天都运动，早上半个钟头，晚上半个钟头。我管理自己的花园，从来不看电视，因为电视就像心理上的口香糖。我跟别人相处得很好。为了维持健康，一个人必须有思想，也必须有行动。还有，我应该再加一句，我的个性非常乐观。"

讲到兴奋处，哈博的声音会提高到雄辩的分贝，还会规律地用手势加强语气。有时他似乎在对群众演讲，或在对一群需要激励的无形观众演说，而不只是面对一个坐在一旁、接受茶水点心招待的客人。

不过，哈博的眼神始终宁静，无论是谈到理想、人类的本质还是点心和礼物。我们才开始谈不久,他的声调便扬升到雄辩的高度,每讲一句,手指便在桌上敲一下,俨然以救世主的姿态窥探未来。"现在,我们正来到长期革命的转折点。美国已经赢得了冷战,但我们面对的战争将更为严峻——一场对抗霍乱、亚马孙河丛林被毁、饥饿和饥荒的战争。我不想夸大其词,不过这是最后的时刻,我们需要共产党协助我们塑造新的良知。我很希望能活到2000年,届时共产主义会重新获得它的历史使命。"

政党的命运始终塑造着哈博的生命叙述,赋予它意义。他的故事具有全景式共产主义长剧的所有元素,苏联史诗性电影经常从中取材:秘密聚会和慷慨激昂的非法演说、入监服刑后又侥幸脱逃、在战争期间前往苏联朝圣、党内地位提升,以及最终遭到驱逐。和许多过去的活动家一样,他有令人肃然起敬、充满热情的历史记忆,连五十年前的派系斗争和意识形态辩论都能清楚地回忆,言词间带着澎湃的党派热情。

海伦娜的父亲之所以成为共产党员,原因同战前的许多年轻人一样:一则因为当年和富有的双亲前往乡下度假,深深为他所目睹的穷困景象所震惊;二则因为在动荡、工业化且贫穷的波兰,他认为共产主义提供了一个可以解释这些现象和其他社会弊病的答案。他在1928年加入了当时还属于非法组织的政党,不到一年即开始撰写非法的宣传册,正如四十年后他的女儿也撰写宣传册反抗他随后出任要角的政权一样。他很快遭到逮捕,被判刑四年,这是他一生六度被捕中的头一次。

海伦娜怀疑她父亲在职业生涯中持续做了一些"可怕的"事,而她也用了大半生来抵抗她父亲始终笃信的教条;但是他们父女的境遇,或者命运,仍有着某种延续。费迪南德·哈博认为他之所以被从位高权重的党内职位赶下来,是因为他的子女从事地下活动。

在1960年代末期,海伦娜和她的兄弟都参加了一个名叫突击队(The Commandos)的共产党改革派青年组织所领导的学生抗议活动。正如对待家庭异议分子的常用做法,那个组织成为党内宣泄怒气的锁定目标,哈博的上司要求他公开清算突击队。在当时,"清算"是个带有强烈情绪的字眼。一个好的共产党员应该致力于"自我清算",然后迅速接受惩罚。他们也必须接受命令去"清算"其他人;如果拒绝"清算",很可能会带来致命的后果。哈博拒绝"清算",而且在自己的同志面前为儿女辩护。他说他就是这样教育自己儿女的,而且为儿女和他们秉持的理想精神而骄傲。"说心里话,"对他而言,内心显然是另一个独立而次要的现实,所以他说,"我很高兴我的孩子能为理想而活。"

为理想而活,这对现今许多重要异议分子而言,显然跟对早年笃信共产主义的人一样重要。只是上一辈将其信仰转化为严格的教条,而他们的孩子则成为有原则的温和主义者,对所有好战的意识形态均抱持怀疑的态度。我曾问过费迪南德·哈博,他认为自己曾经的信仰到底哪里出错了。"我告诉你我从中学到的一件事,"他回答,"我绝不会再用武力强迫任何人快乐了。"

然而,他们两代都牵扯进同一出戏剧里,所卷入的斗争,其本质他们早已熟知。这出剧目前已经步入尾声。不过正如父母传递给子女的通常并非他们原本的面貌,而是经过美化的、想象中的自己,那些早期的共产主义信徒,也传递给下一代某种政治道德和社会参与的理想化的社会自我。只是讽刺的是,他们传递下去的理想,却携带着反抗的种子,使得他们终于走向溃亡。不过那理想性和戏剧化,多少可以解释我在许多当地人身上所看到的坚定的个性、挺直的腰杆和沉稳坚强的性格。只是这些特质能否在更为分化和复杂的新时代环境下存活,就不得而知了。

有个下午，我去拜访了一个算命师。这是我平常绝对不会做的事，不过我告诉自己，去看她是反映当前社会现象。在波兰，各式各样的人都会去算命、去请教灵魂导师、去尝试另类疗法。最近这方面的需求更有激增的趋势，或许是拜其他的解释方式都彻底失败所赐吧。

我求教的算命师住在人民军街（Avenue of the People's Army）。这位干瘪的老太婆弯腰驼背，没有牙齿，身上裹着围巾和毛衣。她拿出短秃的铅笔、沾有油渍的纸和一打古老的纸牌。"你会发一大笔财，小姐，"她以平稳的声调缓缓说道，"不过首先，你得先撑过这该死的休克疗法才行。"真是个政治消息灵通的占卜者！"你的心脏没有问题，"她说得笃定，"不过去照照心电图也无妨。"我没有透露关于我的任何信息，直到算命结束后才告诉她我是个移民。她愤怒地瞪了我一眼。我骗到她了！出于报复，她狠狠敲了我四倍的费用，不过就国际标准而言，她还算是便宜的。

一进入万豪酒店（Marriott Hotel）我就惊住了，刹那间宛如置身旧金山或康涅狄格州或美国中西部。大理石地面、反光的表面、长形皮质沙发，还有精心设计的插花，在在散发出一种经过仔细琢磨的、不偏不倚的豪华，让人觉得这里不会发生任何不好的事，也没什么可发生的。这家酒店是几年前才建成的，为本地屈指可数的典雅场所之一。

我来这里和一名美国记者小酌。饭店酒吧里全是外国人、自由化之后重新归来的波兰人、高级陪酒小姐，以及新兴的有钱人。一杯伏特加，而且只是波兰的伏特加，我的老天啊，就要花十美金。在光线昏暗的大厅，穿着俗丽西装的男士围坐在小矮桌的四周，讨论着合资企业的问题。其他的则坐待合资企业之类的机会来临。对这种人已经有个特别的称号：万豪酒店坐客。

和我碰面的记者很庆幸来到万豪，对他而言，这里也许是华沙唯一能待的地方。在这里，他的行为举止也宛如在自己家中一般充满自信。他和一位来自加州的女性朋友一起现身，对于波兰人之所以不太聪明，她自有一套理论：因为波兰人的饮食不健康。尽管她并没有和任何波兰人交谈过，却好像并不觉得这样有什么不对。

我自己也会不时来这里，以离开景象破败、气氛尖锐的华沙，暂时沉浸在饭店平淡、单纯的**舒适**中。不过今天晚上，饭店的气氛却有些诡异，令人窒息，宛如冷不防地甩了外部世界一记耳光。一名女歌手唱着一组国际歌曲，包括几首犹太曲调。今年夏天，犹太歌曲似乎颇为流行。一些打扮过度的波兰人昂首而入，仿佛刻意要吸引旁人的目光，随后又出现了一群穿着邋遢的以色列人。更多美国记者加入我们，抱怨波兰是如此一个难以忍受、乏味沉闷的地方。出乎意料地，我竟然有些抵触，隐然对波兰已有所牵绊。

团结工会的破裂，并非开始于一声巨响或一句抱怨，而是轰动的崩裂。很偶然地，我几乎在事发当时就听说了，当时我正好再度造访《选举日报》，与亚当·米奇尼克见面。

米奇尼克个头矮小，而且意外地，有着温和的面貌。他的头发和衬衫一样凌乱，灰蓝色的眼睛闪烁着警觉与讽刺的光。对我而言，他著名的个人魅力部分是种优雅的谐谑，部分则来自直言不讳的天性，能毫无戒心地叙述简单的事实。或许这也是他借以展现道德权威的手段之一，就是以迷人轻松的方式传递深刻的道理。米奇尼克的故事已经成为波兰政治神话的一部分。在大约十四岁时，亚当创立了一个名为"矛盾探索俱乐部"（The Club for the Quest of Contradictions）的组织，虽然不过是一个高中生的玩意，但日后却成为波兰成熟反对活动的一粒种子。这个组织探讨民主主义、马克思主义和波兰历史与意识形态，让当时的政府有如芒刺在背，因此被时任波兰总理指名谴责；但对十几岁的亚当而言，此举不啻无上光荣。

从那时起，原本只想当一名历史学家的米奇尼克，毅然踏上了激进主义、坐牢和写作之路，而执笔写作主要是拜关在监狱里无所事事所赐。他的许多英勇事迹和言论已经成为传奇。有则米奇尼克的轶事不断被传颂，就是发现自己置身情绪失控的群众中时，米奇尼克如何跳上临时搭建的讲坛，尽管有口吃的毛病，却以言词让骚乱者安静下来，阻止了他们攻击夹在人群中的警察。虽然他本身对警方并无好感，但是他却更加厌恶暴力和报复心理。他曾写到在戒严期间，政府如何准许他前往蔚蓝海岸欢度圣诞节，政府宁愿摆脱他，也不愿面对他的存在所带来的尴尬。他以一连串隽永的语句回绝了政府的好意，其用词遣字在我看来，真是在压力下仍不失优雅。他写道：（1）"如此公开承认自己玩弄法律，只有笨蛋才会这样做。"（2）"向一名入狱两年的囚犯提供前往蔚蓝海岸的机会，以换取他的道德自杀，只有卑贱者才会这样做。"（3）"相信我会接受这种提案，等于相信每个人都是警方的同伙。"

在团结工会成立早期，米奇尼克曾是瓦文萨的主要顾问之一，两人也成为私交甚笃的朋友。那段友谊具有高度的象征意涵，代表了知识分子和劳工阶级间一种格外迷人而纯净的联盟关系，从而使得团结工会在斗争期间成为一股独特的现象。有很多关于米奇尼克和瓦文萨紧急会商、窃窃私语的影像，而总统、总理或其他代表权力的人物则守候在一旁，静待他们的决议。

他们的搭配可谓大团结的最佳代表：两人都精力充沛、个性幽默，而且非常聪明。他们的机敏和魅力各异其趣，那也是传奇的一部分。瓦文萨自称完全没有受过教育,一口浓重的农民腔波兰话,公开表示自己信仰的虔诚,在面对紧急情况、危机和群众时,经常展现出高度的智慧和准确无误的直觉。米奇尼克的举止则带有若干古老波兰的拘谨,是个完全的知识分子,有着良好的历史观和大局观。据说他是瓦文萨许多政策后的智囊人物。

米奇尼克和瓦文萨的友情,当然是极为浪漫的;不过正如许多浪漫关系一样,让他俩结合在一起的差异性,此刻也正在打破二人的关系。就在这个下午,米奇尼克收到瓦文萨的一封信,要求他——或者应该说是命令他——要么辞去《选举日报》主编的工作,要么撤下报纸刊头上团结工会的标志。米奇尼克迅速向我解释了这项令人吃惊的举措的背景。导致这次决裂的裂纹早在过去几个月便已逐渐显露。这个决裂部分是私人的,《选举日报》刊载了几篇批评瓦文萨的报道。根据一项舆论调查,有些人对于瓦文萨的行为和他不会讲法文颇有微词,这点让瓦文萨感到十分不满。这是"知识分子"对出身群众之人的毁谤;而瓦文萨的虚荣心很容易受伤,是众人皆知的事。

尽管如此,命令米奇尼克辞职仍是一个相当专横的举动,令人怀疑瓦文萨是否认为他就是团结工会的化身和帝王。他的信函所实际表达的就是"团结工会, c'est moi(即我)"[*]。而这讽刺不单只是可笑而已,更会对波兰产生许多潜在的影响。

我必须承认我实在不想失去瓦文萨在我心目中有如天才的地位,他不仅为自己而战,也为整个波兰而战。我脑海中仍存有种种关于他的鲜明画面:在最混乱的局面中挺身而出,机智地挑衅他的对手,寻求最佳应对方式和最有利的立场,为所有工人阶级而战,

---

[*] 此处用法语表示,显然是对上一段说的瓦文萨不会讲法文的嘲讽。

汇集群众的愤怒和智慧而发出怒吼——否则他是在为谁而战？在领导方面，瓦文萨似乎从未有过自我主义倾向，不过就像有些人会被权力所腐化，或许有些人也会因为没有权力而腐化吧？在这个过渡时期，瓦文萨已经失去了战斗或表演的舞台。在圆桌会议上分割他曾拥有的权力时，他没有替自己安排任何角色。过去几个月，他过着平民的日子，显然也萌生了怨气。这位终其职业生涯从未在政治上失去平衡的人，竟第一次表现出如此笨拙的姿态，似乎仍无法把自己在波兰生活中所实际具有的莫大重要性与此刻的无能为力联系起来。

米奇尼克把他草拟的回函拿给我看。语气充满尊严，却不过于正式，仿佛想要唤醒他俩之间曾经拥有的情谊。首先他以遗憾而坚定的口吻表明，他——米奇尼克本人，没有意愿，也没有权利达成瓦文萨的两项要求。他提醒瓦文萨，《选举日报》是个合作企业，编辑由他的同事们共同任命，有关标志等重大决定也必须共同决定。

"你觉得这样可以吗？"米奇尼克问我。对于自己完成一篇强而有力的文书，米奇尼克带有一丝作家的得意之感。但是对事态的转折，他看来还是相当难过，我也可以感受到这种沉重。毕竟，这项争执不单是两个老朋友之间的争论而已。事实上，他们之间的裂痕远比这起事件更加严重，而且在过去几个月不断加深。这是"格但斯克"（Gdańsk）*和"华沙"之间的分裂，是团结工会的平民百姓和知识分子之间的分裂。这是相互谴责的开始，是双方角色两极化的起点：在这新的一幕中，格但斯克的人们所代表的是民族主义分子，具有煽动群众的倾向，把教会和国家混为一谈，而且缺乏外交常识。知识分子则受到一贯的指责：自我优越感、和平民百姓脱节，

---

* 格但斯克是团结工会的发祥地，德文名为但泽，Danzig。

还有想当然的,对共产党过于软弱。

从旁观者的角度看来,这些发展明显具有某种结构性的逻辑,是一种政治上的必然。如今他们共同的敌人已被击败,所有的意图和目的都已经达成,因此团结工会的走向分裂,几乎可以用数学逻辑推算出来,因为已经没有一个巨大的磁场足以将他们团结为一体。一旦没了统一的力量,人们自然会有不同意见、不同个性和不同意志,这些都是人性的一般特征。

但是不管是否难以避免,我仍可以理解为何这段友情的破裂,亦即团结工会的破裂,对米奇尼克而言特别痛苦。"瓦文萨是我孩子的教父,你知道的。"他说着,神情间再度流露出真切的悲伤。这段历史使他们变得如此亲密,也带来了许多好的方面:彼此并肩作战的能力、勇气和对权力的成熟批判。但是那恐怖、英雄式的章节已经落幕,接下来的是多元的利益和彼此难以避免的争执:竞争、选战、呼喊口号与权力的斗争,亦即民主的写照,生命的写照。

几个月之后,我亲眼见到了瓦文萨,那是在电视台员工的一场聚会上。在这个夏天,他已宣布将角逐总统一职,事实上,他在电视台的出现便是竞选活动的第一炮。聚会厅内人山人海,充满热烈的期盼。当瓦文萨出现时,他一上来就说自己得了感冒,喉咙痛,而且一个钟头内就得离开,以便赶赴另一场预定的活动。他面容苍白、疲倦,人显得矮胖。而他的演说,在没有针对问题表达立场的时候,就是辩解和吹嘘的奇妙组合。还有个人魅力——这最重要的神秘因素。他的魅力体现在他的精力、生活智慧,甚至是吹嘘本身中;而一旦得到回应,他的魅力也展现在与观众的互动中。这是他最机智、最敏锐、最有自信,也最不正经的时刻。这明显是他所热衷的。他表现冲动,甘冒不韪。他不时有意无意地提及他所获得的诺贝尔和平奖，接着又自我调侃地加以评论；他言词尖锐地嘲弄听众，还说些不正经的笑话。这是一个还不算谨言慎行的政治人物，在演讲中他指责新的团队对他过于严厉；电台的新首脑则解释他们只是在扮演立场公正的媒体角色，不能区别对待，只把瓦文萨当成宠儿。但是我看得出来，在波兰的环境中，所谓立场公正的概念，也许很难为一般人所接受。毕竟收敛个人的激情、意见和偏好这点本身就是一种价值，只是在过去几十年的激烈战斗和高举党派旗帜之后，对波兰人而言，这种想法是不自然的，还需要时间适应。

在此同时，聚会厅内仍然充斥着激情和投入。一个钟头后，瓦文萨的助理提醒他该离开了，但瓦文萨不予理会，表示还要继续下去。他就爱这一刻。他再次活动起来了。他高谈他将成为什么样的总统："一个手中握着斧头的总统"，清除前朝的权贵。这项政见完全针对立场温和的对手马佐维耶茨基而发。距离瓦文萨指定马佐维耶茨基为总理还不到一年，此时这两人却极有可能成为竞选对手。新的战斗已经集结，另一个阶段即将展开。

第二章

波兰（下）

　　距离我第一次搭机降落于华沙小型机场，已经将近一整年。这又是个五月天，但是这一次华沙给我的感觉却不一样。我感受着它无声魅力所传递的宁静旋律——面积广阔的公园，规律严谨的日常作息，安静的巷弄街道，独行者鞋跟敲击街面的回音。这次来，我不再期待看到什么预示变革的景象。但从上次来过后，我已经遍游东欧各国，大脑的"天线"已经适应了一种不同的城市美学，一种较轻的刺激和视觉噪声。在此长大的经历让我知道，外界的刺激其实很少反映出人间万象的真实趣味，而这并不耀眼的舞台，又激荡出了多少戏剧、变奏和快乐。

　　不过，舞台本身也有了明显变化。贯穿整个市中心的新世界大道上服装店罗列，其中不乏品味高雅、价格昂贵的店家。几个月前，丰田汽车门市开张，其上万美金的产品竟然供不应求。有人提到最近新开了一家俱乐部，以有钱妇女为服务对象。还有一家包厢众多、布置亮眼的希腊餐馆，楼下挂着一个招牌：只限会员。没有人真的理会那块招牌，但是这种只限权贵的标志，在不久之前绝对无法想象。这里也有日本和中东餐厅。每家餐厅的服务生都变得比较有礼貌，不管什么东西都亲切地加个指小词*："请问女士，您要一小杯咖啡，还是一小杯伏特加酒？"正式的态度显得非常封建，我有时反倒希望（这也是人性无可救药的倒错吧）他们恢复原本桀骜不驯的粗鲁低俗。

当然，这只是表面。虽然表面变得更光鲜亮丽并非没有意义，但在光鲜亮丽的同时，也流于庸俗。新的东欧充斥克朗代克（Klondike）†淘金时期的尔虞我诈，以及"狂野东方"不受约束的机会主义。在紧挨着文化宫（Palace of Culture）‡的地方冒出一个超大规模的市场，其混乱令人难以置信。摇摇晃晃的遮着塑料布的摊位内摆满了草莓、奶油、香烟、电话录音机、童装和计算机组件。去年冷清惨淡的摊位，已经急速发展成这种无政府的活力。

至于文化宫本身——那个羞辱与嘲弄着苏联粗犷与力量的标志——我从它婚礼蛋糕的造型，以及山墙上造作严厉的狮子坐像，窥探到若干后现代主义的玩世不恭。除了它所代表的意义之外，文化宫何罪之有？

共产党总部已经变身为股票市场。本季最卖座的电影是《与狼共舞》（*Dances with Wolves*）。波兰电影院没有一家放映波兰电影，一部都没有。

市中心几间货币兑换亭的玻璃上悬挂着新招牌："**武器**"，令我瞠目，难以置信。其实亭内玻璃橱柜中陈列的几把逼真的左轮手枪

---

* 指词的一种，通常带有"小"或"微"的意思，口语中常用来表示亲昵。
† 位于加拿大西北酷寒地区，19世纪末曾引发淘金热，至1910年消退。
‡ 即华沙文化科学宫，为华沙最高建筑，1952年兴建，1955年完工。因为是斯大林赠予波兰民族的礼物，所以又有"斯大林的注射器"、"俄国婚礼蛋糕"的戏称。

第二章 波兰（下）

只不过是梅西（Mace）防身喷雾枪，但它们的存在反映出人们最近经常讨论的一个话题：犯罪。而各种有关强盗、抢劫和诈骗的故事也解释了为何这类奇特产品会受到大众的欢迎。

失业数据现在得到定期统计。在街上，我经过好几个熟悉的当代悲剧的形象：人们坐在人行道上，摆出凄凉孤单的姿势，旁边放着牌子，说明他们是无家可归的人，或者染有艾滋病。

一个下午，我正坐在欧罗普斯基酒店的大厅啜饮咖啡，一个年轻男子朝我走来。他英俊潇洒，一身笔挺的西装，却明显怀有欺诈意图。"我的钱被抢了，我女儿生病，肚子又饿，你不给我一点钱吗？我不需要一大笔钱。"他一副专横的口气，眼神也厚颜无耻地显示出他在撒谎。我严肃地摇头拒绝。但是当这名毫无说服力的乞丐前往附近一桌波兰人处乞讨时，那群人却跟他攀谈起来。"让我看看你手臂上的血管，"其中一人要求道。那乞丐故意缓慢地卷起衣袖。"你要钱明明是想买毒品。"问话的人下了结论。"不是的，"那家伙辩道，"我是要给我女儿的。""那你身上为什么会有针孔？"问话者质问，"你想死，是不是？""对，我看你想毁掉自己！"另一旁观者愤怒地补上一句。不过，他们终究还是给了那男子一点钱。等他走开后，那桌客人展开了激烈的讨论：是否有谁能拯救这种人，抑或他只能自救。交谈中这种个人感情的投入在纽约是绝对看不到的，但是那个男子的其他行为似乎却是从其他现代化都市进口的。在我们这个小小的世界，是否各种病症都可以模仿，甚至欺诈行为也会随着国际化的电视网络传播到全世界？

一个晚上，我去华沙郊区一所别墅参加某位新贵举办的派对，他以从泰国进口计算机零件发迹。派对在一个植物茂密、景色宜人的花园举行，令我不解的是，布置的主题竟是美国印第安风情。只见到处都是印第安图腾的照片，还有一个纸糊的图腾造型。树上缠绕着成串小灯泡。屋子——或者套用派对主人偏爱的用语,"庄园"——里面有一间间宽敞的房间,搭配着现代化的设备,墙壁上悬挂着至为可观的波兰印象派和浪漫派绘画。派对音乐偏重于小理查德（Little Richard）*的曲风,漂亮的年轻男女随之舞动,活力四射,肢体动作有如芭蕾演员般灵活。对他们而言,此刻是不容许慵懒冷静的。两个男同志现身会场,一身时髦浮华的白色装扮,头戴绅士型草帽。

派对主人是个数学家兼企业家,向我解说了波兰非法计算机贸易的发展史。大约十年前,因为和同事们工作上的需求,他开始从东南亚带计算机零件回来,随后就从计算机零件发展到整台计算机,从一两台计算机发展为每趟带十几二十台计算机。很多波兰人都跟他一样从事这种跑单帮的生意。他记得在飞机上曾遇见一个女的（顺带一提,这整个秘密的私人生意之所以能够活跃至此,是因为从波兰到远东的包机票价出奇便宜）,问他什么叫主机,结果一年后他回泰国时,那个女的已经开了一家店,而且计算机生意做得有声有色。菲律宾有整家旅馆都包给波兰人的,整个成衣市场也由那群波兰人运作。派对主人对于这段过往并不觉得难为情,也不认为这和他目前拥有的受人尊重的上层地位有何冲突之处。他仍在大学教数学,但他认为商业直觉是一个很好的东西。事实上,非法计算机贸易对共产主义的崩解也有贡献,因为这类贸易创造了另一种商业系统,却是政府无法管控的。基于在此地成长的经历,我知道大多数波兰人都会经营若干小型副业——无疑,这也是波兰人进入初级资本主义如鱼得水的原因之一。

---

* 小理查德,全名为 Richard Wayne Penniman（1932— ）。美国创作歌手、音乐人,作品主要创作于1950年代中期,曲风充满活力和魅力,奠定了摇滚的根基,也对其他流行音乐类型如灵魂乐和朋克产生了重要影响。

在另一群人中，一位女艺术家想要知道我是如何在美国"混成功"的。我是不是出身有钱有势的家庭？不是的，我回答，差远了。那，她问我，眼睛好奇地睁得老大，我需要往上爬吗？是啊！一层一层往上爬，我告诉她，但是我不确定她有没有听懂我在嘲弄她。这些人在其他方面都表现得非常敏锐而含蓄，但一涉及财富、职业、野心时，就总忍不住露出赤裸裸的渴望之情，而且对自己饥渴的欲望并不觉得尴尬。

我很快便感到疲倦，其他人显然有意继续待到朝露沾湿草坪的时刻，我则还在调整时差。我心想这些人真的精力十足，每一方面都如此。波兰式的炫耀或卖弄还没有到颓废的地步，依旧充满着活力与期待，不过我忍不住把这幕情景和我所目睹的街头景象联系在一起。呃，好像没办法，我想那是无法像数学等式一样组合在一起的。我记得有位历史学家朋友曾经说过：历史是借贷平衡的复式簿记过程，有所得就要有所失。就某种程度而言，这正是后共产主义东欧的写照。派对主人吩咐他的司机送我回去，我也舒适地在安静的华沙夜色中抵达居所。

很快，我再度和《选举日报》的那群人聚首，海伦娜邀请我参加一个餐会。如今来往波兰都变得比较容易：海伦娜最近才造访过纽约；今晚聚会的主人在旅居国外近二十年后，终于返回波兰定居；还有人最近几天才从巴黎飞回国。层层障碍很快便被一一移除，而我对此甚至略感怅然，因为这类聚会在以往是难得又戏剧化的，总是伴随着刺激兴奋和浓郁的特殊情怀。我知道我这样想并不理性，但情势已经如此，我对于这新发展的总体状况，还是感到欣慰的。

幸而这类聚会仍带有以往非正式、即兴的盎然生气。聚会所在的公寓不大也不太整洁，却自有其魅力，椅子是各式各样奇特的组合。聚集在桌边的一小群人是新的精英分子。这群人仍然年轻，他们有优秀的异议分子资质，全都是知识分子。一年前他们是统一团结工会前线的一员，现在——命运的车轮在初期这段日子转动得异常迅速——他们已成了新反对运动的一分子。我去年造访此间时瓦文萨写给米奇尼克的信所开启的裂痕，此刻已经加深。波兰在这期间举行了大选，瓦文萨当选总统，而许多反对他的党派也开始成形。前来聚餐的这批人，就坚定地站在反瓦文萨的立场，把瓦文萨形容成怪物般的人物，不仅超级自负，还有独裁倾向。他们认为，摧毁民主幼苗的很可能正是瓦文萨，而不是他们这些一般人认为的精英分子。

尽管对未来有阴暗不祥的预感，他们仍然兴致高昂，狠狠地取笑对方，语气中难掩喜爱之情，而且每个人都有极大的烟瘾。海伦娜宣称自己又累又饿，谴责主人晚餐拖得太晚。一个来自华沙附近地区的议员开始有声有色地讲述他选区最近经历的一场战斗，他五官端正，浅色金发加上清澈的蓝眼，宛如海报上所描绘的理想型新波兰政治人物。该地区有家成衣工厂，是当地居民的大老板之一，最近必须遣散约一千名员工。有家德国公司正筹划开设一家工厂，刚好可以雇用这一千名，甚至更多的员工。这明显对双方都有好处，但是当地市民却持反对立场。那议员以有点嘲弄的口吻转述他们反对的理由："我们绝对不许、绝对不能再让德国人高高在上了。"议员本人对外资拥有权是采取赞成的自由派立场的，觉得这种事没有什么不对，因此必须施展所有说服的本事，让当地人接纳这位具有莫大获利潜力的外国雇主。

理所当然地，那家德国公司非常感激这位议员帮了大忙，他则若无其事地说他竞选正需要两千五百美金，不知道是不是应该向他们要。"你开什么玩笑？他们会笑你的！至少跟他们要二十五万美金！"一个在西方待得比较久的人说道，显然了解在西方，只有有野心的人才会获得尊敬。唯有在提及这样一大笔金钱时，有人才突然想到，向明显有利益相关的一方募款，在政治上也许是不正确的。在美国会怎么做呢？有人问。也许非常隐秘吧，我回答，突然感到一阵厌倦。不过在座这些人没有理由会自动遵循美国的惯例，在这个阶段，所有规则都必须自下而上地形成。

晚餐后，话题转到其他事情上。一条新闻快报提到某家新的食品行可以买到诸如卡芒贝尔干酪（Camembert）等稀有商品，接着大家聊起食谱，桌上的男士们也热切地加入讨论。议员先生记起年轻时性趣觉醒的时刻。"你克制一点！"他妻子警告他，不过议员极富诗意地述及他初次感受到熟女诱惑的轶事。接着又有人追忆起老朋友。"他1968年在坐牢吧？"有人询及某先生。"对，不过只待了几个星期，记得吗？但被审问得蛮惨的。"对这间屋里的这些人来说，地下生活是他们共同的冒险，是他们的大学和研究生院，因此他们的传记永远会详细着墨这一块。不过那段冒险已是往事，属于历史分隔的另一端了。几次偶尔的造访，让我想起以往这里经常进行通宵达旦的会议，因为这里时间太多，可以做的事太少，因此只有不断的讨论、讨论、再讨论。对于大家习称为"同胞夜间会谈"的这类集会，他们非常熟悉且深感亲切。当然，现在每件事都已经不一样了。不过对这屋里的人所展现的处变不惊；对他们面对惊涛骇浪依旧大步而行，仿佛这是世界上最自然的事，而不是最令人惊叹的壮举；对他们适应新情势、新行业的迅速，我依然觉得惊讶不已。也许要一直活在持续震惊的状态中是不可能的；也许只有在必要的改变根基都已经奠定后，站在一定距离以外回看，才会有这种震惊的感觉吧。

我以朝圣的精神决定前往格但斯克造船厂。那里毕竟是团结工会的诞生地，因此就某种意义而言，也是新时代的起点。

我在一个灰蒙蒙的日子抵达格但斯克，从机场自行摸索到当地团结工会总部。那是一幢波兰常见的建筑：潮湿、阴暗的走廊，飘散着难以描绘的湿气。在等候的办公室内，一位体型丰腴、精力充沛的女子对所有问题和埋怨都心平气和地幽默以对。"你也知道是怎么回事，这是民主的官僚主义。"她押韵地回答一个对于新规定十分困惑、满腹牢骚的男子。她以浓重的地方口音告诉我她其实已经超过退休年龄，可是她在这个造船厂工作了超过三十年，而且早年是个活跃的团结工会成员，"所以我的好朋友帮我安排来兼差，这样我就可以跟他们做伴了"。

陪伴我参观造船厂的向导是爱德华·史瓦基维兹（Edward Szwajkiewicz）。他短小精悍，蓄着短髭，身穿皮夹克，脸上没有丝毫笑容或社交礼仪。这种不加修饰的严谨部分算是一种地方特征，我注意到其他人也是这样，这种令人舒适的坦率作风还没有沾染到首府优雅或造作的一面。但史瓦基维兹是团结工会的地区领袖，后来我才意识到，他的保留态度其实也来自久经历练的戒心。"有些人我是永远都不会对他们讲任何东西的，"后来谈到他的共产党工作伙伴时，他才就这件事表示道，"我两分钟之内就知道了，就像我两分钟内就知道我能不能跟你谈话。"

史瓦基维兹带我到团结工会和共产党政府第一次签订协议的会议厅。那是间没什么特色的宽敞房间，令人联想到社会写实主义的自大风格，其间摆放着无数长桌和绿背座椅。不过当我站在会议厅里时，仍不禁感受到某种历史的震撼，脑海中浮现出曾在这里举行过的会议，疲倦而激昂的工人对着突然落入守势的政府官员大声叫嚣着反抗与放肆的言词。我站在这个平凡的空间，深受感动，就像面对某种人类成就的里程碑时那种心灵的悸动。

不过如今行走在造船厂的人并没有任何胜利感。如果说这里是起源之地，那么这里也是开始消沉之处。团结工会也许就因为其所赢得的胜利，而终究遭到溃败。史瓦基维兹告诉我这里的经济情况岌岌可危，原本答应支持的外资始终没有进来。"大部分来这里的外国人，都认为这是一趟非洲狩猎旅行。"他告诉我，"这里很有趣，但是我们很另类。他们不把我们的担心当一回事，也没有意愿和我们做生意。"

造船厂占地广阔，却散发着落魄工厂的虚耗气息，虽然工程始终以某种形式进行着，但已经不再呈现活力充沛的繁忙景象。我们走过荒废的建筑、摇晃的小桥，以及庞大吊车的阴影。就经济而言，史瓦基维兹跟我解释，造船厂成了它拼命争取而来的改变的受害者。两年前，这里有两万名员工，现在只剩八千五百人。一个船坞无助地停放着一艘已经完工的船，正是两难处境的受害者：一方面，造船厂不再受到全额补贴，因此必须按照标准资本主义模式，贷款建造这只搁浅的巨兽；另一方面，原本订购这艘船的公司已经无力支付船价，他们也无法逼迫对方履约。就像波兰经济的许多方面，造船厂被困在两种体制中间，即如当地人所形容的"腐烂的共产主义和夹生的资本主义"之间。此外，造船厂也挣扎于社会主义经济浮夸作风的贻害中，那正是导致它今日落入此种衰败、毫无竞争力的地步的元凶。

宽阔的冶金厂房是全球有如炼狱般的工厂之一，但史瓦基维兹却若无其事地领着我穿越恼人的噪音和充斥有毒化学物的厂区。我们快步通过，直到来到面积较小也较安静的电力厂房，我才如释重负。在电力厂房工作的少数员工都身穿深蓝色工作服，造型有如广告中的模范工人：聪明的脸孔、清澈率直的蓝眼，流露出诚实或至少充满决心的眼神。

我们站在凌乱的机器零件间对话,他们很乐意聊天,而且言词犀利,辩才无碍。事情有没有变得更好?我问他们。啊!如果不是**他们**的话,应该会变得更好,他们回答。不错,仍然是同样的**他们**,中间阶层的**当权人物**,他们大部分仍占有跟先前同样的职位。

"**他们**喜欢旧的规则,"其中一名员工说,"就是这些家伙让这里停滞不前,害得我们哪里都去不成。"

这种说法我已经听过好几次了:最高阶层的共产党管理人员相对容易更替;中间阶层,也就是任何官僚体系的主要支柱、行事消极的阶层却根深蒂固,难以撼动。这种人类的基础架构就像过时的工厂和住宅区的硬设备一样,极难移除。

"我们这里就有一个这样的人,"一名年纪较大的员工说,"他一直在背后打我们的小报告,表面则一直说他希望每件事都能获得最好的结果。你怎么跟他斗?当一个一直诋毁你工作的人就在你身旁的时候,啊,你真会气死。"

"如果他还有良心的话,他现在一定会觉得很不安。"三人当中最年轻的一名员工试探着说。

"什么良心?"另一名员工回应道,"他们全都明目张胆,用从这里偷去的东西去搞合资企业了。而且谁也拿他们没辙,因为现在我们有新的法律了。民主,正好让他们逍遥法外。"

"嘿,你要不要亲自跟他谈?"另一人建议道,显然认为能小小报复一下也大快人心。"你可以当我们的面问他几个问题。"

不过那人并没有出现,这让我松了口气,我对于带有敌意的质询并不拿手。

直到我离开前,最年轻、但也已经在此工作了七年的那名员工才以近乎反抗的语气宣称有些事现在**的确**更好了。"我们现在能意识到是在为自己工作了。所以午休吃饭，我们只四十五分钟就会回来，这足够了。因为我们现在想要工作了。"

其他人看着他，显然认定这家伙是还没吃过生活真正的苦头。而我在后来跟马里安（Marian）深谈后，才充分体会到这群人挫折感倍增的心态。马里安是冶金工程师，在船厂工作将近四十年了。他矮小灵活，有着精雕细琢的五官，敏捷的动作完全看不出年龄，而且彬彬有礼。对于一个境遇乖蹇，却仍保有如此教养的人，我觉得很感佩。听他讲他的故事，其颠沛流离和历尽沧桑，真可谓一个工人国度里劳工阶级真正的辛酸史。1970年，当军队将矛头转向格但斯克的罢工工人时，马里安被一辆街道上开动的坦克撞伤，一颗肾脏严重受损，有好几个月都血尿不止。1980年，他参加了团结工会的第一波罢工，在戒严法实施之后，仍继续从事秘密工作。结果1982年时，他以微不足道的借口遭到拘留。

"大致来讲，情况就是这样，"他的声音柔和自制，"在拘留营里我变得很强悍，除了背叛耶稣基督外，什么都不怕了。如果有人拿把枪抵着我的太阳穴说，快招，把那些人的名字给我，不然我就开枪；我会说，来啊，你开枪吧。"这个人有过太多经历，考验自己的勇气和反抗的力量。他在拘留营待了近一年，饱受鞭笞，终于获释时已经奄奄一息，以至于他人生中第一次放下工作，暂时休息。

1988年，新一波的罢工展开，马里安再度出现在路障前。"那次是最辛苦的一次。"他说。因为在那段时期，人们已失去希望，而且开始恐惧。只有八百名船厂工人参与罢工。"一边有秘密警察，"马里安追忆往事，"我们内部还有告密者。这也是为什么我们现在对这些人很生气的原因。"

听他讲这段故事时，我很好奇为什么他会有源源不绝的恢复力和希望，在成功概率这么小的情况下，为什么还能坚持自己的所作所为。

对于我的问题，他笑了一下。"我告诉你为什么，"他简单地回答，"因为不公正的情况实在太严重了，就是这样。我们一而再，再而三地被剥削。我有七个孩子，有时候我每天工作十六个小时才能喂饱他们。这样是不对的。我只知道这样是不对的。"

"而且这种情况还没有结束，"他继续平淡地陈述，"还没有结束。他们还在我们中间，还掌握着船厂的命脉。我们现在要用其他方法，也就是合法的方式跟他们战斗。不过我很乐观，我们总有办法做到的，这样至少我孩子的孩子可以有比较好的生活。总而言之，事情就是这样。"

在我们离开前，史瓦基维兹想帮我和马里安照张相。马里安站得笔直，几乎是立正，就像以前农民或将军照相的姿势。然后他亲吻我的手告别，再小跑回到他的工作岗位去。我有点遗憾地目送他离开。他身上具有某种令我动容的东西，或许是他人格的尊严，也或许是想到他身处种种绝望之境，却依然能够维系不坠的傲然尊严。

离开造船厂后，史瓦基维兹的态度终于放松下来，变成安静的友善。他提议带我到另一处具有象征意义的地点，即古老的圣布里奇特（St. Brigid's）教堂走走。在最隐秘的时期，团结工会曾在这里举办过许多次战略会议。"不是因为大家都信仰虔诚，"史瓦基维兹告诉我，"我们有些人是不信教的；但是我们知道告密者不会到这里来，这里毕竟是圣殿。"

格但斯克就像其他许多笼罩在历史阴影下的东欧城市，有两个极端不同的性格，因战争而彼此撕裂。第二次世界大战起于希特勒向波兰发出最后通牒，要波兰将这个自由港归还德国，而波兰拒绝后，战斗的第一枪就打响了，开启了接下来严重的暴力冲突。

第二章　波兰（下）

　　结果就是单调乏味的战后城市特质主导了格但斯克。圣布里奇特教堂位于旧城，又是一座精确复制的杰作。该教堂为双塔式哥特建筑，明显受到德国或汉萨同盟*的影响，因为德国和波兰两国的命运曾在此纠缠。在长达千年的历史中，格但斯克反复落入波兰人、日耳曼骑士和普鲁士人手中，因此其繁复，甚至是恐怖的历史，便有如贝鲁特（Beirut）†绵延数世纪之久的历史故事。

　　圣布里奇特教堂和谐的建筑无视当地的碰撞与冲突。教堂内部非常漂亮，细致的红砖线条勾勒出天花板上交叉拱顶的边线。在天花板下方，世俗的哀恸也受到了包容，或者该说是受邀刻意留下了它的注记。掌管这座教堂的神父一定具有钢铁般的勇气，在遭到严重镇压的年代，仍公然陈列当年仍属波兰历史禁忌的种种纪念文物。一间礼拜堂中有座雕像纪念卡廷事件（Katyń）‡，当时有数以千计的波兰官兵遭到苏联的谋害。另外还有一间礼拜堂是纪念国民军的，那些战士后来也参加了抵抗共产党的战争。

　　1984年，波比耶乌什科神父（Jan Popiełuszko）惨遭谋杀后，圣布里奇特教堂另一名支持团结工会的神父也受到严厉的警告——一种黑手党式的警告：他的司机在一个早上被发现遭人杀害。不过神父拒绝接受恫吓，拒绝柔化布道内容，也依旧为团结工会的人提供庇护。

　　就是这种行为，使得教会在波兰始终拥有崇高的权威。我虽然对此持有矛盾心态，但仍不得不敬佩这位神父十足的勇气。想起先前马里安以朴实的口吻述说，在1988年罢工的艰困局势下，他们

---

*　中古世纪以德意志北部城市为主形成的商业和政治联盟。
†　贝鲁特，黎巴嫩首都，历史上曾屡次被征服。
‡　指卡廷大屠杀。苏联秘密警察机关于1940年4—5月间对被俘的波兰战俘、知识分子、警察及其他公务员进行有组织的大屠杀，遇害人数高达两万余人。

一小群罢工者深感失去精神支持；但是"莱赫·瓦文萨在那里，而且那时我们知道神父也跟我们站在一起，在那样的情势下，当局的势力终于动摇了"。

步行穿过旧城时，我问史瓦基维兹，现在团结工会已经取得了官方地位，那么能为造船厂的工人做些什么。他坦言其实也不能做多少，有些被遣散的工人情况很差，能领到薪水的人，也因为货币贬值的关系而实际收入不佳。不过他很清楚他所能采取的行动其实很有限，并说他们正讨论不同的选择。但是团结工会现在必须谨慎行事，因为他们不想削弱瓦文萨的政府。

史瓦基维兹没有不满的情绪，只是抱持着平衡的现实主义心态。马里安似乎也没有不满的情绪。不过当我想到他们所处境况的不公——至少不该受到这种待遇——我对他们的自我约束不禁由衷感到惊异。团结工会对此贡献颇多，不过我在想，新的波兰将为这些人提供怎样的前景？

我只身从格但斯克搭乘区间车，前往附近当地人颇引以为傲的小镇索波特（Sopot）。区间车虽然外形原始，不过功能健全，车厢干净，运行准时，而且仿效巴黎地铁，有个清晰的停靠站名简图。在我坐的车厢中有一群德国观光客在以正常的音量交谈，不过因为其他人都很安静，而且他们说的是德语，自然就显得很突出。突然，一个女人的声音响彻全车厢，语气带有侮辱意味："你们德国人，说话不要那么大声！"她命令着，使用拗口的正式波兰语，"在你们国家，你们可以这样，但这里不行！非常干扰我们一般乘客！"这也许只是反射性的报复行为，对波兰商人在德国所受的不公待遇表达不满，或反映出更早以前的不满。幸而一般乘客似乎都有幽默感，对她的爆发只是稍稍侧目。德国观光客安静了一下，意识到这

第二章　波兰（下）

些话是冲着他们说的，然后又恢复了交谈，声音丝毫没有改变。

　　经过这番突发的国际紧张后，索波特随之飘散出最为迷人的慵懒气息。火车站内吹拂着新鲜的微风，年轻人背着背包步出车厢。我的小旅店位于肖邦街（Chopin Street），在小镇一道徐缓的斜坡上，树木林立。我在那里和友人阿格涅丝卡·欧谢兹卡（Agnieszka Osiecka）*碰面，她正在当地参加她的戏剧的排演活动。她带我到海边散步。阿格涅丝卡有着雕像般的脸孔、宁静的气质以及永不枯竭的话题，是波兰真正的偶像级人物。除了戏剧创作外，她还是个诗人、小说家和作词家，所作的歌词陪伴了一整代人的成长，就像西方的披头士（The Beatles）一样。除此外，再加上她惊涛骇浪般的罗曼史，使她的名气直逼鲍勃·迪伦（Bob Dylan）或狄兰·托马斯（Dylan Thomas）†。领着我在索波特转悠的她，不断介绍着各种轶事、历史和地标。她对索波特和许多其他小镇非常熟悉，对自己所在的华沙周边也了如指掌。虽然她绝对不会提及爱国主义，但波兰对她而言，是真正熟悉、了解的家园，到处是她喜爱的角落、壁龛、回忆和她所疼惜的珍玩。

　　我知道索波特为何会成为我所喜爱的景点之一。不错，这里设计得精灵古怪的粉色小别墅都被切割成了社会主义者坚持的小型公寓，波罗的海水域也被附近的工业所污染；但是节奏徐缓、阳光明媚的街道仍保有若干两次大战间招揽国际客人的酒吧的慵懒魅力，是个保守居民和放荡不羁的文人同样可以感到舒适之处。海滨人行道景色优雅，绵延伸展，两旁排列着树顶被修平的工整路树，有法国的风味；木板步道一直延伸到朦胧的大海中，在晚春的日子里散

---

* 阿格涅丝卡·欧谢兹卡（1936—1997），波兰文人，曾为两千余首歌曲填词，被视为波兰文化典范。
† 狄兰·托马斯（1914—1953），英国诗人及作家。

发出老旧木头混合着大海味道的温暖气息。

晚餐我们选在豪华酒店（Grand Hotel），这间英勇挺过风暴、努力维系着昔日奢华的酒店。闪闪发光的高大落地窗面朝大海；内部有个极其壮观的新艺术风格的楼梯，螺旋而上，直达好几层楼；主餐厅的家具以深浅两种绿色呈现，和阳光下的大海相映成趣。

不幸的是，尽管室内装潢是战前风格，服务质量却明显是战后取向。睡眼蒙眬的服务生倚着柜台，越过少数于淡季齐聚此间的顾客，茫然地望向远方。在我们努力忍受时，阿格涅丝卡追忆着昔日被视为波兰中产阶级仪式的漫长、悠闲的家庭度假生活，还有附近一家有名的咖啡馆，以往经常有追寻灵感的人、美貌者以及酗酒者群聚于此。波兰的艺术圈还不大，彼此交往密切，几乎每个人阿格涅丝卡都认识。

晚间，我们出发前往"三联市"（tri-city）[*]地区的海边城市格丁尼亚（Gdynia），也是阿格涅丝卡的戏剧排演地点。剧院由地方性公司经营，拥有一批在波兰流传悠久的剧目，但是由于补助金逐渐削减，目前也处于惨淡经营的阶段。不过尽管经济陷于危机，剧院的气氛却是轻松、平常而友善的，正是剧院应有的氛围。

排演中的休息时间，有人端来一些葡萄酒请大家享用。布景设计师也聊起他认识的一些导演的轶事和见过的小事故供大家开心。他跟我们说，把美国戏剧搬上舞台是最难搞的，因为他们经常需要一些很古怪的道具或配件。记得有个美国导演在这里工作过一段时间，由于无知，那个人挑选了一出萨姆·谢泼德（Sam Shepard）[†]的戏剧，剧中需要十二台烤面包机。那位导演显然不谙实际状况。首先，

---

[*] 由波兰的三个城市组成的城市区，包括格但斯克、索波特和格丁尼亚。三个城市紧密相邻，都坐落在波罗的海沿岸。

[†] 萨姆·谢泼德（1943— ），美国音乐人、剧作家、诗人和散文作家。

第二章　波兰（下）

即使搜遍三联市所有地区，也不可能找到十二台烤面包机。导演后来妥协到只需要六台，但到手的六台面包机中有两台不能用，两台被偷走，还有一台被一个脾气暴躁的演员砸得粉碎。结果就是尽管十二台烤面包机非常重要，但在那出戏中，最后还是只有一台上场。"这种事可以激发人的创造力。"我们健谈的设计师总结道。

排演进行得很顺利，只有一幕阿格涅丝卡很不满意。她希望舞台上群聚的演员动作像机械式的机器人，结果"他们就只会猛摇屁股，样子真粗俗"。在表达过她的不满后，我们几个人一起前往波兰饭店，那是间散发着浓浓的1950年代怪异及有趣气氛的餐厅。身着黑西装的服务生摇摆着朝我们走来，有如滑稽电影里面的人物。伏特加和可口的奶油鲱鱼源源不绝地送上来。在升高的舞池里，一个着紧身大露背洋装的女人足踏细高跟鞋，和一位身穿大号西服的男士，正随着现场乐队所演奏的《别在星期天》（"Never on Sunday"）[*]徐徐摇摆。啊！从昔日的波兰、在美国的青少年时期，以及那部电影，我唤起了这些回忆。这使我心情大好。也许当我们安全地从过去成长出来，可以用溺爱的眼神正视过往时，都会有这种心情吧！

大家的话题犹如月球牵引的潮汐般，再度转到当前的经济情势。由于预算削减，剧院遭到重击，演员们也都陷入了焦虑。他们面临着前所未有的前景，也许在这一季当中便会遭到解雇。不过跟我们同来的剧院经理倒有几个备案：剧院的宽大门厅可以改建为酒廊和表演秀场，毕竟波兰表演秀历史悠久，足供取材；服装部门可以替当地一家工厂制作制服；木工部门可以制作最近需求最盛的音响柜。最好的消息是，突然冒出一个不愿具名的善心人士，愿意为演出购

---

[*] 1960年希腊电影《应召女郎》中的一首插曲。

置一架钢琴。"在美国,这种人会被称为天使。"我说。他们也同意这个说法,这人正是一个名副其实的天使。

我对经理展现的果敢和智慧深感佩服,但阿格涅丝卡则表示她对获利率、纳税率以及突然成为话题中心的资本主义审计感到烦腻之至;取而代之,她开始谈起她正酝酿的一出波兰肥皂剧。这并不算是本土的艺术类型,而制作人热衷于追求积极、乐观和美国化的元素,显然有意在剧集中剔除所有悲伤的成分。我指出,认为这类戏剧的本质就是哭哭啼啼、浮华不实,本来就是一种误解;阿格涅丝卡则指出,积极思考有违波兰人的本性。不过,由于国际性的误解,史上第一部乐观欢乐的肥皂剧也许即将在共产主义后的波兰登场。

此行我带了一系列托马斯·曼(Thomas Mann)的小说集,在返回华沙的火车上,我决定重新阅读《威尼斯之死》(*Death in Venice*)。我应该是心有同感才会想看这本书。虽然威尼斯是这部中篇小说具有象征意义的合适场景,但是主人公阿申巴赫(Aschenbach)和塔齐奥(Tadzio)的碰面似乎更可能发生在索波特。在一片白色的地中海海滩上,托马斯·曼笔下一个被责任心驱使、自律严谨、刻意升华的文化人,目睹了一名波兰少年高贵而性感的美貌,并为之所征服。不过这类邂逅的寻常版本,这类有如阿申巴赫无所事事,只是好奇地凝视的行为,一定每天都在索波特的波罗的海海滩上上演。波兰人和德国人住得这么近,然而对前来这些海岸度假的德国人而言,波兰人很大程度上仍然是**他者**,大多数情况下让人鄙视的**他者**,到头来,只比犹太人少让人鄙视那么一点点而已。但是在托马斯·曼的小说里,他们是高贵、发光、有着无限魅力的**他者**。塔齐奥的家庭展现出高度优雅,近乎皇室般的仪态,而且他们拥有某些阿申巴赫所向往的东西，即某种尊严与悠闲所形成的智慧。

当然，托马斯·曼的小说所描述的，无疑在现实中亦然，那种想要跨越至另一境界的内心渴望，无论多么热切，终究都会面临瓦解的风险，失去对自我的坚定信仰。不尽出于偶然地，托马斯·曼的寓言也可被视为对旅行所隐含的危险的告诫：因为旅行者的角色定位模糊，隐晦幽暗，唤醒对原始丛林的想象，使得阿申巴赫终于走向光荣的不幸。或许我也应该以此自我警惕才对；只是，托马斯·曼的另一境界，就某种程度而言，是我所认为的家乡。这趟旅行尽管困难重重，但我所追寻的是熟悉的本质，只不过经过长久的分离，这一点也变得奇怪地难以掌握。

回到华沙，一个朋友带我穿越布拉格区（Praga），那是华沙古老的劳工阶级住宅区，也是当前最贫困的区域之一。这里真的非常破落，建筑水泥剥落、窗户破裂、门面色泽斑驳且阳台坠落，就算还没坠落的那些阳台也摇摇欲坠，好像随时都会掉到行人头上。这是个星期天，四处一片安静。19世纪的工厂林立，人们仍在狄更斯式的环境中工作，市场上贩卖着最廉价的物品，皮条客、妓女、私酒贩、罪犯、骗子群集。一辆车上标志最近才由"民兵"改为"警察"的警车停在一幢建筑前，不久后就从里面拖出个男的，塞入警车，还把一个大桶塞入了车厢。无疑，他们是逮到了一名私酒贩。一群肥胖的妇女倚着矮墙观看这次逮捕行动，几个小孩追逐着警车嬉戏。

兹比谢克对这个地区情有独钟，因为他就是在这里长大的。他父母开的药房在1949年遭到没收，他对此仍念念难忘。他记得这一区以前都住着犹太人和白俄罗斯人。小时候这里有个市场，里面有个他熟悉的怪人，那人名义上是卖鸟的，但是每次有人向他买鸟，他就把那只鸟放出鸟笼，让鸟飞走……我们来到一个院落，里面有几个穿着短裤的小男孩正在踢球玩耍。这个地方落魄的风情令我心有所感。我也是在克拉科夫一个和这里大同小异的环境中长大的。不过兹比谢克说克拉科夫昔日是奥匈帝国的一部分，所以绝不会比波兰的这一区还要穷困——这里可是一直由俄国占领到第一次世界大战为止。他苦涩地说，被俄国占领的地区永远是最惨的。历史累积的伤痛，迄今仍怨气难消。

一面荒废建筑的墙上还残留着俄国招牌的痕迹，是以前贩卖食物和酒的商店所留下来的。再往下几个街口，但见一间简陋木屋上挂着一个还算新的招牌，上面以笨拙的字体写着："外宿中"（OUT WITH SHACKS）*。这种自我解嘲式的涂鸦，让我精神为之一振。

因为一项堕胎非法化法案即将进行投票，最近几个星期报刊上全是相关新闻。很多评论都由神职人员或其他教会的发言人执笔，教会方面显然主导了整个辩论。由于其所代表的道德权威，每个人都噤口不语或表示同意。连我一向爱唱反调的朋友，平常对大小议题都吹毛求疵的人，此时似乎也裹足不前，含糊其词地不敢畅所欲言。

在投票前几天，我驻足在一小群于议会前示威的人当中。这群女人衣着轻便时髦，有些人手持标语牌，上面写着抗议通过法案的口号，还有些人在散发传单。光是看到她们这群人便让人惊愕不已。这种合法抗议，而且针对的是一向习于效忠的政府，在波兰是相当新鲜的；因为波兰的反对一向要么很大规模，要么是在人民议会中进行的。而且，她们当中有些人自称是女权主义团体成员和女权主义者，而女权主义在波兰一直是被人们嘲弄或非难的对象。其中一

---

* shack 是双关语，可指简陋木屋，或者男女同宿。

个原因是，女权主义因为官方意识形态的操弄而被标签化及污名化了。无疑，女权主义还需要一段时间才能从过去脱身，被赋予不同的意义。

事后，我和几个女人一起喝咖啡聊天。原来她们属于两个团体，我还察觉出来双方关系有点紧张。其中一人是妇女联盟的主席。妇女联盟是从旧共产党组织中接手的机构，她正在对其进行改革，以便解决劳工妇女的真正问题。她飞快的解释中，俨然带着自我辩护性质。其他同桌的妇女则属于自由游走的女权主义知识分子，其中一位隶属的团体以美国唤醒妇女意识的努力为典范，另几位则是抱持西方女权理论的时代先锋。

她们显然都很担心波兰妇女的境况会逐渐恶化，教会的力量会打击她们。不过她们的对话内容相当有趣地显示出此地妇女所面临的两难困境，其实和美国并不相同。在某些方面，她们的起点更先进——如果我们将历史视为朝我们所认定的先进方向发展的话，或者更正确地说，身处完全不同文化背景的她们，是从一个完全不同的地点出发。

其中一个原因是，波兰从未经历过美国1950年代那样热衷家庭生活和隔绝的郊区生活的时期。在共产主义的制度下，妇女理当工作，她们也确实投入职场，几乎和男人平分秋色。高等教育的区别对待主要针对的是阶级——歧视上层阶级，而不是性别，实际上有大量妇女进入职场，掌握较高权位，只是很少执掌最高权位而已。"这方面，共产主义的确有它的贡献。"一名妇女有点不甘愿地承认。

当然，这也意味着，女性经常需要承担工作和家务的双重负担。在那个物资短缺的年代，到处大排长龙，家务工作绝不轻松。不过不管她们面临何种问题——而且那些问题真的都不是小问题——和我谈话的那些女权主义者，似乎都不太能够理解女性柔弱的概念。

当我谈及1950年代的典型美国妇女是那种消极被动、装扮女性化、半孩子气、像洋娃娃般的女人时，她们一脸茫然。"我见过一个女的，企图把自己打扮得像个洋娃娃，"一个女的努力从记忆中搜索出一个范例，"不过她一点都不被动。"

确实，无论在公众场合还是在私底下，我都经常碰到一些才智、力量和个人权威都相当杰出的女性。总之，在难以理解的文化价值领域，波兰似乎很少以男性和女性价值来做区分，女性的勇气、智慧和力量，皆与男性并驾齐驱。

也许这也和我们先前提过的政治传统有关。在所有起义、叛乱和反抗活动中，女性和男性同样全力以赴，是相互扶持的战友。这种情况持续到战后的地下工作，以及团结工会。"唔，你知道的，我们有太多问题必须彼此商量。"对于我的询问，一个妇女如此回答，"我们一直都在战斗，有些方面必须互相帮忙。"

在座的女性都很担心教会的势力膨胀会使她们的地位倒退。虽然听来似乎不可思议，但显然已经有人提议女性的教育应该和男性不同，也已经有股力量在朝我们所谓的"角色分工"的方向推动。

"如果很多女性停止工作的话，我不知道会发生什么事。我不能想象在那种设定下，婚姻要如何维持。男人带着一肚子的问题和兴趣回家，女人却出去逛街买东西？他们会活在两个不同的世界，我不知道他们之间要谈些什么。"这种"设定"，对西方女性而言才刚刚过去，在此却有可能正在来临——有些丈夫赚得够多，可以靠一份收入维持一个家庭。我跟一些年轻女人谈过这个问题，她们认为对她们而言，能够享有不工作的特权，才是自由的本质。不过，我还是很讶异波兰女性到这时才开始面对这个问题，而不是试图从这个问题中脱身。

第二章　波兰（下）

访问一家出版社时，我向一位从事编辑工作的友人博莱克（Bolek）提及，希望能会晤曾经担任过审查员的人。

我认为这件事对他可能有点为难。"没问题，"博莱克却一口答应，"这里有个人认识不少那样的人，他可以帮忙安排。"几分钟后，一个矮胖的男子手提硬壳公文包走进博莱克的办公室。他在出版社的商务部门工作。

"你想找一个以前担任审查员的人？"在博莱克提出我的要求后，那人问道。"那不必麻烦了，你面前就站着一个。"他边说边躬身行了个礼。

"真对不起，我不知道……"博莱克结结巴巴地说。我始终不知道他是真的不知道，还是假装不知道，省得大家尴尬。

对我而言，人们为何经常会刻意迎合其职业的刻板形象，始终是生命的一个小小的神秘之处。也许我们的工作会改变我们的外貌，就像和另一个人长久在一起也会如此一样吧！不过，米哈乌·马利茨基（Michał Malicki）肯定是根据昔日官方公务员的理想原型塑造出来的：身材健壮，有个大啤酒肚，穿着不合身的西装，动作笨拙。他的头发理得很短，接近平头，藏在厚重镜片后的眼睛几乎让人看不清楚。

那天我们共进晚餐，结果几乎是话匣子一开，我对他的印象便全然改观了。他能言善道，用词精准，诙谐机智，而且逻辑清楚。他讲话声音单调，速度极快，而且带着一种犀利的客观性，不论是对自己、对他的职业，还是对以往和当前不容置疑的信念都一样。我在其他共产党员身上也曾注意到这种腔调。就某种程度而言，这种对人类行为保持"客观"的训练显然是有效的。在我们长时间的对话中，他从未企图博取我的同情，或佯装出任何尴尬或道歉的样子。另一方面，他对自己担任审查员的工作抱持着完全有意识的讽刺态度。事实上，他把自己描绘成一个完全不知悔改、心存怀疑的审查员。

"也许我这样承认并不好，"他开口道，灰色的眼睛中闪过一丝兴味，"不过，我就是把我在公司的工作看得像是……呃，一个游戏，一场马戏，一出介乎卡夫卡和米洛杰克之间的喜剧。当然，喜剧和悲剧只有一墙之隔，但是首先展开的是喜剧，后来，笑声才从嘴角消失。"

这贴切的文学比喻，还有他所使用的跟英国情报员在提及他们情报单位时完全一样的用词——"公司"，马上逗乐了我。但是当初他为什么会进入这个行业呢？"呃，你知道的，"他说，"生命中很多事就是这么发生的。"马利茨基在大学主修地理这个在市场上并不热门的领域，所以当他在大学布告栏看到一个小广告，提供审查局的工作机会时，便去应征了。"半是因为我需要工作，半则因为好奇。"结果获得录用。

我很好奇他接受过何种训练，毕竟这是项非常复杂精细的工作。哪些规则是公开的，又有哪些是潜规则？"喔，我们当然有法典详列了各种规则。一般而言，我们有三大方面的禁制：军事方面，军事隐秘性是完全正当的，只是有些被夸大了；经济方面，如果伤害到国家利益就会被禁——这点倒是造成了一些不幸的后果，比如禁止公布工业污染数据；还有文化方面，标准当然比较政治化。不过这只是基本原则，真正比较细微和隐晦的部分，就只能通过看老审查员工作来学习。"

对于审查员，他将其区分为几种。"有比较老派的忠贞党员，他们就只是为工作而工作；有些是为政治前途而工作的；还有愤世嫉俗的共产党员。比如我们主管，我敢说他就是个'公然愤世嫉俗的共产党员'。"说到这里，马利茨基比了个引号的手势，"一个真正撒旦型的情报分子。他的专长是教会历史，曾经跟几个神父聊天，负责审查他们的手稿，他的博学令人惊叹，可以轻易驳倒一些还不错的神父。"

"当然啦，也有些审查员是笨蛋，经常沦为大家的笑柄。比如有个女的，硬是拒绝一本研究四万年前地理构造的书使用'德国'一词，因为根据规则，必须使用民主德国或联邦德国。就有那种拘泥于字面意思的笨蛋。"

我问他，对于比较细微和隐晦的规则，他倾向采取什么态度。他再度毫不犹豫地以波澜不惊的语调回答："从开始我就尽量不去审查，不去干预。在做决定时也宁愿不去请教我的上司。因为第一，我喜欢权力的感觉；第二，请教上司再做决定太浪费时间。不过基本上，我都是站在作家那边。当然，其中有些作家是我比较尊敬的……有时候，我跟你说，有些手稿简直不敢相信是出自最有名望的作家之手。他们应该自己做点编辑工作才对。"

我追问如果他自认站在作家那一边，那多大程度上他能帮作家侥幸避免删节？他自由裁量的余地有多大？

这一次，马利茨基的回答让我大感意外。"你知道，"他沉默片刻后回答，"这些都是如何诠释的问题，我可以按我想要的方式诠释任何事，可以让某一件事表示某种意思，或完全相反的意思。因为你知道的，在文学领域，每件事都可以被诠释为任何一件事。"

每件事都可以被诠释为任何一件事。这句话有种怪异的熟悉感。不知如何，马利茨基从他公司隐秘办公室内所探索出的结论，竟然和西方最老练的文学评论家所阐释的概念相去不远。没有什么事有意义，或每一件事其实没有任何意义，他们或许会使用不同的措辞，不过其实几乎是相同的概念。一个主修地理，先前对文学并无特别喜爱的人，竟然可以达到这种层级的批判性领悟力，真是令人吃惊。

不过话说回来，这种公司显然是应用文学批评的最佳学府。审查员的工作就是操弄文字，而操弄是去神秘化最快速的方式。这种真正的政治游戏和多重诠释的批判性游戏，会在某一点交会；当然，对作者而言，它们会造成不同的结果。审查员没有批判上的优势，但是却有比较具体的权威；透过实际修改，他很快就能体认到其实文学作品并没有绝对的意义。

基于他的有利地位，马利茨基甚至可用诠释不足的方式，故意略过文章明显想要表达的意思。东欧作者经常使用暗讽及寓言式语言，以期"通过审查"，他说这种方式之所以可以规避审查员，也就是绕过他本人，并不是因为审查员不知道他们在干什么。"重点是，"马利茨基解释道，"我永远可以跟老板说：'这里面没有什么，没有弦外之音，单纯只是字面的意思。'然后我和老板就都可以假装这里头真的没有什么。毕竟社会主义下的生活，应该是一个充满阳光和喜悦的大家庭，任何事下面都不应该有阴暗面。所以这是绝对可行，甚至是最好的方式——不要去挖掘外表下面潜藏的东西。"

不错，马利茨基的文学教育是优秀的，而就像任何专职的评论家一样，他和作家越来越相互依赖。他喜欢那些被指派给他审查的作家，对这些作家有着很高的期望，当他们无法达到他的标准时，还会觉得幻灭。因此在某一阶段，他很自然地就开始逐渐往隔开他和其他人——也就是作家们——的界线靠近。脱离公司的举动是从他现身一个学生社团开始的，那个社团邀请他去参加一项有关审查制度的讨论会。他先是请求公司允许他接受邀请，结果公司拒绝了，不过他还是决定去参加。他觉得此举会冒很大的危险吗？"冒险，冒险，人们都夸大了那些危险，"他尖刻地说，"他们能拿我怎么样？把我关进监狱吗？充其量，只是失业而已。"

不过，在社团所见的情况却让他一点儿也不开心。"当然，我了解我们的工作应该受到批判,这点毋庸置疑。不过批判应该建立在正确的信息上。那里的人对真实不感兴趣,到现在还是这样。他们只想妖魔化。当然,把你的敌人妖魔化,会替你自己增添某种分量。"他耸耸肩,"他们只想分析我这个人。他们很想知道一个人为什么会做我所做的事。我已经尽量保持礼貌,尽量和善地跟他们交谈,还面带笑容;但是隔天在学生圈里,我的笑容却被描写成虚伪的笑容,那是因为理所当然地,如果你是审查员,你的笑容就一定是虚伪的。"

他的言词中带有一丝苦涩和嘲讽,不过他的声音仍然没有改变。经过这次甘冒不韪之举,他开始不再能适应在公司的工作。有一阵子,他还遐想在机构内部组织一个团结工会小组。不过,为了确定我不至于因而高估他,还仔细地加以补充:"那不是我干得来的事。我的性格并非好战或革命型的。"后来他决定到一家共产党青年杂志社担任编辑。

经过种种变革后,他又朝最接近的行业前进了一小步,开始在一家知名的出版公司工作。跟之前的雇主相比,他并不觉得现在的情况有多好。"公司有公司的问题,"他说,"但是那里更有效率。这里连工作的基本精神都没有,这点很糟糕。我的同事只能完成严格规范好的工作,还要先喝杯茶。连做最小的决定,每个人都怕得不得了。不过我想我本来就不该对此感到惊讶。毕竟存在先于本质,这是他们的存在教导他们的。"

我想我也不应该对他下面所讲的话感到惊讶。"我一直告诉他们,他们必须商业化,必须出版可以卖得出去的书,但是我的意见并不受到认可。我想他们仍受制于共产主义的影响,认为他们的目标是出版好的文学。至于钱从哪里来……他们不会放下身段去担心这种事。沙龙里是不讨论钱的。"

我不应该感到惊讶的，因为不管必须使用哪套游戏规则，马利茨基显然都是个习于操弄的好手，这就只是场游戏。他看透前朝所有信念，包括反制度的信念，包括双方都广为推崇的文学神圣的信念。对于文学创作者，他的评论从来不失犀利。"这些日子有人在玩弄殉道的游戏，"他说，"有个著名的作家，每个人都知道他最大的悲剧是戒严时期从来没有被拘禁过。每个人都被拘禁过，但不知道为什么，他却逃过了。他当时还真的是到处奔走，乞求有关单位拘禁他。有时候看到有些作家把自己塑造成英雄的行为，我都觉得尴尬，因为他们是怎么来到我们单位，无条件接受我们要求做出的改动的，我都清清楚楚。作家的伟大，实在不应该基于他们曾经是被害者。"

的确，他从围墙两边，从里面、外面，从中间、边缘把每件事都看透了。那么，说到底，现在的他对于自己过去所扮演的角色有什么想法？"人必须做判断，"他毫不犹豫地以客观的语气回答，"但是应该在时代的标准和氛围下做判断。共产主义因为它的辩证思维，因为它声称社会主义道德观和其他道德观不同而受到批判。但不幸的是，生命本来就是辩证的。"他又加了一句，"你知道，我不是教条主义者，我反对简化论和教条主义。毕竟，绝对价值是不存在的。"

在最后的转折中，我们的对话也接近结束。正准备道别时，克日什托夫·基耶斯洛夫斯基走了进来，跟我打招呼。而在送马利茨基走出餐厅时，他颇有兴味地回头看了克日什托夫一眼。"基耶斯洛夫斯基先生也许不记得我了，"他说，"不过我以前和他共事过。我负责审查他的作品，一个很好的导演，我非常尊敬他。"

"不，我不记得他，"基耶斯洛夫斯基在马利茨基离开后说，"这种人不是一般人想私下交往的对象。"

第二章　波兰（下）

　　至少在最近之前是这样没错。和基耶斯洛夫斯基的碰面纯属偶然，但是我却有种对称的感觉，因为在共产主义时代，基耶斯洛夫斯基可谓完全是马利茨基的反面。当马利茨基在玩弄他方便诠释的游戏时，基耶斯洛夫斯基却在制作纯正道德主题的电影。那些通常都是非常阴暗的影片，探讨现实的堕落、谎言和嘲讽，也描绘人们相互间的责任与不负责任，以及情感、爱，甚至诚信的力量。基耶斯洛夫斯基的电影是独特的，但其所强调的责任——一种基于具体人际关系，而非抽象价值的道德，却是战后波兰和东欧艺术家与文人思想中一再重现的主题。这或许源于许多知识分子所信仰的天主教，只不过是对当前主流意识形态的反应。不过责任伦理也是对规则、游戏与体制的无道德性，甚至是体制本身的一剂强有力的解药，一种无可辩驳的回答。任何事都可以表示任何意思，但不包括我们彼此间的所作所为。

　　这种道德的转向是对谎言与犬儒主义的反击，可算是一种特殊的东欧人道主义，内部蕴含着非常现代的恐怖、讽刺与复杂性，它源自对人们以意识形态和权力为名可以对彼此做出什么事来的切身体验。问题是，当挑衅变得越来越模糊，因而不再需要强烈的回应时，会产生什么变化？当审查不是来自"另一边"，而是在出版社内部运作，而且无从得知审查员的真正用心是出于对自由市场的嘲讽还是只是比较务实时，又会有什么变化？就根本意义而言，这是东欧"改变"的核心所在。是否要出版比较商业化的劣质书刊以维持企业运作，是有识之士可能会有不同意见的议题；而东欧已然脱离高挂道德旗帜的纪元，进入以议题为主的时代。

　　要论东欧知识分子面对竞争的现实，以及混沌不清的"正常"生活时会有什么变化，如今还言之过早。不过与此同时我却有些自私地开始盘算，当基耶斯洛夫斯基和其他文人摆脱了审查制度的干扰或它带来的好处，转入这新的混沌道德领域时，会产出多么有趣的艺术创作。

因为觉得安娜·布拉尼茨卡－沃尔斯卡（Anna Branicka-Wolska）的自传非常吸引人，所以我和她聊了大半个下午。出身于波兰最负盛名的贵族世家之一，她的故事也是波兰和东欧所擅长的：饱受一连串惊涛骇浪的考验、折腾与塑造，宛如一出剧情起伏、无所不包的历史大剧。我是在地主协会的会议上初次见到安娜的，这个协会仿佛一个从朦胧深邃的过往中突然冒出波兰地面的崭新实体，几个月前才刚刚成立，成员包括贵族、大地主和曾经拥有至少几亩土地的小乡绅。根据他们自己的统计，约有七百名会员。在共产主义终结一年后众人才得悉，波兰原来仍存在成熟的贵族阶级，包括王子、伯爵夫人以及位阶较低的要人等等。

当然，说波兰的贵族曾经消失是不正确的，但试图摧毁他们，或至少抹杀他们身份的企图却未曾停歇。波兰始终有一大群贵族阶级，包括一些大家族和若干小贵族，他们在很早之前便拥有选举权，后来逐渐以无政府主义的分歧而闻名。不过波兰贵族不再是其世界的主人的情势由来已久。在割据期间，波兰为邻近帝国所吞食，原本的贵族也沦为受异族统治，而不再是自己属民的统治者，贵族阶级自此陷入贫穷与崩解之境。在此期间，波兰不再存在于世界地图上，但却继续存在于贵族世家和他们的脑海中，存在于保留着波兰传统的宅邸和庄园中，存在于即使背井离乡也体现着某种"波兰性"的人身上。

大战后，贵族的血统几乎成为贫穷和迫害的一纸保证，但同时也成为高贵的象征。再一次，波兰贵族代表了一个被征服的——但对许多人而言——却是真正的波兰，他们从来没有机会成为强权或堕落的反派人物。小时候,我偶尔会听到某人是"望族"之后,虽处困顿的情境,却应对得多么勇敢、多么令人钦佩等等。望族的姓氏从未失去其在波兰所具有的阶级意义。我也曾听说有些农人,从不使用"人民文化中心"的新名称,而始终以庄园贵族的姓氏称呼其村庄,诸如拉齐维乌家族(Radziwiłł)或扎莫伊斯基村(Zamojski)等等。我也曾听说农家子弟归乡寻根,遇到拉齐维乌或扎莫伊斯基等家族的人时,会特别对他们表达敬意,默默致礼。

地主协会今天的会议在华沙理工大学(Politechnika Warszawska)举行。该校有幢建于19世纪、令人印象深刻的白色大理石建筑,中央五角形院落周遭环绕着几层楼高的拱形回廊。波兰共产党曾于此地举行第一次代表大会,所以此地又被称为"统一广场"。不过,我听到有人还是使用"救世主广场"的旧名。

群聚在大会议厅的人,很容易被错认为一群强壮结实的英国绅士或农人。他们活力充沛,一点也不优雅。在一个极端重视外表品位的国度,这样的打扮显得十分朴素。不过在他们中间,还是可以看到宛如在羊皮纸上以纤细笔触雕琢出的精致面孔。他们大半上了年纪,但也有年轻的面孔掺杂其间。致开幕词的是一位年纪很大的男性,他虽然声音颤抖,却因为温文尔雅的语调而十分动听。"我们是从半黑暗中浮现出来的,"他开口道,"半个世纪以来,我们首度可以承认自己是谁,从哪里来。"一般人很容易存着看笑话的心态来看待一群刚自曝身份的波兰贵族的聚会,但一如以往,这位老贵族言词中所蕴含的遭到压迫、奋力求生的片段,令我为之动容。会议开始之前,有位老先生告诉我一个他很在乎、一定要我知道的事实,即第二次世界大战期间,波兰贵族曾致力于反抗运动,结果他们也成了波兰所有阶层中蒙受最大损失的一群人。

这种种回响,让我格外认真地聆听安娜·布拉尼茨卡–沃尔斯卡的述说。我们在欧罗普斯基酒店气氛慵懒的咖啡厅碰面，神采奕奕的布拉尼茨卡-沃尔斯卡大步走入。她是那种会被误认为健康、壮硕的农村中老年女性的人，只是她有着柔和、温暖的声音，如晴天般湛蓝的大眼睛闪烁着乐观、坦诚的光泽。她的祖先来自东北边境地区，我见过布拉尼茨卡家族位于比亚韦斯托克（Bialystok）的美丽的文艺复兴时期宫殿，也就是他们的根基所在。18世纪时，那里曾接待过一群波兰和法国演员以及一个芭蕾舞团。不过布拉尼茨卡-沃尔斯卡本人是在华沙外围维拉努夫（Wilanów）的一座兴建于17世纪末期、有着三翼厢房的巴洛克风格宫殿中长大的。那宫殿原为皇室离宫，战后改建成了极受欢迎的博物馆和观光景点。"那个地点很好，"安娜回忆幼年时光，"所以每个人都会来，政治官员、国际外交官和艺术家等等。"

这一切都被大战改变了。安娜描绘当时维拉努夫反抗运动的神奇场景，宫殿的一个个大房间被改装成靶场，为从事地下战争的年轻人提供训练。战争开始时安娜才十四岁，而十六岁时她就已经和两个姐姐一起运送武器，担任邮递员以及协助藏匿人犯了。宫殿还曾作为逃匿战犯和农村党人的庇护所。华沙大轰炸开始后，还有成群的年轻人逃到这个安全地点过夜，至今安娜仍记得那些快乐的夜晚，每个房间都铺放着成排的睡垫。

在华沙起义期间，亦即战争迈向高潮及走向结束的阶段，布拉尼茨卡家族最大的劫难也开始了。首先，他们被德国人逮捕拘禁；在德国人之后，俄国人紧接而来，就在俄国大军开入华沙三天后，布拉尼茨卡和其他三个家族再度被逮捕。

他们十六人组成的小组注定在未来三年内相依为命。"当奴隶。"安娜这么形容。一夜之间，他们成为阶级敌人，因为他们对抗纳粹的力量刚好证明他们会成为潜在威胁。这个小组先是被转送

第二章 波兰（下）

到莫斯科的卢比扬卡监狱（Lubyanka）*。他们以为自己一定会遭到处决，结果只在那里拘禁了两个星期。有时记忆常会凸显出一些细枝末节的事，所以安娜还记得那段时间里陪伴她的一只狮子狗，那也许是唯一能存活于卢比扬卡监狱的动物了。那只狗颇获一名苏联士兵的欢心，但他一直以为它是只宠物猴。后来，他们小组被带往克拉斯诺亚尔斯克（Krasnoyarsk）集中营。他们十六个人挤在三个房间，于严格看守下共同生活了两年。第一年不许外出；后来规定放松，他们可以到一个小花园里走走，也可以帮其他受刑人砍柴；两年后因不明原因，他们被转到一个关着各个国家的人的更加严格的劳改营（安娜尤其记得有一大群日本将领也被关在那里）；然后，苏联任性的巨轮再度转动，他们于1948年获释，也被获准返回波兰。

我问安娜被拘禁的那几年是否是很绝望的一段时期，她明确回答不是。虽然他们很怕生病，时有口角，但整体而言，他们都展现出最大的韧性。"这个阶级的人的志向，是向世人展现我们不但能在最好的环境下生存，也能在最坏的情况下存活。"她绽放出愉悦的笑容，"我们很得意自己的烹饪和缝纫技巧得到提高，大人还会给孩子们上课。我父亲能讲全套波兰古典文学，让孩子们的教育不致出现断裂。"

"而我，"她面带愉快的微笑继续说，"我写信给我心爱的人。"那些信从未寄出去，因为她所爱的人是一名反抗军领袖，在变化无常的战争中他的行踪如谜。安娜写信的部分原因，也是想为她非凡的经历留下记录，以便战争结束后和她心爱的人一起分享。

她的期望落空了。"我以为他会等我，"安娜给了简单的解释，"但是当我回来时，他已经结婚了，而且人在伦敦。这是我的一大悲剧，

---

* 苏联时期情报机构的所在。20世纪30年代，卢比扬卡监狱"清洗"了数以千计的人。

而且就发生在我应该最快乐的时候。"

不过那些信在许多年后获得出版。毕竟是记述一连串恐怖事件的丰富历史，充满鲜明的细节、敏锐的观察以及狱友间的感情，甚至还饱含一种幸福感。安娜写道，即使在最艰困的时刻，快乐也没有完全遗弃她。不过当时的她可谓身心俱疲。回到波兰，除了失去她心爱的人，还有更多的灾难在等着她。他们十六人才穿过波兰边境不久便再度被捕，这次是被新成立的政府所逮捕。他们大多在几天后获得释放，但包括安娜父亲在内的几个人却被拘禁得比较久，这对她父亲的爱国心和他所捍卫的一切可算是狠狠的一记重击。安娜记得她父亲曾说："我可以在德国监狱生存，可以忍受苏联的劳改营；但是我不能忍受在波兰被囚禁。"她父亲没有被拘禁太久，但之后不久他便过世了。安娜将父亲的去世归咎于那次囚禁事件。

政府有一些专门针对他们的手段，其中之一是禁止历劫归来的贵族住在老家附近。安娜和她的母亲迁往克拉科夫，尝试展开新生活。那是一段艰困岁月：她们没有钱，而且身份特殊，人们甚至害怕被看到和她们有任何接触。有些贵族被迫更改他们广为人知的姓名。"这样做的人不多，"安娜急急声明，"但我们总得设法适应。"

有段日子，她们母女被迫节衣缩食到赤贫状态，在别人的长沙发上睡觉，在最便宜的自助食堂吃饭，而且经常没有钱买电车票。我听安娜叙述时，深深感觉在一个他们曾拥有那么多的国度被贬抑至此，长期处于这种在当时被认为是正常的悲怜状态，也许比关在监狱内承受明显极度的不公不义，还来得难以忍受吧？但是当我提出这个疑惑时，安娜只是温和地笑说人们把艰难和贫困看得太严重了。"总之，从来没有经历过这种情况的人，从来没有被贬抑被排斥的人，对我而言，似乎有些不完整、不成熟。你不觉得吗？"

最后，安娜取得了社会学学位，在被十四个工作机会拒绝后——

这可是一个不承认有失业问题的国度啊——终于有个文学研究机构录用了她。她还清楚地记得该机构的主管在面试时对她说："从十六岁起，我就在跟你们这种人战斗。"但不知道是为了何种理由，那位主管仍旧决定冒险雇用她。

最后，她也结了婚，嫁给了一个没有贵族身份的人——尽管万事历尽，但这种身份的隔阂仍然事关紧要——一位遗传学教授。"就这样，"安娜说，"我们已经结婚三十八年了。他很爱我，我也喜欢他、尊敬他。我们的爱情属于比较温和的感情。世上有很多种爱情，你不觉得吗？"

"而且我想传递这样的信息，"她使用了说教的语词，但语气中却毫无说教的意味，"人绝对不要绝望。冥冥之中，我总算找回自己的生命了。我觉得我很能掌握生命的诀窍。"她的确从未停止参与这个世界。借用她的用词，就像大多数"这种背景"的人，她积极参与团结工会的事务。"喔，我不知道拆过多少你们送来的医药包裹！"她说，意指从美国送来的包裹。她组织了西伯利亚人协会，帮助那些曾在古拉格最恐怖的集中营服过刑的人。她做这项工作带有使命的意味。"我了解他们曾经经历过的事，"她说，"我对他们最为同情。"

"我觉得目前的我正处于生命的中间，"她以明媚的声音总结，"我觉得被需要。我对人类的事有相当了解，试图从每件事中萃取出精华，就像榨橙汁一样。这是我的生命信仰。重要的是，鞋匠应该制作美丽的鞋子，作家应该好好写文章，我是这么认为的。还有，要为其他人着想，这很重要，也是我的工作。你知道，曾经我会觉得我太老、太胖，我的心脏不好……但是现在因为忙于其他人的事，这些就都不再干扰我了。毕竟我是被这样教育成长的，凡事尽力而为。"

这是充满感情的结语，却不见丝毫多愁善感；因为这林林总总已经清楚地在行动中、在生活中获得明证。尽管我民主的偏见让我对贵族的概念有所迟疑，但我仍不禁克服了自己所持的保留态度。我喜欢这位女士，喜欢她真诚的浪漫情怀以及从容不迫的态度，喜欢她所持的古老的理想主义，对世界最恶之处的理解，对自己的坚定信念，以及对普世的人道主义的坚定信仰。在她体内蕴含着太多阶段的历史，太多感性和经验的重要里程碑。

而现在，基于命运再一次毫无预警的转折，冻结于记忆中已久的过去，正在进行一场奇特的复苏。现年六十好几的安娜，正考虑重新收回一部分她在维拉努夫的幼时家园。"只是一小部分，拿回更多是不对的。"她想将外围建筑的一部分改建成为意图归乡的老年人服务的休憩中心，再利用另一部分开设餐厅。她还难得喜形于色，开心到有点脸红地告诉我一个更重要的发展，就是最近她获准进入一个名为"马耳他骑士团勋章"（Order of the Knights of Malta）的组织。这个名词令我愣了一下，因为听起来很像安伯托·艾柯（Umberto Eco）笔下的虚构组织。不过这古老的骑士团目前在东欧依然非常活跃，而且只允许有几世纪历史的贵族参加，诸如此类历史不协调的喜剧似乎从未停止上演。根据安娜的解释，骑士团有从事慈善事业的悠久传统，他们正打算在波兰开设一家医院，专门诊治艾滋病患，她也很乐于出一份力。

不过，当我回想起地主协会会议中大半是年老的脸孔时，不禁怀疑日后"贵族"在波兰还可能具有什么意义。矛盾的是，这个阶级团体完好地留存至今，实在应该归功而非归咎于共产主义。共产主义系统的运作有如历史的冰库，将贵族的身份保存在固有状态。但我怀疑，一旦冰库开启并与现实发生冲撞，贵族阶级或任何其他人为保存的社会现象是否仍能继续存活。对那些继承了贵族头衔，却从未在自己的家族庄园中生活过，也无力取回自己祖产的中年专业人士；对那个出身大家族，目前以制造女性内衣为业的人；或对地主协会会议中那几个年轻人而言，一旦他们开始自由游走于现代社会，贵族名号不再具有重要性时，贵族的意义又何在？

布拉尼茨卡-沃尔斯卡对这一点是很清醒的。"在比较老的这一代，不错，贵族阶级是存在的，"她说，"我们彼此都认识，会在婚礼和丧礼中碰面，有时候参加这些场合的还完全是贵族。不过比较年轻的这一代？喔，也许有力量在朝那个方向拉动。也许有感情或势利的因素存在，还有沿袭过去传统的意义。我们的整个教育系统经常谈到过去，但是这一切能形成一个真正的波兰贵族阶级吗？我感到怀疑。"

我也怀疑。我朋友阿格涅丝卡毫不羞赧地承认自己很"崇拜"贵族。她说她喜欢他们一向秉持的恰然态度，以及日常生活的无忧无虑和优雅自持，也因为他们是很好的伙伴。在此之前，他们从不在乎赚钱的事，也不需要向任何人证明任何事。安娜·布拉尼茨卡-沃尔斯卡的确拥有那种迷人的贵族娴雅气质，毕竟早期优游的习惯很难戒除，强烈的身份认同感也很难抹去。不过即使像她这种性格的人，我都怀疑在面对新世界生存价值的挑衅时，能否坚持不变。从现在开始，将会有不同的"最好的人"出现，会有不同野心的驱策和不同的选择。对布拉尼茨卡-沃尔斯卡而言，古老维拉努夫的记忆将永远有其意义；但是同时，新的维拉努夫亦将永远无法恢复往日的荣耀或英勇，即使她重新收回当地祖产，其中的一部分也将成为日常商业用地。

除了在文字里，过去是永远无法重新捕捉或再次重复的，这也为波兰当前的情势增添了一抹超现实的意味。这些从共产主义的温克大梦（Rip van Winkle）*中重新复苏的事物，虽然具体，却带有幽灵的色彩。这部分是因为个人和社会现象已经互不适应。有关安娜·布拉尼茨卡-沃尔斯卡的一切既没有褪色，也没有过时；但是昔日代表尊贵意义的波兰贵族，却只能换一种形态回归，以一种更模糊的面貌，而且极可能消解于当前多元化的现实洪流中。

在前往位于华沙近郊的肖邦出生地热拉佐瓦·沃拉（Żelazowa Wola）游览的途中，我和打扮费心、十分健谈的年轻出租车司机聊起来，后来不知怎么的，话题转到了犹太人身上。当他确定我是犹太人后，变得更加滔滔不绝，无以遏止。"前两天，我才载过两个美国来的犹太人，"他告诉我，"人很好，非常好。我们开诚布公地聊，因为我的个性就是这样，喜欢有话直说。可以说我们后来就像朋友一样，气氛很友善。他们告诉我，他们先前以为波兰是反犹太的，我努力告诉他们实情并非如此。我就没有反犹太。我认为我是个很文明的人，但是我的问题是，你知道，我不认识任何犹太人，我是在他们离开后才长大的……所以我所知道的都是别人告诉我的犹太人的样子。"

那么，别人是怎么跟你说的？我想知道。"喔，你知道的，他们在我们的历史中扮演了一个不幸的角色。他们是大资本家，你知道的，他们拥有罗兹的大部分工厂，那里是工业革命发生的地方。我听说他们很小气，替他们工作很糟糕，而且他们连帮自己人的忙都不喜欢。"

我早上还没有喝咖啡，精神不济，昏昏沉沉，而且工业大道上的空气污染已经让我觉得很不舒服了。我真的必须回答这种问题

---

* 19世纪美国小说家华盛顿·欧文所写的短篇小说，情节类似中国的黄粱一梦或南柯一梦。

第二章 波兰（下）

吗？我想我别无选择。对于这类问题，我有我的"历史责任"。所以我从最基本的开始讲起。"你知道当时大部分波兰犹太人住在小城市，而且收入仅够勉强糊口吗？"我问他，"还有，你知道犹太人向来有互相帮忙、从事慈善事业的伟大传统吗？"

"真的吗？"他一脸惊讶，"你看，这是我们的问题。在学校没人教过我们这些，也没有地方可以讨论。"我们又继续聊了一阵，直到抵达终点。

热拉佐瓦·沃拉是个朴素的庄园，四周被一个美丽的公园围绕，有起伏的山坡和垂柳，处处可见亮丽的花圃，还有一条被污染了的蜿蜒小溪。这里风景如画，带着忧郁的气质，每一处都令我心动，而肖邦也是我所崇拜的神一样的人之一；但是和出租车司机的那段对话，多少减损了这地方的魅力。那司机轻易为成见所骗固然让我遗憾，但更让我不舒服的是他跟我对话的奇特方式，俨然把我视为上诉那些成见的法院，似乎在他面前的犹太人与他对犹太人的模糊概念之间，有着认知上的分歧。

不过，报刊上关于新的反犹主义的报道，对我也有同样的冲击。虽然出租车司机是第一个向我转述反犹观点的，但有关犹太的问题却始终充斥在我周遭。对反犹主义的再度出现，不少人表达了不满与愤怒；对波兰被贴上反犹的标签，也有人表达了委屈与愤怒。亚当·米奇尼克具有一半犹太血统，曾以"二度反犹主义"一词形容波兰对这项指控的反应。所以目前有反犹主义、二度反犹主义、反一反犹主义，无疑还有第三代现象存在。

反犹主义的背后指使者从未以真面目示人，似乎没有人见过他们，但每个人都知道他们的存在，因为有人在建筑物的墙壁上写上了"犹太人清除区"（Judenfrei）的字样，有人在标示华沙犹太人街原址的庄严纪念石碑上画上了纳粹的党徽。还有人带着激进的倾向分辨天主教神父和主教是否有犹太血统，连前总理塔德乌什·马佐维耶茨基都没放过，结果他的天主教背景完全干净。因为新的反犹主义有一个明显特征，即可将目标锁定在任何人，不管其是否真的具有犹太血统。对他们而言，"犹太"宛如负号，代表他们所不喜欢、怀疑或不赞同的一切。

不过另一方面，对跟犹太相关的一切都感兴趣的人也在逐渐增加，俨然是群具有怀旧情怀的犹太迷。听说有成群的波兰人蜂拥观赏犹太剧团的表演；也有学生学习希伯来语，并前往以色列朝圣；还有一个人自命为管理人和档案保管员，负责照顾华沙一处古老、荒废的犹太墓园。

如果说贵族是被镇压者——在政治上被打压的人——的回归，那么反犹主义就是被抑制的态度——已隐入地下的态度——的回归。不过重新出现的对犹太的痴迷，也有明显的讽刺之处，因为正如每个人口口声声所重复者："波兰已经没有犹太人了。"其实这句话并不完全正确。根据官方统计数据，还有一小部分，估计七千多名犹太人留在波兰。他们留在这里经历风浪，寄居在仅存的战前犹太人社区的残骸中。这群人，因为各种不同的原因，过去从不看重自己的犹太背景，未来也不会。

还有些人，比如康斯坦丁·格贝特（Konstantin Gebert）——或朋友对他习惯的称呼科斯特克（Kostek）——是战后一代的年轻犹太人，他们成长期间对自己的犹太背景一无所知。他们的父母都伪装或低调处理他们的身份，也许因为犹太人大屠杀的记忆对他们而言太过痛苦，也许不认为犹太背景对他们的子女有任何好处，或者就像科斯特克的父母一样，是坚定的国际主义者。因此科斯特克是直到成年后，才得知自己是犹太人的。一旦知道后，他又以几乎滑稽的方式辗转得知，竟然还有其他人跟他的情况一样。1970年代，一位在世界各地举办研讨会的美国心理学家卡尔·罗杰斯（Carl Ransom Rogers）*前来华沙举办一场探讨犹太人认同问题的工作坊。科斯特克前往参加，本以为会场一定一片空荡，想不到他的一半友人都群集现场。

在意识到这种情况后，科斯特克创立了一个小组，目的在于为小组成员提供一定程度的犹太教育，以求多少恢复一些犹太的认同感。参加这个小组的年轻人必须从最基本的开始学习：他们没人在家里见过安息日仪式，也没人上过犹太会堂。但是一点一滴地，他们学会了安息日仪式，学会了阅读经文，研究托拉（Torah）†，并相互举办研讨会，主题诸如中古世纪普罗旺斯的犹太人，19世纪波兰的哈西德派犹太人（Hasidim）‡等等。他们有些人学习希伯来语，有些变成虔诚的教徒，还有些移民到了以色列。

科斯特克留了下来，继续他新闻记者和优秀政治评论家的工作，并以笔名达维德·瓦尔沙夫斯基（Dawid Warszawski）发表文章。他在团结工会里非常活跃，经常就波兰犹太人的问题发表评论。

我有时会就犹太性和反犹主义等问题请教科斯特克，因为我发觉他对这些问题的观点非常客观可靠。而我刚好意识到在这类问题上，我很需要保持客观的心态。当初我来东欧的部分原因，是想从一个成年人的角度了解这个地方，结果却发现我的个人经历、身份认同和忠诚中的波兰和犹太这两部分既拒绝分开，也拒绝融合。我非常仰慕波兰文化内蕴的力量，可是每每对波兰的情感波涛汹涌之

---

* 卡尔·罗杰斯（1902—1987），人本主义的创始者之一，首创非指导性治疗，又称案主中心治疗，强调人具备自我调整以恢复心理健康的能力。
† 广义上指上帝对犹太教徒的指引，包括所有犹太教律法与教导；狭义上指摩西五经。
‡ 又称虔敬派信徒，是犹太教正统派的一支，受到犹太神秘主义的影响。教徒形貌特殊，除了蓄胡须与边发、戴宽檐帽或毛帽之外，也穿着传统哈西德派的黑衣，波兰的多数教徒在纳粹犹太人大屠杀中惨遭杀害。

际，我就无法不自责：如此一来，对那些曾在此地受苦受难的人岂不是就不够忠诚？比如我的父母，他们在纳粹大屠杀中饱受折磨，侥幸逃生。但反过来，每每听到波兰被简单地形容为反犹太国家，我又必须克制住心中的反感，因为我知道实际情况要复杂得多。

就在跟出租车司机聊过后不久，我去拜访科斯特克。他住在市中心一条安静街道上的公寓中，那公寓拥有一座庭院，几乎像个小公园。科斯特克带我走进舒适的书房，只见书架上摆满了各种语言的书。他坐在一把扶手椅里，翘着腿，口中抽着烟斗。他说出租车司机的观念确实有可能全是道听途说，部分是因为在共产主义下，理论上不存在民族划分，因此有很长一段时间，犹太问题是不公开讨论的。当然，这并不代表共产党人不会故意采取反犹主义，但是有关复杂的波兰犹太人历史的活跃的、被清晰表达出来的知识，绝大部分都尘封于战前状态。

至于目前的反犹浪潮，科斯特克仔细地将其区分为几个层面：标准的宗教反犹太主义，老派的世俗反犹太主义，以及一种新形态的反犹太主义，亦即一种伪装的假象，掩饰了反民主的情感，其实质是对开放、不确定以及多元化的抗拒，害怕改变。引导人们将后共产主义第一任政府的所有成员都贴上"犹太人"标签的，也就是最后这种变种的反犹太主义。科斯特克带着一丝好玩的口吻说，他曾问一些百姓为什么他们认为马佐维耶茨基总理是犹太人，结果得到好些有趣的答案。"因为他很悲伤，而且常常在祷告。"一个老妇人回答，显然具有混合各种刻板印象的创造力。当科斯特克拿出证据，表示马佐维耶茨基不是犹太人时，一个男的抗议道："这个嘛，但他终究还是当上总理了啊！"

在我们谈话几天后，我正巧看到科斯特克出现在电视节目《质询》上，就波兰人与犹太人的关系进行辩论。科斯特克是主持人，

第二章 波兰（下）

受邀嘉宾是以色列驻波兰大使。在立陶宛长大的大使身材魁梧，态度和蔼，讲一口俄国腔波兰语。对所有问题他都不回避，不管问题多么尖锐，都无损于他彬彬有礼的回应态度。有两名质询者代表右翼民族主义团体，成见甚深，而且见解迂腐得令人难堪。他们俩正好都很瘦，个性激动，其中一位喉结明显突出，随着激烈的言词不断快速移动，他认为犹太人要为波兰土地上的共产主义和秘密警察负责，他们也控制了波兰的海外形象。

大使很有耐心地回答这些问题，但镜头突然转向一个克拉科夫团体，来宾之一是一份知名天主教刊物的作者，他迸发出一段出人意料的话语。"先生们，"他朝先前发言的那两人叫阵，两手愤怒地比画着，"你们的发言简直让人作呕。我真羞于跟你们同上一个电视节目。我必须声明，你们就是纯粹的反犹主义！"他言词的激烈让我印象深刻：在比较冷静的美国电视媒体上，绝对没有人会做出这么失控的行为，或这么赤裸地表露自己的感情。

但是这番热烈的对峙中真正让我有兴趣的，其实是件似乎很小的事情，亦即科斯特克头上戴的圆顶小帽。科斯特克无论到哪里都戴着这顶小帽，但他表示从来没有遭遇过反犹太的言词。这跟我小时候所可能发生的情景大不相同，那时我们绝不会在街上讲意第绪语（Yiddish）*，也绝不会有人明确表示自己是犹太人，比如在公共场合戴会挑起反犹主义情绪的圆顶小帽等；但现在，此举却似乎有防堵反犹主义之效。

过去，圆顶小帽明确表示了帽子的主人是犹太人，但现在兴起的反犹太主义，在实质上欠缺具体目标的情况下，似乎是靠着不确定性和模糊性发展。就像移情性神经症一样，由于无边的焦虑，因

---

* 中欧和东欧犹太人所使用的语言，是德国方言和希伯来语等混合的语言。

此会无助地试图寻找一个目标和原因。一个朋友曾把她从城墙上撕下来的一张犹太人讽刺画拿给我看，那是上次选举时贴在墙上的。那幅画直接抄袭大战前的画作，手法笨拙、丑陋、卑劣。薄薄的纸张上所描绘的犹太人蓄着长胡须，身穿黑长袍，留着侧边发辫（sidelock）*。过去几十年间，这样的犹太人其实都不曾出现在波兰。

迄今为止，波兰的反犹主义还不是大众意识形态，也没有产生任何实质的结果。似乎只是个符号问题，借用古老的名词表达无以名状的新问题。也许符号性的"犹太人"已取代了共产主义时期"他们"的部分象征意义。"他们"在波兰人的心理上是必要的，因为这是所有痛苦和阴暗问题最现成的解释。现在"他们"已经不在了，但是解释的逻辑却不是一夕可以推翻的；因为阴暗的秘密仍有保留的必要，所以反犹主义的语言就正好派得上用场。这也许可以解释为何明显的犹太人特征反而不是他们真正的目标，因为一旦主动公开承认了犹太人的特性，便不符合他们所需，不足以掩饰其隐藏在背后的邪恶的神秘性了。

我曾听说在某些村落，农民会在夜间造访古老、荒废的犹太墓园，祈求实现他们的心愿。因为他们听说有些智者或魔法师就安葬在无法辨识的墓碑下，仿佛新近离开的波兰犹太人属于神话的时代。

在此同时，波兰和犹太人关系的真正历史却大半仍停留在缺乏教导和盲目无知的状态。这是一段漫长、复杂的历史，包括长时期硕果丰富的共存共荣，以及不时出现的偏见和迫害，包括曾在这里成长与凋零的丰沛犹太文化，及其与主流波兰文化的有趣融合。对这数世纪的历史——尤其是最近的几个篇章——的重建，注定有复

---

* 在脸两侧垂下一束头发，一些犹太人以此表明自己的犹太身份。

杂难解与令人痛楚之处。但是正如"被压抑的态度的复现"已经一再证明的，只有在完成了历史记忆后，潜意识的作用才会停止，当下的现实才会以其真正的面貌被看待。显然，历史需要被记住，才能继续往前走；同时，波兰的历史也必须开始往前走，才能被正确记住。现在这项行动已经开始，随之而来的是有关波兰—犹太人问题的讨论。这个议题是我无法以旁观者的身份保持距离的，只是在我看来，这波蔓延于波兰的奇特、反复、失真的反犹主义风潮，可能禁不住仔细的检视。它就像从共产主义冰柜里取出的其他现象一样，一旦摊在现实的真实情景下，就将化为无形；这一切，跟"犹太人问题"，或少数留下的波兰犹太人，其实没有多大关系。

蒂科钦（Tykocin）是位于白俄罗斯（Byelorrussian）边境的一个城市，在华沙东北约一百公里处。我决定到那里去看看外围地区的改变情形，也因为刚好能搭阿格涅丝卡的便车——她获邀到当地去朗读她的诗作，谈论文学、歌词创作、戏剧和她擅长的其他许多事情。在路上她也滔滔不绝，告诉我她在丰富的生命中，如何多次调整自己的行为。年轻时她非常投入于一出学生戏剧，会在社交场合谈论剧团所面临的问题，直到一位年长的良师益友告诉她这样做是不对的：在派对上，一个人应该优雅地闲话家常，而不是高谈阔论自己的工作。于是几年后她去纽约时，就照这种方式做，但是人们根本无视于她的优雅。"你是做什么的？"人们一直问她，而且显然要求她反问同样的问题。"他们意识不到我的态度有多么优雅，他们以为我没有脑袋。"她哈哈大笑。

幸好阿格涅丝卡是个有趣的同伴，因为周遭景物几乎是一片平坦与单调，偶尔才会出现我小时候最喜爱的若干忧郁的点缀：成排有如廊柱的白杨木、农场，以及似乎总比西方凌乱的草地。不过我们经过的几个小镇则毫无美感，让人沮丧：几乎不堪使用的建筑，肮脏破旧的车辆，以及穿着破烂的孩童。途中我们停在一个小镇，希望能采购点食物。尽管我们特地选择在名称响亮的罗斯福街（Roosevelt Street）和威尔逊广场（Woodrow Wilson Square）附近下车，但仅有的几家食品店却都因午餐时间而打烊了。即使没有休息，我们所能看到的也只是一些欧防风和胡萝卜，以及另一家店里的一些面包。别人指点我们去的小吃店也简陋不堪，只有厨房大小，贩卖一种黏糊糊的橙子味饮料。

然而，蒂科钦是个让人灵魂感到满足的小镇，风格介于不受时间影响的村庄和小型历史城镇之间。在这个阳光灿烂的日子，蜿蜒的小径和温暖的鹅卵石地面诱人放缓脚步。小花园里花团锦簇，探出围篱怦然绽放。乡间屋舍有些是木造的，有些是石砌的，全都低矮绵长，覆盖着倾斜的屋顶。蒂科钦北面花园绵延，一直延伸到宁静、宽阔的纳雷夫河（Narew River）河岸，然后再往外展延，直达平坦、慵懒、草叶茂盛的湿地，仿佛从人类文明到大自然的转折就是这般轻松，俨然一种自然而然的过程。

此地文明的发展似乎也这般自然。蒂科钦郊区仅余一片丘陵和几块石头的遗址，是第9世纪斯拉夫部落所遗留的早期村落。纳雷夫河彼岸杂草丛生的地基石块，则是16世纪一个皇家别墅的城堡遗址，提醒着人们蒂科钦曾经走过繁华，是独立在外的幼年王子们的栖息之处。根据一本当地导览手册的记载，18世纪中叶，蒂科钦"采纳一项巴洛克空间构图设计"，以"具有纪念性的教堂"为平衡的轴心。教堂和其他几座巴洛克式建筑，以其和缓的曲线造型和米黄与白色的外墙，依旧宁静地主导着整个市镇。

不过蒂科钦还有第二个焦点，即至今仍遗留的古老波兰区和犹太区划分的标记。犹太区的房子一般比较窄也比较高，因为一楼得充作小型店面，使非农业居民能够维持生计。蒂科钦这一区域最主要的建筑为一间犹太会堂，呈现出庄严的文艺复兴时期风格，从1642年屹立至今。

昔日这里不仅住有波兰人和犹太人，有段时期，蒂科钦还是欧洲地区种族多元的典范，遥遥领先其他西方地区。这里曾住有立陶宛人、白俄罗斯人，还有若干撒克逊人和鞑靼人。根据可靠历史学家的记述，这些民族在这里和平共处，直到第二次世界大战为止。

经过一连串疆界变更、移民和战争的影响，这种有助发展的民族融合的境况已经不复得见，如今的蒂科钦几乎是单一民族的地区。阿格涅丝卡和我走入已经改建成博物馆的犹太会堂。会堂维护良好，墙上有17世纪的希伯来铭文，感谢当时富商的捐赠。我们进入后，有人开启了犹太经文的录音，冗长幽怨的经文颤抖回荡，让人恍惚感受到会堂的灵异气氛。

一个矮胖、丰满的女人打断了我的沉思，她跑来将我紧紧抱住，两眼还泛着泪光。这可和此地的灵气无关。"你是阿格涅丝卡女士的朋友啊！"她气喘吁吁地说，告诉我们她是会堂的管理员。"我们太荣幸了！"这就是波兰文坛知名度的体现。

博物馆馆长是个面貌平凡、个性可亲的女人，就像许多跟历史关系密切的人一样，她以近乎闲话家常的熟稔口吻谈论着犹太会堂和蒂科钦的历史。她和她的同事都不是犹太人，但是他们在变革前极力争取，这才使得这个犹太会堂成为一处犹太地标，并获得适当的维护。他们是安静、友善的一群人，以极其虔敬的精神守护着这个遗失的世界：其中一人曾在海外研读犹太历史；馆长本人则一星期去华沙两次，学习希伯来文。他们今日所创造的这个小世界地处蒂科钦一角，由于他们的投入而整洁有序、生机盎然。在旅行中这不是第一次，也绝不会是最后一次，令我觉得：那些能认定自己的天职、全心全力为之投入的人，实在幸运。馆长向我们展示一座17世纪蒂科钦的模型：当时巴洛克教堂还未建造，犹太会堂却已经存在了。她告诉我们，模型中对称的农场格局一直延续到现在，连农场主人的姓氏也沿用至今。那些古老家族一直握有权力，经历世代恩仇，甚至延续到共产主义时期。

蒂科钦的改变显然很缓慢，但是市中心一小片长方形的公园已经出现了改变的征象。公园内笔直的小径两旁橡木矗立，林荫蔽天，暗色树叶窸窣作声。一尊17世纪蒂科钦领地贵族后裔斯特凡·恰尔涅茨基（Stefan Czarniecki）*的雕像正以优雅之姿傲视天下。恰尔涅茨基身着哥萨克指挥官制服，手持一柄顶端为球状的手杖，球体闪烁着金光，和古老的雕像实在有扞格之感。其实那也真是最近才添加上去的，出自第一次民主选举的某名候选人之手，目的在于赢取蒂科钦居民的欢心。

此举显然奏效，该候选人目前是蒂科钦的市议员，也是蒂科钦的话题人物。我们从博物馆馆长的口中听说过他，还有一位邀请我们到她的小杂货店小坐片刻的妇人，以及当地一名技术学院的老师雅内克（Janek）也谈起过他。"啊！我们这位议员"，他们都这么开始，然后继续说他如何不懂民主的含义：他偷偷贩卖公有财产，完全不征询别人的意见，甚至不雇用会计，因此没有人可以查阅他的账簿。"一个小丑，一个真正的江湖骗子，你看着吧。"雅内克的妻子告诉我，"还有，他也喜欢扮演小丑。"

我在议员的简陋办公室拜访了他。办公室只有一张摇晃不稳的桌子和两把摇摇欲坠的椅子。他是个面色红润，身材肥胖的人，粗

---

* 斯特凡·恰尔涅茨基（1599—1665），波兰立陶宛联邦将军和贵族，为波兰有史以来最有能力的指挥官之一，功业彪炳，官至王室陆军指挥官。他被视为波兰民族英雄，波兰国歌亦有提及他的名字。

第二章 波兰（下）

鲁的仪态中流露出某种男性充满自信的优雅。"啊，这里的人根本不知道时代已经改变了。"我一坐下来，他便告诉我，"他们搞不清楚，现在已经没有人会替他们打算或帮他们付账了。老实讲，你还不能跟他们讲太多你的计划，最好直接去做。"

民主作风对蒂科钦而言还是个非常新的概念，他对自己专断地使用权力的做法也毫无尴尬之意。他以透露机密的口吻告诉我，有一个竞争激烈的建筑，学校老师希望改建为幼儿园，现在已经处置完毕，由一个美国女企业家买走了，将改建成一间小型旅馆。另外，世界银行可能贷款给他改善此间的电话线路，并建立一个防止污染的发电厂。"我们这里需要更好的基础建设，"他说，"这是排在第一位的。"

"不过，我有一个原则，"他补充说，并又给了我一个保密的眼神，"金钱应该流动起来。这点很美国化吧，不是吗？"

我承认他说得不错。其实，这位议员活像当年某个南部小镇的大老板，连讲话声也带着一抹深沉、歌唱般的轻快节奏，一种悠扬的、类似于美国南方口音的波兰口音。

在此之后，阿格涅丝卡和我受邀前往雅内克家吃晚餐，他的妻子特意准备了精彩丰盛的一餐。在一张临时拼凑的餐桌上，阿格涅丝卡和我坐在有椅垫的两个座位上，小房间里还有另一名受邀前来的学校老师。他是白俄罗斯人，阿格涅丝卡私下还替他取了个"拜占庭人"的绰号，因为他有张温和的长脸，一对清澈的暗色眼睛，还蓄着墨黑的胡须，就像古老拜占庭镶嵌画中走出的人物。个性有些内向的雅内克很聪明，在"拜占庭人"的协助下，在蒂科钦开了家书店，虽然他并不指望书店会有什么收益。"只是让这里的人有点事做，"他以近乎辩解的口吻说，"这样应该会让一些有趣的事发生。"然后话题就转到了议员和他可恶的行事方式上。

难道没有办法控制他的权力吗？我问。雅内克不耐烦地挥挥手。这里的人不关心，也不知道该怎么做。他们甚至不知道自己拥有哪些权利。不管形势如何变化，他们仍然在过时的个人权力和个人恩怨系统中纠缠不休；还需要一段时间，才会有能够匹配新的选举法的比较实际的管理办法与公民参与。

晚餐后，我们开车前往犹太会馆旁的另一家小型博物馆，阿格涅丝卡将在那里跟观众见面。结果直到车子快抵达目的地时，雅内克才通知我说我也是这次见面活动的受邀者！博物馆大门上的海报证实了他的话，我的名字和阿格涅丝卡并列在受邀名单上。"美国贵宾，伊娃·霍夫曼"，仿佛这样便足以证明声望了。完全没有料到会有这一招的我试图抗议，并且指出我只穿了球鞋和T恤，还都是旧衣旧鞋。但是阿格涅丝卡轻快地丢下一句："你是美国人，想怎么样就怎么样。"就这样，我发现自己竟站上了蒂科钦的舞台。

见面会是在一个漂亮的椭圆形房间举行的，地面装饰有拼花地板，还摆有一架钢琴。令人惊讶的是前来参会的听众都衣着正式，毫无乡土之气。幸运的是，阿格涅丝卡如我期盼的一样几乎独撑大局，表现出色。对前来与会的年轻人而言，她是波兰戏剧浪漫史的一部分，他们向她提出有趣的、涉猎广泛的问题，她也用一桩接一桩的轶事，一个接一个的人物梗概来回答。

然后，听众转向我，问了我若干有关美国的问题。他们想知道：美国的种族关系是如何形成的？毒品问题情况如何？在美国出版一本书有多么困难？还有，我觉得波兰人可以理解伍迪·艾伦（Woody Allen）的幽默吗？最后一个问题问得我一头雾水，幸而一个晚上很快过去了。阿格涅丝卡和我各收到一束美丽的鲜花，然后被带往博物馆楼上的房间，也是我们的过夜之处。这里显然无法供应热水，但是有两条干净的小毛巾，床铺也很舒服。我已经学会惜福，对这

第二章 波兰（下）

种舒适的待遇心存感恩。

第二天早上，我再度以"美国访客"的身份获邀参加当地小学的年终结业式。我一踏入小巧的礼堂，立即引起了一阵骚动。正在进行的仪式被暂停，学生们起立，异口同声地朗声说"早安"。然后有人又献给我一束鲜花，校长也发表了一小段欢迎词。这种友善的正式礼节一向是波兰文化的一部分，即使历经冗长沉闷的社会主义仪式，仍侥幸保留下来。

这场小学结业式自有其吸引人之处。毕业生作诗献给不同的老师，并朗读自己的诗作，语气虽有浮华之处，但也不乏幽默；追忆过去一年间所发生的戏剧化事件的小短文，稚嫩的情感和清新的笔触均令人感动；此外还有诗歌朗诵和歌唱表演。在整个仪式过程中，孩子们都依高矮列队聆听，包括最矮小的一年级学生，一式金发，犹如麦田，安安静静，正襟危坐，圆圆的眼睛好奇地观看着讲台上的一举一动。一年级学生那排发出一点小噪音，立即被巡视的老师斥责。

仪式结束后，我被带往校长办公室聊天及享用蛋糕。校长是位迷人的金发女士，身材结实，腰杆挺直，散发出力量和正直的气息。她对波兰目前的情况不太满意。"他们没有发新的教科书，我们没有明年的课表。情况很乱，而且越来越糟糕。民主是很好，但是必须要有目标、有纪律。"

我告诉她美国学校目前所面临的有关种族、宗教等多元化问题，是这个同质化的地方根本无法想象的。她听了以后，露出庆幸自己生在这里的表情。"我们都尽力而为。"她骄傲地说。

我们离开后，"拜占庭人"告诉我，校长是位共产党员，但是每个人都很尊敬她，因为她带来了无穷的活力，而且工作十分尽心尽力。"拜占庭人"提议带我去欣赏蒂科钦的风景，包括他最喜欢的纳雷夫河边的一个景点。观赏之旅需要搭乘他那辆我已经领教过并且担心不已的座驾。那辆车——如果还能称之为车——简直像是个装有马达的摇晃铁箱，好不容易滑入车厢、折起身体、摆正位置后，还要面对启动的问题。"拜占庭人"似乎训练有素，先开启点火开关，跳出车厢，在马达附近扳动了一下曲柄，让车子往下坡滑动，然后追上车子，跳入驾驶座。

我心惊肉跳，唯恐车子在启动途中冲向路旁的树木，但"拜占庭人"在这一连串行动中，还能自如地跟我聊天。他带我去的地方确实也值得我几番惊心动魄。只见湿地愈见宽阔，似乎延伸到永恒，直到草丛、灰雾和河流浑然融合，形成一个无以名状的整体，仿佛童话里从雾气和水中冉冉升起的神秘怪物，无论外形还是本质都难以捉摸。附近一座茅草屋的屋顶上有几只鹳鸟在圆盘状的鸟巢里昂然伫立，而一身灰色防风外套、俨如鹳鸟的"拜占庭人"已融为风景画的一部分。他语气温柔地告诉我，他最爱来这里钓鱼，一个人驾着独木舟。这也是为什么尽管他是附近唯一的白俄罗斯人，而且有人投以怪异的眼光，他仍选择留在这里的原因。

回到镇上，我独自漫步在一条清静的街道上，一名老妇人跟我攀谈，然后邀请我去附近她家坐坐。她身材精瘦，看来很结实，接连告诉我三个怪诞的故事，一个接着一个，而且始终面露愉悦。先是有几名女子自行前往湿地，结果遭到了攻击。她们知道是什么攻击她们的，那"东西"全身毛茸茸的。然后，有一个匪徒专门强夺女人耳朵上的耳环，有一次还把一个女人的耳垂割掉——当然，那一定很痛，那个女人一直尖叫哀号。最后，一个男的拦住一辆公交车跳了上去，结果一只手掉了下来！那是一只金属做的手，里面都是珠宝黄金……

"所以你看，"她为这些现代狼人和盗匪的故事做结语，"当他

第二章　波兰（下）

们什么事都准许，就像现在这样，人们还会做出更坏的事，一定的。"

我从她阴暗的屋子回到阳光灿烂的街面，安静地坐在犹太会堂附近的一道矮墙上。只见一些上了年纪的农民坐在自己家的凳子上闲话家常；一匹马拖着一辆长板货车，马蹄踏在鹅卵石路面上，发出独特的嗒嗒声；温暖的空气中飘荡着母鸡的咯咯叫声和鹅群抗议的聒噪声。工业革命始终没有真正抵达波兰的乡间，缓慢的发展创造出这幅前现代的混合景观：有晒谷场的嘈杂，有高科技建筑，有农民的迷信，也有彬彬有礼的学校老师。

归途中我们再度穿过忧郁森严的市镇。波兰，或者说东欧的风景在我心目中宛如一幅图画，有社会主义摇摇晃晃建筑所构成的狭窄垂直的前景，以及蒂科钦之类城镇所绵延的深远背景，那里蕴含着不同年代的岁月和美丽，是古老欧洲的一部分，神奇地存活至今。

我在华沙一直住在乌尔斯饭店，几天下来，饭店的职员决定抛下拘谨的礼仪，跟我谈天。有人告诉我，这间普通平价饭店最值得一提的，是团结工会和政府曾在这里举行过多次会议，瓦文萨知名的"小睡"也是在这里。显然，每逢会谈进行到特别难以处理的时刻，瓦文萨便会提出一般人日常需求的特权，宣称自己非常疲倦，然后上楼思考下一步该怎么做。

当我向职员提起这件事时，他对自己总统的惯用手法竟然不表赞同。"老实跟你说，我已经受够这个瓦文萨了，"他嫌恶地说，"你知道他去拜访英国女王的时候是怎么表现的吗？"我知道，因为那件轶事已经广为流传。大致情况是，在温莎城堡（Windsor Castle）住了一晚后，瓦文萨通知女王，说她家的电力线路有点问题，而且提出了改善的建议。女王很可能会觉得这件事很有趣，但是瓦文萨的子民却不这么认为。"这是一个正常国家的总统应该有的行为吗？"职员反问，"西方人会怎么想我们？一个真正国家的总统应该有礼貌，应该知道怎么说话。他应该是个绅士，是个教授。"

他的言论使我想起熟悉的回应。我早年在这里的时候就知道，在波兰，有关性格的政治是不讲究平等的。礼仪的阶级性，以及何谓"文化人"是每个人共有的信念，不因为一个人的地位高低有别而持不同看法。如今最谨守那些残存的古老封建观念的，或许就是职员这类人，他们还不知道西方的实际情况，偏偏又那么在乎西方人的评断，其实这种阶级观念现在已经过时了，甚至已经反过来了。

"我告诉你，我有时候会对外国人到这里来，看到这里的情况感觉很丢脸，"他放低声音吐露，"我的意思是，就拿这家饭店来说……在一个正常国家，这是可以接受的吗？"其实，我觉得这家饭店还算可以，虽然保守些。不过这位职员有个模糊的感觉，认为西方的标准优越到难以想象，这里的现实情况绝对难以企及。

"我很想过体面的生活，"他坦承，"我保持干净，每天晚上回家一定把自己洗干净。但是我一想到人们在车站看到的脏乱和贫穷……当人们到这里来，我希望他们觉得自己是来到了一个正常的国家，虽然不富有，但至少是个中等的正常国家。"

当然，他的话未免夸张。脏乱和贫穷并不是第一个冲击外国人视线之处，外国人早已习惯了比此刻单调、沉闷的波兰更为夸张的情况。不过这位饭店职员从来没有去过西方，对他，以及对许多人而言，西方依旧是一个想象中的地点，而非实际的实体。直到最近，被视为禁区的西方始终是一处代表欲望的模糊存在，一个闪烁着魔法的地方。如今，西方又转为另一种存在，一个极端的超我，被波兰人用以鞭笞自己、认定自己望尘莫及之处。在这位饭店职员的心中，"通往欧洲之路"是通往"文明"之路，简而言之，便是整齐清洁、更体面的火车站，以及应有的礼貌。但它也通往社会和谐与繁荣的神秘国度，一处令他自惭形秽，必须透过自贬，才足以仰望之处。

这里到底发生了什么事？到处充斥着似是而非和矛盾不一、付出和收益、赞成和反对、评价与批判，足以让人有种道德的隐痛与折磨。目前情况变得更好，但也更糟；事情往前推进，也往后倒退；情势绝望，但也充满希望。各种诊断、分析、预测都持续进行。这里有自由，也有失业；财富逐渐累积，也陷入窘境；有各种选择，也深受其苦。历史是借贷平衡的复式簿记，我一再提醒我自己，但那是一种冷静的观点，是只有从相当的距离外才可能抱持的观点。

在离开波兰之前，我和亚当·米奇尼克短暂见了一面。他很担心瓦文萨潜在的武断倾向，以及针对前朝权贵的追杀心态。米奇尼克一向主张政治和解。他入狱时便曾著文论述，力劝团结工会应该接纳每一个人，包括那些安安静静、从未采取强烈反对立场的人。他考察俄国自由主义传统的元素，认为那些元素也许可以被运用于波兰，并且试图化解左翼和教会之间传统的敌对立场。结果在民主化之后的反转气氛中，他却因主张宽恕以前的敌人和曾囚禁他的人而遭到批评。

米奇尼克对于如今掌权的昔日朋友则没那么宽容，他确信他们也非常讨厌他。不过在目前的冲突中，他是局中人之一，因此必须保持评论的尖锐性。

从比较超然的观点而言，他们在争执些什么，或者他们划分的界线在哪里，有时实在很难分辨。波兰政治局势一直千变万化地不断重组。从去年起，新的政党不断崛起，然后萎缩、分裂、合并，像细胞分裂一样。有人担心波兰的政治会"魏玛化"，亦即因为分裂而侵蚀民主的基础*；也担心"伊朗化"，亦即政教分离制度的崩解†。

显然，原有左派和右派的划分已经不适用于此刻的情况。比如直到最近，共产主义还被视为波兰的保守势力，因此任何反对共产主义者都是进步者。按照这个逻辑，自由市场是进步力量，最自由的人也最拥护自由市场，而似乎没有人会持反对立场。与此同时，共产党人重新主张若干传统上被视为比较进步的立场——喔，这种矛盾的情况似乎不断上演——诸如一种混合式经济的观念，可靠的社会服务，重新包装为多元主义的国际主义，以及反-反犹主义。另一方面，反共产主义的群体中，新的进步和保守立场也在形成。保守主义者比较主张民族主义思想，尊重教会，激烈谴责共产主义；进步主义者则主张多元主义思想，对国外投资采取比较开放的态度，倾向于在前朝政权和当今时代之间画一条"粗线"。

但是，从本质上看，波兰主要政党和政客间的差异还不是那么大。在主要政客中，每个人都希望踏上通往欧洲之路，每个人都承认合宜的自由价值观，至少在公共场合如此。尽管大家都担心瓦文萨的煽动行为，但在宪法规定的民主框架下，他表现还算良好：虽然经常叫嚣把共产党揪出来，倒是没有采取正式措施具体去做。即便对完全自由市场经济大表赞誉，却也没有人企图废除现行的免费教育或医疗系统，或迅速将工业巨兽民营化，而造成庞大的失业潮。即使有这些喧嚣与躁动，极端主义者还是没有取得优势，或许这是因为波兰环境中的某些因素发挥了现实制衡的作用，适时化解了极

---

* 1918年，德国依据《魏玛宪法》成立共和国，宪法采用半总统制，权力由直选的总统和国会分享，国会选举采取完全比例制。这项设计导致反纳粹主义者无法整合，最终由希特勒掌权。

† 1979年，伊朗发动革命推翻原有君主政权，成立伊斯兰共和国，是政教合一的政体。

端主义的力量。比如经济上的窘迫状况,不论个人意识形态如何,都是一个急切而清晰的任务。另外,在西方警戒的注视下,波兰必须表现出某些良好、温和的行为,才能换取赞赏与波兰迫切需要的现金。不管从过去中浮现出了什么鬼魅与幽灵,现实的力量毕竟还是掌握了支配地位。

与此同时,出现了新的多元主义的巴别塔,各种观点、声音和妥协交织在一起;各党派企图识别出自己的支持者,政治人物企图掌握民众的所好;还有投票和迎合——民主制度特有的谎言。不管怎样,波兰正通过现在这种正常的运作方式走向一个正常的国家。对我而言,那正是此地正在发生的情况,也正是我对这场非毁灭性的困难"革命"所下的温和定义,尽管这里所谓的"正常"能否得到实际经历这一切的人的认同是另外一回事。

在动身前往布拉格的前一天晚上,我去一个朋友的公寓参加聚会。话题包括不断蹿升的房地产价格,南斯拉夫逐渐恶化的情势,一种新潮的观众参与式戏剧,也谈到这里每个人都非常重视的高中毕业会考。"你今年要参加吗?"他们彼此询问,仿佛要跟他们的孩子一起参加考试似的。每天报纸都有专文刊载有关会考的消息,有位父亲还远从国外回来陪女儿撑过这场考验。

有些客人猛灌酒。老天,他们真能喝!毫不间断地足足喝上几个钟头,直到聚会结束。难道波兰人已经发展出特殊的基因,足以适应伏特加的环境了吗?最后,一个女人唱起爱国歌曲的片断,还大声讲述一些轻佻的轶事。我有点尴尬,但其他人都神情自若——他们已经习惯了这种事,为人们的各种怪异行径留有更大的空间。也许这么做有它的道理,就是不要轻率地把人划为不正常。

有个在某个社会机构工作的人讲起他必须采取的缩减措施,以及,理所当然地,他应该先从那些前朝权贵下手。"该死的是,有些人真的很擅长他们的工作。我要怎么跟他们说呢?我的意思是,我恨他们,我当然恨他们,但是我能怎么说呢?我觉得他们也蛮可怜的。"

"我们就不必自欺欺人了,这种乱象可能要花几十年时间才能厘清。"有人回答,特意讲给我听,"这种情势还会继续恶化下去,然后才能开始好转。你怎么能认为这是一个正常国家呢?如果是捷克,那情况也许不同。你晓得,他们一直处于文明之地,知道事情该怎么做。何况,他们幸运地有哈维尔(Václav Havel)*,他在西方很受欢迎。"

餐会持续了几个小时,直到晚上,那名酒醉的女士从卧室出来,精神奕奕的清醒模样,显然已经睡醒了。

前往布拉格的途中,我在克拉科夫稍作停留。当地电车居然漆成粉红色!有些画有宣传图示,也有些是1960年代的迷幻风格设计。色彩重新回到了东欧。

我在克拉科夫饭店餐厅和齐格蒙特·马提尼亚碰面,一起小酌伏特加酒,品尝奶油鲱鱼。在过去一年间,他数度忍受违背良心之苦。开始在市政府工作后,他便很懊恼地发现,很多事情还是涉及标准的权力斗争,完全没有改革,包括办公室的派系、阴谋和解雇不忠诚的职员,而且全都使用高压手段,因为对于管理的专断行径还没有新的法律或成规足以约束。齐格蒙特对此非常失望。就某方面而言,这些新的肮脏行为比旧有的龌龊行径更令他的理想主义受

---

* 哈维尔(1936—2011),捷克作家及剧作家,天鹅绒革命的思想家之一,知名异议分子。1993—2002年担任捷克共和国总统。

第二章　波兰（下）

伤。当初他对新波兰的成立是那么兴奋，但现状绝不符合他对新波兰的期望。因此有段时间他辞职不干；但后来还是回来了，判定终究还是留在市政府才能真正有所作为。

"现在让我失望的，"他说，"是最好的人才都不会选择从事公职，而是成为私营企业的生意人。你知道，因为这所有的冲突，还有尖锐，有时候甚至是……咄咄逼人的言词，使得他们不愿意从事政治。"我知道齐格蒙特是个非常温和的人，但依然对他所持的这种政治生活观念感到有趣，咄咄逼人几乎成了端庄正派令人难以启齿的畸变。

像去年一样，我们穿越中央广场而行，而此地再度变成一座庞大的教堂。一位衣着华丽的主教正站在广场上方的一座阳台上主持弥撒。"为了纪念一位波兰圣人。"齐格蒙特悄悄告诉我。广场人满为患，放眼望去全是安静、虔诚的人。空中飘荡着格里高利圣歌（Gregorian chant）*纯净的祈祷声，广场上的群众也跟着祷祝，尽管有上百个声音，但却甜美宁静。接着所有群众都跪了下来，动作齐一，安静地跪在鹅卵石地面上。这是一个充满力量、令人不安的时刻，有这么多的一致，这么多的公开坚持，这么多的肯定。广场全部为信徒所占领，我则尴尬地独自站在一群跪地的信徒中。我看到齐格蒙特犹豫不决该怎么做，最后决定陪我一起站着。

离开克拉科夫前，我在咖啡店碰到一个朋友扬恩（Jan）。扬恩是位作家兼编辑，能言善道，言词生动而幽默，任何人、任何事都可以成为他自由调侃的对象。我们品尝着伏特加酒和奶油鲱鱼，他则如连珠炮似地评论着当前局势，说他有多么厌烦新的文人政治，以及这群新华沙人的阴谋、混战与派系作风。"我们华沙的小地狱。"

---

* 起源于9—10世纪，为西方基督教单声圣歌的主要传统，是一种单声部、无伴奏的罗马天主教宗教音乐。

他做下这样的结论。

然后，当我告诉他我行程的下一站是捷克时，他转移话题，开始滔滔不绝地评论奥匈帝国时期这个地区波兰人和捷克人的关系。那段时期的记忆对他而言绝不抽象，他还清晰记得父母那一代给他讲的故事，显然其中没一个是说捷克人好话的。"捷克人是可怕的官僚主义分子，相信我，"他语气中蕴含着真正的嫌恶，"是帝国中最糟糕的。他们爱发号施令，冷酷无情。他们会索取贿赂，而且永远站在帝国权力那一边，站在奥地利人、俄国人那一边。我们太了解他们了，相信我。"这就是我所听到的波兰人对捷克人的偏见。对我而言，在民族偏见的词典中，这是最令人费解的情感之一。也许是一种地域式的偏见吧，源于克拉科夫曾经隶属于哈布斯堡王朝（Habsburg），源于似乎没有关联的过去——可当时深植的冲突却依旧不时迸出这些零星的火花。

我就这样带着若干先入之见，启程前往捷克。

第三章

捷克（斯洛伐克）

我和一位在美国生活了十五年的捷克友人马丁（Martin）约在布拉格机场碰面。他和一对情侣同来，那两人都留着略长且看起来相当散乱的头发，身穿 T 恤搭配牛仔裤。车子一开，马丁作为主人就焦虑地开始问我对所见所闻有何感觉。这是他第一次回来。我们正穿过相当单调的城市周边，但是一开进货真价实的布拉格，我便进入了最原始的兴奋状态，那是种无可抑制的欣赏，是旅人偶尔才能得到的奖赏。

我完全没料到这个散布在七个山丘上的城市，已经为我准备了既富丽堂皇又丰盛无尽的视觉惊喜，仿佛在它的地底某处有个不断重新注满的宝库或喷泉，美丽的景物源源不绝地从中跃然而出。眼见之处，不是令人瞠目结舌的雕像或漆上色彩的装饰品，就是华丽的建筑细节或林立的立体派建筑。这些东西通通融合在一起，产生了一种美学上的超载，整体效果比所有构成要件加总起来大了很多。巴洛克式紧贴着哥特式，蜿蜒的新艺术壁画对着细致的铁制格子窗。

城市位于伏尔塔瓦河（Vltava River）的一边，仿佛从层层赤褐色砖瓦屋和苍翠繁茂的公园中生长出来，最上面的布拉格城堡安静地矗立。在城市中心将这两部分连接起来的，就是令人屏息的查尔斯桥（Charles Bridge），它有着支撑整座桥梁、比例完美的哥特式拱桥柱，两旁栏杆上还立着整排宏伟庄严、尊贵安详、赐福于人的圣人像。

这桥上所传达出来的慈善与自信的力量，让我感到惊奇，由此生发出的对美、感官享受和愉悦的喜爱，也在布拉格的建筑中随处可见。布拉格的历史并不完全像它的都市样貌所呈现出的那般和谐。以查尔斯桥为例，它原由波希米亚及摩拉维亚（Moravia）王国国王暨神圣罗马帝国皇帝查理四世（Charles IV）于1357年下令兴建，他统治过最辉煌时期的捷克。但是这些雕像却大部分都是在18世纪哈布斯堡王朝统治时增添上去的，在那个王朝统治的三个世纪间，捷克几乎完全失去了原来独有的特性和语言。和教会与皇宫如出一辙的巴洛克式风格，被外国君王和耶稣会人士——他们曾在波希米亚施行暴力的反改革运动——强加在这些雕像上，以此来报复由平民主义者扬·胡斯（Jan Hus）[*]所领导的激烈改革。

然而，即使历经外来政权统治，布拉格的繁荣与发展却从未中断。除了1541年的大火之类的自然灾害，这座城市从未遭受过大规模的破坏。走过它的古城区时，我内心突然浮现出一个奇特的想法：1939年德国入侵时，想要保存华丽首都的愿望，或许对捷克人的反抗构成了一种潜在的约束。我知道这纯属想象，但我能理解，想象布拉格的毁灭，必定如想象巴黎遭到炮轰一样令人难以忍受。

---

[*] 扬·胡斯（1371—1415），捷克宗教思想家、哲学家和改革家，也是宗教改革的先驱，认为一切应该以《圣经》为唯一的依归，否定教皇的权威性，故被天主教视为异端，将他处以破门律，又将他诱捕烧死。扬·胡斯因殉道留名于世，也是捷克民族主义的标杆。1999年，天主教会正式为胡斯之死道歉。

第三章 捷克（斯洛伐克）

马丁带我逛了这座城市的某些中心部分。"你觉得怎么样？"他一直问我。对于我明显真诚的赞赏，他开心得仿佛我是在赞美他个人似的。在 1970 年代中期，为了逃离一个已经变得难以忍受的、令人窒息的国家，马丁选择了非法潜逃，而且过程极其戏剧化，包括没有使用护照，却越过了重重关卡的边界。这一极度痛苦的事情，说来已经像是对遥远黑暗时代不尽可信的比喻。和他的大部分同胞一样，当下他的出境限制被解除了，而他回国的情感强度与他先前决裂时的震惊度相当。他经历了一段属于某个特定时期的流亡，就像十四行诗只属于某个特定时期般明确，甚至可说那段流亡创造出了属于它自己的文学，以无法挽回的失落感所孕育的憧憬和抒情诗为标志。

既然放逐已经结束，马丁索性忘我地沉浸在重新发现的愉悦以及看到布拉格仍如他记忆中那般辉煌壮丽的欣喜中。"前几天，我看见一个背着背包的小男孩，"他告诉我，"让我想到那个年纪的自己，在布拉格到处走着，浑然不知自己拥有什么。我想问那孩子，你知道如何看待你周遭的事物吗？你知道这有多特别，有多美吗？"

他带我前往瓦茨拉夫广场（Wenceslas Square），这真是条相当宽敞的大道，曾有大批群众聚集于此聆听瓦茨拉夫·哈维尔的演说，表达他们对旧领导人的轻蔑。天鹅绒革命是历史上的重要事件。有那么一会儿，我们就站在哈维尔演讲的国家历史博物馆前的阶梯上。靠着某种声学上有利的构造，声音可以从这里传到很远的地方；而且这条大道就像戏院一般，往另一边地势渐高，堪称上演政治大戏的天然场所。

距离剧变不过数月，和华沙是多么明显的对照啊！这里涌入人群，大部分是带着背包或吉他漫步而行的年轻人，和所有游客一样，看起来有点无聊、脾气不怎么好。书上有的任何语言都可以在这里听到,不过大部分还是德文。在这个 1990 年的夏天,这股捷克风潮,或称为捷克时尚,已经席卷了全球的年轻人。东欧的每场革命都被赋予了一个相应的标签,而在这之中,又以天鹅绒革命最具哲学思潮、幽默感和摇滚风,因此被视为最温馨、最温和、最时尚的,正是与暑假相配的完美革命。

附近的那普日科帕大街(Na Příkopě Street)上悬挂着庆祝的旗帜,两侧也有始终在此的餐厅和商店。一整排商店依次而立,展示着珠宝(无可否认是最俗气的那一类,而且一直如此)、迷人的波希米亚玻璃和瓷器。尽管几乎难以置信,但我确实不经意地在某个橱窗里发现了闪闪发亮的白色美膳雅食物调理机。经过波兰后,在我看来这几乎就代表着西方了,尽管马丁跟我打包票说那单纯是我受到剧烈改变的认知在作祟。

另外,这里还有很多间餐厅和咖啡馆,有些有着吸引人的室外阳台。马丁决定中午到一个以挂有穆夏(Alfons Maria Mucha)[*]线条优美的油画而闻名的地方用餐。他几乎将那华丽的室内装潢引为个人的骄傲;但是当他试着要说服我相信餐点和装潢一样好的时候,他的可信度便大打折扣了。鸭子骨头上面几乎没有肉,只有硬邦邦的皮;而捷克几乎每餐都有的著名水饺,则干得令人不解,因为这种通常没什么特色的水饺的唯一优点,就是其饱满湿润的口感,如果连这都没有那就一无是处了。餐点里没有蔬菜,当我要求一份沙拉时,原本就已经愠怒的服务生干脆不耐烦地翻了白眼。马丁告诉我,我必须理解,在过去的制度下,他们没有表现良好的动力;但我想不通,为什么连要让厨艺更好的动力也完全不见了。

至于美感,它又经历了什么?就第一印象来说,当今的布拉格

---

[*] 穆夏(1860—1939),捷克籍画家与装饰品艺术家。

居民整体看起来懒散、臃肿，又没什么时尚感。可是尽管对我而言，捷克人看起来不怎么时髦，但明显他们却觉得彼此有着难以抗拒的魅力。大街上，年轻情侣们磨蹭鼻子、拥抱、凝视对方的眼底；在快速运行的地铁扶梯上，他们紧紧依偎，或者在探寻感官享受中魂游象外。从那么多无忧无虑、弥漫着色情内容的捷克著作看来，我想是否出于某种外国人察觉不到的理由，使得这里真如米兰·昆德拉（Milan Kundera）曾说过的，是个情欲的天堂。

这里的地铁是都市交通的楷模——无可挑剔的整洁，绝对可靠的运行，而且设计优良，一个管状图案反复出现在手扶梯栏杆、天花板和泛光的站台上，车站的墙面都贴着瓷砖。地铁由擅长设计地铁的苏联人所设计。

做了一天观光客的我，满心感激地回到我从一对老夫妇那租来的住处，旅馆房间几乎一室难求。扎孔（Zákon）夫妇完美呈现了我从捷克电影和小说中所获得的典型捷克形象。扎孔先生身材矮胖，有一张海象般的脸，留着小胡子，目光机灵闪亮，让我立刻就觉得好可爱，再没有什么比确认这样一张奇特的脸下藏着一个和你一样的人类更能体现幽默感的了。扎孔太太则庄重丰满，一副不管碰到任何困难都能平静微笑以对的模样。她很关心我早餐要吃什么，看来我们足以跨越波兰与捷克之间的障碍理解彼此的意思，解决一些基本的生活琐事。对于这跨国交流的成就，我们俩都深感满意。

扎孔先生看书自学英文——这个夏天似乎每个人都在学英文，因为他们知道在相当大的程度上，通往欧洲的道路要经过美国。虽然他词汇有限，但发音却十分正确，而且所有的简单句都有种好玩的节奏感。

"要看一下您的房间吗，女士？"他模仿正式的腔调问道，"我希望您能觉得它非常……"他停下来,举起手指表示等一下,然后开始相当平静地翻查字典,"舒适,"他清晰地发音,"我希望您能觉得它非常舒适。"

虽然整个装潢几乎是出于刻意的单调,但房间舒适,而且很大。米黄色的地毯、一种难以形容的人造毛褐色床罩、一张类瑞典风格的咖啡桌和淡黄色的微暗灯光。我毕竟是在东欧嘛。但是椅子上摆着新毛巾,床边还有一盆花——这恰到好处的文明迹象实在让人宽慰。当我发现热水的供应不但充足而且规律时,已经可以说是十分满意了。

然而第二天早上就发生了一件事,让我发现原来我们以为的跨语言的理解只是个假象。尽管我坚称自己几乎不吃早餐,扎孔太太还是开始在我面前摆上了足以让我的味觉一蹶不振的食物。在小小的厨房餐桌上,有好几种火腿、意大利蒜味香肠、干酪、鸡蛋、腊肠、西红柿,以及两种蛋糕。扎孔太太热心地围着我转,当看到她的客人的食欲如此匮乏时,还紧拧着双手。我可是花了好大力气才没有为了取悦她而愚蠢地把自己撑爆。

扎孔先生从伏尔塔瓦河钓鱼回来。他黎明即起,进行这全国性的休闲活动。想起捷克小说和故事里的钓鱼章节的我,再次有种得到认可的小小雀跃——从小浸泡在书中的人发现小说主题忠实地再现了真实生活时的那种欣喜。

因为发现自己对捷克语的理解实在靠不住,所以我决定到当地的美联社(Associated Press)办公室去找个翻译。那里有位秘书说他能提供一位,然后明显面带狡猾地经过一番飞快计算后,说了个对这类服务来说相当高的价码,就算放在曼哈顿或伦敦都算高的了。我有点被冒犯的感觉,不只因为被当成好骗的有钱西方人,还有这个男的那副利用自己国家新近变得流行为自己谋利的模样。因此我直接说："不用了,谢谢。"或许拒绝得太过简洁有力。

一位在这里上班的说英语的记者邀请我喝杯咖啡,结果很快就演变成对哈维尔长篇大论的激烈抱怨。我看得出这位纤细高挑、蓄长发但前额微秃的记者因为发现了新的批判立场而精力充沛。他嘲讽哈维尔没有经济计划,而围绕在他身边的异议分子同事也都是些对经济改革一无所知的人。此外,内阁里有太多共产党员。好吧,那家伙是写了一些好剧本,我们就暂且不提有多好了,也有些听起来还蛮不错的道德文章,但这是正事!"你怎么会让一个剧作家来当国家领导者?"这记者夸张地做出结论,好像答案不言而喻。

"总比是个政客来得好。"我不假思索地回答。

然而,新批评论似乎已坚固地深植布拉格,或至少在核心集团内是如此。那天稍晚时候,我和一位我称作奥塔(Ota)的人聊天,在过去的异议年代里,他和哈维尔相当亲近。剧变之后的几个月,也曾和哈维尔在公民论坛(Civic Forum)并肩合作,那是个还未形成政党的政治团体,暂时作为非共产党政治的保护伞。因疲劳和不满,如今他已经退出了公民论坛。他说他一直对哈维尔的浮夸、表演倾向和专横保持怀疑。奥塔指责说,当哈维尔还是公认的反对党领袖时,他比较喜欢在餐厅和其他危险的公开场所会面,让别人暴露于不必要的风险中。作为公认地下精神领袖的他,总是用命令的方式做决定,至今依然如此。同时他对经济毫无概念,因而对宣布任何经济改革都犹豫不决。看在上帝的份上,他们都已经落后于波兰了!甚至,奥塔继续抱怨,哈维尔只听他那些异议分子哥们儿的话,而他们只会提供差劲的建议和是非不分的赞美——这一点儿也不令人讶异,他下结论说,因为哈维尔从不悦纳任何批评。所有这些都引起公民论坛和布拉格城堡——政府所在地,也就是哈维尔现在的居住地——之间的紧张,导致了这短命联盟的嫌隙。

蜜月期结束得太快了!这可能是因为就某方面来说,这种因为有魅力的人格特质、道德权威和出其不意的决定而产生的异议政治,并没有为讲求实际的、妥协的一般政治做好准备。不过我还是不免思考我们期待政客在多大程度上免于人为错误。哈维尔不是应该从这怀疑中得到更多好处吗?现在我们都乐于认为怀疑是通往真理的大道,但我发现自己对怀疑的冲动本身也存有怀疑。

在街上,理想尚未破灭。在这里被称为瓦谢克(Vašek)的哈维尔的画像到处可见。橱窗里,他的裱框相片也已经取代了无处不在的列宁和东欧共产党人的相片。

穿过瓦茨拉夫广场时,我撞见一幕不协调的景象:一小群年轻人围着一位金发、干净整洁的美国吉他歌手。他放声高歌,唱着令人感动的赞美诗歌,声音优美平缓。表演完后,他和跟他一样干净整洁的助手们露出阳光般的笑容,发放他们所在的浸信会(Baptist Church)分会的宣传单,看来传教士们立刻就觉察到了这心灵上的空窗。

国家剧院的广场上,则是另一种形态的免费音乐会。目前布拉格处处可闻音乐,为这转变过渡期增添了欢庆的美好。傍晚时分,莫扎特和蒙特威尔第(Claudio Giovanni Antonio Monteverdi)[*]的乐声从伏尔塔瓦河上的一个中心小岛流泻而出。在查尔斯桥上,业余乐团试图弹奏出披头士的韵味,而在各式各样的爵士俱乐部里,看似严肃的年轻人穿着沉稳的黑色服装,仿效1960年代早期格林

---

[*] 蒙特威尔第(1567—1643),意大利作曲家。

尼治村（Greenwich Village）的波希米亚风味。广场上，受欢迎的演员和音乐剧名人演出轻松的通俗歌曲——淘气而又甜蜜地发现另一个时代。一个铜管乐团演奏《噢，圣人来到》("Oh When the Saints")，我身边一位身材丰润、心形小嘴涂着大红色口红的女士，神情纯然愉悦地摇摆跳跃着，完全一副沉醉于生活之乐中的喜悦模样。一直以来，布拉格都是音乐家的城市，尽管那可能也会改变。"在此之前，每个人都想要当音乐家，"奥塔对我说，"现在则人人都想成为生意人。"他相当满意且认同地做出这个反映时代状况和需求的结论，但是我个人却希望至少在这方面，改变可以美好且缓慢。

为了休息一下，我走进一间酒吧——又是一个在每部捷克电影和小说中都看得到的主题。虽然现在离傍晚还早，但昏暗的石房子内部就像任何时候的波兰酒吧一样座无虚席，只不过和波兰人不同的是，这里所有的男人——真的全部都是男的——并没有喝醉。他们缓慢地啜饮着大酒杯里的深色液体，看起来好像可以永远如此喝下去，而且或许也真的可以。当然，并没有人来打扰我，不过在我走进去时，他们全都抬起头来，不加掩饰地用好奇的眼光看着我。对于自己既是女人又是外国人的双重奇特身份，我也就只能忍受这么久而已。点来的啤酒几乎原封不动，我就迅速结束了这次探访。

有位朋友从纽约过来，我和她约在郊区的布拉格饭店碰面。那是个奇特的地方：空荡荡的大厅，庄重的大理石楼梯导向一样空荡荡的酒吧和露台，超大的皮椅——整体风格就是巨大。这是个高层要人饭店，是一个用来接见阿拉法特（Arafat）和卡扎菲（Qaddafi）等人物的场所，是东欧与中东幽暗的联结。为了防御攻击，饭店战略性地建在一个孤绝的山坡突出处。

稍后，在逐渐暗下来的暮色中，我和友人走向布拉格城堡，这座建筑群和庭院的华丽综合体从11世纪起就耸立在布拉格。往上走的是空荡又陡峭的鹅卵石街道，仅由从酒吧散发出来的金黄光线和从城堡安详地流泻而下的苍白灯影提供照明。平常，若是走在这种既长又陡的山路上，我可能不是精疲力竭，就是喘不过气了，但现在的我却像是被施了魔法，仿佛忘了自己是个有形的生物般被牵引而上。想必就是这种敬畏感或对美的感受，让早期那些容易受骗的百姓相信君王就住在超凡入圣的国度里。

如今这座城堡则是那些看来多半难以置信的真实事件的发生地。哈维尔从监狱到布拉格城堡的崛起——当然有虚构的成分在内，可是他已然正在经历世俗政治现实的严苛考验。现在还在接受考验的是他自己的理想主义。在无权无势的时候，他写出论述集体生活里道德的力量、个人真理改变世界之效力等等激励人心的文章。他的纯粹人道主义在务实的政治中能留下多少？这的确是这些动机良好的革命所带来的有趣问题：这些出于好意的良善企图的局限为何？

现在看来，这位作家总统还蛮适合这样排场盛大的华丽舞台。哈维尔似乎很喜欢国家的盛会。他入主办公室的第一个举措，就是让皇宫守卫穿上战前色彩鲜艳的服装，还有开始乘坐那辆原属于两次大战之间广受赞誉的总统托马斯·马萨里克（Tomáš Garrigue Masaryk）*的劳斯莱斯。

城堡的庭院并不规则，以不同时代的印记引人入胜。要不是有位孤独的溜冰者围着一尊扭着身子，组成像花朵绽放一样造型的雕像优雅地绕圈，实在是一片空旷明亮。那身影倏然而下，衬着夜空的轨迹骤降与转圈，看在我眼里，就像是嘲讽布拉格不可见光的魔

---

* 托马斯·马萨里克（1850—1937），捷克斯洛伐克首任总统，与爱德华·贝奈斯和米兰·什特凡尼克一起被称作"捷克斯洛伐克开国三元勋"。

法的印记。

我所听到的发生在封闭的几十年间的故事,开始为布拉格蒙上不一样的阴影,直到它变得像是黑暗童话里具有讽刺意味的漂亮场景,上演着诅咒降临城市,掳获其市民进入一个长长的奇异噩梦的故事。

比如安娜的故事就是如此。我和安娜·格鲁索娃(Anna Grusova)初识于斯拉维亚(Slavia),那里曾经一度是布拉格文艺人士最喜流连的装饰华丽的大咖啡馆。雅罗斯拉夫·塞弗尔特(Jaroslav Seifert)*曾写道,诗人都聚集在这里,向外望可以看到突出于布拉格山丘的迷你版埃菲尔铁塔,以及蜿蜒淌过城市的河流。用诗的语言来说就是:"这是塞纳河,对,这就是那塞纳河",而诗人们便可想象他们是在巴黎。如今充满斯拉维亚的,尽是观光客,而不是诗人,而且就算是强大的装潢魅力也无法消除板着面孔的服务生们所制造出来的阴郁氛围的影响。

安娜四十多岁,身材结实瘦削,面容憔悴;但是一开口讲话,她就变得异常美丽。我不是说她有张多变的脸,而是她大大的眼睛中充满了感情,好似承载了显而易见的内在压力。她深深被她的国家所发生的事触动。她还记得前朝政权倒台之后的那个星期,走进地铁,看到搭电梯上来的人的脸:"那些脸都不一样了。我每天看着那些封闭、生气、低着头往下看的脸,已经看了二十年,现在它们全都不一样了。人们变得坦率。他们看着对方,有些许的信任,些许的希望。"

但对她而言,安娜带有一丝平静的遗憾说,这一切都发生得太

---

* 雅罗斯拉夫·塞弗尔特(1901—1986),捷克作家、诗人,1984年诺贝尔文学奖获得者。

晚了。为什么，怎么会这样？我不断地问，因为在我习得的美式思维中，从来没有太迟这回事，这也不是我乐于接受的说辞。安娜娴静端庄地表示，她已经失望了太多次。她说，比她年长的人"过去"已经成功过，可以卷土重来；而年轻人则有机会整个重新来过；但她这一代还没开始就被阻止成功的人，机会就甚少了。她已经经历了幻灭，也经历了惩罚，并且适应妥协了。她不认为自己有精力再重新开启整个过程——她指的不只是新的行动，还有希望。

经过长谈，在得知她的生平后，我才开始了解她身上汇集的环境的重担，也才明白要是她**没有**感到疲倦和一些谨慎，那才是骇人。

安娜承受的环境的重担几乎是从娘胎开始的，在她成为她父亲的女儿那一刻就注定了，因为支配她整个童年和青少年时期的斯大林主义者遵循"麦克白"原则，也就是如果惩罚了父母，那么最好连他们的小孩也一起惩罚，尤其是当正义并不在惩罚者这一边时。安娜的父亲爱德华·戈尔德施蒂克（Eduard Goldstücker）失踪那年她才十岁。她和身为早期共产党员的父母很亲，父母都属于最理想主义的类型。她的父亲是位翻译家和散文家，在英国进行的捷克战时抵抗活动中甚为活跃，战后任职于外交部。1949年他曾短暂担任捷克驻以色列大使，是首位也是1990年以前的最后一位大使。可惜无论是这个职位，还是犹太人的身份，在即将来临的事情上都没给他带来什么好处。回到捷克后，戈尔德施蒂克在布拉格的查理大学（Charles University）任教，但这却不是他被从以色列召回的真正原因。然后有一天，他就失踪了。

发现安娜的父亲没有回他们当时住的乡间别墅度周末，她的母亲便到布拉格去找他，完全不晓得他发生了什么事。可是当她到他所住的旅馆柜台询问时，那急于讨好当权派的柜员马上通知当局，说他们刚刚逮捕的那个人的妻子出现了。当她怀抱着丈夫会出现在

第三章　捷克（斯洛伐克）

那里的希望重回旅社时，却只看到两名警察等在那里。鲁道夫·斯兰斯基（Rudolf Slánský）*主导的审判已然开始。

捷克的公审文件几乎残酷到让人不忍卒读。就像在苏联和匈牙利一样，捷克的恐怖统治也分成两个阶段。第一阶段发生在1948年，即铁托（Josip Broz Tito）被逐出苏联集团后，斯大林下令在东边国家进行一连串的"净化"大清洗。捷克的审判全部由时任党委书记、掌管国家安全的斯兰斯基负责。但实际上这荒诞的行动是由苏联国家安全委员会的特务所主导的，他们全程监督审讯和行刑。以真正的奥威尔主义的语言来说，他们是被称为"老师"的。在这段恐怖时期，几百位非共产党员遭到处决，还有几千名被下狱或被送到劳改营。

一年后，轮到了斯兰斯基。依照另一个不合情理的逻辑，为了给清洗无足轻重的人找到合理的理由，苏联判定他们需要找位于高层的替罪羊来说服平民百姓反党是罪大恶极的危险行为。于是在捷克，斯兰斯基被选为合适的人物，而为了要合理化这项阴谋的指控，其他十三位党政要员也受到牵连，随他一起受审。十四名被告中有十一人是犹太人，后来遭到处决的十一中，也有八位是犹太人。

就像所有被告的家属一样，安娜和她母亲也是透过收音机听到审判的。在受过审问和搜家后，安娜的母亲即被释放。母女俩有长达十个月之久的时间不闻爱德华的任何消息，如今却听着他承认自己从来没有做过的事情。就像其他听着丈夫用单调的声音背诵冗长枯燥的致命供词的妻子一样，安娜的母亲也知道她的丈夫是在复述

---

* 鲁道夫·斯兰斯基（1901—1952），捷克共产党领导人，第二次世界大战后曾担任党的总书记。于1951年被捕，1952年以犹太复国主义等罪名被判处死刑，1968年被平反。

一份背下来的稿子。直到很久以后,她们才得知是酷刑和人格的崩溃,导致了这些全然自我背叛的演出。

爱德华·戈尔德施蒂克相当幸运,他的审判被排在斯大林和顺服的捷克总统克莱门特·哥特瓦尔德(Klement Gottwald)*过世后的1953年3月,彼时以无期徒刑替代了死刑。

安娜鲜明地记得在父亲失踪一年后,她去利奥波多夫(Leopoldov)堡垒†探望他的情景。"那是个周日早晨的平静的小村子,穿着农民服饰的人上教堂;路、水、桥、树,然后就什么都没有了,只有黑色的土地和破土而出的堡垒。接着是很厚的墙,在一条黑暗的进入通道的中间某处,尽是粗大的栏杆。在粗大栏杆的一边,大约一米外,是囚犯;另一边,是女人和孩子。"

她记得自己努力做出开心的样子,好让父亲相信一切都好;也记得一举一动都在时刻盯牢她的警卫的掌控之下,那种感觉有多恐怖。从那时候开始,她说,她就相信一个人的命运并不总是你自己的,在某种特定的环境中,有人有着绝对的力量,光凭个怪念头,就可以决定你的命运。

这些是影响了安娜少年时期的事件,也是影响了整整一代人的事件,因为即便没有直接受到影响的人,也生活在恐怖所释放出来的黑云笼罩之下。唉,对大部分的人而言,公审有说服力地教育了人们投降的必要性。

那个可怕的时期产生了几部回忆录。其中两部:海达·科瓦莉(Heda Magolis Kovaly)的《悲星之下》(*Under a Cruel Star*)和罗斯玛丽·卡万(Rosemary Kavan)的《爱与自由》(*Love and*

---

* 克莱门特·哥特瓦尔德(1896—1953),捷克共产党领导人。

† 指利奥波多夫监狱,由一座17世纪为抵御奥斯曼土耳其入侵而建的堡垒改造而成,20世纪时以关押政治犯闻名。

第三章 捷克（斯洛伐克） 147

Freedom），是由被告的妻子写的。两本都是关于悲惨事件的出色的书。两位女性的经历中最让人觉得难过的地方之一，是在被烙上叛徒妻子之名后，就被抛进了孤绝之境。很大程度上，捷克社会只想明哲保身。安娜的母亲在她父亲"坦陈罪行"的第二天就被开除工作，因为，请她当会计的小奶酪厂老板解释道："和这样的人一起工作，对劳工阶层而言是难以忍受的。"而当时读小学的安娜也很自觉地知道，即便她是班上最优秀的学生，也没有机会升入中学。

安娜的父亲在牢里待了四年，其中十一个月还是在单独的牢房内，没有任何东西可以读或写。他后来告诉安娜，他保持清醒的方式，就是在脑袋里做数学拼图。被转移到与其他囚犯同住的牢房后，他便开始教那些从来没有上过中学的狱友们绘画和文学。安娜记得有个年轻人后来还来拜访她父亲，感谢她父亲为他提供了一生唯一的一段教育经历。这些在狱中能够利用记忆和知识资源的人是幸运的。

爱德华·戈尔德施蒂克还能活着看到"去斯大林化"的开始，也算是幸运的。残酷的领导者不知出于什么原因喜欢做出感性的姿态，在一次这样的姿态中，他于圣诞夜获释。安娜清楚记得当他如四年前突然消失那样毫无预兆地重新出现时，那张毫无血色的脸庞，以及他们全都感受到的幸福。

在所有的事情当中，回避信仰对安娜的双亲最为困难。安娜的父亲是犹太教徒，母亲是天主教徒，安娜说他们俩都在宗教氛围浓厚的家庭中长大，但都在很年轻的时候就非常自觉地脱离了原来的宗教。安娜认为，正是这种反作用的力量，引导他们在下一个信仰中投入了对教义系统的所有需求。和许多在那个阶段信奉共产主义的人一样，他们仍然认为在他们身上真实发生的难以形容的苦难只是原初思想的畸变。对他们当中的很多人来说，一直要到1968年苏联的侵入，才让他们放弃了理想主义的无望形式，并且从根本上否决了他们的哲学。

不过所有人都曾有过片刻的希望。在1957年获释并得到官方平反后，安娜的父亲回去教授文学、翻译德文并且撰写评论。安娜嫁给了伊日·格鲁沙（Jiří Gruša）——后来他成为知名的捷克小说家——并且很快有了一个孩子。

政治前线也起了莫大的变化。共产主义巨石出现要崩裂的征兆，还有不断高涨的想要把它撬开的大胆企图——大半来自党内——在布拉格之春的大爆发中达到顶峰。安娜的父亲再度置于事件的中心，因为彼时他是政治回暖背后的主要力量之一——作家联盟的主席。那是个作家被视为反对党议员的时代，也就是1968年卢德维克·瓦楚利克（Ludvík Vaculík）* 1968年在国会发表著名演说，以及米兰·昆德拉等人为这短暂的革命吹响号角的时代。党内自由派的斯洛伐克（Slovak）领导人亚历山大·杜布切克（Alexander Dubček）成为第一书记。有八个月的时间，街头可见生机勃勃的活动，并试图从顶层施行"人性的社会主义"。

安娜的叙述始终冷静而精准，但在谈到那段时期的重要性，以及随后而来的失败时，她不时停顿，声音也小了下去。前后的不同在于之前有"希望的前景"，而之后只有一片黑暗，希望的地平线已消失不见。"就像有个螺丝钉在慢慢拧紧，"她说，"呼吸的空间越来越小。"

让很多人吃惊的是，苏联的坦克几乎未受抵抗就开进了捷克；另一方面，1956年匈牙利革命遭血腥镇压的教训依然鲜活。为了

---

* 卢德维克·瓦楚利克（1926—2015），捷克籍作家与记者，秘密出版物时期的重要作家，曾起草1968年"布拉格之春"期间的《二千字宣言》。

让我对这些事件的影响有个概念，安娜告诉我，在那之前，她以为文学是世界上最重要的事；但在苏联入侵后，现实完全超出了想象，以至于有段时间，她根本什么都没有办法读，所有文学的描述和形式似乎都是恼人而虚伪的，在所发生的吞噬一切的黑暗面前微不足道。

1968年后，要当一个理想的共产主义者几乎已经不可能；在此之后才加入捷克共产党的人全是出于投机和野心。对安娜这代的大部分人而言，只剩下狂怒或者屈服。处境再度变得危险的安娜的父母，想办法移民到了英国。至于安娜自己，作为她父母的女儿，作为布拉格之春重要人物的妻子，她在生活中承受着微小、说不出口、啃噬灵魂的迫害。在工作的科技机构里，她遭到同事的联合抵制，好几个礼拜不给她任何事情做，于是她递出辞呈以维护尊严。在她后来求职的一个地方，那个主管实在太害怕她的出现，竟然私下请求她赶快离开。而在一家会计事务所，她则被告知如果同意告发同事，就可以得到一份低水平的工作。"从那里走出来时，"她回忆道，"感觉自己就像是一个连狗都不会想要吃她给的面包的人。"

就在那时，安娜开始选择捷克人所谓的"内部移民"，那是种心理上的脱逃策略，是很多人用来维持理智的方式。她开始在一家服装店当助理，一待就是十四年的艰苦岁月。当时安娜已经离婚，带着两个小孩。她一大早就要出门上班，而且要站一整天，还得做情绪上的调整。"在店里头，我得检查自己的用语，"她回忆道，"因为当我试图变得更好时，人们会对我的用词做出反应。有时我回到家会写几行字，不管写什么都好，只为了提醒自己我还有这另外一种语言。可是我知道，从那时开始，我就得生活在两个世界里，而那两个世界永远都不会融合。"

这些年来，我问她，比如说，是否有可能找到一份出版相关的工作？"刚开始的时候，一度有这样的机会，"安娜安静地回答，"路过的话，我就会去看看在出版社工作的朋友，但他们都很紧张。我知道他们是怕我开口要工作。总而言之，在街上遇到人，而他们却都装作不认识我，这还蛮有趣的。过了一阵子，我便形成了一种应对的原则，就是除非人家先跟我打招呼，否则我绝对不先开口问候别人。但是我真正痛恨的是留在官方体制内，且以此为志业的人发出的抱怨，他们一直在说自己妥协和调整得多么辛苦。我觉得那是他们的选择，待在体制外还是有可能的。"

在单身十年后，安娜的再婚几乎是在滑稽的捷克背景下完成的。她会认识她的新丈夫，是因为他是少数几名胆子够大的律师之一，敢为她的前夫伊日·格鲁沙辩护——彼时他正因自己的著名小说《调查表》(*The Questionnaire*)被指控为色情小说而下狱。格鲁沙在三个月后获释，毕竟囚禁一个有名的作家，在西方世界会产生太不好的影响。

安娜的新丈夫也受到持续的骚扰，因为他接的都是异议分子和其他不受欢迎的人的案子，遂成了监狱周末拘留的常客，他们的房子也频繁遭到警察的搜查。这就是"正常化"阶段，也就是压迫的深渊，处处尽是处决和酷刑的威吓。

然而，不论她为自己的处境付出了何种代价，安娜都认为比起与制度妥协的绝大部分人，自己在"内部移民"中过得还好得多。"你看，这是我自己的选择，没有人强迫我做。如果某件事是出于你自己的决定，就比较好承受。而我始终觉得我们——我指处于社会边缘的人——是比较自由的。我们不需要参加5月1日的游行，或者打同事的小报告。而且我们可以按照自己的信念来行事，那已经是莫大的奢侈。"在那个时期，生死大事被谎言、腐败和日常公然的伤害等这类较为琐碎的事情所取代。我试着想象或许她可以习惯那些，可以做出妥协以换得些许的舒适；但是当我想象如果安娜留在体制内则不得不忍受和从事的数以千计微小且毫无价值的行为，便开始明白对她来说，留在体制外的选择不仅仅是道德上的高尚举动，也是一种自我保护，以维持自己身份鲜活。

我在布拉格和她一起度过了一些时间，在安娜了如指掌，并且以一种在这里常见的依恋所爱着的城市中漫步。在这里，人们一待就是一辈子，或者几个世代。她这边指给我看一座特别漂亮的庭院，那边指一个修道院花园。与她更加熟识后，我会想她带着自己的经历，还有这些经历所给予她的真智慧，活得何等优雅。在她身上有种并没有试图用任何虚伪和快活的愉悦来掩饰的持久的庄严。

我们也聊美国电视，CNN（美国有线电视新闻网）在这边随处可见，安娜是忠实观众。最近让她大感惊讶的是一对在镜头前侃侃而谈私生活的人。"我觉得那样谈论你自己，是种自我疏离。"她静静地说，而我也在思考在她所有的苦难中，或者也正是透过这些苦难，自我疏离如何成为她一直所回避的事情。她所有的选择都出于不要背叛自己；而所获得的回报就是让她保有全部的自我，甚至保有她的痛苦。

最后，安娜又生了一个孩子，她现年十岁的女儿；最后，她再度离婚，并且找到了现在住在一起的另一个伴侣。最近这几年，她做着一份比较符合她的资质的工作，为一家医院图书馆翻译英文医学文章。依照"三代连坐"的处罚原则，安娜的女儿无法上大学，而且一直得等到改变来临，她作为不受欢迎之人的身份才得到改变。她的父母在二十年后回来，诉说着和这里辛苦非常的日子比起来，他们在布莱顿（Brighton）的舒服生活。我想起了海丝特·白兰

(Hester Prynne)*，还有她想在命运安排下忍辱负重活下来的渴望；对于许多东欧人来说，他们的国家就像某种命运的安排。

然而，过度的命运安排会生出宿命论，我因而能够明白对于安娜这种生活环境中有着超乎常人的不幸的人而言，何以在一个新世代的开端，会感觉不到纯粹的喜悦。对于无关的外人而言，依照最近的事件来看她的整个故事然后叫道"好耶！快乐的结局！"是很容易，但安娜根本没有办法使自己从生活的重担，或者生活教给她的那种智慧中脱离出来。在这个层次上，在一个大如国家的有机体和一个独立如人类的个体之间，二者各自的目的有着根本的不协调。当国家需要跃入一个新时代，并且选择性地忘掉旧时代时，安娜仍必须自己带着全部过去向未来前进。

安娜现在的伴侣约瑟夫（Joseph）是一本新杂志《中欧》（*Central Europe*）的编辑，有一晚我还受邀去参加了他们的编辑会议。开会的公寓是租来的，光线昏暗，充满了豪华的深色家具，受到岁月侵蚀的毯子被丢在桌子和沙发上，还有成堆的书、手稿和纸张。当所有人聚集在那张盖着毛毯的桌旁时，我竟有种置身荷兰同业公会，或者弗兰斯·哈尔斯（Frans Hals）†的画里之感，而不是在一场现代的编辑会议中。男人们全是大块头，有一张大脸，留胡子，宽松的衬衫敞着领子，袖管卷起。为了展现他们是20世纪的人，即便像是20世纪前半段，而不是顺应纽约的潮流，他们全都像大

---

* 海丝特·白兰，美国作家霍桑1850年出版的代表作《红字》中的女主角。已婚的海丝特与牧师丁梅斯代尔产生了爱情，被冠上"通奸"的罪名，被迫终身佩戴红字"A"。但她不惧众人的眼光，受尽屈辱却又坚强而有尊严地活着，追求美好爱情和幸福生活。
† 弗兰斯·哈尔斯（约1582—1666），荷兰黄金时代肖像画家，以大胆流畅的笔触和打破传统的鲜明画风闻名于世。

第三章　捷克（斯洛伐克）

烟囱似的抽烟，房间迅速充满朦胧的烟雾，袅袅地漂浮在昏暗的空中。

就某种意义而言，他们**一直**是秘密团体的一部分，反抗在捷克远没有在波兰广泛，而且要更危险。《七七宪章》（Charter 77）这份捷克反体制运动的奠基性文件签名者还不到两千人，而且许多签名者都为这一行为付出了惨痛的代价。异议分子活在被告发的恐惧中：几个在《中欧》工作的人被放逐去做强迫性劳动，像锅炉工或泥水匠之类的——这是当政者处罚不顺从的捷克知识分子所喜欢的方式。但是他们的真实生活围绕着他们的地下刊物进行，这是1968年后捷克出现的少数几本刊物之一。这里地下出版物的传播不如波兰广泛，手法也比较不成熟。每一期都用多张复写纸打字，大约只有一百份，由几个信任的人亲手分发，然后再由他们传给其他读者。光是这种耗费心力的制作模式，就已经如石头装饰的中世纪盛宴一样遥远及不可靠了。

现在他们是公务人员，而且有计算机，对此他们非常引以为荣；但他们也担心新的东欧问题：资金、买纸、准时发行。

《中欧》的刊名到底蕴含了什么概念和设想？呃，这完全是一个新保守派概念，他们解释，安娜翻译。他们是米尔顿·弗里德曼（Milton Friedman）*的追随者，也非常仰慕罗纳德·里根（Ronald Wilson Reagan）；他们认为捷克需要一个非常强大的中产阶级，一个累积和制造财富的阶级。

这些都没有让我太惊讶。异议的倾向和新保守派信仰的结合正形成一种东欧特性，跟其他很多东西一样，全由当地的共产主义所

---

*　米尔顿·弗里德曼（1912—2006），美国经济学家，货币主义代表人物，以主张自由放任资本主义而闻名。1976年获得诺贝尔经济学奖，被誉为20世纪最重要的经济学家之一。

孕育。在反对中央集权意识形态、体制笼罩一切的现实，还有劳工光荣的情感时，思想最先的转向，就是走向与之对立的另一极，也就是不受限制的自由市场、个人解放和中产阶级个人主义的优点。而且，这些术语在东欧背景里，都有了不一样的意义。在一个完全不存在自由市场的地方讨论自由市场，与在一个自由市场已经蓬勃发展的国家讨论，有着截然不同的含义。在这里，市场的概念代表着对一种极端不平衡的补偿。如果东欧人民并不总能看出遵循米尔顿·弗里德曼的观点的最终影响，我不晓得如何能期待他们看出。当然，我并不想在这个时间点上去向他们说教财富的危险或者富裕的弊病。鉴于我对这些问题的个人看法，这样做对我来说似乎过于傲慢；而我肯定，他们也会认为那是纯粹的装模作样。

稍晚的时候，当讨论转到后共产主义的真实情况时，我深感惊讶。我被桌上飞来飞去的激烈观点，以及其中蕴含的苦涩震惊。哈维尔正领导着一个假的"红色"政府，有人这么说，而似乎人人都同意。他周围有几种令人厌烦的共产党人，还有那些左倾分子、他的兄弟，他总是最先就想到社会主义的观点去。事情还没有真正产生变化，万事都还有可能回到之前的状态。"他们"没有放弃一丝一毫的力量，而且"他们"还在等待"他们"的时机。

这是前途未卜的过渡时期的早期；而我在这样的看法中感到一种世界观，至少因为熟悉而带来了些许舒适感。安娜以她安静的敏锐提供了另一个解释。她认为这些看法和意识形态没有多大关系，它们反映了"我们对于接下来要怎么做的焦虑，如今事情真的可以变好了，我们也得真正负起责任。而我们不想怀抱太大的希望，至少目前还不想"。

后来我读到一篇约瑟夫的文章，已翻译成波兰文，论"欧洲概念",那当然也把中欧的概念包括在内。约瑟夫属于在西方几乎不为人所知的一类人,但在东欧却经常可以看到,也就是公开的宗教知识分子。那篇文章的大意是欧洲的道德根基要在基督教中找到,而一旦没了基督教信仰,欧洲则注定要从其高度文明和政治力量上坠落。

米兰·昆德拉在某个地方曾写到,现在好的欧洲人,只有中欧人——他们十分痛苦地被从他们自认为合理归属的欧洲放逐,而对于他们来说,"欧洲"因此依然是一个意义深远而未受污染的理想。可是现在我在约瑟夫的文章中既难过又有点惊讶地发现的是,即使是欧洲的理想,也属于相当遥远的过去。欧洲只能被孤绝地书写,既与当代欧洲的现实隔绝,甚至也与欧洲关于其自身的话语隔绝。我问他,在他的框架内,对于现在住在西欧的大批穆斯林要如何处理,他们也该被包含在"欧洲"这个概念里吗?即便不是犹太教或者基督教徒,但他们仍然是欧洲人吗?他说他没有想过这个;不过,这也不是会自然发生在他身上的问题。观点毕竟来自经验,而过去几十年,关于民族和宗教多元化,不论是现实还是观念,在东欧都受到了严厉的压制。

这对于曾经在语言和国别上都是名副其实的大杂烩的这部分欧洲而言,实在是莫大的讽刺。但是关于原中欧曾经的多元文化的记忆,在过去几十年的捷克已经被有效地抹掉。或许值得注意的是,我唯一一次听到的中欧,来自这个观念所谓的官方代表。弗拉迪米尔·热莱兹尼(Vladimír Železný)本身就是这个观念的一个体现:四十出头的他有着轮廓分明、知性十足的五官,深厚的文学素养和天体物理学的教育背景。他是公民论坛的新闻发言人,也是最近创立的"卡夫卡社团"(Kafka Society)的负责人,并有计划要建立中欧文化博物馆。

他的"中欧"观念与两次大战间此地迸发的强烈的创造性有关。在世纪交替时,那紧凑、斑斓的中欧地图上产生了一段几乎令人难以置信的文化繁荣。一种挥之不去的、灿烂的现代主义可以说就是从这个区域产生的,不只卡夫卡,还有弗洛伊德、马勒(Gustav Mahler)[*]、胡塞尔(Edmund Gustav Albrecht Husserl)、弗朗茨·韦尔弗(Franz Viktor Werfel)[†]和马克斯·勃罗德(Max Brod)[‡],都来自布拉格周边。热莱兹尼认为他们感知的复杂性来自"文化三角",即住在捷克境内的捷克人、德国人和犹太人之间的"致命张力"。我想象,在赋予古老中欧其特殊活力的这几个做了数世纪邻居的群体之间,必定有一些差异和相似、相近和相异的交互作用。

但是在战后,同一个地区经历了另一种形式的现代化,即大规模和文化单一的现代化。热莱兹尼认为社会同质化是不健康的,也是无趣的,而犹太人和德国人从捷克的消失,为极权主义铺了路。但是新的现代性有系统地摧毁了早先现代主义的记忆。历史书上不再提及中欧,热莱兹尼说,直到现在,这个主题才首度在课本上出现,标题为:《你课本上所删除的》。

文化的中欧能否如热莱兹尼所希望的那样有机复活,我深感怀疑。背景——富丽堂皇的背景——依然还在,而太多其他的东西已经不见了。但是我看得出来何以卡夫卡一度不被承认的预言式存在可用于解释刚刚过去的事[§]——也就是他的未来,以及重新恢复中欧记忆的痕迹何以能够反击过去几十年完全统一的图像。

---

[*] 马勒(1860—1911),奥地利作曲家及指挥家,是19世纪德奥传统和20世纪早期的现代主义音乐之间承前启后的桥梁。
[†] 弗朗茨·韦尔弗(1890—1945),出生于捷克的奥地利作家,活跃于第一次世界大战期间。
[‡] 马克斯·勃罗德(1884—1968),捷克犹太作家。
[§] 卡夫卡出生于布拉格的犹太人区,用德语写作,与捷克文化也有隔阂,一度不被捷克人承认为自己的作家。

第三章 捷克（斯洛伐克）

同时，约瑟夫这样的知识分子已经和异质化的当代版本正面相逢：面临着滋生了极端的西方相对主义的那种文化的渗透，并要与之共存，这种相对主义不仅质疑一种反对的信念系统，甚至还怀疑自身。当今东欧人习惯于以怀疑的态度来面对"他们"；但还不适应更激进的怀疑主义，即对于那个"我"的怀疑。他们尚未开始自我解构。其中无疑蕴含着一种力量——他们迫切需要的自我的完整与诚实。不过，随着从孤立的境地走出，他们再次开始航行在更为开阔却更少标示的水面上。

我在温迪（Wendy）身上看到的是一个优秀、可亲的翻译员，她以方便西方人的方式称呼自己，并且邀我来一趟乡村之旅，那是她许多同胞每个周末的例行活动。在一个美丽的周日早上，我在城堡区等她和她的丈夫奥塔。有那么一阵子，周围有一种周日的宁静和清新，好像那一周的浮渣全部被一扫而空了一样。那鹅卵石路上游人如织，大部分是德国观光客，有些人身穿阿尔卑斯山地农家少女装和男孩的皮短裤，好像要回到一个时间还停留在战前的地方，回到奥匈帝国的一个别致的前哨站。整点时，教堂钟声优美地响起。

温迪和奥塔开着他们的拉达（Lada）*车来了，然后我们出发，进入舒缓起伏的波希米亚乡间。继波兰之后，这里看起来也像是西方：路面都铺着柏油，乡下房子大部分都是石头和砖造的，农场十分干净整齐。

我们的第一站是个乡间宅邸的小村落，温迪和奥塔想拜访几个朋友。这是一个小聚落，规模大小可见：几排几乎一模一样的小木

---

* 俄罗斯知名汽车品牌。

屋样的房子，间隔以蔓生着野花的泥土小径。他们的朋友是对漂亮的年轻人，对于自己的小房子和庭院显然很满意，一阵忙碌迎接我们的到来。他们的儿子在一棵树前撒尿，隔壁邻居带来一大篮漂亮的酸梅，整个场景就像捷克电影中的画面似的，只是少了铜管乐队或者室内乐队。

主人向我讲述了搭建这个小房子有多么困难，材料非常难找，但是他们尽量节约、精打细算，一切都自己动手。其他很多人也是如此。这种乡下房子是一种捷克式的迷恋，是想要为苦涩的万事增添一丝甜意的热望。实际上人人皆有一栋房子，包括工人，他们的收入通常比老师、医生或其他专业人员还高。对许多人而言，这些小小的休息所是日常政治污秽的解毒剂，是一个人可以躲进"内部移民"和个人真正生活的恩典的引退。

我们这个小村庄的社交生活中心当然是当地的小酒馆。吃完酸梅后，我们便沿着洒满阳光的、未铺石子的小巷向河边漫步。还不到中午，可是酒吧外的野餐桌上早已经挤满了人，而且那些人显然已经喝了好一会儿的啤酒了。往下看河岸那边，有几个男孩在钓鱼。

小酒馆内部的柜台上有一排非常粗糙的老式招贴海报。在东欧的旅程中，我已经习惯了这些，但我还是被接下来见到的装饰震惊了：几件挂在洗衣绳上的很丑的胸罩。显然，这是某种玩笑。

晚些时候，当我们喝完啤酒，跟大伙儿说了再见以后，我问温迪这种展示会不会让她觉得不快，她却好像反而对我这个问题感到不快。这是一种特定的幽默，她相当粗暴地告诉我，没打算要冒犯任何人，我应该理解。好吧，我确实明白这本意是某种玩笑，可是在我看来，一排泛黄的胸罩实在是粗俗到不好笑。温迪是个自由记者，在许多方面和我都算是志同道合之人，可是在这里，文化鸿沟就产生了。这一定是我在布拉格相互磨蹭鼻子——这也出现在许

第三章 捷克（斯洛伐克）

多捷克文学中——的情侣身上所看到的性感的另一个无法理解的层面。当展现在约瑟夫·什克沃雷茨基（Josef Škvorecký）*的小说精心设计的幽默中，或者处于米洛斯·福尔曼（Miloš Forman）†的电影才华的支配下时，这种色情可以令人惊叹地狡黠、粗野、幽默；但没了精湛技艺的把控，它也可以公然堕落为酒吧的玩笑。对我来说——这是我感官的极限！——这毫无疑问是令人作呕的粗俗。

我们很快就放下了这个小误会。下午3点多钟，我们到了温迪和奥塔与温迪父母同住的乡村小屋。这是个比较古老和繁华的小区，有宽敞的院子，四周环绕着附近森林的高大松树，不过室内依然没有水管线。温迪的父母身材粗壮，看上去很舒服，他们一整个下午都在花园里闲逛。温迪很快就端出了我在捷克吃到的最可口的料理，有蔬菜汤、沙拉和棒极了的多汁李子蛋糕。她似乎不解我对盘中有蔬菜为何会感恩到那种程度。之前我已经开始怀疑这里是否真的有蔬菜，结果确实有，只不过显然是人们饮食中较不受重视之物——或许适合私自食用，但在餐厅几乎一致被认为不够格上桌。

温迪九岁的女儿带我参观整个院子，带我看她偏爱的地点和躲藏之处，而且全程跟我说捷克语，对我听得懂她有十足的信心。或许是因为她孩子气的词汇和语调，我也真能听懂。她是个认真的小人儿，有着可爱的笑容，一笑起来有两个酒窝。温迪对待她，和此地父母的习惯做法一样，把她当成大人。被这样对待长大的孩子好像比较快乐，带着比较不害羞的"稚气"，对于成人世界也比较友善。后来温迪的儿子也来了，和几个高中朋友一起，他们试着用英语跟

---

* 约瑟夫·什克沃雷茨基（1924—2012），捷克作家及出版商。他的作品风格多样，所写侦探小说闻名捷克文坛。

† 米洛斯·福尔曼（1932—2018），犹太人，捷克裔美国籍电影导演、编剧，曾凭《飞越疯人院》和《莫扎特传》两夺奥斯卡最佳导演奖。

我沟通，只是不太成功。和所有同龄人一样，他们想要迅速学会英语，视其为进入现代世界的敲门砖。然后他们就进到森林里去了，展开一次捷克人热爱的两天长距离徒步。捷克人是厉害的露营和钓鱼好手，并且是自己国家乡村生活的狂热爱好者。手提音响的声音伴随着他们离去，看得温迪一脸不以为然。"看到没？"她说，"很快的，他们就会忘记怎么聊天。"

到了离开的时刻了，我们坐上拉达开进粉红色的夕阳里。乡村一日游，捷克风格。在这日常的小快乐中，有种法国文化的小乐趣，尽管和雷诺阿（Pierre-Auguste Renoir）*笔下的并不完全相同。酒吧、乡村小屋，它们是体系的解毒剂，我也可以看到它们合理的吸引力。相较于街垒路障，它们也许代表了一个没那么英勇的模式；但归根到底，所有革命或社会改革的目标都是——或者说都应该是——允许人们享受这样的满足，实现某种事物的秩序，让生活的小乐趣可以有个正常的立足之地。

回到布拉格，我和马丁及他的朋友伊日（Jiří）见面，共乘出租车沿着布拉格青翠的山丘一路向上，来到莱特纳公园（Letenske Gardens）顶上的餐厅。我们坐在一个露天座位上，那是通过伊日和餐厅头号泼辣女的"关系"才赢得的座位。吃着一贯的发胖食物，俯瞰布拉格的红屋顶和金色的塔尖，壮观地一直延伸至河边，还要再越到河对面。这种壮观的美景和历史感，世上少有地方可以与之匹敌。

伊日是个英俊的金发男人。他是个画家，也是简朴的哲学家。在他身上，捷克人个性中的温和已经被打磨成正面的美德。马丁和他缅怀起他们共同接受的共产主义养育，就像是放弃信仰的天主教

---

* 雷诺阿（1841—1919），著名的法国画家，也是印象派发展史上的重要人物之一。

徒缅怀他们通过修女接受的学校教育一样,带着浓郁的讽刺和伤感。现在这些全部结束了。他们嘲笑记忆中的人民奥林匹克运动会,成千上万的人从全国各地汇集到布拉格来,展现集体的体能优势。大队的同志穿上白色运动服,在巨大的运动馆内游行和完成训练来荣耀民众。但是伊日记得他的兄弟一直磕磕绊绊,跟不上拍子;而马丁想起一次下雨的奥林匹克运动会,白色制服在泥地上做完一轮俯卧撑后,便溅上了一身的污泥。人民嘲笑"人民"。在这些官方情景之后,马丁和伊日深情地回想起布拉格的公园成了交际广场,来自全国各地的民众精力充沛地相互靠在彼此的身上,而警察也因为意识到这是一场阻挡不了的狂欢而放松了警戒。

但是在谈到他目前的处境时,伊日马上变得悲伤起来。就某一方面来说,他很害怕对西方的开放,害怕新开放的世界。次要的艺术,也就是比较不具政治威胁性的,像是插画、海报和印刷品,在捷克蓬勃发展,因为它们几乎被允许自由发挥。但伊日还是怀抱成为画家的野心,而绘画就像所有推动视觉和实验极限的艺术一样,在东欧深受强加的限制之苦。伊日有个漂亮的工作室,几乎不用付租金,是从前政府所提供的那种资源;但是同一政权也坚决主张严格的隔离。而现在,尽管有着好奇和热望,伊日还是不太情愿从他的美学洞穴中出来,看看在这一大段的时间中,更广阔的世界里到底发生了什么事情。就像一直绝食的人不能一开始就吃得太快一样,他对突然的超载保持警觉。"我们必须慢慢来,"他说,"不能一下子全接受,我一次能够真正了解的东西就那么多。我得有时间思考,消化。"

这不是普罗米修斯式*艺术家的英雄姿态,可是我在他的谦逊

---

* 指为了他人而甘愿牺牲自己。

和自觉当中发现了一些很迷人的东西。他明白吸收知识真正的意义，也知道那需要慢慢来。

伊日静静地生活在布拉格，过着一种几乎让人想起战前世界的生活。他画画、教书、去巴洛克教堂听演奏会、在合唱团中唱歌。他个性中的温和与礼貌，毫无疑问是与这种生活相一致的，也是这种生活所创造的。我也明白，为什么他可能不想被过去几十年艺术令人震惊的失序突然震出他边界清晰的框架。

用完晚餐，我们一边喝着贝赫洛夫卡这种苦酒，一边看着布拉格柔和的灯光。伊日用一种带着嫉妒的口吻聊起一位在美国成功的艺术家同侪："只是因为他叔叔认识的某个人认识某个人。"然后他又说："呃，但相反的，我要待在这里。我没有错过布拉格。或许，从各方面说来，这才是我所偏爱的。"

"我们是小资产阶级之国，"捷克人经常这样自称，"我们有中产阶级的热望。"这种坦承一半是自满，一半是自贬。小资产阶级意味着实际、具体和明智，但同时也行事谨慎、胸无大志。捷克是个平民之国——标准解释是这样的——因为已经好几个世纪没有贵族了。捷克史上的一个分水岭是1618年，在白山之战（ Bílé Hoře ）*中，彼时捷克的贵族遭到哈布斯堡军队的大规模屠杀而就此消失。这一事件开启了三个世纪之久的哈布斯堡统治与文化德国化，捷克的语言和身份几乎自此消除。在那期间，捷克人被贬为商人、农民和公务员的次要角色，特别是公务员。在整个哈布斯堡王朝期间，成为职员或者官僚就已经到了捷克人所能到达的顶点。

---

* 白山之战，发生于1620年11月8日，是三十年战争早期的一场战役，也结束了三十年战争的波希米亚阶段。

第三章　捷克（斯洛伐克）

"我们不是帅克（Švejk）之国"，是捷克人说的另一件事。或者，更少见的是说："我们就是帅克之国。"

《好兵帅克》(The Good Soldier Švejka)——雅洛斯拉夫·哈谢克（Jaroslav Hašek）的原创——是庶民感的完美呈现：精明、自我保护、狡诈和世俗。小说描写了同名英雄的多次冒险，排除万难只为加入第一次世界大战时的奥匈帝国军队。我承认，即便知道这是部伟大的作品，但事实上我并不喜欢它。主角小气的冷嘲热讽对我完全没有吸引力，他愿意彻底地卖傻并不惜承受任何程度的羞辱来保全他的皮肤。当然，我知道在卖傻之时，他是在揭露战争的愚蠢并衬托出一种荒谬的官僚政治——但我宁可他用更高尚（无疑会适得其反）的方式来与这些邪恶抗争。这是波兰的偏见，毫无疑问，一定是。

哈谢克和卡夫卡：两者都属于捷克文学奠基的一代，好像在安静了几个世纪后，突然不晓得从哪里冒出来，这个群体也包含了卡雷尔·恰佩克（Karel Čapek），他是虚构机器人和预言极权幻想的创作者。哈谢克和卡夫卡的人生几乎完全重合在一起（他们都生于1883年；哈谢克在1923年过世，卡夫卡逝于1924年），而且他们是捷克人最常引用（至少在跟外国人聊起时如此）的文学参照点，用来解释他们的国家，或者他们的处境，或者他们自己。

哈谢克出身平民，以捷克文书写，过着一种冒险漂泊的生活，曾离开奥地利军队，改投捷克军团，后来又离开捷克军团改投红军，犯下重婚罪，并成为附近酒吧醉酒的常客。当然，卡夫卡是个犹太人，过着与世隔绝的生活，以德文书写。他们的性情真是相反到极点，但是可以说在不同的脉络里，他们还是写了同样的主题：官僚变得狂暴，官僚机构成了阴暗荒谬——或仅仅是愚蠢荒谬地——进行威胁恐吓的庞然大物。认为这是因为他们两位都生活在某个官僚系统和无理性最紧密结合的饱受压抑的时间点上,我不晓得这会不会太富于想象力了。他们风格形成的年代正是弗兰茨·约瑟夫(Franz Josef)*帝国的巅峰与衰败时期,当时捷克是卡卡尼亚(Kakania)†的邻近省份,也就是罗伯特·穆齐尔(Robert Musil)‡重新将其命名为奥匈帝国之地,是个被一群职员、一群热爱阶级制度和崇拜形式主义的人统治的可怕停滞王国。与此同时,捷克又是个主权国家,从来没有完全失去它的渺小感,或至少是消极抵抗的直觉,一种对压迫状况的顽强反对。这个节点一定加深了平常小人物和哈布斯堡王朝系统内志得意满阶层间的不平衡,或者,换个方式说,布拉格必定是个观察官僚人格神经官能症的有利地点。

有位捷克朋友聊起捷克历史的韵律,一种近乎屈从与高度道德性应对的交替。后者体现在扬·胡斯身上,先是试图改革,逐渐发展为对一个本质上是外国的教会统治集团暴行的回应;体现在19世纪末期的文献学者和哲学家身上,他们想要通过翻译莎士比亚和其他古典作品,以及通过对国家权利充满理性的论辩来恢复捷克的身份;也体现在托马斯·马萨里克身上,他显然是所有总统中最仁慈、所受教育也最全面的政客之一。这里有布拉格之春和《七七宪章》,当然还有瓦茨拉夫·哈维尔,即便在执掌权力大位期间,都还有着罕见的勇气,用一种安静、文明的声音,继续书写他自己内在的历史和国家新的道德困境。

对于压制式统治的其他反应,是共产主义阶段调适和撤离特点

---

* 弗兰茨·约瑟夫(1830—1916),奥地利皇帝和匈牙利国王,后成为奥匈帝国缔造者和第一位皇帝,在1850—1866年间,还曾担任德意志邦联总统。
† 奥匈帝国期间,以这个词称奥地利社会。
‡ 罗伯特·穆齐尔(1880—1942),奥地利作家。奥匈帝国瓦解后,自我放逐到德国。他未完成的小说《没有个性的人》常被认为是最重要的现代主义小说之一。

的混合：以帅克式的回应面对卡夫卡式的情境。哈维尔曾在某处写到，"正常化"期间的麻烦，就是帅克们的接手。他们是那些会把自己的道德调调、他们散发的犬儒主义强加于整个社会的人。

我必须承认，在我每天与服务生、旅行社和邮局的接触中，在和那些表情始终如捷克人所称"马蹄口"般阴郁的职员的接触里，确实感觉到了帅克之类的存在。比如某天早上，我走进一家店问店员可不可以给我一个牛皮纸箱，我想用来寄东西。她摆出骄傲的冷漠表情耸了耸肩。这不关我的事，她的动作在说：我连抬根手指头都不愿意。看到附近有一堆盒子，我就指指它们，问是否可以买一个，结果她只是加深了嫌恶的表情，转身离开。

不过帅克的个性也有可爱的一面。我随处感受到的小小的愉悦享受，在伊日和马丁的交谈中听到的成熟讽刺，持续不断的笑话和扎孔先生幽默的眼神，每样都像是在说："没关系，最终我多少还是可以愚弄一下这个世界，并且从中得到些乐趣。"荒谬感继续存在，或许正是这个时代的可取之处，一如其他各时代都有其可取之处。

扎孔先生在安静的早晨敲响我的门，召唤我到客厅去和他的家人一起通过一台大大的彩色电视见证历史性的一刻——哈维尔当上总统的就职演说。胖胖的扎孔太太，还有他们那特地为这场合而来的儿子，以及他的女友都在。哈维尔喜气洋洋地走在通道上，努力压抑快要压抑不住的笑容，一旦迸发则可能有损这个时刻所需的庄严气氛。扎孔先生指着各个国会议员，说谁跟谁不和，斯洛伐克代表单独站在一堆。可以清楚地看出麻烦即将开始。但是哈维尔不由自主的笑容在他用典礼专用长笔进行就任签署时不断褪去。他看起来好像不只是开心，而是被他所参与的事给逗乐了：或许是因为棒透了的美梦成真太不可思议，也或者是其戏剧性吧。剧作家在现实剧场中变成了主角和制片。

典礼结束了，年长的扎孔先生从沙发上跳起来，跟每个人握手。"恭喜！"他大叫，"我们有总统了！"至少在这一刻，是"我们"。

一年之后，当我轻松地漫步布拉格，更近距离地观察各个细节时，我有了重新发现的喜悦——那是首度前来此地，面对铺天盖地的全面冲击时所未曾察觉的。幸好，布拉格的石砖和历史并没有改变，金色的光泽依然光彩夺目。眺望旧城广场的远景仍令我屏息，仰视镇守桥梁入口处的两座纤长的方尖碑也还是让人震撼，上端两个美丽的天使仿佛即将从水面和石碑上方振翅而飞，直入云霄。

但是，更令人惊讶的是，布拉格在商业方面似乎也没有太大改变。相较于华沙的丰田沙龙和计算机精品店，此处街面的橱窗里依旧展示着国产时尚产品和波希米亚水晶制品。就连其他东欧国家首都如雨后春笋般冒出来的书报摊，这里也依然未见踪影。

某个下午，我走进市中心一间标榜专售翻译作品的"国际"书店。我手边已经没有可供阅读的刊物了，对书籍的渴求已经有如对饮食和睡眠般那样急切。旅行显然足以让人重新领悟文学的意涵，而如果我曾经质疑过书本的功能，现在实在深感懊悔，也开始理解旅行作家为何总会将所见所闻联系到他们所阅读过的东西，即使在攀登冰川，或跃入致命的沼泽时亦如此。面对无法捉摸的世界，以及不计其数的地方、人物和偶发事件，我更加渴望书中世界的确实形貌以及既定规则。

因此，我带着高度期盼踏入"国际"书店，但期望很快便落空了。英语区展售的《金银岛》(*Treasure Island*)、《鲁宾逊漂流记》(*Robinson Crusoe*)和《小妇人》(*Little Women*)，都是大号字体的儿童精装版，外加三本中国针灸的书。在饥渴状态下，我买了在东欧童年时期所未曾读过的《小妇人》，还买了那时已经看过的《鲁宾逊漂流记》。隔壁的柜台有个中年美国游客正在购买《鲁宾逊漂流记》和《金银岛》，显然和我一样已经饥不择食。

我还拜访了伊万·加巴尔（Iván Gabal），身为总统民意调查办公室负责人的他证实了我对捷克经济早期进展的粗略印象。我以前便见过加巴尔，不过他后来转换工作，现在占了布拉格城堡的第三个院落，这一定是世界最好的办公室之一。我在楼下宽敞的等待区等他，置身各色人等中。有顶着一头蓬乱长发的男子，显然以嬉皮自诩；有年长的绅士，正从一只优雅的银盒中取出一支香烟；接待员身穿一件设计精美的意大利毛衣，完美无缺，却有过度打扮之嫌；足踏塑料长靴、戴着头巾的女子，从纸袋中取出儿童鞋和苹果，拿给旁边的一名男子看。古老中欧的友善氛围，产生于斯拉夫人、奥地利人、犹太人、艺术家、农民和科学家齐聚一堂，不分彼此的生动交流；新兴东欧的友善氛围则源自不同时代的元素轻易地便在同一个房间共存。

一个啃着苹果的年轻女子懒洋洋地带领我上楼到加巴尔的办公室。加巴尔是个面容愉悦的黑发男子，喜欢穿衬衫打领带和质量好的斜纹软呢西装。他态度和蔼，展现出一种见过世面，也知道自己的价值的充分自信与广博见闻。他是新的技术管理核心成员之一，仪表举止有国际作风，其专业技能也在东欧的重建上发挥了重要作用。每一个年龄都会孕育出自己的主导特质，而他这种年轻人目前在东欧处处可见：头发修饰齐整，洋溢着理性色彩，说话语气带有保守、克制的客观性。我认得出这种人，因为他们非常美国化，似乎在接受了美国的专业知识之余，也吸取了相应的格调和作风。

加巴尔表示他对政治共识的迅速瓦解感到很失望。原本坚守后共产主义政治逻辑的公民论坛已经分化为三个相当敌对的派别。到目前为止，哈维尔还试图维持中立立场，不过众所周知他倾向于"保守"的一派。这里所使用的"保守"，实际相当于西方所说的"进步"，希望能尽快转型为自由市场经济。

这里所采取的官方经济改革计划虽然进展缓慢，但在某些部分比波兰影响更深远。不过加巴尔说，捷克人民对于私有制度的消极态度让政府深感挫败。虽然改革计划已经启动，可是申请经营新公司，以及对旧有工厂进行改革的计划却很少，改变农业集体化进程也受到农民的抵制，他们大部分人似乎已经没有意愿重新回到私有化。"人们比我们想象中还要谨慎。"加巴尔说。

其实捷克人过于谨慎的态度，捷克人自己很早就注意到了。托马斯·马萨里克在自传中即指责自己国人本性过于保守的倾向，那是一份带有罕见的、节制的深情的文本（由马萨里克口述，卡雷尔·恰佩克整理完成）。"只想追求物质的稳定，宁愿谋取公职，以确保享有退休金，"他写道，"在所有这些现象当中，我看到的是恐惧：恐惧企业生活，恐惧责任，恐惧自我掌控。不错，我们是缺乏海岸线，我们也不知道对岸还有另一个世界。我们就像池塘里的青蛙，只会互相呱呱叫嚣。"

在和本地民众的对话中，我也感受到若干这种怯于尝试的心态，不愿踏出自我设限的框架。"对我来讲已经太晚了。"人们经常会这么说。或者说："还不行，我们还没有准备好开始。"

我跟一个年轻人雅恩（Jan）谈过，他是个工程师，担心一旦经济改革启动、他的工厂私有化之后，自己就会失业。他的梦想是开一家从奥地利进口机具的公司。问题是，他解释说，开设公司的相关法规还没有制定，而且没有人有钱，所以即使他开得成公司，又有谁会跟他买东西？再者，共产党人仍潜伏在四周，谁知道他们想干什么？他可不想投资一家公司，然后被没收。不，他的朋友们也都在等，等情势进一步明朗化。

一个住在本地的美国记者给我讲了一个关于找人清洗公寓窗户的值得玩味的小故事。她打电话问一个朋友该怎么做。"不可能的。"她的朋友疲惫地回答。"这是什么意思？"她抗议。"他们只接商办大楼的单子，没有人会来私人公寓。""怎么可能没有办法请人洗窗户？一定有办法的。"她坚称。她朋友的态度很消极。有趣的是，她这个朋友在从事反抗活动期间，经常清洗窗户，那是他所受到的惩罚。最后那个记者被逼得终于直接打电话给她朋友待过的公司，经过冗长的谈判，总算说服他们派人来清洗窗户。她说，尽管能够理解个中缘由，但这种"不可能的事"到现在仍然非常普遍。

不过，捷克人在过去四十年中变得谨慎，也是情有可原的，因为在这么长的时间内，即使就东欧的标准而言，捷克所受的打压也过于沉痛了。这期间，捷克经历了斯大林时期的苛政，经历了东欧最严酷的系列公审，经历了布拉格之春的无情镇压。虽然1970年代和1980年代波兰和匈牙利获得自由，但捷克在最近二十年依然承受着严苛的高压统治。他们没有私人活动的余裕，在整个系统的笼罩下，几乎毫无回转的空间。黑市、第二经济，这些在捷克都是不存在的。在波兰几乎全面保留为私有的农业，在这里则几乎完全是集体化的。

波兰人在从事非法活动的那些年间，变得非常习惯于扭曲规则，或在规则外行事，或根本无视于规则的存在，或理所当然地，故意违反规则。但对捷克人来说，在官僚体制之外从事冒险，发起行动或集会结社，都会受到严厉的惩罚。虽然如今体制的突变已然超越任何人最大胆的预期，但是心怀希望是无法在一夜间便养成的习惯，行事谨慎的习性也不是那么容易就可以改变的。

然而像加巴尔这样的人当然也是有的。对他们而言，改变之风有如旋风，令人目眩神驰。我上次见到他时，他正发起一个独立的社会学研究所，有别于古老的官方组织，他们以经验主义方式收集数据——这在捷克算是创举，因为这个国家的所有数据都明目张胆地为意识形态所扭曲。加巴尔的事业很快便大获成功，因此获得哈维尔的赏识，担任目前的公职，探测民意取向。他表示这项工作很繁重，而且不像他自己研究所的工作那么有趣，那才是"我的挚爱，我的一切"。不过，他发现新工作对他还是有股不可抗拒的吸引力。他的妻子是博物馆馆长，目前在美国工作，这使得他们成为最时髦的先驱者，亦即新出现的东西方通勤的夫妻。但加巴尔发现这种外表光鲜的生活套装其实有其毫不炫丽的一面。"我从早工作到晚，从星期一工作到星期六，"他神情有点困惑地说，对这么自律的人而言，甚至有点饱受折磨之感，"然后回到公寓，倒头睡觉。没有家庭背景，实在很糟。"

欢迎加入西方生活方式，我暗自评论。在雀跃拥有新国际地位之际，加巴尔这样的人也同时被卷入一系列他的西方对手早已知之甚详的新问题。他们必须权衡在赢取光辉和声望的同时，要付出多少紧张、压力和始终如一的匆忙；当面临多元选择，而只能凭借自己的好恶取舍时，他们必须考虑自己内心真正想要的是什么；哪种工作会爬到职业的哪一阶层；在一个工作逐渐为野心所驱使，也更价值中立的世界里，有价值有意义的职业生涯首先意味着什么。

再次拜访安娜时，我发现她的心态也已经改变了。一年后，她容许自己对未来抱持适度的乐观，仿佛几经思量，终于体会到自己生命的境况果真改变了。又或许——像其他很多人一样——几经思量，终于克服了对改变的惶恐：该如何适应新的可能性的那种惶恐。她并不打算此生做何戏剧性的转变。她想一直做原来的工作，直到可以领取养老金。不过后来她考虑也许她终于可以做点从高中开始便想做的文学翻译工作，在正常的情况下，那根本不该是件困难的事。"幸亏我还能做，"她说，"但想象一下歌唱家丧失了最好的岁月，或戏剧导演在想象力最旺盛的时候却不能工作有多惨。有些人真的就这样丧失了人生的精华，就这样被活生生地剥夺掉了。"

同时，她的情况已经改变了。她的老板原本一直笃定，除了自己，几乎没有人会雇用安娜，不过现在他知道安娜不会再像以前那样对他充满亏欠感了。让安娜庆幸的还有，若是见到面貌凶恶的人出现在她的街道，无须再担心那些人是秘密警察，也不必怀疑自己的电话遭到窃听了，虽然她早已习惯了这种担心。

安娜的大女儿在几经刁难后，终于获准进入大学。接到消息时，我正好和她在一起。她非常高兴：她女儿还年轻，可以重新开始，弥补失去的岁月。

安娜重申她并不后悔自己的过去，那是她自己选择的生命。这种确证我在其他人那里也听过。我曾经跟一位哲学家聊过，他比别人经历过更多磨难，而他的回答强调了自己的天主教信仰，还引用一位拉比*的话：如果我们有机会选择再活一次，通常都会选择和前世同样的生命。

我说我并不太相信这个说法。不过……一个人不能**不**选择自己的生命，一个人无法拒绝生命。现在我可以领会无论是对哲学家，或是对安娜而言，重新掌握自己生命的意义是多么重要。否则又该如何接纳自己这条成为明显的不公正、赤裸裸的谎言以及黑暗荒谬闹剧所戏弄的对象——也就是受害者——的生命？你仅有的选择不

---

* 拉比是犹太人中的一个特殊阶层，指接受过正规犹太教育，系统学习过犹太教经典，担任犹太人社团或犹太教教会精神领袖，或在犹太经学院中传授犹太教教义者，主要为有学问的学者。

是消沉悲观的苦涩一生，就是摆出接纳的姿态，相当于选择了你所遭遇的每件事，甚至别人对你的所作所为。

在此同时，还有日常生活可以倚仗，一种只属于自己、不会被盗取的个人生命。我在安娜家逗留了一阵。她为我做了一道极费工夫、饱含胆固醇的古老鸡肉料理，需要好几道酱汁、牛油和牛奶，可惜我迟钝的味觉实在无法体会其中的微妙差异。她责备约瑟夫不分担家务，怨叹女人的际遇，但她表示自己并非女权主义者，相信女人自有不同的天命，因为女人可以生养孩子。她还为了一点小事责骂自己那有着酒窝、在我眼里简直已是循规蹈矩典范的十岁小女儿。

安娜担心她女儿这样的孩子会变得过于自我和孤立，矛盾的是，原因竟是那些孩子被灌输了太多集体主义思想，而且在儿童看护中心待太久了。她也担心青少年在成长过程中缺乏任何民主经验和实际记忆，只被灌输了一套其自身历史的虚假版本。

但是以她自己的家庭而言，各代间的联系是牢固的。她告诉我，她和自己父母间的关系一直十分紧密。在最困顿的那段岁月，她是母亲的知己。现在，她沉思着说，自己虽然已经五十岁了，但是当拜访父母时，仍然会变回女儿的角色。相对地，她自己的大女儿，在她最需要的时候，也成了她精神上和事实上的帮手。不过安娜说，现在她去看女儿时，发现女儿反而变得令人喜欢地不是那么负责任了。像安娜这种际遇比较极端的家庭，代沟问题不像在一般比较平和或舒适的环境下那么明显。不管他们为被抑制的青春期反叛或过早的成熟付出了什么代价，安娜和她的父母与孩子所收获的奖励是彼此共同的人性意识，那是一种经由时间孕育出的上下一体的团结意识。

第三章　捷克（斯洛伐克）

　　另一个周末，另一场会议。在转变之际，东欧似乎正耽溺于各种关于转变议题的会议，仿佛不即刻进行自我分析，当今的历史改变就无法发生。这种种会议有的探讨民主的转型，以及自由、正义、资本主义的转型；有的探讨民主的美德、民主的代价与民主的陷阱；有的探讨通往欧洲之大道，摆脱过往体制之路径；有的探讨民族主义、爱国主义、沙文主义、民族认同与帝国主义；当然，也有理想的会议主题探讨文学现状。一连串的信件、传真、邀请函和书面建议，全都以最新的区域性世界语言英文撰写，不断穿梭于巴尔干半岛和黑海之间，尽管多半都寄往同样的地址。而一群经常搭机奔波于各项会议的人士，也络绎不绝于布加勒斯特（Bucharest）[*]和维尔诺（Vilno）[†]，以及索非亚（Sofia）和马德里（Madrid）之间，成为最新的一个阶级。

　　这个星期聚会的主题，据我推敲，是捷克在共产主义后的文学情况，只是从令人费解的名称"政治和文学的离异：筹备一个国家的婚礼"开始，整个会议便有点莫名其妙。会议主持人来自一个逐渐壮大的西方群体，他们目前热衷东欧议题，视其为职业上值得开发的有趣机会。会议颁发了一个翻译的奖项。讲台上坐满不计其数的作家，其中有几位还是颇为知名的外国访客，纷纷就所讨论的莫名其妙的主题发表了完全不相干的评论。一位上了年纪却仍毫无顾忌的捷克人就共产主义或反共产主义——我也不确定是哪一个——发表了一篇令人激动的、煽动性的演讲，透过耳机里不带感情的实时翻译，令观众猛翻白眼。一位爱尔兰的诗人更了不起，就在讲台上麦克风前醉醺醺地睡着了。一个幽默的英国人先是条理分明地讲

---

[*] 布加勒斯特，罗马尼亚首都。

[†] 维尔诺，维尔纽斯（Vilnius）旧称，立陶宛首都。

了几分钟，随后的论述则令每个人都难以信服。还有名年轻的法国哲学家比其他任何人讲得都更不知所云。

不过，我们所置身的场所倒是值回票价。会议在目前的教育部所在地华伦斯坦宫（Waldstein Palace）举行，这是布拉格的第一批巴洛克式住宅（始建于 1624 年），至今也被认为是最庄严豪华的地方。这场胡诌瞎扯会议所使用的房间可谓极尽奢华，置身其中，要花上好一阵子时间，才能在视觉上开始接受其细节。只见奢靡的绘画遍布墙壁和天花板的每一角落，那丰盈的红润色泽加上金质镜框和水晶吊灯，绚丽闪耀地反射光华，与色彩晕染的腾腾热气，成功构筑了一种近乎狂欢的富饶效果。通往内部的房门大约有十尺高，门把的位置非常高，听说是因为这个宫殿最早的主人喜欢骑马进入这间大厅，从马鞍上开启房门。巴洛克极尽浮夸的概念在此可谓登峰造极，这个房间的内部真是让我深深体会到了这一点。

我的视线徜徉在这片奢华中，直到会议宣布餐会开始。"我们是为了啤酒才来这里的。"那位英国人不断愉快地说。我和伊凡·克里玛（Ivan Klima）*聊了一下，虽然他在捷克国内完全是通过秘密出版物而广为人知的，但仍是捷克国内外最知名的作家之一。他的脸孔兼具了稚气和老成的气质，态度温文尔雅，似乎从来不知道，也没有见识过人类的卑贱和残忍，没有目睹过层出不穷的暴虐。克里玛受够了文学对政治具有天赋义务的说法，或东欧文学因为在特殊的政治环境中创作，所以就特别有意义的论点，那可能是出于西方知识分子最后的情意吧，急于在他们受难的同道间寻求一种特殊的英雄主义。"问一个作家对政治有什么看法，就像问一个木匠对

---

* 伊凡·克里玛（1931— ），出身犹太家庭的捷克小说家和剧作家，通过《被审判的法官》等小说反对强权政治，号召民主与正义，其作品被禁止出版达二十年，只能够以秘密出版物的形式流传。

政治有什么看法一样。"克里玛以绝妙的见解评论道。或许也带有一个作家的反省,拒绝被束缚在简单的框架中。

我发现社会主义时期的捷克文学,似乎不像波兰文学那么执着于政治议题和民族认同问题,有更多余裕描绘日常生活和个人关系,也不那么执着于伊索寓言式的风格。克里玛说,这个嘛,波兰是因为有"贵族传统"的关系,捷克的文学则比较庶民化。"在庄园里讨论政治,和在酒吧里谈论政治是不一样的。"波兰虽然有不少酒吧,但基调却是在庄园里定下的。另外,克里玛解释作家和审查者的关系在这两个国家也不一样。在波兰,如果作家愿意玩暗示、隐喻和密码的游戏,那么即便传达了相当具有颠覆性的信息也可以成功脱身,但捷克却没有这种操作空间。作家只要有任何违反官方之处,就必须彻底走入地下,而矛盾的是,如此一来,虽然丧失了个人自由,他们却获得了文字的自由。他们在写作时不抱任何出版的希望,因此反而不受审查制度的限制。这或许也是那几十年间,捷克的文学比东欧其他地区的文学更能表达强烈的情感,而一旦恢复出版自由,也不需要做那么多转型与调整的原因吧。

但是很显然的,捷克文学还是必须经过诊脉、祝贺、同情、检查视力和咽喉等复原阶段,才能完全恢复正常的生活。"这个会议有点奇特,对吧?"克里玛试探性地问道,声音相当温柔。我点点头,悄悄挑了挑眉毛。

我和温迪去布拉格北方约四十公里的米洛维采(Milovice)走了一趟。那是个无关痛痒的乡村城市,其实还更像一个村落,坐落于丘陵的一侧,由一条水平的道路一切为二。不过这并非普通的村落。切分线以下的米洛维采属于捷克,其上方则以俄文为主要语言。

帝国既然不是一天造成的,也就不会在瞬息间解体。尽管已经过去了如此之久，这里却仍然可以目睹苏联遗留的痕迹，犹如一只曾经危险的巨龙，死后仍像鬼魅般逗留不去。残余的苏联陆军预计将在几周内撤离捷克，但是在米洛维采这种城市，陆军基地仍像过去数十年一样继续运作。

明显的分界线几乎是刻意为之，靠近丘陵下方的村落是老式的，相当迷人：石造小屋、蜿蜒的道路、教堂尖塔。丘陵上方的街道则呈格子状，都是战后的平扁式住宅，自有其阶级分级。比较好的一部分是属于军官的，良好的独栋住宅，前方有座花园；另外几条街道上则是统一的公寓住宅，归低阶士兵所有。每幢公寓入口处都装饰着一个军人或工人的浅石雕，属于冷硬的苏联风格：一种近乎令人喜欢的陈腐笔触。那些建筑都已显现年久失修的状态，处处可见破裂的窗户，晒衣绳上悬挂着邋遢的衣物。温迪说，其他姑且不论，捷克人最讨厌俄国入侵者的地方，就是他们在周遭所造成的乱象。

杂货店里，老板娘用算盘这种古老的俄国工具计算价钱。橱窗内摆放的货物是捷克的，但是曾经在苏联居住过的温迪告诉我，在对角线上摆罐头作为装饰的货品陈列方式，显然也是俄国式的。

该镇的最高点也是重心所在是军事设施。只见一座长形军营前方放置着几辆坦克车作为纪念品，凸出的坦克车车头挑衅地伸向街面。此刻，几个小孩正在坦克车上嬉戏，俨然将它当成了攀爬架。坦克旁边展示有一排大型金属防护物，上面骄傲地写着俄文标语，诸如"让我们赞美伟大的苏联陆军"、"将荣耀献给英勇的坦克部队"等等。在军营尽头有个不显眼的标志，明确警告："止步。如果越过此点，将遭射杀。"我连忙催促温迪调头。在军营前方的草坪上，有名年轻的父亲正推着婴儿车，除了身穿苏联军服之外，就和其他地方快乐的年轻爸爸一样。在军官住宅区，另一位身穿军装的男人正在修整自家房前的草坪。

一群飞机结队从我们头顶低飞而过，发出刺耳的噪音。这种时候，还在进行军事操演？哦，温迪指出，驻扎在这里的军队总要找点事做，除此以外他们还能做什么？在街上，我走近两名军人，希望能问他们几个问题，不过他们怀疑地瞅着我，低声咕哝："她想干什么？"然后快速走开。

这种阴暗邪恶的象征主义与平淡无趣的正常状态的结合，实在有点超现实的感觉。这必定产生某种特定的心理效果，不断提醒捷克人，捷克其实还处于"假设"的状态，即使自认为一个正常自治国家，也只不过是假象而已。在"卫星国"生活最可悲的地方之一，就是被贬抑为这种荒谬的存在，我认为这种说法并不为过。如果直说这是一个被占领的国家，或许还反而比较好些，至少种种情况都是可以理解的；但现在这样，他们就没了真正的政治存在感，宛如处于一种幽冥境界，一种被公认的假面游戏，一个介于列强之间的支架。哈维尔在其反抗时期最有名的一篇文章中，便曾要求自己的同胞用"假设"自己自由的方式生活，亦即尽管外在受到限制，但还是要表现出内在自由的精神。可是当时的政权所实行的却是一种怪诞的、反其道而行的假设情况：虽然实际上受到奴役，但捷克人民必须相信并假设自己是自由的；易言之，他们必须活在谎言中，而被迫活在谎言中，势必使得所有活动都失去了意义。这是对捷克情况的抽象描绘，然而我相信许多人想逃离东欧，不仅是因为经济因素或"纯粹的"意识形态因素，部分也为了这个缘故，因为即使他们的境况碰巧是舒适的，就某种程度而言，那也始终是荒谬的。

捷克是个小国家，米洛维采这样的城镇有很多，它们不断提醒着这个国家的国民：他们既无法认同目前的情况，也无法试图改变。所以大多数人才会打心底憎恨这些军人：痛恨他们不好好维护自己的房子，痛恨他们的军事废物污染了当地的空气和土地，最主要的，痛恨他们的存在所代表的意涵。

不过，温迪表示，她目前已经心平气和，对俄国人只感到可怜。他们大部分人其实并不想回到自己的母国，因为那里没有工作、没有住宅、没有食物，有的只是对动荡和激变令人怀疑的兴趣。相较之下，在这里，他们可以过着和平的生活，也已经习惯了捷克相对富足的食物和较高的生活水平。他们有些人实在太希望留下来，因此借助了与移民美国同样的手法：和当地女子结婚，以获取公民身份。

我带着一种明显的压迫感离开了米洛维采。几天后在布拉格，我凑巧到位于美丽的切宁宫（Černín Palace）的外交部和一名助理聊天。就在他领着我参观华丽的房间时，不巧撞见一群手持公文包的男人正在走廊进行紧张的会议。助理连忙小心地将我带开，因为他才入职不久，对相关礼节不太了解，也不知道让别人看见我这种人一起置身权力的走廊是否妥当。"那些正在和我们的人讲话的是俄国人，"他轻声告诉我，显然对自己能和重要事件如此近距离接触颇为兴奋，"他们在讨论赔偿问题。"

"赔偿？"我问。

"对，我们要求他们赔偿对我们环境所造成的损害，"他低声说，"但是他们不肯，反而要我们偿付他们建造了却不能带走的所有建筑物。"

"但那太过分了吧！"我低声道。有些历史的不公虽然模糊不清，但有些却是铁铮铮的事实。"应该只是他们的谈判策略吧！"

"当然啦，"他说，"他们休想从我们身上捞到任何东西。"然后哈哈大笑，因为苏联巨人此刻已经成为摔下城墙的矮胖子（Humpty Dumpty）*，他们的代表正紧张地和昔日的属民谈判，而且所处的地

---

* 英语童谣中的形象。一个广为流传的版本是："矮胖子，坐墙头，栽了一个大跟头。国王呀，齐兵马，破镜难圆没办法。"后被引申比喻处于危险境地的人，或打破后难以复原的事物。

位低下，已经无法再从他们以往不断压榨的对象手中取得任何实质利益。

我和一位在此担任驻地记者的美国友人一起出发，前往捷克三大属地之一的波希米亚走访一些历史城镇；其他两大属地则是摩拉维亚和斯洛伐克*。彼得（Peter）驾驶的丰田车外，是一片平缓起伏的乡村景色，宁静的村庄和温和的阳光，没有车辆，一片静谧……直到他开始播放一卷饶舌音乐的录音带。这种自负、强势的声音和我们所处环境的对比，令我震惊得大笑。真是另一个世界。

彼得埋怨这里的景色淡而无味。这个国家小得可怜，缺乏任何戏剧性。但是我觉得这种温婉令人舒缓，小巧的面积对旅人而言值得称庆，对当地居民来说或许也是件幸事。小巧使得东欧国家很容易成为周边帝国的猎物，但也使得这些小国居民迄今仍对本土的景物、地点和习俗具有强烈的情感归属。当面积处于这种友善的大小时，乡土更有家的感觉，每一角落都可以轻易抵达与了解，在每个人的心灵中占据无可撼动的地位。

我们这一天的目标是捷克克鲁姆洛夫（Český Krumlov）†，一个以完整保存巴洛克城镇特色为傲的小城，拥有可能是欧洲最古老的剧院。这里也的确是个美丽的市镇，街道上布满了典雅的历史住宅，只是已呈破败之象，如诗如画的景致，生动地展现着崩坏之姿。中央广场周遭的小型建筑已用柔和的色调修复。广场中心优美的喷泉旁围着一群年轻人，他们有着黝黑的光滑面孔，闪着光芒的、丝缎般的黑眼睛，仿佛昨天才从印度归来。他们穿着寻常的现代服装，

---

* 1993年1月1日，捷克与斯洛伐克正式解体，成为两个独立国家。
† 捷克克鲁姆洛夫，南波希米亚小镇，保持了中世纪的风貌，已经被联合国教科文组织列入世界文化遗产。

因此我们用了好一阵子才确定他们是吉卜赛人；不过一旦认出，彼得便不屈不挠地试图寻找一处可以听吉卜赛音乐的地方。起初，我们的搜寻可谓处处碰壁：人们或是不知道，又或是不想告诉我们，是否确实存在这种地方。不过，最后我们循着一处巴洛克装潢的低矮建筑内部传来的声音，总算还是找到了渴望的所在。当然，如果我们所追寻的是完全正宗的吉卜赛音乐，那注定会失望，因为那音乐是从一个由大型电子控制面板接出的乐器里传出的。不过，轻快的旋律是古老的吉卜赛节奏，演奏者也狂放地尽情演出。除了演出者外，这间客厅大小、四面刷白的小"俱乐部"里头，只有几名魁梧的黑眼睛男士，且都醉得相当厉害了。

不过，这并不影响他们在跳舞时维持完美的平衡状态——从我们进入开始，他们就都决定要展现不知道是绅士的殷勤还是主人的权利，轮流邀请我回旋于石板地面。虽然他们眼睛迷蒙地洋溢着啤酒的醉意，动作却一派庄重典雅。送我返回桌边的长椅座位时，也行礼如仪地躬身致意，态度始终高贵。

我在波兰长大期间，吉卜赛人偶尔会如同来自另一个世界的使者般出现。他们乘着篷车行驶在克拉科夫的街道，衣着色彩丰富，蓬乱邋遢，近乎鄙俗。我记得自己曾经盯着一名和我年龄相当的吉卜赛女孩，她身上穿着一件半垂落的洋装，我踌躇是否可以跟她讲话，甚至怀疑她是否和我一样只是个孩子。在我们避暑的村庄，他们会来看手相，带着浓重的口音算命。捷克克鲁姆洛夫的捷克吉卜赛人似乎远比波兰的现代化。我们跟其中几个比较清醒的顾客聊天，尤其是其中一位面容严肃的年轻人，他看上去像那群顾客的史官和发言人，我们用我的波兰化捷克语加上我朋友的德语互相沟通。他告诉我们，尽管吉卜赛人以流浪闻名，但这里的吉卜赛社群却是定居的。他说他们大部分是1950年代从斯洛伐克移居而来的，之前

第三章 捷克（斯洛伐克）

在斯洛伐克受到歧视的情况十分严重。这里的人比较有礼貌，比较没有歧见。这些年的改变算是正向的，虽然凶杀案件已经不再隐匿不报，但他们仍会受到小混混的攻击。又比如这家俱乐部，可谓天鹅绒革命的产物，以前一直无法取得营业执照，现在连捷克人也会不时光临。所以，为瓦谢克（哈维尔）干上两杯吧，他总结道。

今天我们没有见到捷克人，但是当天色渐晚，小小俱乐部内的气氛也随着震动的旋律和增加的顾客而热烈起来。一位女子从一个小型吧台后面出来，手上托着摆满小杯伏特加的托盘，穿梭于乐手之间，将酒直接灌入他们口中。那些乐手仰首一饮而尽，乐曲的节奏完全不受干扰。近深夜时分，一群女人走了进来，石板地面随之挤满跳舞的人，男人跟女人，男人跟男人，女人跟女人，似乎都无所谓……他们的舞姿没有矜持，不见羞怯，单纯为跳舞而跳舞，体态强壮笔直，带着一抹庄严。

在狂欢中，彼得引起一阵小小的骚动，因为他开玩笑地告诉别人说我是一个音乐经理人，可以介绍乐团到百老汇（Broadway）去演出。乐手们立即围到我身旁，眼里闪着光芒，仿佛我是他们真正的希望。"百～老汇。"他们不断说着。虽然我企图解释这只是个误会，但是其中一人坚持在我的笔记簿上写下他的名字和住址。他叫黑色米兰。

第二天早上，一位娇小的吉卜赛女孩在一名年长男子的促使下，在街上朝我们走来，用吉他伴奏着唱了一首哀伤的曲子，声音不同寻常地极为成熟而性感，唱完后她向我们收钱。接着，我们在街上又遇到了黑色米兰，身旁是另一名昨天和我们聊得蛮久的男子，但两人目不斜视地跟我们擦身而过，似乎从来没有见过我们——显然昨天这些人比我们所知道的还要醉。

回到布拉格后，我拜见了刚上任的布拉格艺术学院院长米兰·克尼扎克（Milan Knížák）。布拉格的艺术领域相当沉寂，只有少数"特立独行人士"，而克尼扎克经常作为其中之一被提及，仿佛"特立独行人士"已然成为一个公认的专业类别。他的公寓令人叹为观止，尤其相较于我经常光顾的那些单调乏味、千篇一律的住家，更是形成强烈的对比。他住在布拉格市中心，室内设计美丽典雅，有着拼花地板、法式落地窗和洁净无瑕的白色墙壁。但是家具装潢却又极尽时髦和标新立异之能事，有着纽约曼哈顿经常可见的波希米亚式隔层。起居室的一角有一个迷你动物园，陈列着各种蜷伏、诡异的小型生物，一半是动物，一半是神话中的怪兽，漆着一种奇特混浊的金色涂料，散发出合成皮的温润色泽。墙壁上悬挂的绘画混合了极其细致的线条和后现代厚实的粗犷：有用自行车零件和其他零碎对象组成的雕塑，也有超现实风格家具的雕刻组件。

这些兼容并蓄、随意组合的作品的原创者，身材高大肥胖，有张布满皱纹的宽脸，扎着金色马尾，两耳戴着几只闪闪发光的耳环。我们坐在一张角度奇特的桌子旁，桌子中央隆起一个蛇状向上弯曲的金属线条，顶端是一个米罗（Miró）* 风的趣味造型。从他所处的"环境"，我以为克尼扎克会是个神经质、爱引起争论的人，不料他的行事作风却与此大相径庭。虽然他的一些观点和新纪元相互辉映，但他本人却十分严谨，甚至称得上非常认真，可说是个实事求是的人。

此处罗列若干他的想法：首先，捷克人应该变得更加商业化。他于1960年代末期在美国待过一段时间，那几年间，他放下了艺术家的身份。在美国，艺术是没有意义的，兴趣都在别的地方，比如说在街上、在风景上和在学习如何做生意上头。他在纽约开了一

---

* 米罗（1893—1983），西班牙画家、雕塑家、陶艺家和版画家，超现实主义的代表人物。

间刷房子的公司,从中学到的一件重要的事,即如何估价。在他看来,估价行为隐含着一整套人际关系,彼此间需要直截了当的陈述和直截了当的反对。在捷克,没人学习如何跟彼此直接对话。在任何交流中,每个人都闪烁其词,盯着地板。其实这种躲闪和害怕的习惯,通过简单的商业交易行为就足以克服。

其次,艺术是拐杖,其目标在于最终达到不再需要它的境界。每个人在心里便可以做许多事。他的作品在捷克被禁了二十年,而且被孤立于其他艺术家。捷克当局宣布他为人民公敌,一再囚禁他,原本希望他成为"地下之王"的艺术界同僚,也开始害怕被别人看到和他在一起。在那段时期,他练习了"心灵的历程",亦即锻炼专注力,以及一种自我发明的"想象"。比如,他会在心中塑造一座石像花园,然后进入冥想。他于是知道即使没有艺术,自己也能够存活。

再次,捷克的艺术很无聊,文学很无聊,音乐很无聊。出任艺术学院新任院长后,他发现学生也很无聊。这是因为在经历了这段漫长岁月后,人们也变了。他们认为自己向往自由,其实内心仍然非常保守。他试图告诉学生,艺术就是要去搅乱和打扰社会。他告诉学生,他们必须思考、界定自己。他让学生练习,比如如何把一个想法和一张椅子结合起来,但是学生们太胆怯了。

艺术家也很无聊。现在终于可以自由地表达自己了,但是在这么长的一段时间后,他们首先推出的却是垃圾。你必须先摆脱掉那些垃圾,然后才能生产出任何有趣的作品。就目前而言,艺术家只对赚钱有兴趣。当然,你也必须尊重这一点,因为他们以前根本不能赚钱,只是这样做是绝对无法成功的。总之,艺术不是必要的,而是次要的。

他把自己在柏林展览的作品目录拿给我看,这个展览还曾导致他入狱。作品有油画、雕塑,也有绝佳的时尚设计,比方延伸到脑后数寸、呈尖形树叶状的耳环,如果戴着出席鸡尾酒会势必有相当大的危险性。这种漫不经心、不拘一格的作风似乎让人想起两次大战间捷克的艺术领域,其间展现着机智和趣味,无视高雅和低俗的区分。或许这正是小国的特色:这里的画家并不介意当个画匠,也不追求永恒的极致辉煌。

离开时,我询问一张我颇为中意、风格"特立独行"的咖啡桌的价钱,桌面画上了结构主义的设计图样。克尼扎克所开的价钱显示出对市场——西方市场的充分了解。我直视着他,努力以直截了当的语气告诉他我买不起,然后双方握手言别。

"我是那种对适应社会毫无困难的人,"兹德涅克·苏法(Zdeněk Sofar)说,"像现在,我正在适应我的新环境。1968年后,我一样做了调适。我喜欢大部分人,我追求的是轻松自在。"

苏法在说这句话时,似乎并不觉得自己在吐露什么辛酸的事。他身材高瘦,脸孔红润,看起来比实际的五十几岁年轻许多,就像一个经常从事户外活动或喜欢踢足球的人。如大多数人初次碰面给人的印象一样,他看起来很友善,具有同情心,彼此之间也不存在什么恶意。

直到不久前,苏法都在众所恐惧与嘲弄的马克思—列宁学院担任哲学教授。剧变后一个月,那家学院便关闭了。他随即购置了一家餐厅,现在颇以身为餐厅主人自豪。因为远在布拉格市郊,我颇花了一段时间才找到地方。那家餐厅位于一个无产阶级的运动中心,看不见城市景观,只有大片的杂草地。据我观察,这可不是什么有发展前景的地方。餐厅内有个酒吧,几张桌子,上面铺着皱到不行的红色桌布,飘扬的灰尘中懒散地飞着几只苍蝇,墙壁上悬挂着两大张袒胸露乳的美女照片,餐厅内坐着几个身穿皮夹克、神情木然的年轻人。如果这是以往权贵的销金之处，那么他们的财富显然并不惊人。

不过，这个餐厅代表了苏法在感到十分不安之时对安全的追求。事实上，身为一个共产党员，或前共产党员——我也很难断定他以前，或现在，到底属于哪一种——他真的觉得很紧张。"你知道，我很担心同样的事情还会上演，"他说，"这里经常发生同样的事。他们凡事都怪罪到共产党、犹太人和吉卜赛人身上。"

苏法毫不掩饰他对自己任职的学院遭到关闭一事的不满。"这样做对我们非常不公平，"他直言，"我们是被教育部长解雇的。其实，我们比教育部长更开放，但是新时代的开始，他们需要表功。"

"在遭到解雇后，我马上和另外两个朋友买下这个地方。我领到六个月的薪水，就把那笔钱全部投在了这里。我们没有什么大利润，但或许能赚到足以独立的钱。我再也不想倚赖旁人了。你知道，"他以苦涩的口气继续说，"1968年时我也碰到过相同的情况。我有能力，但是我变得非常，"他将大拇指和食指合在一起，比了个手势，"渺小。艰困地熬过五年，我再也不想附庸于任何东西了。"

苏法是顺理成章地入党的。"我来自一个工人阶级的家庭，共产党的家庭。"然后在1960年代早期转向了改革派。他曾属于一个社会学者团体，他们出版了一本有关捷克社会的书，但由于太具有煽动性，因此在布拉格之春遭到镇压后便被禁了。在一连串的迫害中，那套书的大部分作者都被卷入其中；而他，经过左摇右摆，反复计算，居然逃过了报复。

"我那时本来可以移民的，"他说，"我当时人在西方。"（作为党员，他获得了出国留学一年的奖学金。）"但我有妻子，她不懂外文，还有个孩子……所以我留了下来，并且继续往上爬。我很多出国的朋友都相信，1968年的新政权最多只能维持五年。我心底想的是，那就会失去人生最精华的五年。没有人料到它居然维持了二十年。"

他重返共产党高层，而当时共产党也开始变成追求舒适事业之所，不再致力于早期致命的狂热作为。因为受到那本书的牵连，出于政治性的选择，他离开了社会学领域，进入哲学领域。"这不是我想要的，"他说，一样不带任何自我批判的意味，"但是有时候，最好还是要弯腰屈服。"

我问他在"正常化"时期，他对党的态度如何。"喔，我从来不支持1970年代的政权，"他说，仿佛对自己立场的变化不觉得有任何矛盾之处，"你知道，我在读过米尔顿·弗里德曼的作品后，就从左派变成极右派了。"

米尔顿·弗里德曼？不过党员确实有比较多的机会接触敌国作品。只是在听到各党各派的政治人物都将弗里德曼视为追求资本主义的指明灯时，我不禁开始认为这位嗜血资本主义的代表人物真可谓潜伏东欧的秘密情报员。不过弗里德曼究竟哪一点令苏法如此心仪？"喔，从前最糟糕的地方就是经济停滞。在理论上，我支持马克思的经济学，只是过了一阵后，经济便成为一潭死水。人们经常无所事事地闲坐在一个地方，根本懒得装出在工作的样子。我亲眼看着这个制度不断恶化。而在失业和社会公平等问题上，没有人比弗里德曼分析得更好。"

东欧共产主义的解体，固然出于外在的反对力量，但或许也出于这种完全内在的自我觉醒。不过这并不代表苏法就完全放弃了他早期接受的训练。"有些马克思的思想，好比说经济决定论，生活经验的影响等，我仍然完全接受。如果我还能回到大学，"他紧抓着衣服，表现出罕有的激情，使其所说的英语都略为扭曲，"他们也不能逼我放弃。这是基本的信念，深植在体内。现在非常流行现

第三章 捷克(斯洛伐克)

象学,但是那个太模糊,对我而言也非常不理性。宗教对我而言什么都不是,我很接近实证主义。"

只是就一个实证主义哲学家而言,苏法的若干结论其实更接近弗里德曼,而非马克思。带着我在他那些前共产党同僚身上所曾目睹过的坚决,他期望这些结论能毫不妥协地彻底实践。对他而言没有折中。"如果补贴健康或教育,"他说,"就会保留旧有制度。我的希望是和旧制度完全切割,创造点别的东西。人们的内心都是保守主义的,大部分人在日常行为中其实并不接受1989年的政权,就像东德的情况一样。如同刚结束了一场革命——失范和异化,非常大的异化。这个地方,"他指指餐厅,"去年发生了四起抢劫案。我们当政的时候没有发生过这种事。这点让我很担心。"

苏法说,1968年之后,很多他以前的朋友继续反抗运动。我问他如何看待他们?他的回答十分直白。"我完全低估了这场运动,"他说,"1980年代早期我在美国,当我跟朋友谈起这件事时,我认为《七七宪章》没有什么效力,我们认为改变一定会来自党内,没有人料到后来的变化。"

因此,如果有预知能力,他会选择比较有胜算的一边。再一次,我发觉他的说法比他本人透露出更多内容,也更令人感到不安。不过这一点,或许也就是两方无法兼容、格格不入的核心所在:当异议分子以巨大的规模和后果进行一局帕斯卡式赌注(Pascal's Wager)[*]时,苏法却以完全不同的赌金——职位、升迁和小小的权力,

---

[*] 帕斯卡(1623—1662),17世纪的法国哲学家、数学家、物理学家。帕斯卡假定所有人类对上帝存不存在下注,并假设在上帝可能存在的情况下,信者和不信者会分别得到无限的收益或受到无限大的损失。他的结论是一个理性的人应该相信上帝存在,因为上帝存在,则信者受益无穷;反之,若上帝实际上并不存在,信者的损失也有限,顶多失去一些乐趣和享受而已。由此推论,相信上帝存在,方是稳赚少赔的赌注。

押在最稳妥的赌注上。

基于他一以贯之的实用主义,一旦墙上出现了嘲弄当局的手写文字,不出意料地,苏法自然就会热切地将自己的姓名签署在新胜利的一方。他参加了瓦茨拉夫广场的示威活动。"对我来讲,这是已经解决了的问题,"他简短地说,"我知道马克思—列宁主义已经结束,因此把那一切都抛到脑后。"

如今时间流逝,反观过去,他对"那一切"有什么感想?"呃,"他说,"我有过美好的一生。当我获得奖学金前往西方,那就是对我的一份奖赏。我有一份好薪水,为自己尽力而为,我是个适应社会的人。"

这就是了,他的核心观点、他的权宜与妥协。相当不加掩饰地,他自命是个机会主义者——一类晚期共产党员,和另一种自命的犬儒主义者,例如我曾经遇到过的那位波兰前审查员米哈乌·马利茨基略有不同。犬儒主义者对于其所背离的理想有更敏锐的看法;机会主义者则似乎完全抛弃了理想,即便只是拿来作为参考也没有。犬儒主义者似乎是为个人目的而扭曲既定原则,机会主义者则更多改变自己。

基于方便而行动,这是最常见的冲动,但是听到有人这么轻松地将其视为指导原则侃侃而谈,仍然不禁令人坐立难安。当苏法谈及他的儿子带给他的不便时,我发现自己甚至稍微退开了一些,坐姿也有些僵硬。他的儿子在《七七宪章》上签了名,因此在苏法和他的上司间造成了一些麻烦。"在那之后,我不得不怪他。"他说,仿佛那也是不辩自明的。和他谈话也让我觉得特别累——因为觉得有做出评判的需要,面对兹德涅克·苏法和其他与他类似的人时,有必要摆出一种道德的态度。近来在东欧这种需求格外明显。这个人到底有多大罪责?这个人对他/她的朋友造成何种伤害?伤害有多深？他是共谋者、妥协者，还是暗中的反对者？他应该对此负责或只是共谋而已？这些问题似乎无从避免，因为必须先解决它们，上一个时代的压迫才能完全清除。但那段时期令人窒息的压力也就在这里：没有人可以逃脱道德之网；而最普遍的选择，也就是服从体制，却又会被迫卷入这种不寻常的不愉快当中。也许这种日常的个人决定和被迫卷入的体制性罪恶之间的失衡，甚至是不协调，正是东欧此刻混沌、不知该如何正视过去的矛盾情结的罪魁祸首。对兹德涅克·苏法这类其实相当常见的人物该怎么办？他毕竟代表一种常态，而且是几十年的常态。这里每个人都认识一个兹德涅克·苏法，会在当地酒馆和他打招呼，而且很多人也知道自己多么容易就成为另一个兹德涅克。这使得人们很难去评价，也很难不去评价。我可以感受到这种情况所带来的巨大、沉闷的倦怠感，希望这整个烦琐的情况能早日结束，早日宣判其无效、失效、被废除或撤回。我想我感觉得到自己也很想遗忘，很想否定这一切。

这里究竟发生了什么事？一方面是过去的纠缠。在天鹅绒革命之后的一年半，捷克仍处于这种阵痛期，不是遗忘之苦，反倒比较像是受制于牢记不忘之痛，也就是仍执着于过去的伤害和不公。我在布拉格展开的每次交谈，最终几乎都会碰到"名单"问题，一份据云记录着秘密警察告密者的名单，其中包括多达二十万个人名。大多数人都主张公开名单，坚称"那些人仍藏匿在我们之中，有些人还在工作单位获得升迁。这样不公平，我们需要知道那些人是谁"。其他人——这些人占少数——则指出那份告密者名单毕竟是秘密警察所拟定的，而在此之前，是没有人相信秘密警察的。再者，记有最重要的告密者的名单也许在政权交替之际就被毁了。那份名单上诚然有罪该万死者，但也有一些是受到审讯或拷问而就范的人，在那种情况下被迫签署一份文件，如今因导致他人付出生命而受到谴责。

尽管有这些反对的声浪，一般人仍支持制定相关"清理"法，将名单上的人踢出工作单位。"清理"的意思是净化，这个字眼回荡着纳粹的阴影，尴尬地再度现身新时代，语言本身仿佛就在有意无意地警告这一过程的谬误。在此同时，十名国会议员的名字赫然出现在秘密警察档案上，暗示他们也是告密者。虽然在法律上不能强制国会议员解职，但那些政客都饱受强烈的请辞压力。

我花了一些时间和其中一名议员聊了一阵，他的情况充满了宿命的讽刺。他名叫扬·卡万（Ján Kavan），他所遭遇的事情真是莫大的讽刺，因为代表反抗的地下组织在国外工作二十年的他，最近才返回捷克。

我们第一次见面时，他刚在国会发表完一篇演说，为自己辩护。一开讲，就有三十个人直接走出会场。这场面委实令他有种今昔交错的复杂之感，他说自己马上回想起当年作为被孤立的学生异议者的年代，以及更久远的有关他父亲的事迹。

关于斯兰斯基公审有本很棒的回忆录《爱与自由》，就是扬的母亲罗斯玛丽·卡万撰写的。罗斯玛丽是位活泼迷人，又非常有智慧的英国女性，说来有趣，她不幸地和一名捷克犹太人坠入爱河，并且挑在最错误的时间前来布拉格定居。抵达后不久，斯兰斯基公审便开始了。罗斯玛丽的丈夫帕维尔（Pavel）正好是任职于外交部的热血共产党员，他在一个美好的早上离奇失踪，落入捷克监狱的虎口。

在公审的舞台上，帕维尔·卡万只是个配角，是名所谓的"证人"，其"证词"是支持几名主谋者罪行的证据。也因为如此，他逃过了死刑，在四年多后获释。只是不久后他便离开了人世，死于心脏病。

第三章　捷克（斯洛伐克）

和安娜的母亲一样，罗斯玛丽在帕维尔被拘禁期间也像是从地狱走了一遭，生活穷困孤立，还有艰辛困苦的体力工作。尽管如此，她仍然坚持留在她所选择的国度，因为尽管备受折磨，她已经爱上了这个国家。直到布拉格之春遭到镇压后，她才终于因参与反对运动，很有可能遭到逮捕而被迫离开了捷克。她的两个儿子也差不多在同时离开。

扬和他的父亲并不亲近。父亲在他很小的时候便遭到拘禁，出狱后又不久便过世，而且根据罗斯玛丽在回忆录中的叙述，他的父亲其实是个很难相处的人。但是儿子扬后来对父亲的世界产生了兴趣，大学论文亦探讨他父亲所领导的战前国际学生联盟（International Student Union）。"令人惊讶的是，我当时就已经有种今昔交错的强烈感觉。"扬说，因为在那段时间，他本人也涉足学生政治活动，变成了他那个时代的激进分子，亦即自认为改革派的共产党人，希望共产党能从内部进行改造。后来他又和一群被称为布拉格激进派的学生在一起，成为布拉格之春的推手。

其实初次接触时，扬并不符合一般英雄人物的形象——他身材不高，行动有些笨拙，头发逐渐稀疏，皮肤苍白，而且心脏病刚刚才二度发作。他讲话很小心，没有言论过激或言过其实之处，或许是因为不想掉入自我辩护的陷阱。我相信他一直在检视我，看我是否相信他，毕竟他已经非常习惯别人的误解了。

我是在"赫尔辛基人权观察组织"（Helsinki Citizens' Watch）*的办公室和扬见面的，那是一个监督人权是否遭到侵害的组织，他

---

* 1978 年成立的非政府组织，以监视苏联对《赫尔辛基协定》的执行情况为宗旨。该协定于 1975 年由三十五国共同签订，明确将人权引入美国与苏联关系的主流，使得扩张主义受到各国的集体制约。许多专家也认为《赫尔辛基协定》对苏联及东欧共产主义政权的垮台，确实起了推波助澜之作用。

在里头负责一些工作。他办公的楼里，还有另外不少于三个致力于人权与和平任务的组织，包括"约翰·列侬和平俱乐部"（John Lennon Peace Club）。赫尔辛基人权观察组织的职员个个都是双目有神，能讲多种语言的年轻人。他们身穿时髦的窄腿长裤和宽大的T恤，来自不同国家，从事属于他们这一代的革命活动，而且幸运地能在这么赏心悦目的环境下工作，还配有计算机和国际电话作为他们的战壕和路障。

在这种环境下，扬·卡万的故事似乎显得格格不入，给人一种时代错误的感觉。他目前的麻烦源自一份秘密警察档案，影射他在旅居英国期间曾是秘密警察的告密者。报告指控他在二十岁出头时，曾和一个党部官员见过几次面。卡万承认在布拉格之春结束、他首度前往英国时，仍然希望能返回捷克，因此曾和外交部一名负责教育事务的官员会面。那名官员对他的际遇表示同情，想要提供帮助。卡万说，他跟那名官员曾礼貌地交谈过，但是从未给过对方任何有意义的信息。

那是发生在苏联入侵后不久的事。接下来二十年，卡万在海外像捷克的卡珊德拉*一样，毫不厌倦地从事捷克政情分析的工作。在英国，他撰述有关捷克情势的文章，并偷偷夹带出访谈记录和手稿，还创办了一个刊物《东欧通讯员》（The East European Reporter），在东欧专业人士圈内备受推崇。后来他又设立了"帕拉赫出版社"（Palach Press），将包括哈维尔的文章在内的手稿交给西方出版人。他一天工作十八个钟头，开非法会议，并秘密潜入捷克活动。在限制非常严格的当时，他却可以出入捷克，这被视为他与当局勾结的证据。但是卡万拿了几本他得以潜入捷克的英国护照给我看，我发

---

* 古希腊神话人物，具有预知未来的禀赋，但因为抗拒阿波罗，说的话不为人所相信。

现护照上所使用的照片都经过易容,根本无从辨识,比如蓄有胡须或使用了其他变装手法,另外还搭配使用一连串的化名。在英国,更改姓名是一件很容易的事。

他奔波海外,直到1989年11月历史再次翻转时才决定返回自己的家乡。虽然在英国居住已长达二十年,但他说短短五分钟内,自己便下定决心,返回国内。归国不久,他便前往新成立的公民论坛工作;几个月后,更以公民论坛候选人的身份参加议会选举,不过这一平台即使对于他以前致力异议活动的同事来说,或许也太过激进(在西方的语义上)了。他认为他的政治立场或许再度惹得其他人不快,或许这也是他目前身陷麻烦的部分原因。

"我不在乎继续居于少数,"他说,"但是被贴上这种标签,被指控和我终身为敌的人相互勾结……这个嘛,实在太可怕了。"他在议会走廊对我说,很谨慎地避免流露出怨恨或苦涩的语气。人们经过他时或转过视线,或使用过度热情或欢乐的语气和他讲话,仿佛把他当成少不更事的反对派学生。

卡万在国际上拥有相当的知名度,因此他的案子在海外已经造成轰动。英国和美国的报纸对他的案子的处理均表达了遗憾;但是在捷克,他几乎完全受到孤立。有关他的传言满天飞。比如关于一次他潜入捷克后,有多少异议分子遭到诱捕的谣言;关于他如何密告自己父亲的谣言——虽然报道这个传闻的报纸所宣称的事件发生日期,距离他父亲过世根本已经相差了十年之久。虽然此刻没有人能绝对肯定卡万二十年前做了什么或没做什么,但指控他的意愿依旧非常强烈。拜当时"卡万事件"不断出现在报道中所赐,所有和我聊起他的人中,似乎没有一个人愿意站在他的立场认为疑点未经证实便不能加罪。这中间有问题,人们坚定地表示,一定有什么问题。

有关名单的传言也在不断扩散。谁在名单上,谁应该在名单上,谁对谁做了什么事……当然，告密自己的国人是捷克一种非常让人震惊的现象，而这种驱魔似的急切需求也反映出当时告密行为有多么猖狂。但就是因为这种勾结，或说是适应的行为比比皆是，才使得真正缉拿真凶、清理旧账之举极为艰辛。要针对谁进行起诉？会不小心遗漏了谁？哪种程度的共谋关系才构成犯罪？何谓社会主义共和国的一般公民权？在对这么多人进行"整肃"之余，又该如何避免少数人成为代罪羔羊？

卡万的故事错综复杂，细节很难厘清；但是由于他的家庭历史的转折，使他几乎成为一个极具意义的范例，反映出追求"整肃"的意愿，如何可能只会令捷克坠入怀疑和处罚的旋涡，苦苦纠缠，历久不衰——就像在惊悚的道德故事中，你所获得的正好和你最初希冀者完全相反，揭露出你意愿的黑暗面。

在一个版本的轮回神话中，一个人在穿越到下一个世界时，必须喝下遗忘之水和记忆之水——一方面使其卸下过去的负担，带着希望和纯真来到人间；另一方面又让人们能够带着智慧和知识的记忆重返人世。这种平衡对于一般凡人而言是遥不可及的，但我一直在想这个神话，以及在穿越到一个"新时代"的此刻，东欧人或许也学习到：在他们深刻体会到遗忘太多所带来的危机之后，太多的记忆同样也会带来莫大的危机。

"我们做笔记，我们旅行。空虚啊，空虚。"福楼拜（Gustave Flaubert）在充满异国情调的埃及曾如此感慨。我在布拉迪斯拉发（Bratislava），亦复如此。

小镇火车站。我提着行李箱，蹒跚地走向闲停在广场另一边的出租车。在前往旅馆的途中，四周沉浸于薄暮时分的宁静，什么都没有。一群年轻人身穿皮夹克，在一家冰淇淋店前喧哗笑闹，然后是更无边无际的宁静。和出租车司机交谈时，我发现斯洛伐克语跟波兰语很接近，很容易理解。他一直称赞布拉迪斯拉发城郊的乡村美景。

这里是斯洛伐克的首府，这个地方最近正酝酿着不满和分离主义的情绪。我看到了关于群众、集会和暴动山雨欲来的报道。在弗拉迪米尔·梅恰尔（Vladimír Mečiar）的领导下，大型运动正蓬勃发展。梅恰尔是共产党转型的民族主义者，正鼓吹附属捷克七十年的斯洛伐克应成为一个独立国家。对这一现象的好奇，是促使我过来一趟的部分原因。不过我是在周末抵达的，而周末是连最迫切的政治热情也会暂时搁置的时候。

我所停留的基辅（Kiev）饭店，采用一种光线朦胧的现代风格，在前共产党官员眼中算是高级典雅的代表，饭店职员的态度不一般地粗鲁。在餐厅里，我勇敢面对观光团体朝我投来的质疑眼光和一群斯堪的纳维亚青少年嬉闹的喧嚣尖叫，因为我非得吃饭不可。如果换个心情，我会惊异地发现自己犹如置身一个轻歌剧的场景：侍者们一副倨傲的神情，富有男性气概地穿着宽松的白衬衫、紧身黑裤；女侍们则穿着贴身的、鞋带紧系的白色长靴。一名身穿长礼服的钢琴手正演奏着各类歌曲，从《彩虹彼端》（'Somewhere over the Rainbow'）到披头士，再到这个夏天流行全东欧的《屋顶上的提琴手》（'Fiddler on the Roof'）的主题曲。但是我心情低落，即使食物也无法让我开心起来，虽然公平地讲，这餐饭已经算是我在捷克境内所品尝过的最好的一餐了。

回到房间，我拨了几通电话给别人引荐给我一见的人，但是每个都不在家。我不想出去到空旷的街道闲逛，也不想到大厅去忍受更多好奇的目光。除了这间枯燥乏味的旅馆房间和我，这里什么都没有。我只好用一杯没加冰块的伏特加酒抚慰自己，沮丧地想自己在地球的这个角落到底在干什么。记得布拉格的某位朋友曾问我奔波在旅途中感觉如何，我回答他，我最大的发现是这个世界是圆的，不管我多么害怕从世界边缘坠落，前面总会出现另一个地方。"啊！不过最大的问题是，"他引用一名波兰作家的话，"这世界的尽头究竟是铁丝网，还是竹篱笆。"现在我觉得自己来到一个世界的尽头，两者皆有，还逐渐退化成陈腐、少有人来的状态。

在晨光的照射下，布拉迪斯拉发显得比较友善，尽管第一眼看上去还称不上迷人。基辅饭店坐落的地区，其外观形成于社会主义时代。这里的许多老式建筑已被刻意摧毁，取而代之的是偏远城市特有的俗丽气质，使用便宜的建材，展现"他们"所独具的丑陋天分。不过当在这个清风徐来、阳光普照的早上徜徉其间时，我开始感受到布拉迪斯拉发无拘无束、规模小巧且毫无矫饰所带来的愉悦感。在一家百货公司附近，有成群长着乡村面孔的健壮男子，身穿磨损的宽松上装，意兴盎然地聊着天。女士们身穿1955年流行的洋装样式，脚踏高跟鞋走在街上，面带怡然自得的神情。这一切——过气的时装和慵懒的节奏——莫不令人联想到另一个中欧城市，即我幼年时居住的克拉科夫。我感到一种有时会在这种"落后于时代"之处找到的类似乡愁的满足感，一种混合着怀旧和熟悉的情怀。我们已经走过那段岁月，已经将其抛诸脑后，对于我们可能成为什么，它不构成任何挑战。

在一间规模庞大，几乎空置的民俗艺品行，我发现了一些我在普罗旺斯（Provence）之外看到的最漂亮的陶器，大型摆盘上绘制着蓝红交织的水果和树叶，以及釉彩细致、造型优雅的农人。我曾经跟捷克人交谈过，他们表示斯洛伐克的美感让他们相信斯洛伐克人在精神或自我认同层面上，是有其特殊天分的。这种观察中或许带点自以为高人一等的优越感，这正是让斯洛伐克人不满的优越感，

第三章 捷克（斯洛伐克）

而且刺激了他们饱受批评的民族主义情感。但是这种本土的美感确实强烈而鲜明地展现在这些民俗工艺品中，另外也展现在从雅那切克（Janáček）到巴托克（Bartók）等作曲家所探究的美妙民俗音乐中。就连我在一间图书馆墙壁上所看到的教化性壁画，笔触亦高雅而时尚。

只是斯洛伐克的"自我认同"究竟包含些什么，是个高度敏感的问题，因为斯洛伐克此刻的存在，实属历史上一宗小小的意外——一种小国的意外，而欧洲这一地区的这种小国可谓比比皆是。斯洛伐克有四百万人口，他们所使用的语言既接近波兰语，也接近捷克语。再过几个世纪，可能很容易便会和其中一种语言融合为一。再者，除了第二次世界大战短暂而可悲的那段时期外，斯洛伐克在近代从来不是一个独立国家。它短促的辉煌时期是第9世纪，当时斯洛伐克人第一次和摩拉维亚人统一。但是大摩拉维亚帝国非常短命，第10世纪时，斯洛伐克便被匈牙利人所征服，并被统治了接近一千年，后来则受到奥地利哈布斯堡王朝的庇护。第一次世界大战后，斯洛伐克和捷克基于平等的邦联方式，成为统一国家，不过斯洛伐克人始终觉得自己被视为二等公民。

小国经常为大国所争夺、交换、瓜分和背叛，这一地区的历史有太多这种事例。想要维持一个独一无二的斯洛伐克主体意识，势必需要一种独特的韧性。也许当前宛如来自另一时代的激进民族主义，便是那种韧性与褊狭的另一种体现，是自我存续的必要手段和代价。

布拉迪斯拉发的旧城也有种胸无大志的魅力。在这非常炎热的一天，烈阳折射在狭窄的石板街道上，我感觉自己仿佛置身于某个意大利小镇。一间间刷白墙壁的住家，窗台装点着天竺葵，百叶窗内不断传出无拘无束的嘈杂对话声，角落的吧台亦传来男人的对话声，在在给人一种从容却丰富的温馨感觉。

作曲家胡梅尔（J. N. Hummel）*的故居，是我见过的最低调的博物馆，一个房间内摆放着一架古钢琴和几件典雅的家具，向后开放进入一座花园，从街上透过店面窗户便可一览无遗。我心想，在这宁静的房间和城镇创作精致的音乐，是件多么愉悦之事。

我在一间气氛优雅的酒吧和约瑟夫（Jozef）碰面，斯洛伐克人自诩和捷克人不同的一点在于，他们是啜饮葡萄酒，而非痛饮啤酒的人。身为作家和翻译家的约瑟夫，这回不知怎么的，竟然忘了像往常一样去度周末了。他正打算前往乡间的别墅，因此斩钉截铁地告诉我他只有时间跟我喝杯酒。可是一旦坐定，他又似乎什么都不急了，兴致盎然地品着酒娓娓道来。他是个圆滚滚的中年男士，有着令人愉悦的眼睛和斯洛伐克人橄榄色的皮肤，言谈举止在在显示出他是个热衷追逐乐趣、个性幽默而喜乐的人。这个周末他打算用自己小果园生产的水果制作果酱。因为从来没学过开车，所以他打算搭公交车去。"我不懂机器，"他声明，"再说，如果我必须开车，就不能在下午小酌一杯了。人必须放松一下，你不觉得吗？"他开心地笑着。

他正在翻译一本关于哲学的书，自己也写点东西。我问他，斯洛伐克作家使用被认为非常小众的斯洛伐克语写作，几乎没有机会被翻译成外文或畅销海外，这样会不会有挫折感。"是否受到全世界的关注其实不重要，"他主张，"每个文化都是个自给自足的实体，已经具备它所需要的所有元素了。"

这种说法出乎我的意料，也颇让人欣喜，因为其中蕴含着一个尚未陷入褊狭的局部、小型世界充实及丰沛的远见。不过相对地，

---

* 胡梅尔（1778—1837），出生于斯洛伐克的奥地利作曲家与钢琴家。

这也意味着另一个问题的存在。我问约瑟夫对分离主义运动有什么看法,我以非问不可的态度来问这个问题,并且期待他会给我一个进步的好答案,不料他却突然变得闪烁其词起来。他说这牵涉到复杂的国家认同问题,捷克人始终视斯洛伐克人为次等国民。连蒂索神父(Jozef Tiso)*也应被看作支持斯洛伐克独立的人……讲到这里,他突然露出不安的神情,决定说到此为止,没有把话讲完。

这句话开启了一个小分歧。在第二次世界大战期间,蒂索神父是斯洛伐克的总统,而近日民族主义分子又重启对他的崇拜。蒂索神父执政期间,是斯洛伐克在现代史上唯一获得民族"独立"的一段时间,而之所以能获得独立,则是拜和德国联盟之赐,蒂索不过是纳粹的傀儡。那一时期斯洛伐克法西斯主义和反犹主义的残暴事迹,可谓罄竹难书。

所以当意识到约瑟夫竟然有为蒂索辩护的意图时,我升起一种怀疑的情绪。我一向认为只有极端分子才会提出这种主张,但像约瑟夫这种善良亲切的"知识分子",全身上下没有丝毫狂热倾向的人也这么说,委实令我倍感困惑。这意味着一种不同的民族主义,迥异于我从其他地方所感受到的:属于19世纪的强烈的民族主义,由于牵涉到基本的自我问题,便舍弃了其他道德观念。或许是对被压抑的过去所展开的另一种报复——一种因为长久以来屡遭压制、遗忘与贬抑而产生的对"民族认同"的坚持。

后来,我又有了一次会谈,这次比较符合我的期待,但或许并不符合当地的现实情况。交谈的对象是斯洛伐克最古老的文学杂志

---

* 蒂索神父(1887—1947),斯洛伐克罗马天主教神父,曾为斯洛伐克人民党领袖之一。1939—1945年为纳粹的斯洛伐克共和国傀儡政府首脑,参与迫害犹太人之举,二战后被处死。

的编辑。他是个神情严肃的人,整个过程中香烟抽个不停。他认为分离主义运动只是一种少数人的现象,虽然制造出不少噪音,但一旦到了紧要关头,人们便会回归理性了。毕竟,没有捷克属波希米亚和摩那维亚的领土,斯洛伐克在经济上会陷入窘境。再者,一旦东欧脆弱的边界稳定被打破,谁知道会产生什么后果?斯洛伐克境内拥有大群匈牙利少数民族,是历经几世纪匈牙利人统治而遗留下来的,也是此刻斯洛伐克所企图加以控制者。针对斯洛伐克人给予匈牙利人的待遇,他适度表达了自由主义者的愤慨。最近这里才举行过示威活动,**反对**赋予匈牙利人完全的语言权,甚至婚礼仪式也不能以匈牙利语进行。对于上述这种情况,这位编辑摇了摇头,沉吟地猛吸了一口烟。

他留给我一本他所编辑的杂志,其中有埃利亚斯·卡内蒂(Elias Canetti)*、切斯瓦夫·米沃什(Czesław Miłosz1)†和雅恩·帕托什卡(Jan Patočka)‡的作品——中欧作家群像。还有几篇出自斯洛伐克作家之手,那些人名是我从未听说过的。不过当我用我足以缓慢了解文章内容的斯洛伐克语阅读其中一篇诗作时,便发现自己踏入了熟悉的领域。那篇诗作是对寂寞和女性痛苦的强烈而深沉的检视,由于内容完全出乎我的预料,我感到自己愚蠢地被震惊了。为什么当我们在其他地方发现有着沛然感情和理智的真诚生命时,总会感到这么惊讶?更进一步,我们所认为的其他地方究竟是什么?波兰对我而言一向代表这里,一个完全现实的地方;斯洛伐克虽然近在

---

* 埃利亚斯·卡内蒂(1905—1994),保加利亚出生的犹太裔作家,1981年诺贝尔文学奖得主,以德语写作。
† 切斯瓦夫·米沃什(1911—2004),波兰著名的诗人、翻译家、散文家和外交官,1980年获诺贝尔文学奖。
‡ 雅恩·帕托什卡(1907—1977),捷克哲学家,《七七宪章》发起人之一。

第三章 捷克（斯洛伐克） 201

咫尺，在我的想象中却属于一个遥远的角落。当我们容许想象中遥远角落的居民忍受残酷或痛苦的现实时，却很少会设想他们同样也拥有复杂、细腻的真实感受能力。或许真实细腻地感受整个地球的脉动根本是不可能的；又或许我们想要有个比较单纯世界的冀望，原本就是根深蒂固无法消除的。其实期盼整个世界能变得跟我们一样，与坚信世界上大部分地方都跟我们不一样，两种想法同样让人挫败。

第二天，我搭出租车前往距离市中心几里路的杰温城堡（Devin Castle），亦即第9世纪摩拉维亚王国所坐落之处。半路上，出租车司机指着一群行走于乡间小道上的人："越南人，"他说，"是个问题。"越南人？我有点困惑地反问，因为他们出现在这里有种出现在任何西方国家都不会有的不搭调的感觉。"哦，是啊。他们在战争期间来这里读书，然后就留下来了。他们是个问题。"啊，对了，越战。这些当然是北越人，他们流浪到这里，然后停留下来，因为这里的生活比家乡轻松，不过实在很难想象东欧能够成为任何人的庇护所。

杰温城堡是座雄伟、灰白、破败的塔楼遗址，破落的筑垒城墙从岩石起伏的海角升起，然后消失在海岬一端，俯瞰在这里形成宽广、宁静弯道，并与摩拉瓦河（Morava River）汇流的多瑙河（Danube）。拜占庭僧侣西里尔（Cyril）与美多迪乌斯（Methodius）兄弟在第9世纪旅行到这偏僻之处，甘冒沿途的各种危险，只为完成摩拉维亚的使命，亦即将基督教义和西里尔字母带到这个仍属异教徒的地区。这些早期的多元文化信仰者对西里尔字母势必颇多争议，因为当时大多数的教会人士都认为只有希腊文、希伯来文和拉丁文这三种语言适合被用来书写圣经文字。

从这个战略守望位置，摩拉维亚君王得以一边注视德意志部族的行动，同时另一边监视波希米亚部族的行动。今日在多瑙河的对岸，便可看到奥地利的农业地区，可以见到他们近乎强制性的规律设计，宛如先行清晰画出了固定的区域和方块，闪亮的车辆行驶在极其平整的道路上。与河流这一方杂草丛生和凌乱不堪的对比，更如展示报告般清晰明了。直到最近，奥地利一直这么近，却又那么遥远；现在，终于可以去到彼岸，亲眼目睹了。而这种令人恼怒的近距离存在又似乎在不断提醒这里的人，有些人就是过得那么轻松、那么舒适。

在邻近杰温城堡的某处，有只公鸡正高声啼鸣，一对好看的情侣在此闲逛。这是个温暖、懒散的星期日。沿着一条衰败的古老石阶下行的我，再度往城堡望去，感慨世代交替正如小草的荣枯。也感慨我们所知道的"历史"，只不过是经年累月的龌龊事迹，唯有在相当距离之外，当它已成为平铺直叙的故事和少数剥落的石块时，才堪回首。

日暮时分，光线变得诡异而神奇：靠近地面，一座小型公园的树下呈现一片漆黑；然而，天空仍是闪亮的靛蓝色。这个效果可以媲美马格里特（Magritte）*的画风，同时呈现出光亮和黑暗。一群乌鸦大声嘎嘎而鸣。一条小巷上有五名壮硕高大的警察，面对一排围栏不疾不徐、不失庄严地同时小解。一群喝醉的青少年全身西方朋克装束，跌跌撞撞地走在街上，不断叫喊。我企图招出租车却始终无法如愿，不得不搭上公交车。在询问这辆车是否前往布拉迪斯拉发时，只得到对方粗鲁地回吼一句。

精疲力竭。一个后战后社会。当你知道这一切的结果，即这

---

* 马格里特（1898—1967），比利时超现实主义画家，因其作品中带有些许诙谐以及许多引人深思的符号语言而闻名。

种事情永远都不会结束，且总是带来恶果时，你要如何怀抱着热诚前进？

我在永远离开捷克之前，首度发了顿典型的旅人脾气。事情发生在捷克旅行社（Čedok Travel Agency）。我去那里其实是办一件最简单的事：我想买张车票去距离此间不到三个钟头车程的布达佩斯（Budapest），那应该是最繁忙的路线之一。坐在玻璃柜台后的女子看着我，仿佛我让她做的是最不合理的工作。时刻表？她轻蔑地耸耸肩。她不知道。能不能请她查查看？她心不甘情不愿地取下一个厚重、沾满灰尘的表册，似乎以前从来没有查阅过。我赞许自己始终维持镇静的态度。最后，她终于查到相关信息。能不能帮我订一张票？她瞪我一眼，仿佛我让她做的是一项艰巨的任务。不过她还是坐了下来，帮我订了一张票。然后，她没好气地告诉我，要分到座位，我必须到车站去。听到这里我终于爆发了。不行，我告诉她，我现在就要分好座位。那女人嚣张地转过身，开始和她的同事聊天。我也嚣张地站在玻璃柜台前，摆出十辆马车都别想把我拖走的气势，相互僵持。几分钟过去了，排在我身后的人开始同情而不耐烦地低声抱怨。终于，那女的没有表现出如点头等等的让步姿势，只是拿起电话，然后写了一张纸条，一语不发地推给我，上面是座位号码。

在整个旅行当中，每次在餐厅、旅馆、旅行社、飞机场等处看到西方旅客气愤地对东欧职员极尽侮辱地斥责，诸如"这里还是一个共产国家！"或"你们活该生活在社会主义国家！"时，我都颇不以为然。然而现在，潜藏已久的资本主义—帝国主义用词在下意识中全冒了出来，虽然用的是毫无帝国主义气势的波兰语。我大叫："这里什么都没有变！你们再怎么样都是自己活该！"对我的咆哮，那旅行社职员只是抱以漠然的轻蔑。我大步而去，气得发抖，当真岂有此理！

　　火车上，我和一个大约十岁的金发女孩同一车厢。她身穿牛仔裤，系着一条米老鼠的皮带。和她同行的祖母有双清澈的蓝眼，如果不是满脸细纹，甚至给人很年轻的感觉。她们说着捷克语，全程都在玩翻绳游戏，或有韵律地拍掌，带着一种小孩嬉戏的感觉。祖孙间流动着一种快乐、充满感情的喜爱，是那种一定要透过这种种动作和笑容来代代传承之物。她们在抵达边界前的某一站下车，我也很高兴在离开捷克前的最后记忆中，能留下这幕美好的画面。

第四章
匈牙利

布达佩斯的火车西站（Nyugati）给人更南方的感觉，此站与埃菲尔铁塔由同一个建筑师设计。美丽的玻璃屋顶下面，有点像巴黎建造于世纪末的豪华火车站，只是气味比较刺鼻，整体外观也比华沙或布拉格还多点橄榄色。只见赤脚的吉卜赛人身上穿着飘逸的多彩服饰，特兰西瓦尼亚（Transylvania）*农妇身穿一层又一层僵硬的裙子，有个人把全身赤裸的孩子举在一个造型雅致的小喷泉上方，随处可闻见水果汁和西红柿汁的味道。

我相当紧张地环顾庞大的车站：哪里可以招到出租车？我该如何拖着行李走过去？我一句匈牙利语都不会。不过正当我提起行李时，一个男的朝我走来。"德文？法文？英文？"我们选定使用哪种语言后，他便非常有礼貌地护送我去搭出租车，然后自行返回车

---

* 特兰西瓦尼亚，原为匈牙利王国之领土，在土耳其攻占布达佩斯后，成为匈牙利贵族的避难所。第一次世界大战后，因1920年签订的《特里亚农条约》，转而成为罗马尼亚的一部分。

站。那人显然是车站向导之类的人员，专门替迷茫的旅人指点迷津。匈牙利的观光旅游业发展得比其他邻近国家都早，他们的准备也更为充分。

我此行居住的街道暗蒙蒙的，一种东欧式的黑暗，没有霓虹灯，没有街灯，但也没有恐惧。几乎是乡村的那种黑暗。"是霍夫曼女士吗？"一个带有曼妙匈牙利口音的声音从一扇窗里传出来。有人照原先所约定的在等我。别人告诉我，我所住的街道名称叫伦巴赫·塞巴斯蒂安（Rumbach Sebastyén），正如纽约的德兰西街（Delancey Street）一样，是有其特殊含义的。昔日这里是犹太区的正中心，如今却只是布达佩斯一个被荒废、遗忘的角落。不过，负责管理我所租公寓的妇人，倒是标准的匈牙利式犹太老妇：头戴假发，身材小巧，貌似温和，但有着含监果断的声音和举止。她为我买了几种早餐食品，然后在一张纸上写出价格，径自用德文帮我加总。我不懂德文，但是这点并不足以阻止她全程用德文跟我对话。她带我参观我所租的小套房，值得庆幸的是其中备有若干生活设施：一间私人浴室、一部电话和一台大电视。我的房东显然颇以那台电视为傲，特意提高音量试图向我解释些什么，仿佛这样便可以刺破我的愚昧。

等她离开后，我马上浏览各电视频道，好看她究竟在得意什么。当然，有一个是匈牙利频道，不过也有捷克、俄国和德国的，德国频道正在播放隐晦的情色节目；还有些流行频道，循环播放即将来访的摇滚音乐会在欧洲大陆的演出时刻表以填补空白的时段。如果布达佩斯比波兰或捷克更靠近南方，那么它实际上也更西化。

从我房间窗户往外看，可见一个条状的狭窄深幽院落，漆黑如墨，只有几间公寓的灯火点缀其间。窗外传来电视、做饭和聊天的声音。当我逐渐入睡时，一首天籁般的舒伯特奏鸣曲从某处传来，

第四章　匈牙利

声音出奇地清晰；接着是月色般充满渴念的马扎尔（Magyar）[*]乐曲，仿佛暗示这里文明与野蛮、东方与西方的混合多少仍系属中欧。如果匈牙利比较靠近南边，接近西方，那么——我应当记得的——这里也就不偏不倚，正好坐落于欧洲中央。

我在布达佩斯打了好几通电话，都没有下文，这里的通讯情况比华沙还糟糕，四次中有三次没有拨号音，不然就是错误的忙线信号，或是微弱的电话挂断声。然后，比华沙更常见的现象是：没人应答，或接电话的人劝我在早上8点前再打过去。布达佩斯是个早起、工作勤奋的忙碌都市。匈牙利人习惯同时做两份工作，或者到处兼差。目前物价攀升飞快，薪水赶不上物价，有些人逐渐致富，人人都变得更有求胜心，工作也变得比以前更加勤快。

街头到处可见忙碌的景象。布达佩斯的节奏、步调和交通都不亚于东欧其他大都市，此外还拥有东欧令人印象深刻的空气污染。烈日炎炎中被塞在车阵里，对呼吸系统真是一项严峻的考验，即使最油滑的出租车司机也被迫接受长时间的等待，不过他们为摆脱塞车所采用的行车技巧，就算以纽约的标准来看，亦令人叹为观止。

我在凯悦酒店（Hyatt Hotel）的咖啡厅小坐时遇到两名英国妇女，她们埋怨布达佩斯毫无魅力，跟西方都市一样，而且越来越西化。其中一名妇女记得开放前游览时，这里还是一片灰暗与沉郁，对于猎奇的目光也比较有吸引力。我也记得二十多年前还是学生时，曾经短暂来访，见识过布达佩斯沉郁的一面。当时人们都低着头走路，肩上似乎永远扛着沉重的负担。但是与此同

---

[*]　马扎尔，匈牙利主要民族。

时，他们也经历了二十年卡达尔·亚诺什（Kádár János）*和其"古拉什共产主义"（goulash Communism）†的治理，结合一党专政和若干经济自由政策，使得匈牙利成为东欧集团中发展最快的国家。今日的匈牙利，男人西装笔挺，女人手执公文包，来回穿梭，各个忙于拼搏，面无表情。尽管我也愿意抵制异国情调的诱惑，但是就外表看来，布达佩斯的确太"正常"、太西化了，令我不免有不知身处何方的感觉。在这一切当中，东欧何在？我在看什么，或在搜寻什么？我们需要不同或相反的色调，才能激发不同的感受。但是布达佩斯市中心所展示的，正是现代都会的生活写实：废气、人群、众多商店，外加餐馆林立。虽然大部分仍是低调和实用性的，但是在比较高级的小区，一些精品店几乎像是巴黎或维也纳风格，价格也同样高档。

尽管所有物品都越来越容易取得，但有一样东西在东欧各地却逐渐稀少，那就是时间。昔日这里的时间是不同的，充足而缓慢。有漫长的暑假，有持续到半夜的对话，人们会凝视窗外，看看那个下午他们的街道上会发生什么事……没有需要赶时间的理由，没有远大的志向或财富以追求。而现在东欧各地的时间都加快了脚步，因为可能有什么需要赶着处理，日历上开始布满潦草书写的记事，人们也学会说："好的，我可以给你十五分钟，我们快速碰个面。"对我而言，这是一种根本的转变，就像转变为多党制一样，因为时间的分配会影响我们和他人最深层的关系，也会影响我们自己的经

---

* 卡达尔·亚诺什（1912—1989），1956—1988年出任匈牙利社会主义工人党的第一书记，两度出任部长会议主席。（匈牙利人名与中文类似，姓在前，名在后。本书出现的匈牙利人名均按匈牙利姓名顺序。）

† 古拉什共产主义，又名肉汤共产主义或卡达尔主义，得名于匈牙利菜名"古拉什"，这道菜需要混合各类不同食材。

第四章 匈牙利

历。从现在开始，咖啡闲话的机会减少了，人们不再悠闲地边喝咖啡边闲话家常、观察别人。单纯凝视和缓缓思考的时刻减少了，临时兴起、不必事先约定便突然造访的情况也减少了；取而代之的，是忙于生计，忙于重建这个世界。不过这样一来，或许也可以减少反复品味生命不公的时间，持续、刻薄地观察邻居的时间，或因为欠缺希望和目的而虚度的单调乏味、毫无长进的时间。

所有匈牙利人都抱怨匈牙利人的不满实在太多。的确，不太可能找到一个人承认这些变化真的有带来任何好处。"什么事都没有改变，"人们都热切地向我确证，"真的一件都没有。"

由于和波兰一样，这里暗黑的反讽似乎也关乎荣誉，因此对这类话的可信性我应该大为保留。不过这种对改革的无感，或许也反映出若干事实。"革命"在匈牙利发展过程中的位置，和波兰或捷克不一样，因此匈牙利走向"正常"国家的距离也明显地比较短。在卡达尔统治二十年后，匈牙利已经拥有了私人企业所需要的现成基础建设，1989 年来临时，共产主义事实上已经承认放弃意识形态的幽魂。在旧有政治和社会体制垮台之前，新的政治结构已然成形。1980 年代中期，异议分子已经分裂为两个敌对团体，亦即日后两个主要政党的雏形。所以在随后相继出现的后共产主义时期的病态和综合征上，匈牙利也表现得更为深远。匈牙利几乎没有欢喜拥抱团结一致的阶段。目前当权的是几个定义非常清晰的政党，外加"匈牙利民主论坛"（Magyar Democratic Forum，MDF）这个从异议团体发展而成的保守政党。这种情况在东欧随处可见，俨然成为后共产主义无法避免的逻辑。进步的异议分子在短暂的发光发热后，便注定走向分裂。

在仓促走过后续阶段的现在，匈牙利甚至已经达到了西方水平的政治冷漠。据我了解，上一次地方选举，大约只有百分之八的人现身投票。

人们谈起政府，仿佛视其为某种轻歌剧，只是不幸多了严肃和令人烦恼的一面。对于象征性事情永无止境的讨论，比如匈牙利国旗上的纹章是否应该采用古老的圣斯蒂芬王冠，人们听了只会翻白眼。我还听说国会经常上演矫作的论战戏码，不过有些人将辩论的激昂归咎于匈牙利语，因为这种语言本身内含炫耀与戏剧化的夸张倾向。

我个人则倾向认为国会大厦建筑本身或许才该为那些夸张的倾向负责。如果语言会影响政治的风格，那么政治操作的舞台自然不遑多让，而匈牙利国会大厦的建筑和装潢可谓招致过度自负的始作俑者。国会大厦建于19世纪末，正值奥匈帝国的辉煌时期，因之彰显出一种宏伟壮阔的气派。国会大厦新哥特式的外观，层叠绵延着拱门、穹顶、钟楼，以及设计精致的入口。主厅并不大，但是金光闪闪的装潢、光彩灿烂的水晶吊灯，以及新哥特式的木雕，可谓极尽奢华之能事。这种内部装潢不啻鼓励最谦卑的政治家也堕入王尔德的名言："人生的首要任务，是尽其可能地矫揉造作；第二任务为何，则迄今无人知晓。"匈牙利民主论坛党的批评者告诉我，该党自从掌权后，便落入几近专横的姿态。在政治变革后，该党以一纸行政命令规定学校应该加入宗教课程，不过那项命令随后便遭撤回。另一方面，一位知名的政府发言人宣称："既然我们赢得选举，新闻界现在就是属于我们的。"民主精神中限制自我权力、友善与人分享权力等特性，在刚开始一定显得相当别扭。除了行动引起质疑外，东欧的政客们还没有完全习惯平等主义和权力分享的思维方式。

第四章　匈牙利

康拉德·哲尔吉（Konrád György）*或许是匈牙利最有名的作家了。他有一张我眼中典型的中欧脸，带着浓厚怀疑色彩的神情，甚至散发出哀伤的感觉。眼神严肃而警戒，似乎有种引人不安的力量。"情况有很戏剧性的变化，却也可以说毫无变化。"他说道，似乎对两者均感不耐。

"我对于戏剧性的变化很有兴趣，"我说，"因为每个人都告诉我毫无变化。"

"语言改变了，"他说，"以前僵化的语言不见了，现在人们可以掌控自己的语言，却很难找到有创意的语言，已经出现了一大堆新的陈腔滥调。"

"哪种陈腔滥调？"

"有关民主的陈腔滥调。"

当然。我在东欧到处都可以听到——高谈阔论包容性、多元主义、个人权利和人权，全是很高贵的理想，但也很快便会令人感到陈腐，就像所有变成官方宣传口号的东西一样。重复性的语言会造成表达与含义的不符，因为容易形成无意识的自动表达。

但是人们的生活情况呢？现在有没有什么改变？

他耸耸肩。"对于根本性的问题，人们可能持有不同的想法。"他一语带过，仿佛不愿刻意强调这句话，"但认为他们在雅鲁泽尔斯基的统治下不快乐，在马佐维耶茨基的统治下就会快乐是错的。不管来的是哪个'基'，总有幸与不幸，有希望和绝望。"

不错。对我而言，这点似乎终于正确地描绘出改变后此间所发生的情况：一个可以同时概括最近一连串事件所带来的震撼，以及随后笼罩东欧的奇特宁静的注解。我们太了解乌托邦式希望所轻易

---

* 康拉德·哲尔吉（1933— ），匈牙利小说家和散文家，以主张个人自由闻名。

点燃的革命、历史与进步的循环，以及随之而来的倒退；我们也太了解许多政治体制及其限制，以及政治本身的限制。政治可以让情况变得比较能够容忍或者难以容忍，但是面对人类社会，像是嫉妒、年龄、争权夺利、对爱情失望，甚至是普通小感冒，政治都无能为力。踏入"正常"世界很难让人天真地满腔热血，因为那个"正常"世界的缺点，一样那么显眼。

"但是让我告诉你一个相当戏剧化的故事，"正当我准备舒适地沉浸于这个宿命论的观点时，康拉德却说，"几个月前，一个秘密警察来找我——不错，还是原来的那些秘密警察——一个非常好的人，非常有礼貌。他客客气气地告诉我他们想要移除我家里的监听设备。大部分情况下，他们移除监听设备是不会让对方知道的，但是其中大概有十七个案子，他们想要公开执行，从而让每个人都知道移除监听设备的行动已经展开。他非常担心我太太，怕她知道我们家有监听设备会昏倒。"康拉德一脸好笑的神情，"我告诉他，我太太不会有问题的。"

我必须承认这段话让我相当惊讶。匈牙利在卡达尔统治的最后几年相当"自由"，以致我还以为监听行为早已落伍。不过，一个政治体制能够实现什么固然有外部的限制，但内部的限制，即使是最开放的政权，显然也是紧缩狭窄的。

我那新近回归祖国的捷克友人马丁前来访问几天，不过马上对每件事抱怨连连。布达佩斯的多瑙河太宽了，比例不够完美，不如捷克的伏尔塔瓦河。布达佩斯太灰暗，布达山脉（Buda Hills）蔓延太广，不像布拉格的山脉刚劲挺拔。

的确，这一段多瑙河河面宽广，河水汹涌、灰暗，满是垃圾杂物，毫无诗情画意之感。河水一边，较古老的布达爬升好几层山坡；河水另一边，平坦的佩斯则贸易欣欣向荣。设计优美的桥梁，全是纳粹陆军撤退时无端炸毁后重新建造的，绵延跨越两岸，因烟雾和车流，显得隐晦而朦胧。布达佩斯建筑规模之浮夸也令人侧目。就地缘政治而言，匈牙利几乎和波兰一样处于不利之地，但是在帝国掠夺的年代，匈牙利则比较幸运。基于1867年的折中方案，奥匈双帝国成立，匈牙利亦成为罗马尼亚和若干斯拉夫民族的帝国统御者。19世纪末期，匈牙利人甚至会严肃讨论"匈牙利至上"及"天赐大匈牙利"，亦即历史上所有曾隶属于匈牙利的土地，终将整合为一个政治实体的梦想。布达佩斯的大部分设计和建筑都是在这段民族优越期完成的，因此反映出当时匈牙利的光荣意识。比如其中心干道有如巴黎的奥斯曼式大道一样宽广，许多年代较久远的公寓建筑也大得离奇。

但是布达佩斯毕竟是一个东欧城市，规模气派的建筑是和煤烟、尘垢与凌乱的外观相互依存的。我逐渐喜欢上这种结合，喜欢布达佩斯的严谨风格，与其径自展现历史创伤的那种落落大方、不卑不亢的态度。有些状似高贵的雄伟建筑，似乎好几个世纪没有整修；许多平常建筑的石墙外壁还遗留有密密麻麻的弹孔，有可能是第二次世界大战造成的，也有可能是1956年抵抗拉科西·马加什（Rákosi Mátyás）*斯大林政权时所留下的。布达佩斯曾数度遭到包围，并英勇抵抗。

总之，布达佩斯的感觉像是佛罗伦萨，乃至布拉格的小威尼斯，是座严肃的都市，而绝非梦幻之城。对其而言，美丽是镶嵌于日常生活之中的。不过，就瓦茨街（Váci Utca）而言，其标准和规模又另当别论。这是条迷人的狭窄街道，也是主要的旅游景点，被点缀

---

* 拉科西·马加什（1892—1971），匈牙利人民共和国在1945—1956年的实际最高领导人。

得光鲜亮丽。瓦茨街是布达佩斯若干中欧韵味达到极致的地方之一，其魅力部分来自昔日的风采。18世纪末时，这条街就已经非常时髦了，有些咖啡店和古书店在此地已存在许久。在其中一个小广场上，有座迷人的女孩手持鱼篓的雕像，优雅地喷着泉水。这些小雕像和喷泉是布达佩斯美丽的特色，一种介于居家和公共艺术之间的艺术形态，是介于宽广的都市景观和亲密凝视之间的存在。

布达佩斯人对于瓦茨街和其上的现代饭店，以及贯穿其间的步行拱廊，感到非常骄傲。"有种置身米兰的感觉。"一个朋友如此形容。比较昂贵的店面闪烁着上好皮革的光泽、珍贵珠宝的璀璨，以及匈牙利刺绣的明亮色彩。有的地方可以在几个小时之内冲洗出照片，阿迪达斯专卖店前永远有人在排队，还有一家麦当劳，在周遭景观的映衬下显得格外俗丽而丑陋，不过我的匈牙利朋友们似乎也引以为傲，每次都试图拖我去光顾——虽然一直没有成功。

观光客熙来攘往，奥地利、德国和荷兰的访客面带疑惑地注视着标价；多是阿拉伯人的货币兑换商拉着观光客的袖子，在耳边低声透露兑换汇率；还有个黑人手持海报，为一家脱衣舞夜总会做广告。这就是共产主义结束后的东欧。

一天中的任何时候，都可以看见成排的特兰西瓦尼亚农民站在瓦茨街上。他们从世界上更为贫穷的地区前来此地，贩卖一些小商品。他们的面容和举止反映出都市环境中若干几乎被遗忘的东西，诸如最基本的健康、自尊或单纯。他们皮肤红润，身材结实，目光直接而清澈，笑容坦诚而快乐。以一种农村的文化，他们全都穿着同一样式的衣服，女人一身浆挺的白上衣，宽大的裙子，上面绣着同一款式的精细花样，头上戴着头巾；男人则身穿雪白衬衫，外面套着绣花背心。贩卖的商品也装饰着若干重复的样式和花纹：包括厚亚麻布做的桌布，上面装饰有粗工刺绣的大花；陶器上有漂亮的绿色釉彩；还有绘制了宗教画的玻璃等等。尽管这份生意的收入对他们而言应该相当重要，但是他们绝不推销或乞求，就只是挺直了身体站着，手持一条桌布或女式衬衫，不带任何表情地看着来往的路人。

我有一次靠近他们想要仔细看看商品，结果几个警察朝我们走来，打断了交易。那些特兰西瓦尼亚人身手矫健，连同他们的商品一溜烟似地消失在人群中。我留在原地，惊奇地注视着这迅速的消失，满心好奇那些警察在按什么规矩行事，因为那些特兰西瓦尼亚人在众目睽睽之下站在街上，连续几个钟头都没有受到干扰。这一定又是一套东欧人最擅长的"你假装来捉，我假装来藏"的游戏，说不定现在还在玩，仅仅出于习惯。

夜幕低垂，即使破旧的市容也变得迷人，浮夸转变为宁静的辉煌。当多瑙河成串珍珠似的街灯在水面投射出倒影时，布达山脉的峰峦也形成一道绵长的漆黑线条，其中只点缀着照明的纪念碑。从佩斯方向看去，布达城堡区以及附近马加什教堂（Matthias Church）的哥特式尖塔成为视线的焦点。从布达往佩斯方向看去，目光的焦点则集中在壮丽辉煌的国会大厦及其在水中缥缈的分身上。沿着多瑙河往远处看，是一连串灯光闪烁的桥梁和荡漾在水中的倒影。

马丁和我坐在佩斯一侧沿着多瑙河开设的一家露天餐厅里。他对食物颇多抱怨，认为不如自己家乡品种多样。就我而言，这家餐厅的食物算是颇差的。不过话说回来，整个匈牙利的烹饪都乏善可陈。昔日出名的匈牙利料理究竟出了什么问题？每样食物都泡在油水和一种无色的辣椒酱里。新鲜蔬菜似乎已被排除在餐厅的食材之外，和布拉格的情况不相上下，或许同样基于过度健康的理由。送来的甜点上面涂满鲜奶油。一个吉卜赛乐团震耳欲聋地演奏着过于繁复的曲调：纯粹是对灵魂的震撼。周遭充斥着迷人，也令人迷惑的匈牙利语，带有巴托克式的切分音和愉悦感。即使在说英语时，匈牙利人都会注入他们自己语言特有的韵律和柔软，产生一种奇特、微弱的低回。

布达佩斯的晚间文人聚会，乍看之下，会让人以为是纽约曼哈顿上西区的聚会，只除了这里普遍穿得比较正式，礼貌也比较周全。这个匈牙利的新兴阶级还没有完全习得那种简洁冷漠的矫揉之姿，或故意展现的低调之态。在布置老式而奇特的小客厅里——一个从厨房区隔出来的空间，放置着厚绒豪华型座椅和沙发——人们情绪高涨，对话慧黠犀利。一对公开的同性恋伴侣，几人曾经就职于西方职场，而且几乎每个人都已经离婚。他们的话题包括新的杂志，以及房地产价格——至少在商用地产方面，这里已经远超阿姆斯特丹（Amsterdam）。每个人都说得一口无可挑剔的英语，而且大部分还流利掌握其他数种外语，不过他们在"他"和"她"两字的使用上却奇特地漫不经心。有人告诉我，匈牙利人没有这种性别上的区分用法，虽然我很难想象这样一种语言上的状态，但显然对匈牙利人而言，即便是在其他语言中，女性和男性的区别也无关紧要。

不过，我终究是身在东欧，而不是曼哈顿。一旦开始聊起一些轶事，我马上就意识到了这一点。一个激进派的经济学家告诉我，要让工厂员工放弃原来的社会主义工会而加入新的工会，是件很困难的事，原因很简单，原工会仍掌握着饭店和度假温泉——在意识形态和度假之间，大部分人会毫不犹疑地选择后者。另一个人讲了一个有关匈牙利人经济上急于靠近奥地利的笑话。"你们知道奥匈足球赛谁输了吗？"那笑话是这么说的。"不知道。谁？""意大利。"

"啊！这个笑话是以前哈布斯堡时期经常讲的。"有个人指出。

第四章 匈牙利

当宴会女主人茹饶（Zsuzsa）热切地谈起我在短短数日内所听到的第二个有关窃听的故事时，典型东欧的感觉便更加强烈了。原来在卡达尔时期的匈牙利竟有**这么**多窃听事件！

宴会男女主人的情况最近大为好转。彼德（Péter）这位活力充沛、非常聪明、双眼永远闪烁着敏锐兴味的男主人，被任命出任一个高级学术职位；而直到不久前，他可还是匈牙利遭到严厉迫害的异议分子之一，没有工作，被不断骚扰长达数年之久。

在那些年间，茹饶和彼德非常清楚他们楼上的邻居就是告密的人，也就是说他们公寓里有监听设备，楼上的人可以记录他们在公寓中的一言一行，之后再转交给警方。可以想见这两对夫妻平常是不讲话的。彼德性情比较温和，会忍不住在电梯里跟对方点头打招呼；个性比较强硬的茹饶则坚守立场，完全无视对方的存在。然后有一天，楼上的男主人打破沉默，要求彼德跟他聊聊。在小酒馆里，那男的闷闷不乐地喝酒，然后借着酒力承认他已经负责监听彼德好几年了，如今他再也无法忍受这份肮脏的工作。他喜欢彼德，良心上觉得非常痛苦。总之，他希望彼德知道，他已经打算切断监听系统。

彼德是个仁慈又理性的人，他劝这位邻居不要采取这么激烈的行动。彼德指出，他不做，还会有其他人来做，同时这位邻居还会惹上麻烦，也许会失业。不管怎样，接下来几个星期，他们每次碰面时，邻居男子对彼德和茹饶都显得异常高兴和友善，仿佛卸下了重担。然而之后，他们之间再度恢复阴郁的沉默，彼德和茹饶猜想他们一定又重新展开了监听行动。

那些插曲发生后两年，匈牙利发生了比较重大的改变，这两对夫妻的情况也完全反转。彼德突然被平反，有了名气，还接受访问；邻居夫妻则突然停止了监听游戏。

"从这时开始，故事也从陀思妥耶夫斯基（Dostoevsky）转变为巴尔扎克（Balzac）了。"茹饶皱着眉头说。某天，她在公寓前遛狗时，楼上的邻居太太走了过来。这次，邻居太太跟她打了声招呼，然后尴尬地企图跟她谈话。她们逗弄着狗，假装这几年间没有发生任何事。邻居太太表示很高兴见到彼德出现在最近一个电视节目中。（"她当然很高兴，"有人插口道，"她或许还很骄傲，因为她对彼德太了解了。"）

"不过，接下来这部分应该值得分析一下，"茹饶继续道，"因为我真的不知道自己哪根筋不对，竟然邀请她上来喝杯茶。"

来到公寓后，邻居太太很热切地到处参观，兴奋地嚷着这一切有多么时髦，多么美好。"喔！我一直很想看看这里装修的结果怎么样。"她说着，不知道自己的话里泄露了多少秘密。他们显然一直利用监听设备追踪这间公寓的装修工作。

接着，故事转入一个没有文学先例可循的方向，因为这种事只发生在后共产主义时期的东欧。邻居太太热切地转向茹饶。"拜托你，"她说，"你也许可以运用你们的影响力帮助我们。你知道，我们以前在巴拉顿湖（Lake Balaton）[*]有点家产，但是1948年被那些混蛋夺走了。我们试图拿回来，但有点问题。那些混蛋把我们所有的东西都拿走了。不过你们，你们有关系，你们可以帮我们一点忙。"

茹饶说，她惊愕地听着邻居太太的话，勉强含混地回答，她不认为自己有力量可以做什么。故事就此结束，至少到目前为止是如此。有人建议，这些素材可以拍一部电视连续剧了，名字就叫《邻居》，两对夫妻的家运盛衰可以延伸到新的时代。东欧形式的邻居，

---

[*] 巴拉顿湖，中欧最大的湖泊，著名度假胜地。由于匈牙利是一个内陆国家，所以巴拉顿湖有时也被戏称为"匈牙利的大海"。

以其特殊的亲密性,可以辗转发展为同心协力或是卑鄙贪婪的关系。这种亲密性凝聚成一道紧密热切的道德古拉什浓汤,东欧民众已经领会了其间的生存之道,因为他们别无选择,因为他们根本没有空间和闲情逸致去追求理想中的道德纯净;而在比较富有和自由的国度,我们偶尔会高唱道德纯净的理想,尽管也极少能在生活中具体实践。

权力残酷的亲密性:间谍与被监视对象之间偷窥似的联结,施虐者和被虐者间的残酷联结,导致面对面的接触对双方都极具冲击性。在听说茹饶的故事后几天,有人告诉我更早时期的一段际遇,也是一次有如普通"邻居"间的晤面,却同样荒诞不经。向我讲述的这名妇人说她在1949年的拉伊克·拉斯洛(Rajk László)公审中曾遭受迫害。数年以后,她待在一家剧院的门厅时,有两个男人朝她走来。"你认识我吗?"其中一个男的问道。"不认识。"她先是回答。那男的听了用两手遮住脸部,只从指缝中露出眼睛,正是当年遭迫害时她所见到的模样。

"现在认得了吗?"那人又问。

"喔,对。认出来了。"她回答。

"那我呢?"另一个男的也问,"你知道我是谁吗?"

她更仔细地端详那男子。"你,你是以前经常打我的人。"她回答。

"呃,那你想怎么样?"那男子友善地反问,"我只是奉命行事。"

"对,"她回答,"但你也不需要打那么用力啊!"

然后他们一起走进剧院,观赏表演。

芬芳的布达山坡。一条陡直的街道,古树茂密,有如置身公园;恣意蔓延的花园,茂密的枯黄野草;占地宽广的别墅,斑驳褪色，土石塌陷，色彩苍白。正是塔可夫斯基（Tarkovsky）*电影里的场景。我来拜访卡塔林（Katalin）这位刚认识的朋友。在她的公寓里，褪色的毯子优雅地垂放在沙发和书桌上，墙壁上悬挂着几幅农村风景画，还有一幅名叫帕恩（Pan）的乡村男孩的画像。从阳台上可以远眺布达山坡蜿蜒直达多瑙河的绝妙景色，以及壮丽的城市远景。我们坐在阳台上啜着饮料。卡塔林身材高挑轻盈，头发盘于颈部，容貌间永远带着抹沉思与忧愁。

她柔声告诉我她的成长情形，以及何以直到此刻才开始借由心理分析，挖掘她的犹太背景。出于某种原因，犹太背景战后在此地比在波兰更是禁忌的话题，她家里对此就从来不提。她知道她的身份背景中掩藏着秘密，问题是一知半解比完全丧失记忆更为令人困扰。她还记得祖父曾带她去过一间犹太会堂，曾在家族聚会中间接听到有关战争的创伤，也感觉到**某些事情**上蒙着一层迷雾。"这是我这一代人的故事，"她说，"我们不知道我们是谁，又该拿新获得的知识怎么办。你知道这种情况有多让人苦恼吗？"所以现在，仿佛对秘密展开驱魔行动，或至少让秘密摊在阳光下，她对犹太教变得非常热衷。身为学校教师，她正考虑前往布达佩斯新开的一家安妮·弗兰克（Anne Frank）†学校任教。

近期在匈牙利有类似复兴犹太意识的风潮，也有对反犹主义复萌的担忧。匈牙利的犹太人数居东欧之冠，有八到十万之多，大部分集中于布达佩斯。在剧变开始之初，有人担心在犹太人居重要职位的行业，尤其是媒体界，可能会发生叛乱。执政党推出一种陈腐的战前式区分，一边是"平民主义者"，即所谓依附于乡村与土地

---

* 塔可夫斯基（1932—1986），苏联最有影响的电影导演之一，作品有《伊万的童年》、《牺牲》等。

† 安妮·弗兰克（1929—1945），德籍犹太人，《安妮日记》的作者。

的真正的爱国分子；另一边是"都市主义者"，即代表都市知识分子，并主张犹太人不是**真正的**匈牙利人的人。不过尽管喧嚣不断，嘈杂中倒是不见真正行动，种种迹象也显示匈牙利并没有真正步上反犹主义之途。迄今为止，还没有人无端遭到开除；主要的反对党自由民主联盟（Free Democrats Union）中，有许多领袖是犹太人和革新的知识分子，尽管选战中其他政党毫不隐讳地用反犹太的战略加以攻击，但他们仍获得选票支持。于是我乐观地期望，或许反犹主义令人反感的言论终会逐渐丧失说服力以及对民众幻想的操控吧。

"精神分裂"一词经常出现在匈牙利人的对话中。人们谈起过去真觉得自己有精神分裂症，觉得自我分裂或有双重人格，那种感觉甚至到现在还在折磨着他们。或许应该说特别是现在，自从——啊！这一点他们还是承认的！——自从整个体系改变以后。

也许这个词就是匈牙利人性格中最自我标榜的特质：忧郁，正如波兰人一样。这种特质部分出于灵魂的抒情风格，出于英雄冲动的对立面，出于宁以辉煌壮烈之姿孤注一掷的性情。我所了解的匈牙利式忧郁英勇、迷人，夹杂着欢乐的多变气质。在精神病症领域里人们原本可能更糟的，这样算是不错的了。

但，不是这样的，这里的"精神分裂"似乎跟我在波兰或捷克所听到的事又代表着不同的意思。在和社会学者加博尔（Gábor）对谈的下午，这种情况再度发生。而据我所知，加博尔有份虽不太有趣，但十分正当的工作，他应该没有理由有这种感觉——不管"这种"指的是什么，我难以理解其内涵。"是不是大家，比如你，都必须做很大的改变，才能适应新的环境？"当他提到这些日子他奇特地有种"精神分裂"的感觉时，我不禁开口问他。

"不，不是的，"他回答道，"只是我们过去的二十年正面临不同的评价。我必须重新思考我所做过的每一件事，而我不确定……呃，我不确定我的立场在哪里，或者应该采取什么立场。你瞧，我们太常自欺了。"

"是不是有什么事情让你感觉自责？你是不是觉得有什么事是不该做的？"

"不，也不算是，"他说着，表情丰富的脸上闪过一丝沮丧，"只是如果不思考的话，有上百种存心欺骗的办法，而显然，你就是不会去思考。你没有办法每天都思考你的原始动机何在，否则你永远进不了办公室。但是现在，我晚上总睡不着，一直在想某篇有关匈牙利少数民族的文章是不是完全真实的，或者我是不是并没有说出我应该说的话……呃，我就是不知道。因为我甚至在了解某些事情之前，就已经阻止自己去探究了。"

"这样不是过分谨慎吗？"我问他，"毕竟，如果你决定留在这里，就必须多少演点戏，不需要真的完全妥协啊！"

"啊，这正是问题所在，"他说，"我们已经搞不清楚什么是妥协，什么不是妥协了。"

"我懂了。"我回答，但其实我还是不懂，至少不完全懂。这是不是匈牙利民族太过敏感的一个例子？

在这次谈话之后，我偶然读到纳道什·彼得（Nadas Péter）[*]的一篇短篇故事。有人告诉我，他是战后一代最重要的作家之一，不过作品极少被翻译为英文。这篇故事名叫《一个有关火和知识的故事》（'A Tale About Fire and Knowledge'），文章形式介于讽刺性诗文和非常复杂晦涩的哲学论文之间。其迂回与精巧的文章论述的是某一国家人们所使用语言的双重性，以及公共语言如何渗入，成

---

[*] 纳道什·彼得（1942— ），匈牙利作家，剧作家及散文家。

第四章 匈牙利

为私人的、内化的语言，结果只余思想上的某种不适，作为记忆的印记，暗示二者曾经的分别。后来某个晚上，这个无名国家火灾四起，电视台亦报道了这次危机。一时激动之际，主播竟然一句话说顺嘴，脱离名实不符的双重语言，传递出真正的危机意识。顿时全国为之震惊，用餐的叉子停顿在半空中，因为人们都认出这几乎被遗忘的真实语气。之后危机解除，主播再度戴上一如往昔的面具，其他人也同样暗自松了口气，恢复原貌。

这个故事让我对"精神分裂"开始有了线索。如果同样的故事写的是波兰，听到新闻的观众会忙着分析主播字谜游戏后面的"真正"意义；在捷克的版本中，也许永远都不会发生主播将实情掺入报道中的情况，如果真的这么做了，就只会挑起恐惧的情绪，因为每个人都知道主播会为她的失言受到处分。但是在纳道什的故事里，字谜游戏已被每个人内化，乃至收听新闻的人不再知道他们知道些什么，或遗忘了些什么。对照之下，这种更为复杂的双重性，必定反映了卡达尔时期匈牙利的复杂氛围——当时政府所提供的酷似真实和自由的一切，民众有可能信以为真；因此也有可能与之共谋，几乎淡忘掉原有的疑虑。

但这只是几乎，却非完全，因为要完全摒除众人的疑虑几乎是不可能的。有太多人仍然记得，尽管卡达尔政权以为人称道的"古拉什共产主义"收尾，却毕竟开始于恐惧和背叛。卡达尔早期的生涯是恐惧的最佳范例，情节引人入胜。第二次世界大战后，他是拉科西·马加什无情政府中的核心一员；在1948年第一次整肃时期，卡达尔受命逮捕拉科西的头号目标拉伊克·拉斯洛，并负责审讯工作。在党组织中，拉伊克原本是卡达尔的上司，一个忠贞的斯大林主义者，也是秘密警察的创办人，自有其残暴的一面。卡达尔承诺拉伊克，如果他"招供"自己是美国间谍的话，可以免于一死；拉伊克同意了，而不出意料地，下场就是遭到处决。1951年第二次整肃的这一回，轮到卡达尔自己被关，遭到酷刑；直到1955年因另一道司法命令才获释。在悲惨的1956年暴动中，他再度凭借背后插刀展示了他的求生技巧。他先是加入一个革命团体，追随纳吉·伊姆雷（Nagy Imre）*；但几天后，他便叛逃到苏联。在起义活动被苏联第二次入侵平定后，卡达尔出现在广播中，宣布成立一个新的亲苏联政府，由他自己担任第一书记。接着又开始背叛曾短暂掌理国务的纳吉，口头答应保障他的安全，实际却逮捕他和他的同志们。两年后，经过秘密审判，纳吉等人均被处决。（这段资料部分取自帕特里克·布罗根〔Patrick Brogan〕所著《被困缚的国家》〔The Captive Nations〕，该书是研究战后欧洲极佳的史料。）

卡达尔刚开始执政时，也曾进行他自己的整肃行动，直到后来国家陷入绝境，他才被迫实验性地增加产业自由化。结果绝大部分匈牙利人都赞许卡达尔的政权，因为相较于其他东欧国家，在私人企业方面，他提供了更多物资、机动性和宽容度。在共产主义末期，前来匈牙利的外国观察家经常无法分辨匈牙利和西方国家有什么不同；匈牙利人自己也说，他们是"劳改营当中最快乐的营房"——有趣的是，波兰人也同样这么形容自己。卡达尔政权严酷的开端几乎被完全从众人的意识中抹去，直到最终才重新浮现，也就是直到纳吉·伊姆雷在1989年被象征性地重新安葬，才敲响了匈牙利共产主义终结的钟声。不管如何，人们仍旧无法完全遗忘记忆中那劳改营的起源，或者忘记他们的看守者所提供的不过是一种交易，让

---

* 纳吉·伊姆雷（1896—1958），匈牙利政治家，曾两度出任政府总理。任内试图推动自由化与退出华约的计划，但是苏联迅速调派红军镇压，纳吉与其追随者曾进入南斯拉夫大使馆避难，却在离开大使馆后被捕，随即以叛国之名遭到处决。直到1989年匈牙利民主化后，他才获重新安葬。纳吉在匈牙利得到相当高的评价，被视为自由的先驱与英雄。

营房内越来越舒服，但外面那爬满十分漂亮的瑞士常春藤的围墙，却永远都无法拆除。

我想这种模糊的状态，这种接近正常的"酷似"状态，便是"精神分裂"的本质所在。在匈牙利应该比在波兰或捷克更难知道一个人内心真正在想什么，或者相信什么，几乎就跟在西方一样困难。对于所处体制的情况，一般人会小小地自欺，或者不把实情全盘托出，以便同时相信两件事。而如果一个人总是坦然地小小自欺，那么现在一定更难跟那段模糊的过去和谐共处：到底是要接受还是拒绝它，是要衷心赞许自己以前的态度，还是真心对那段酷似正常的生命感到痛苦而自责。

我觉得很神奇，在这一切当中，匈牙利微妙的审慎是如何反映人们所生活的复杂环境的？大环境的结构又如何镂刻与交织在内心的小宇宙中，以不规则的碎片形式，层层包裹缠结？

布达佩斯是个到处都是博物馆的城市。我从一家画廊逛到另一家画廊，里头尽是丰富的古老文化的手工艺品。我漫步过一间间庞大的绘画展示厅，那些画作明明和西方绘画息息相关，但对西方世界而言却是个无名的艺术世界；明明属于欧洲的一部分，却又如此被排除在欧洲意识之外。如往常一样，每当想起这点，我心中属于西方的那一边便会升起失落的感觉，而从我心中的另一边，甚至会浮现出一抹愤怒。

布达山脉的城堡区内，坐落着几家博物馆，它本身也是一个博物馆。皇室宫殿及其周边建筑盖好后沦为废墟，又再重盖，就这么毁灭性地周而复始。布达佩斯的居民最早躲入人迹罕至的布达山区避难，是在13世纪中期鞑靼人恐怖来袭时。布达在随后的几个世纪成为繁荣的都会城市。然而其黄金时期在1541年土耳其开始统治时画下句点。1686年布达试图脱离土耳其统治时，曾导致长达七十五日的围城，结果整个城市变为废墟。继而建立的巴洛克风格城市，再度于1849年遭到围攻——哈布斯堡王朝对当地顽强反抗的镇压行动，在1848年民族之春（Spring of Nations）*革命浪潮中写下了惨烈的一页。最近一次令人心碎的攻击，则是1945年1月苏联军队的进攻，扫荡坚守最后据点、负隅顽抗的德国军队。不过这些还只是几次比较重要的战役，根据历史学家的计算，处于战略要害的城堡区，曾遭受过不下三十一次的围攻。

在重建的城堡园区中，有间社会主义者名之为匈牙利劳工阶级博物馆（Museum of the Hungarian Working Class）的场馆，此刻正在展示匈牙利被迫与当代欧洲隔离那个时期的艺术品。刚刚才过去的这段时期突然成为一段可供观看的往事，而就像所有的过往，这段历史很快就成为博物馆馆方和历史学家注意的对象。华沙曾举办社会主义现实主义艺术展，布拉格也举办过共产主义最后时日的展览。布达的展览则针对斯大林—拉科西统治时代，亦即匈牙利人生活最悲惨的那段岁月。

穿梭于展览厅的我，不禁感慨那段岁月是多么奇特，又是多么地脱离常轨——一半是欧洲，却也有部分是拜占庭帝国的；部分属于20世纪，部分属于早先比较黑暗的时代。就像拜占庭帝国一样，苏联的统御是个象征王国，生动地展现在这些展品身上反复出现、受到限制的象征上。每个物品、姿势和表达方式，都在该象征系统中有固定与明确界定的意义，令人不得不怀疑这个具有高度形式化与神圣感的世界，在某种深层的延续性上，是否正是拜占庭这个以

---

* 1848年欧洲各国爆发的一系列武装革命，虽然大多都迅速以失败告终，却仍造成各国君主与贵族体制动荡。

控制圣像和象征意义为权力基础形式的帝国的后裔。

在走入展览会场第一个展厅时，另一种相似感不断萦绕于心。只见伟大领袖的大型海报和巨型雕像，群众踏着整齐步伐、举起手臂致敬的相片，还有对体格健美、英雄式"新人"与干净、快乐的"工人阶级"的膜拜，这所有的一切，都难免令人联想到法西斯的象征手法。

还有艺术！在展示当代绘画作品的整个展览厅，我对那些臣服于恐怖主义美学统御的艺术家不禁心生同情。当然有些艺术家也曾以间接或公开的方式企图反抗。比如无所不在的斯大林像，每个主要城市都必须竖立。在作品竞标时，就有人试图拿出最差的作品，以免承受获胜的屈辱。那些画作令人感伤之处在于，显然有些画家仍企图在作品中维系若干画家的尊严。比如有些作品呈现出奇特的组合，以严谨有力的画风，表现令人作呕的意识形态正确性。有幅气氛忧郁、新印象主义画风的作品，描绘一个女孩惆怅地望着窗外，手中正在绣制一面红色旗帜上的斧头和镰刀。还有一幅画描绘的是一个小男孩，崇拜地注视着一位一身戎装的女兵。展览中最无耻的画作当属一幅巨型油画，但见一个年轻的士兵正朗读着一份明显激动人心的宣言，家人齐聚在破烂的小房间里屏气凝神，仰望着这位少年英雄，就连正在削马铃薯皮的祖母也摆出恭顺专注的神态。

我注视着这幅作品，试图以欣赏一幅维多利亚时代庸俗作品的心态去感受其间的奇趣或兴味。但是这种类比不管用。在维多利亚时代的艺术作品中，我们或许并不喜欢画家的感情，但他们的画作仍是画家本身的反映。然而在这些作品中，我们只看到画家的虚伪矫饰，甚至是对内心的违背。这类作品太缺乏生趣，连粗俗技法的活力都付之阙如。就某种程度而言，这也是学院派艺术，只是它所企图展现的不是高级绘画艺术的惯例，唯见品位庸俗的公式。

在艺术展览之后，文献的展示就显得比较有感染力。有些照片展示1949年的公审，包括一张令人难以忘怀的拉伊克·拉斯洛的照片。他是位身材高大、脸孔称得上漂亮的男人，他注视着法庭，脸上同时带着轻蔑，以及对自己命运的心知肚明。这幕影像格外令人颤抖的是，他之所以知道等待着自己的是什么，是因为他不久前才站在迫害者的一方。

后续的展览还有谦逊的"资产阶级"室内装潢造型的复制品。由于"资产阶级"是窝藏敌人的大本营，因此相关建筑都被摧毁殆尽。放大的照片中展现着荒废的一排排监狱牢房，与带刺铁丝网围起的田野——监狱变得更舒服以前的牢房。1950年代早期的恐怖时期，匈牙利的情况格外惨烈，据云有高达四万名受害者被处决或是遭到虐待与囚禁。展览的最后，是一尊真正的被砍倒的斯大林雕像，鼻孔塌陷，一个大型的放在躯体旁边的金属制下巴被敲下来，已然成为生锈无用的废铁。1956年革命开始，时代巨轮继续转动。

人们凝视着这些阴暗的篇章，气氛凝重沉静。在展览结束处放置的一个本子上，有人写下长篇评论。尽管在匈牙利，如同在波兰一样，如果有心，每个人都可以挖掘到许多历史真相，但如果终于能公开地弥合这种认知上的缺口，能完整而普遍地拥有这方面的信息，必定会产生某种扫除阴郁的功能。也许这会是不受限制的讨论、哀悼和掌握未来的开端。

靠近瓦茨街的一间时髦画廊的橱窗里展示着裸体男子相互拥抱的光面照片。在一个地下通道，杂志上的照片风格有如《阁楼》

(*Penthouse*)*，有些也颇为露骨。东欧正处于情色泛滥之际。共产主义永远无法压制的生命领域，便是情色。色情业的流行虽不能解释为对真正清教主义的反抗，但或许可以说是对视觉清教主义、长久禁制色情行业与情色影像的反抗，仍是一种对"他们"的反抗。

有一天，我注意到国会前面摆放了一枚巨大的红气球，上面绑着一条横幅，带有Levi's的标志。这种并置颇为讽刺：从红星标志到带有牛仔裤广告的红气球。不过这或许也是单凭一个对象、一个影像便可以赋予如此象征性意义的最后一刻了。象征王国已经崩溃，很快红气球就会只是红气球，情色也不过就是情色而已。

回到位于伦巴赫·塞巴斯蒂安的公寓后，我打开电视，里面正好在播放一部适合电视播放、描述旧金山单身生活的美国电影，拥有电视不可缺少的愚蠢剧情。接着是一部埃尔维斯·普雷斯利（Elvis Aaron Presley）† 的老片子。如果在纽约，我大概两部片子都看不下去，但是此刻我却黏在电视机前。我猜我是有点想家了，而且，在东欧待了几个月下来，屏幕上纯粹的美国元素让我全神贯注，无法分心。这些人为什么老是笑得合不拢嘴，展现他们洁白的牙齿？他们为什么这么活力充沛，乐不可支？当男孩和女孩（因为这些电影里似乎每个人都是青少年，不管他们的年龄理应多大）在一起时，为什么那么天真无邪？在遥远的此间看来，这些透过角色所传递的动作、姿势和个性，宛如来自另一个世界——由其怪癖狂妄的活力便可断言，那是个没有什么压力，而且没有受到任何威胁的世界。从这里来看，显得特别怪异。

---

* 由鲍勃·古乔内（Bob Guccione）创办的男性杂志，内容包括城市生活方式的文章和软色情图片。
† 埃尔维斯·普雷斯利（1935—1977），昵称猫王，知名美国摇滚歌手与演员。

我第二次来布达佩斯是搭飞机来的,坐进出租车前先看了一下它的计价器。由于欠缺监管,这里车费的差距颇大。出租车司机有张幽默的长脸,一个匹诺曹一样的鼻子和一枚樱桃小口。虽然致歉的语句使用过度,倒还算是说得一口不错的英语。

"你的英语说得很好。"我赞美他。

"不,没有很好,真的没有。抱歉!"

"你在哪里学的?"我问。

"我老师三十年前就告诉我,我应该学一样有用的语言。不是俄语。不过总之,我结了婚,有了小孩。抱歉!不过八年前我在邮政计划署上英文课。我本来在那边上班。"

"为什么会离开那个工作呢?"

"我以为出租车会是门好营生。毕竟,我没有大老板。这点很好。"

"那出租车真是门好生意吗?"

"对不起,这根本不叫生意。有太多出租车了,政府根本不制止。布达佩斯有一万辆出租车。太多了。像你也许就会叫到另一辆出租车,也许!"

"过去一年,政府做了些什么?"

"我不知道。抱歉!没有人知道。他们说他们工作得很辛苦,结果他们提高了物价,没有提高薪水。真是抱歉!"

我决定纵容我自己一下,因此这次住进优雅的盖莱尔特酒店(Gellért Hotel)。啊!蓬松浴巾的奢华啊!盖莱尔特酒店是栋有点怪异的建筑,完工于1918年,其白色石质外观,搭配拱门与曲线的精致设计,宛如直接由盖莱尔特山(Gellért Hill)的白色石灰岩上生长出来。同时,建筑本身宽广、稳重的蹲踞之姿,正是我在匈牙利建筑中所见的特色。我的一个匈牙利友人称之为"大地的气魄",

而确实,这种饱满、凸起的形态,也真的传达出一种特别的气势。不过内部的一切则尽是平静的优雅,有厚厚的地毯和法式落地窗。主楼层遍布着各式餐厅和咖啡厅,外面还有宽大的阳台,只是其效果多少被布达佩斯可怕的空气污染给破坏了。

我在这里会晤朋友,一起享用美酒、咖啡和特别调制的冰淇淋。当然,每个人都跟我说了去年一年间的政治情况。后共产主义时代的逻辑以匈牙利特有的方式展开:进步的自由民主联盟已经丧失了一些支持;保守的匈牙利民主论坛仍企图加强其对各重要部门的控制,以期建立一个"垄断性的多数"——明显重复了一种旧的匈牙利模式。最近爆发了一桩丑闻:最保守、以民族主义为号召的自有产权党(Freeholders' Party)*不顾一切反对,要求检视自身所有成员的秘密警察档案,暗示他们当中不能有不爱国的老鼠屎自有产权坏了这锅粥。检视结果是该党一名主要人物竟为重要告密者。在我认识的人当中,此事引发了热烈讨论,猜测自有产权党将如何处理这尴尬的情势。结果这件事很快就冷却下来,因为当前有更急迫的事情需要处理,因此人们耸耸肩也就过去了。由此亦可见在现阶段,一般匈牙利民众对于调查、搜证和宿怨方面的兴趣实在有限。

总体而言,匈牙利不比东欧其他国家,政治似乎不那么处于核心地位,尽管它可能产生潜在影响。当然,现在才只是开始,一个崭新的世界才刚刚成型,每一步都在众目睽睽的审视之下;但是政治的脉搏还没有那么紧急,政治事务只是众多事情中的一环。日常生活更为重要,有太多的发展方向和需要关注的内容。

---

* 匈牙利并无自由产权党,此处疑应为独立小农党(Independent Smallholders' Party)之误。

我觉得最棒的一件事，是盖莱尔特酒店拥有著名的盖莱尔特浴场（Gellért Bath）[*]。布达佩斯的浴场文化就像法国的烹饪文化一样，丰富多样，精致完善。这是在16、17世纪曾经统治匈牙利几乎一百五十年的奥斯曼帝国（Ottoman Empire）所留下来的遗产之一。虽然土耳其领主和勒索般征税的希腊法纳尔人（Phanariot）的统治，多半充斥着苦涩的斗争与怨恨，但是诚如一位聪明的匈牙利人所指出的，一段能维持那么久的关系，不可能全部都只是愤恨。不管怎样，她说，土耳其人和苏联人不同的地方在于，土耳其人至少不会逼迫属民庆祝他们的节日。事实上，尽管在别处展现出高度的掠夺性，但在宗教和意识形态上，土耳其人还是宽容的。

　　土耳其人留下的这些有关水的习俗，即便经历了所有最恶劣的时代，仍侥幸保存了下来；也幸亏有这类足以令人透气的习俗，才使生命有喘息的空间。布达佩斯有些真正的土耳其浴仍在开放；也有各种各样的户外浴场是在土耳其人离开很久后才兴建的，其中有平价的大众浴场，也有为资产阶级服务的奢华浴场。

　　盖莱尔特浴场是其中最奢华的一处。在里面消磨了一个早上后，我深感沐浴真是结合了某种形而上学意义与形体愉悦的习俗。浴场门厅宽大无比，回音缭绕，到处可见大理石顶梁柱，还有一个精雕细琢的中央穹顶——这种设计通常都留给重量级的金融或国家事务，而不是逐渐消逝的沐浴仪式。进入女宾区后，情景转为费里尼（Federico Fellini）[†]式风情，女人们在储物柜之间的大理石地面上来来去去，或者一丝不挂，或者只系着一条围裙式的白布盖住下半身。四周以白色为主，薄雾弥漫，非常安静。服务人员身穿白制服。经

---

[*] 一座新艺术运动风格的温泉浴场，修建于1912—1918年，第二次世界大战后重建。
[†] 费里尼（1920—1993），意大利著名电影导演、编剧，代表作有《甜蜜的生活》、《八部半》。

第四章　匈牙利

过一番比划和交涉，以及匈牙利福林（forint）*的交易，一名导览人员尽管不太情愿，可是终于同意帮我，领着我步上大理石台阶进入更衣室。只见到处一尘不染，地面也没有水渍。褪下衣物后，我那粗鲁无礼、面容不悦的导览又引导我来到一间满是雾气的按摩间。在那里，先是用水管毫不客气地喷湿我全身，再将我放在一张台面上，彻底涂满肥皂。然后我的按摩师就登场了，身穿方形胸罩和短裤的她，身材有如运动员般魁梧，毫不留情地对我的身体施展手指功夫，其间还不时夹杂着大声的拍打，而自始至终，她都跟其他工作人员聊个不停。对她而言，我就像是厨房工作台或传送带上一块没有生命的物体。

接着进入沐浴间。有两个水温不同的半月形水池，中间隔着一条大理石走廊，上面覆盖有圆顶式天花板。淋浴室有如壁龛，全部用温润的碧绿孔雀石建造而成。在这富丽堂皇、圆融调和的室内，女人们泡澡、沐浴、来回走动，有些人身上披着罗马式宽外袍，丝毫不觉难为情。这个早上前来浴场的大半是上了年纪的女人，她们的肉体呈现出不同形态的衰退样貌：下垂的胸部，皱褶的手臂，松垮的腹部。亲眼目睹我们肉身遭岁月摧毁蹂躏的实例，起先不免令人心情沮丧，但是那些坐在水池台阶和平台上的女人，却宛如置身发廊般闲话家常。她们已经习惯彼此和自己的身体，对她们中的一些人而言，沐浴是每天规律生活的一部分，给予酸痛的肌肉和骨头最实际的抚慰。

逐渐地，我也习惯她们了。她们的安逸有种尊严感，而环绕四周的空间也有种补偿性的高贵。它的美包括人体的脆弱，文明建筑的永恒性抚慰了人类本身的无常。这个圆顶石材建筑内部似乎将时

---

* 福林，匈牙利货币名。

间困在永恒的静止状态，以弥补它在我们生命中的无情流逝。

我在一个温度很高，飘散着迷迭香气息的桑拿间待了一会儿，然后穿着泳装，进入主体的大众游泳池，由玻璃屋顶穿射而入的艳丽阳光将这里照射得格外明亮。这片空间的设计饶富趣味又不失堂皇。泳池周遭环绕着盘旋有黄色花纹的石柱，旁边是附有狮头设计的喷水口，还有个正在喂食鹅群的农家女雕像，作为喷泉矗立在泳池一端。

作为这个仪式的最后一环，我进入一间阳光灿烂的露台餐厅。这里曾是匈牙利好色者展示其挑逗功夫的地方，也不乏为了感情或荣誉的叫阵决斗。他们故作勇敢的习惯一直延续到我们这个世纪。现今是成群的观光客和商人一边享受着精致的冰淇淋，一边在生意上彼此较量。

在这一连串沐浴仪式后，我觉得精神饱满，心宁气静，仿佛寻回了重要的平衡。对我来说，这种以美丽辉煌来颂赞人体的和谐，似乎是文明一种微妙而重大的成就。

波兰有一句古老的话，翻译过来大致是"波兰人和马扎尔人是表兄弟"，意在表达这两国性情上的亲近。这种亲近同彼此都有忧郁与装腔作势的个性有关，也跟两国对抗外来政权所倾向采取之革命、反抗与其他注定失败的对抗手段有关。跟波兰一样，匈牙利也有其一系列浪漫革命的英雄名录，他们在世间燃起一道炽焰，然后年纪轻轻便离世而去。匈牙利的第一任哈布斯堡王朝君主，利奥波德一世（Leopold I）*认为"匈牙利的血液中有革命和不安的倾向"，只能用特别严格的手段才能驯服。他的统御，就像随

---

* 利奥波德一世（1640—1705），哈布斯堡王朝的神圣罗马帝国皇帝及匈牙利和波希米亚国王。在位时主张绝对君主制，在统治匈牙利后引起长期的反抗运动，直待 1681 年取消专制，恢复贵族之特权，放宽信仰权利才渐渐压下反抗势力。

第四章　匈牙利

后的其他统治者一样，都孕育出了异议分子；而东欧典型的反叛模式——秘密会社、阴谋审判与无情镇压，在每一重大历史节点重复上演。1848年革命运动产生了三大领袖：科苏特·拉约什（Kossuth Lajos）*、戴阿克·费伦茨（Deák Ferencz）†和裴多菲·山陀尔（Petőfi Sándor）‡，这三人全是文人，也是行动家。其中裴多菲和拜伦（George Gordon Byron）§的命运最为相似，也是匈牙利伟大的浪漫诗人，年仅三十六岁便战死沙场。还有一位著名的波兰参与者约瑟夫·贝姆（József Bem）¶将军，基于革命情感，他率军在特兰西瓦尼亚获得短暂胜利。当哈布斯堡王朝请来"欧洲的宪兵"俄国军队，协助他们镇压民族运动时，这种种的独立企图都以常规的方式终结了。1849年，俄国指挥官略有自夸地向沙皇尼古拉一世（Nicholas I）报告："匈牙利已经匍匐在陛下脚前。"

尽管经历了数次重大中断，但历史却从未将延续的丝缕完全切断。这些早期的系列起义运动，最终变成了日后民众自发的、导致悲剧性后果的大爆发，亦即著名的1956年革命。讽刺的是，就像波兰一样，匈牙利比较近期的反抗传统，经过早期共产主义者到达第二次世界大战后的异议分子手上——无论在象征意义上还是实质意义上，他们都像是当年的反对运动之子。正如波兰的情况一样，从大战开始，匈牙利已可明显地区分出几代异议分子了，他们代代

---

* 科苏特·拉约什（1802—1894），匈牙利革命家、政治家及民族英雄。1848年革命领导人，担任革命中独立的匈牙利共和国元首。革命失败后，被迫流亡海外。
† 戴阿克·费伦茨（1803—1876），匈牙利政治家，曾任司法部长，因反对以暴力作为政治手段，和拉约什分道扬镳。
‡ 裴多菲·山陀尔（1823—1849），匈牙利爱国诗人和革命志士，也是匈牙利民族文学的奠基人。
§ 拜伦（1788—1824），英国诗人及革命家，也是浪漫主义文学的代表性人物。曾为希腊革命奔走，病逝于希腊军队的军帐中。
¶ 约瑟夫·贝姆（1794—1850），波兰和匈牙利民族英雄。

传承，互相教育，如今则在被称为"婚礼蛋糕"的国会大厦里亲近而局促地并肩而坐。我跟其中三个人见了面，试图研究战后匈牙利历史的运转及其负载的不同强度。

米克洛什·瓦沙尔海伊（Miklós Vásárhelyi）属于1956年革命的一代，距今已足够遥远，故得以笼罩上英雄的光环。我深入布达姹紫嫣红的山区，前往他的公寓拜访。他七十多岁了，矮小结实，身穿宽大的牛仔裤和磨旧的毛衣，动作迟缓，有着温和的脸孔和一双洞察世情的疲惫的眼睛。他说话缓慢，言词精简保守，不过我感到那并非出于不情不愿，而是他所经历的惊涛骇浪已经化为清晰单纯的一连串情景，以及几个关键的"是"或"不是"。

在记忆犹新的几次最让人心灰意冷的历史事件中，他都位居暴风眼和中心点；但他似乎已经超脱，而有种不含杂质的平静。年轻时他是中产阶级家庭出生的理想型共产主义信徒，因此很自然的，战后便加入了纳吉·伊姆雷阵营，致力于政党内部改革。瓦沙尔海伊在大学时代就已经认识纳吉，随后一起被开除出党。他们的阵营在1955年开始反对拉科西·马加什，1956年更成为那一连串的混乱与悲剧事件——亦即著名的1956年革命——的中心。后来促成了1956年10月23日暴动的学生宣言中的一项，就是要求由纳吉·伊姆雷组织政府。

最初阶段，革命只是自发性的反抗行为，一方是平民大众，以及部分加入群众的士兵，另一方则是秘密警察和奉派前往支持匈牙利当局的苏维埃坦克，结果造成几千人死伤。最后盖勒·埃尔诺（Gerő Ernő）*领导的斯大林主义政府总算屈服了。

---

* 盖勒·埃尔诺（1898—1980），拉科西·马加什左右手，致力于斯大林主义的匈牙利化。1956年间短暂出任匈牙利第一书记。

第四章 匈牙利

10月24日，四百辆苏联坦克驶进布达佩斯，不过当天的晚些时候，企图控制局势的苏联同意让纳吉领导政府。他的胜利维系了不到两个星期，不过瓦沙尔海伊有些骄傲地说，当时围绕纳吉的阵营是"匈牙利合法政府"。

在接下来的日子里，战斗持续进行，约两百辆坦克被毁。神奇的是，10月28日，苏联军队竟开始撤离。

11月1日，苏联人再度回来，同行的还有三千辆坦克和几个师的陆军。纳吉阵营求助于联合国，并期待西方能公开表态支持。

他们的期望终究落空了。谈到这里时，我发觉自己再度处于极其尴尬的地位，内心的东西两阵营横跨大西洋，以怀疑的眼神相互对峙。美国大肆宣传抵制共产主义，解放被奴役的国家，这使得纳吉阵营相信被奴役的国家一旦英勇地致力于解放自己，美国应该就会挺身而出。不料，美国国务院甚至没有将匈牙利局势排入联合国安理会的议程。当时正好发生了苏伊士运河危机[*]，运河危机似乎是更重要的国际事务。

苏联军队一抵达布达佩斯，纳吉阵营就只有逃命一途，因为铁托政权同意提供庇护，他们遂躲进南斯拉夫大使馆。纳吉阵营中包括好几个家庭，有子女和孙子女，总计四十人。

紧接着，11月23日——正好是革命开始后一个月——新成立的卡达尔政府派代表跟他们接触，告诉他们该回家了，保证不会对他们采取报复行动。结果他们一坐上政府提供的大巴，就被载往罗马尼亚一处瓦沙尔海伊形容为集中营的地方。

瓦沙尔海伊最痛苦的时期就在那里展开。1957年的一天，匈牙利的数名官员来到他们被流放的地方。这一次他们用大巴带走所有

---

[*] 1956年10月29日至11月7日，以色列、英国、法国为争取运河控制权，对埃及展开攻击。

男性，只留下妇女和小孩。等待他们的是监狱，还有一连串秘密审判，犹如前朝对拉伊克审判的翻版。我问瓦沙尔海伊在法庭上有没有自我辩护。他温和地回答说，很少。他们都知道再怎么辩护也没有用。十名被告中，四名主要分子遭到处决，一名死在狱中，五名获判不同的刑期。瓦沙尔海伊被判刑五年，实际服刑四年，其中一年半的时间还是单独囚禁，没有访客，也不能和其他犯人或外面的世界有任何联系。

到目前为止，我已经听了许多在监狱服刑的叙述，却还是深深受到吸引：是什么让这些人在那种情况下幸存，而且没有崩溃，没有变得充满仇恨？监狱在东欧历史上占了相当重的分量，成为一种规范——实际上是形塑——的经历。不过虽然看似都是折磨，却分成了各种层次。我的一位波兰友人曾认真地告诉我："有段时期，人们很喜欢被关进监狱。"因为那是道德荣誉的徽章，是对一个人信仰的肯定，也因为在监狱里可以碰到一流的狱友。但瓦沙尔海伊的监狱生涯不在那段时期，也不属于那种类型，而纯粹是道德上压制背叛者的结果，也没有信仰胜利后的荣耀。我问他那么长时间的单独囚禁，如何维持神智健全。他笑了一笑。"我只是抱着希望，"他回答说，"我个性很乐观，而且也算温和。我早先看过阿瑟·凯斯特勒（Arthur Koestler）*的作品，知道唯一的问题在于他们究竟是想要让我活，还是想让我死。如果他们想要让我活，那我终究会有重获自由的一天。"多么奇怪！乐观和温和这两项特质居然会成为力量的来源，而有这种想法的人，又是多么稀罕。但是我可以理解，这两项特质，而不是愤怒与仇恨的苦涩内心挣扎，如何帮助他支撑过来。

---

* 阿瑟·凯斯特勒（1905—1983），英籍匈牙利作家、记者和批评家。著有著名政治小说《中午的黑暗》。

第四章　匈牙利

一年半后,瓦沙尔海伊终于转到了一个和其他政治犯一起囚禁的牢房,而且获准阅读书报。他爱上了福楼拜,而且看完了一名狱友私人收藏的七星丛书(Pléiade)的全套法国文学作品。监狱中有怀抱各种政治信仰的狱友,在情况恶劣、过分拥挤的牢房中,大伙儿不断讨论。

瓦沙尔海伊出狱后之所以能够恢复正常生活,没有怨恨与退缩,想必也是希望所赋予他的韧性。在他被折磨期间,妻子和孩子的支持当然也发挥了助力。出狱后的十二年里,他被禁止从事脑力工作,因此受雇于一家农业合作社,充当店员和工人。1972年,卡达尔政权放松管制,瓦沙尔海伊终于获得允许,得以从事有兴趣的工作,他也再度开始参与反对活动。尽管骚扰和监视不断,但他始终不为所惧。

他在提到最后一项付出巨大努力完成的事情时,声音中流露出一丝骄傲,即负责安排1989年6月纳吉·伊姆雷的国葬仪式。匈牙利素有举行象征意义丰富、仪式隆重盛大之丧礼的传统,比如在布达佩斯为流亡多年的1848年革命志士科苏特·拉约什举行的丧礼便是其中之一。纳吉迟来的丧礼在英雄广场(Heroes' Square)举行,阿帕德王朝(Árpád dynasty)*开国英雄们充满戏剧张力、洋溢着活力的雕像下,吸引了数目庞大的前来致意的人群,此举也使得1989年成为革命性的转折点。这对瓦沙尔海伊而言是充满激情、获得清白的时刻。他轻描淡写地说,在纳吉审判被处决的人当中,有三个是他的大学好友。

局势转变后,瓦沙尔海伊成为反对党自由民主联盟的创党元老

---

*　9世纪时,东方游牧民族马扎尔人在领袖阿帕德领导之下,西迁多瑙河流域,形成日后的匈牙利。

之一。他是一名议员,虽然他表示自己年事已高,也已经厌倦了实际性的日常政务,然而,他仍担任历史公正委员会(Committee of Historical Justice)主席,在道义上,有时也在物质上,为在那些年牺牲或受到囚禁的人寻求补偿。

在他的生命中,当然也有充满仇恨的时刻,瓦沙尔海伊安静地说,但现在不是。他不想对以前的共产党人存有积怨,或者"在事情发生三十年后,审判那些七十岁的老人"。他不认为犯下严重错误的人还应该占据最高的职位,但也深知在匈牙利新时代展开之际,还需要共产党员的专业知识,毕竟共产主义社会内的管理者,至少在名义上,是共产党员。"我对任何人都没有怨恨,"他说,"事情就这样发生了,我也无可奈何。只希望剩下的岁月能安静地度过。"

这种和复仇主义完全相反的心态,也许缘于瓦沙尔海伊知道他已尽力而为,或者缘于一种自我接纳的心态。这种恬淡也或许缘于发生在他和他朋友身上的事情的真相已经被披露于世,而且获得了承认。被承认的需求,似乎如任何本能一样基础与有力,促使这方面得到满足和解决的动力是迫切的。

"不管怎么说,你这一生过得非常有意思。"我不恰当地贸然说了这么一句,实在是因为无法充分表达出对他的故事或孕育这故事的大历史的满心敬畏。

"喔,是啊!是很有意思。"他浅浅一笑,"不过在这种情况下,不要那么有意思或许还比较好些。"

从瓦沙尔海伊的住处来到米克洛什·豪劳斯蒂(Miklós Haraszti)的公寓,令人有种跨越年代和美学领域的感觉。如果在美国,会马上认出这是属于1960年代的风格,而在这里,则会令人赞叹一声"哇!你瞧瞧!"豪劳斯蒂住在布达佩斯破旧、沉寂而迷人的市中心地区，但公寓本身被改建为阁楼似的空间——开放、空气流通、光线充足。公寓内装潢着白色橱柜，金色木制家具，以及若干凌乱的杂物。一扇门上贴着一张海报，以粗体字印了一行标语"Igen、Igen、Igen、Igen"。"Igen"是"同意"的意思。这四个"同意"，是导致前政权垮台的公投使用的口号，而豪劳斯蒂的异议团体当年也发挥了相当的作用。

豪劳斯蒂可以既是异议分子又是某种反主流文化的浪漫主义者，这固然是他年少轻狂时期的特征，也因为匈牙利当时情势比较松缓，使他可以尝试和游走在不同人物性格之间。在谈话当中，他带点困惑意味地拿了张自己1960年代的照片给我看，并且说："这张照片可以告诉你所有事。"的确，那是一张当时反叛青年的标准照，一身苏联改良版军装，切·格瓦拉的发型和胡须，将原本秀气的脸打造成典型的革命分子样貌。

豪劳斯蒂现在打扮清爽，脸上也不再蓄有胡须，英俊的脸庞颇引人注目。他的朋友康拉德·哲尔吉曾经形容他是一个"瘦削，孩子气的男人，有双暗色的眼睛和黑色头发，脸孔美丽而忧伤"。这也是一张闪烁着智慧的脸，带有戒备的坦然和纯粹的善良。他身上有种轻松的感觉，或许因为他这一代的匈牙利人已经处在比较轻松的环境中吧——我可不认为自己的这个看法太离谱。他也承受了相当多的骚扰、警方监视以及审查，但是这些都不再攸关生死。他曾在监狱中待过一个月，但是没有受到单独囚禁、刑罚和公开审判的威胁。更重要的是，这种威胁已经不再笼罩他这一代的人。他是在卡达尔政权放松了其最恶劣的镇压手段后才接棒主张异议的，因此不会再有眼睁睁看着威胁发生的事了。

和许多同辈人一样，他之所以抱持反对理念，仅是因为他的上一辈以理想主义为名，却明显欺骗了他。不过他和同侪不一样的地方是，他几乎只能靠自己的力量得出这个结论。他是共产党人之子，父辈意识形态的忠诚度非常高，因此正如豪劳斯蒂自己所形容的，他没有大多数东欧人从中得益的"双重教育之利"——在学校是官方的意识形态，家里是完全的怀疑主义。

豪劳斯蒂是个擅长说格言之人，即使用英文也不例外。他颇有自知之明，知道自己从他所尖锐反叛的"马克思主义文化"中汲取了多少。他说，早年马克思主义教育留给他的最大特点，是倾向于理想主义和坚持原则，具有探究事实的基本冲动。还有另外一种倾向，使他凡事参与，涉猎广泛，他笑谑地戏称之为"愚蠢的激进主义"。"所有马克思主义文化都有一个深藏的潜在观念，"他对自己的理论感到好笑地说，"就是社会是知识分子必须改变的一样东西。事实上，社会的定义就是，一样你必须改变的东西。"

除了态度极端和蔼可亲外，豪劳斯蒂的才华与自信，多少跟他在同辈中一向以最优秀、最聪明闻名有关。在调侃了自己的积极作风后，他又很自然地谈起有一次遇见肯尼迪家族一员的小故事，他很惊讶地得知"他们连在家里、在餐桌上，也用那种语言说话——对穷人该怎么做，该怎么帮助改革社会等等。听起来很有趣"。有趣，但是可以理解，因为豪劳斯蒂的家庭背景虽然跟肯尼迪家族几乎完全不同，但是他所属的阶层确实在社会主义之下获得许多权力，这点他自己头一个承认，因此随权力而来的，也有一种责任感，或对下层阶级的体恤：知识分子意识。

1960年代，这位年轻的东欧知识分子所表达的深层政治无意识，是他的西方同时代人非常熟悉的。有一阵子，人们很难分辨他究竟是个嬉皮、摇滚乐手还是个疯狂的诗人。他写诗，将鲍勃·迪伦的歌曲翻译为匈牙利文；广泛阅读，涉猎任何他能到手的匈牙利文读物，或其他三种他熟知的外国语言的作品。直到1977年，豪劳斯

第四章　匈牙利

蒂都无法离开匈牙利旅行，不过他说："我们的脸都是朝向西方的。"有一阵子，他甚至成为一个西方形态的毛泽东主义者，但很快受到同伴的谴责，认为他太不服从命令了。

他那帮朋友会和前来布达佩斯的形形色色的西方人——包括学生、学者和其他同情东欧国家的左翼人士——热切交换意见，只不过这些东欧迷全都带着当局者迷的盲点。"我们经常感觉到，"豪劳斯蒂淡淡地说，"被观察者比观察者知道得更多。"因为当西方的新左派还在尝试各种不同的意识形态和理想时，东欧人已经是意识形态实验中的活体了，因此双方确实有认知上的差距。

矛盾的是，就是这种认知，让他们比较不拘泥于教条主义。或者也没有那么矛盾，因为纯粹的教条只适存于纯理论的无人空间，而豪劳斯蒂那帮朋友们所与之缠斗的，是运用到实际情况中的理论，并透过实际行动，设法改善那些情况。到 1970 年代时，豪劳斯蒂已经将马克思主义和毛泽东主义远抛在后。匈牙利的反对运动已经演变为人权运动，而不再是意识形态运动。"共产主义最主要的影响是，"豪劳斯蒂说，"消灭了左派和右派的概念。"整个东欧国家都得出类似的结论。豪劳斯蒂这一代人有一种身为东欧世代一分子的强烈意识。1970 年代，他们从波兰人处学会 samizdat[*] 的印刷技术，开始同波兰和捷克的同志交换意见，甚至还在波兰和捷克交界的塔特拉山脉（Tatra Mountain）进行有名的秘密会谈。

豪劳斯蒂回忆自己年轻时投身反抗活动的岁月，将其视为自己的全盛时期，这是瓦沙尔海伊绝无可能的。豪劳斯蒂那帮朋友还创办了一份杂志《发言》(*Beszélö*)，自由运用"真正的政治语言"。

---

[*] 秘密出版物，即秘密写作、印刷和发行的方式，始于 1950 年代，一般都是以打字复写稿的方式出版，在读者中间流传。

他们享有温暖的友情、文学和有意义行动的喜悦。豪劳斯蒂皱眉说，他们甚至可以"自我讽刺"，这是任何政治精英团体很少有的特质。

此外，他们不像西方的反抗活动盟友，一旦步入成年，便陷于一种难以逃避的桎梏：反抗活动的吸引力与金钱和事业的牵引力之间的冲突。匈牙利没有大钱可以赚，而正式工作也声名狼藉：东欧的年轻人不必担心被塑造成大怪兽，变成"资产阶级"，也没有成为大老板、大官员或者工作狂的动机。

豪劳斯蒂的正式工作只是在一家工厂当了一年的工人，即使这样其部分动机也是为了研究。他根据自己的经验撰写了一本书：《一个工人国家的工人》（Worker in a Workers' State），这本书从未在匈牙利出版，但是在被警方没收打字稿后，却成为一场沸沸扬扬的审判中的主角。豪劳斯蒂被判刑八个月，不过在西方声援的舆论压力下，只服刑了一个月。除了这段就业的插曲外，豪劳斯蒂的谋生方式是从事非法的"黑工"，以假名给人代笔，甚至做一些走私的事。《天鹅绒监狱》（The Velvet Prison）是他的第二本书，对在国家社会主义之下长大的知识分子自动从事自我检查和自我欺骗的微妙与下意识的心态有复杂而深刻的分析。对匈牙利人特殊的精神分裂情况，这本书的细微诠释可谓空前绝后，再无书可出其右。

如今，豪劳斯蒂是自由民主联盟的领导成员。当我问他从异议分子到反对党是否算很大的跃升时，他茫然地笑了一下。"专业主义的挑战和乐趣非常有意思，"他故意不正面回答，"我们都清楚，现在才学习如何当个职业政治家已经太晚了，不过我是以非常实际的方式在工作，我想我不会犯匈牙利政坛人士常犯的一个典型错误，就是不知道什么时候该下台。"不过从事公职到底有什么是那样困难的？喔，比如行政方面的工作。虽然他不介意跟一批秘书一起工作，完全不介意，但是如此一来，啊，说来真是讽刺中的讽刺！他

第四章　匈牙利　　　　　　　　　　　　　　　　　　　　245

就得更谨慎,比以前任何时刻都要小心。但对此,他没有进一步说明。"我会辞掉工作,"他说,"如果外交手腕和说真话两者的组合变成外交手腕占主要地位,而说真话变得不可能的话。"

不过目前,他认为他这一代的人置身政坛很重要,他们反国家主义的冲动或许是当前气氛的一剂解药,因为在他看来,目前又开始偏向中央集权了。对于新成长起来的左派主义这一代,东欧和西方并不一样。"在社会主义下成长的人有一种特别的觉悟,"豪劳斯蒂说,"一种反意识形态的觉悟。"他的同侪所追求的政治既不是左派也不是右派,对这种标签也不在乎,而是结合,套用豪劳斯蒂的表述,"是美国和欧洲的自由主义的混合"。

一定程度的欧洲。豪劳斯蒂说,他同意米兰·昆德拉的看法,如果以前的中欧有任何优点,那是因为中欧对未来的期许比其他欧洲地区更欧洲化。但在某些方面,他说,匈牙利现在更接近美国,早期拓荒时期的那个美国。共产主义试图摧毁所有传统,结果意外地连封建主义也一并摧毁了。就某种程度而言,没收财富使得匈牙利成功成为一个没有阶级的社会。所以此刻,豪劳斯蒂说:"我们正准备跳进一个自创的准新世界。"

一个有着旧世界负担的新世界,确实如此,但也有着旧世界的经验。豪劳斯蒂的同侪再度置身一个有趣的境遇。当我想起曾跟我聊过天的那群精力充沛、聪明睿智的人,一群结合了他们那一代特有的坦诚与若干来之不易的历史教训的人,不禁觉得他们不无可能带来一些原创力,为这始终陈腐、乏味的官场政治带来一些有洞见,并有可能有道德的新内容。

若尔特·内梅特（Zsolt Németh）又是完全不同的人,也是比较新一代的人。有心人可以写本娱乐指南——只不过更新速度可能要比米其林指南更快——描绘东欧数目激增、覆盖广泛的政党、协会、论坛、委员会和各种政治团体。在这本指南中，若尔特·内梅特所属的青民盟（Fidesz Party，即"青年民主主义者联盟"〔Young Democrats Union〕的缩写，但带有"信任"或"忠诚"的意味）可以被列为匈牙利政坛中的一大特色，是当地土壤中长出的独一无二的奇葩。青民盟以青年为基础，因此最高年龄限制为三十五岁。当然，联盟成立后第三年，几个元老就开始觉得这个上限低得有些窘迫，而酝酿在自己到岁数前，提高年龄限制。

尽管只针对一个年龄段的观点颇为可笑，青民盟却是极其严肃的政党，很多人也极为严肃地对待它，包括某些知识分子群体。这是最近以来，东欧人所持的标准心态之一：解决过去困境的唯一方式，是让年轻人出头，而这无疑也是青民盟的主要魅力之一。它没有受到污染，没有受到扭曲。在这里，不相信任何超过三十五岁的人有全新的意义。对于这个年轻政党，人们经常使用的三个形容词是：活力、专业、务实——正是许多人对新纪元所期许的价值。

我必须承认，若尔特·内梅特的确具备这三项特质。他看上去淡漠的宽脸，可以绽放出生动智慧的笑容。他靠着椅背抽着烟，一副轻松笃定的神情，宛如早已习惯权力与掌控，而言谈间所展露的成熟、慎重的自信，更令人难以相信他只有二十七岁。当然，这是东欧的二十七岁；不过，我仍然有种难以企及之感。这种最新的政治人种究竟是什么人，又是如何被塑造出来的？

马克思主义大剧的最后一章，一方面，主角人物在上场的时候，剧情已经接近终点；另一方面，他们因此可以重新出发，开创新局。若尔特·内梅特毕业于卡尔·马克思大学（Karl Marx University）经济系。不过他接受的真正教育来自一所特别的学院，跟马克思主义完全没有关系，由学生自行组织，且获得了当局勉为其难的准许。

1980年代，匈牙利有几所这样的学院，由学生自己设定课程计划，自己聘请老师。内梅特形容这些机构既不是地下机构，也不是正式机构，它们几乎不被允许，但也没有受到威胁。这是匈牙利的不同之处，也是如今让匈牙利蒙受其利，取得有利地位的特色。

青民盟的人都是这些学院出身的青年才俊，他们每年夏天都会去巴拉顿湖参加特殊夏令营。营队会进行马拉松式的长谈，并举办有关托克维尔（Alexis de Tocqueville）、约翰·密尔（John Stuart Mill）和洛克（John Locke），以及当代美国学者如罗伯特·诺齐克（Robert Nozick）和约翰·罗尔斯（John Rawls）等人的研讨会，就自由主义和民主的意义进行探讨。"我们的讨论全都集中于真理、正义和自由的哲学领域。"内梅特说。那些旧领域，已经因为东欧的情势而获得了新生命。不过这些未来的政治家将这些崇高的人性关怀与通常属于西方年轻人的自信合而为一。他们的部分自信，以及绝大部分的知识架构，来自个人跟西方的接触。在"古拉什共产主义"逐渐衰退的年代，他们中的许多人前往牛津和剑桥读书。那里有复印机——它们在东欧动荡中所扮演的角色还没有得到应有的重视——可以将一本本书完整地印出来。他们知道自己并不孤单。

和内梅特的对话中最发人深省的时刻，是我问他当时仍是学生，后来成为青民盟党员的这些人，是否曾将老一辈的异议分子视为人生导师。毕竟老一辈的反对分子，诸如瓦沙尔海伊或豪劳斯蒂，或其他现在正领导匈牙利国内两个主要党派的人，经常受邀前往这些特殊学院和巴拉顿研习营。"你指什么？"他着实惊讶地反问，"我们才是**他们的**导师。我们有法律架构。我们可以在他们之间扮演协调者——到1980年代中期，他们就已经开始吵架了。"

不管这是对过去的傲慢，或是一个年轻政治家的语言，都切实表现出这群年轻人的严肃心态，也表现出他们的成长背景所孕育的权利意识——在豪劳斯蒂那一代，即使最有自信的人或许也不可能有这种意识。他们知道，很大程度上，他们可以反抗这个体系，而不致受到惩罚；也意识到不管多么反叛，他们终究会得到自己想要的东西。

而且他们没有过去的负担。我问他，他们思想中可有任何马克思主义的痕迹。"我们已经受够了，老实讲。"他回答。也许马克思主义唯一残留的影响，是内梅特这代知识分子——诚如他所描述的——"在情感上是强烈的反马克思主义者。我们无法将它单纯地看作19世纪的另一种理念。"不过实际上，在他们踏上舞台时，有关马克思主义的激情、冲突和幻灭的冗长篇章已经结束，在明显的缺乏兴趣中画上句点。

青民盟大言不惭而机智地描绘他们自己为"不带任何形容词的自由主义分子"，支持所有善良、公正的事物，帮助他们中间的弱势孩童和年轻人。但是内梅特的高谈阔论中所真正弥漫的，是职业政治家的价值取向。他谈了很多策略，要有"效率"以及"政治程序"，仿佛其本身就是一个实体或应该膜拜的偶像。他也谈到意见调查和获得当地的支持等。青民盟在匈牙利主导了几场最聪明的竞选活动，包括创意性的海报和媒体顾问，一应俱全。

权力的施展使得内梅特和若干党内老同志分道扬镳。有时候这种事是痛苦的，但是"我们了解这是政治过程的一部分"，他说——这或许是瓦沙尔海伊和豪劳斯蒂不曾有过的想法。当然，老一辈的人知道友谊会因为政治而破裂，但是这种破裂是一个悲剧，甚至攸关生死，因为在他们那个年代，政治同时具备残忍和神圣的元素。

但是现在的政治已经聪明地去神秘化了。在内梅特的年代，政治已走向实际，所需要的不再是追求神圣的理想，而是对"过程"的热衷，还有对你自己的热情，即你自己独具的个人崇拜。我接触过的东欧人,甚至政治家,几乎都有自我谦抑或自我嘲讽的一面,而这在内梅特身上是绝对找不到的。他的举止显示出智慧和魅力,但也有严肃认真的一面,在一个正常、严肃、极端现实的世界中,这正适合一个正常国家羽翼已丰的代表。

正如音乐中会有重复出现的乐章,绘画中会有重复出现的写实主义,政治上也会重复出现自由主义的理念,只是每次都会呈现不同的样貌。不过东欧的自由主义,与其说是重生,不如说是从延续不断的怀疑主义熔炉中精炼而出。它见识过狂热主义、教条主义和犬儒主义的危机,亦即太热衷于信仰或毫无信仰的危机。因此与其说东欧的自由主义是一个信念,还不如说它是一种制衡的行为,企图结合希望的力量与合理期待的谦逊。

布达佩斯郊外一小时车程,如果往西南方向旅行的话,整个匈牙利好像就变身为度假胜地。从火车车窗往外看,让我有种置身意大利的感觉。极目所望,皆是风景,加上代表夏日风情的标志和点缀:阳台上朵朵红色遮阳伞、室外咖啡屋、游泳池以及耀眼的花园,完全不像一个欠发达国家。这是前往巴拉顿湖,亦即匈牙利的汉普顿(Hamptons)*的必经之路。根据宣传,巴拉顿湖是欧洲最大的湖,因为匈牙利是欧洲的小国之一,因此这个"内陆海",包括其海滩和周遭的休闲小镇,占据了匈牙利的很大一部分面积。正如汉普顿,诸小镇成了艺人汇集之处,也带着虚荣势利和神秘。

在我落脚的度假小镇的主要街道上,林立着贩卖廉价饰品的商店,还有制作用精致薄饼包着四种甜馅的烤薄饼食品店,风味绝佳。

---

* 汉普顿位于纽约长岛东区,为海滨度假胜地,拥有若干美国最昂贵的住宅。

每个人都穿着极为清凉的游泳衣走来走去，既不见羞赧，也不会不自在。这里展露身体的感觉不太一样，比较没有情色的意味，也或许正是因为如此，反倒显得比较随兴而撩人。这个小镇到处都是奥地利人，他们因为持有西方货币而有汇率优势，还有对度假这事认真且狂热的匈牙利人。四处可见水果摊，贩卖可口多汁的桃子和李子。这里样式一致的方形小屋盖得很密集，是某机构工人们的度假村，算是昔日政权的额外福利之一。

而巴拉顿湖——一个孕育了许多神话的湖，表面平静无波，一片灰绿闪烁着乳白与银色光泽，似乎永远笼罩着一层薄雾；覆盖着芦苇的沙洲延伸至水里，更增添了梦幻的效果。周遭的植物也纤细柔弱，非常浪漫。其中有些状似白色棉絮的花朵，有个美丽的名字叫"孤女的头发"，仿佛从湖水柔和的色泽中浮现而出。

我和朋友住的房子是与几个家庭一起共享的。白天，大家聚集在庭院里各忙各的：一个祖母在打毛衣，一个父亲在和儿子玩球，人们吃着野餐，我的三个朋友也在阳光下各自忙着写稿。不知何故，人人互不打扰，早上的时光在友善的安静气氛中度过。在"文明的"社交圈，这里似乎高度发展出一种共存的文化，人们好似已经学会既不过分寡言，也不互相干扰的技巧：这是在拥挤环境中生活所得到的有益经验。

这次招待我的主人伊万·拜伦德（Iván Berend）曾经很接近匈牙利的权力中心，是负责策划匈牙利经济改革的人员之一。这些日子以来，他一直在思考改革为什么会失败。我们在阳光和煦的花园里聊了些这方面的话题。他告诉我，就某种意义而言，改革这个理念本身便已经埋藏着失败的因素了。改革者认为，他们可以稍微修补一下既有体制，这里加入一些自由企业，那里添一点地方分权，但是体制本身是具有一致性的，拜伦德说，否则就不叫体制了。一个苏维埃式的中央集权体制与自由市场制度是不兼容的，因为前者施加在创新精神和企业上的限制太严格了。

晚餐设在可以俯瞰一片草坪的拥挤餐厅里，包括另一种烤薄饼，里面塞满黑色液状巧克力。为什么超重的匈牙利人没有特别多呢？或许一千多年来的民族饮食已经产生了特别的抗体，可以用最高效率催化巧克力和鲜奶油分解吧。

其后，拜伦德哀伤地谈起像他这种背景的人在新的政治气候中所面临的种种困境，就算心中有任何愤恨，他也通过自律，或者了解游戏规则的礼貌意识控制得很好。匈牙利的情况是，内部的政党改革者和外在的异议分子间的界限并没有那么清晰，在社会交往甚至意识形态上都可以跨越。只不过以前是异议分子处于边缘地位，现在是前改革分子处于边缘地位。拜伦德摆脱这个困境的方式是去西方教书，但是我可以想象他在决定放弃毕生的事业时，那种怅然若失的心情，即便那份事业到头来并没有成功。

第二天早上，我们在湖里长泳。一群天鹅，宛如中高阶级的家庭在周日出游似地从我们旁边傲然前进。湖水闪烁着迷人的色彩，一股奇妙的忧思与游泳激荡的活力相互交织。这种模棱两可和似对似错的感受逐渐消失于无形，转化成恰到好处、理应如此的心境。

波兰人谈论"有钱人"，匈牙利人则谈论雅皮士。也许因为匈牙利人更熟悉美国的潮流吧，也或者——我的分析能力突然停止了——因为匈牙利新贵一般比波兰新贵年轻。不过这也跟态度有关。严肃谈论"有钱人"，表示对这些可靠而有成就的人士毫无讽刺意味的尊敬。匈牙利人则已经走得更往前了，就像在其他各类事务上一样，对于那些成功搭上自由市场快车的人的尊敬或嫉妒，都因一抹嘲讽而淡化了。或许也有些悔恨吧：企业家是真正操纵着国家的人，每个人都这么说，而他们没有社会良知，他们已经舍弃了道德政治。

埃娃·耶莱什（Eva Jeles）是我透过朋友认识的友人，不算是真正的雅皮士，但是如果仔细分析的话，这里也许没有一个人真的算是。不过，无论以任何标准而言，她都是一位极其成功的企业家。她和丈夫及女儿一起住的公寓是我所见过最豪华的，即使纽约的公园大道（Park Avenue）也不例外。战前式的规模反映出匈牙利人对大的偏好，拼花地板闪闪发光，挑高的天花板有直达天际之感。公寓主人的吸引力也不遑多让。埃娃三十余岁，骨架颇大，有着肤质细腻的美丽脸孔和卷曲丰润的栗色头发。穿着打扮一如她同时代典型的时髦美国女子，带点玩笑式的折中风格，外加一双有趣的粉红色鞋子，以及设计俏丽、和裙子不太搭配的短袜。她的先生安德拉什·特勒克（András Török）是个相貌英俊、货真价实的匈牙利人，有着乌黑的直发、黝黑的眼睛和高耸的颧骨，介乎鞑靼骑兵和20世纪早场电影偶像的外形——虽然两者都不是他所希望的样子。在他文笔极佳的著作《布达佩斯评介导览》(*Critical Guide to Budapest*)的书封上，他被形容为"一个有家庭有思想的花花公子"。他也是新出刊的文学杂志《2000》的编辑之一。今天他担任我们的翻译，因为尽管埃娃的英语很好，但她更愿意使用匈牙利语。

公寓内的家具还很少，因为他们几个星期之前才搬来此处。很明显，让他们有能力迁居此地的，是埃娃的钱，埃娃赚钱的速度远比霍雷肖·阿尔杰(Horatio Alger)*还快。战后东欧的一个特殊情况，是所有遗传所得的财富都遭到没收，这也意味着每个人都从相同的

---

* 霍雷肖·阿尔杰（1832—1899），19世纪一位多产的美国儿童文学作家。

起点出发，而财富在这资本主义草创时期，仍被视为均贫条件下的红利。

埃娃·耶莱什确实是从零出发，白手起家的。她生长在匈牙利东部的一个农家，在前往布达佩斯上大学之前，只到过那里一次。她学的是自己完全不感兴趣的经济学，不过还是乖乖参加了大学的研习课程。她住在青年旅社或家庭公寓分租出来的房间，过着仅能糊口的日子。1982年大学毕业后，她获得了经济学会的一份研究工作，这份工作享有很高的学术地位，但是薪水很低。她一直认定自己会成为一名知识分子、一位学者，因为那是她那一代聪明人的共同想法。只是在学会上班并不让她觉得快乐。"我在那里就只是不停地修改同一篇论文，一遍又一遍。我都已经二十五岁了，但在布达佩斯没有公寓、没有根、没有钱。我越来越觉得自己没有做研究的强烈追求。"

她说话时散发出的那股义正词严的严肃和专注，使她的脸孔在美丽之外，更添一抹引人注目的魅力。谈到生意时，她是绝对严肃的。她发现企业界对她的召唤，就像有些人发现艺术的召唤一样。1985年她找到了一份工作，薪水是在学会收入的五倍。聘用她的芙特斯（Fotex）照相迷你实验室不但具有革命性的经营策略，也是匈牙利最早的合资企业之一，虽然所谓合资只是公司某个人的美国朋友投资了一点钱而已。就技术上而言，在卡达尔的统治下，成立合资企业要比一般私人公司容易多了。不管是不是社会主义，西方货币在这里始终享有崇高的地位。芙特斯在快照发展上具有垄断地位，因此成长速度有如飓风一般，而埃娃也在公司里快速升迁到一个颇高的职位。

然而，当有人找她加入一个刚起步的集团，准备成立一个影视批发公司时，她仍欣然接受了这个机会。"我参加了一点意见。"她说。有一个商业想法，然后创造现实诉诸实现，这一点正是她觉得深具吸引力之处。真正使她着迷的主要不是金钱，而是"冒险"——她先生在思索片刻后，才仔细选择了这个翻译。埃娃具有典型企业家的性格，对创新、冒险和策略充满了热情。她喜欢研究如何让某件事成功运转，然后又将兴趣转移到新的事物上。

她所提供的想法，以及后来成立的公司，名叫维科（VICO），经营策略大胆而简单：从美国购入录像带，加上匈牙利配音，然后贩卖给录像带出租店。当时大部分匈牙利人都有电视，其中也有足够的人买得起录像机，但关键在于如何劝人们开设录像带出租店。埃娃自己构思出整套运作方式。"我的任务是劝那些有点钱和有点梦想的人投资开店，多半是家庭主妇、服务生或店员，让他们把钱从枕头底下拿出来，开始创业。"

结果两年内，匈牙利有了八百家录像带出租店。埃娃教这些新老板们如何做生意。她知道他们的恐惧和不安是什么，毕竟对于他们的处境，她并不陌生。她从相应的西欧企业主身上吸取如何运营的知识，但是匈牙利的情况跟西欧大不相同，因此大部分还要靠她的直觉。她说她在这方面还不错，善于想象哪里会出现问题，而且善于从别人的角度设想。

那家公司大获成功，一切圆满，只是这也意味着她又要转换跑道了。"录像带方面不再需要革命性的创意了。"她说。因此，1990年年底，她打定主意准备开始自己的事业。这一次，她要自己当老板。

我去拜访过她的办公室，白色、亮眼，装饰着美丽的植物海报，让置身布达佩斯老旧破烂地区的一幢灰色、墙皮剥落的建筑，散发出时髦的加州风格。她的新事业跟图书销售有关，对于一个缺乏战略眼光的人而言，实在看不出其中有多大的商机。国营的图书销售巨人已经解体，图书出版本身也已摇摇欲坠；但是对埃娃这种典型的企业家而言，这正是它的吸引人之处。她说，图书销售目前正处于维科刚起步时录像带市场所处的"发展阶段"，换句话说，她是第一个介入经营者。她言谈间神情十分专注——和作家们谈到他们虚构的人物时所流露出的投入的眼神一模一样——畅谈她正在展开的市场研究，以及期待这一创意取得什么样的成功。

当她描述她那应该会创造出数百万福林收益的计划时，我一直在想，这个成长于社会主义时代匈牙利乡间的女人，是如何找到这样的勇气，更遑论创意，把自己看作商业冒险家的。不过，我觉得这是一个错误的问题。人的性格五花八门，无论哪里都一样，但性格是需要某些条件来激发的。

我还是问她，自己的事业是否让她感到惊讶。"我最感到惊讶的，"她沉吟了一会儿才回答，"是居然行得通。"什么行得通？我问她。"生意能做成功，"她说，"所有事都能到位。"

啊，是的。整个东欧都可以听到这种"啊！成了！"的意外欢呼声，至少那些意外发现这一不太可能的规则的人都有这种感受。在此之前，一般人都习惯性地假定，或应该说知道，没有一件事行得通，尤其是脑袋中的计划。解除这种设定，发现或许有些机制可以将个人的期望转换为行动，一定需要一种根本上的、非常困难的心态转变，就跟目前东欧人所经历的所有事情一样。那些相信进取、计划和事业，眼睛闪闪发光因而有机会成功的人，和完全相反因而没有机会的人之间的区分，也许比保守型民主人士和民主型保守人士之间的区分还要来得根深蒂固。企业家的影响会走向何方？我不知道。在我看来，在复式簿记的历史账簿中，相对于强迫式的指导，这种利己主义的启蒙的得失是无法计算的。埃娃和安德拉什小心翼翼地告诉我，他们跟一般标准的新贵不一样：他们没有在布达的时髦山区购置公寓，他们的兴趣和社交圈也远远超越金钱的范围。我其实不太懂，但是我必须承认虽然豪门企业向来不是我最能同理的对象，但像埃娃这种凭借自己的意志和智慧，白手起家的壮举，就像一个卓越运动员或天才小提琴手的表演所能让人直观感受到的非凡精力、意志和技巧一样，令人兴味盎然。

后来，我又碰到过埃娃的丈夫安德拉什，这回是在他比较自在的住处"纽约咖啡馆"。相较于克拉科夫或布拉格，布达佩斯以前更是个著名的咖啡馆之都，其中许多都以聚集特别的社交团体和当权人士闻名，性质介乎文艺界半公开的沙龙，以及运气或地位正走下坡的文人的避难所之间。纽约咖啡馆极具文艺气息，为作家们供应纸张、墨水和报纸，外加赊账的优待。有些人还以此处为通讯地址收信。战后这家咖啡馆成为卫道人士的攻击目标，被视为资产阶级的颓废象征，还因而被迫转为运动品商店。其实颓废一词并不足以形容该咖啡馆重新整修的内部装潢，比较贴切的描述是介于极致与盛大之间的杰作，包括三个绵长无尽的楼层，一个阳台式的回廊，以及极其夸张的闪烁水晶与镀金装潢，即令枫丹白露宫（Fontainebleau）亦望尘莫及。安德拉什在他的布达佩斯导览一书中充满感情地描写纽约咖啡馆，而且，作为对战前传统的恢复，他的杂志编辑们每个星期会在这里聚会一次，讨论内部事务并接待访客。一个下午我来到此间时，他们的聚会才刚刚结束。我们在主回廊里喝咖啡，没想到此举给一名侍者带来不便，他走过来跟安德拉什频频道歉，因为刚刚在安德拉什的固定座位上没有找到他，因而害他错失一通电话。古老的习俗、古老的礼数：对我而言，这类蓄意的复苏倒也不失其魅力和方便性。

第四章　匈牙利

安娜和加博尔是六十几岁的文人夫妻，在我心目中，他们是我所珍视也偶尔碰到的典型中欧人士。他们犹太人的身份并无损于这个事实，毕竟许多典型的中欧人都是犹太人。他们经历了生命中的高潮与低谷，因此调整出一种灵活性，俨然是长年动乱历史的产物，这深深触动了我。他们很博学，精通多种语言，洋溢着年轻的活力。他们对每件事都会思考，也都会坦诚以对，具有东欧人令人愉快的坦率个性，似乎比我们少些禁忌，也许只有和共产党相关的事情是例外，不过安娜和加博尔连在这方面都很坦然。

我一年前拜访过他们。他们的公寓虽然称不上豪华，却舒服愉悦，收藏了一些很好的匈牙利画作，包括一个村庄的水彩画，描绘的正是加博尔成长的家乡，他父亲是当地优雅的犹太贵族。书房中摆满了他们两人写的书，内容主要关于戏剧和文学。安娜的书架上还摆了有关女性的书，她在一家女性杂志社担任编辑多年，加博尔则任职于一家文学杂志社。

加博尔的长相就像强壮结实的卡夫卡的翻版，大而突出的棕色眼睛，加上同样突出的耳朵。他的回答迅速且随兴，我有时都怀疑他是否漏听了我讲的话。不过他并没有遗漏任何东西，相反，他迅速领会了每件事，而且在我尚未意识到之前做出了判断和结论。我们聊得很顺畅，从一个主题聊到另一个主题，话题源源不绝。相较于加博尔的跳跃性思考，安娜则以她无碍的辩才，一路活泼畅谈。她并未强调任何鲜明的性格，只维持着一种相当平常友善的态度，委实让人尊敬；而她的智慧洞见使她无论碰触任何话题，都能一针见血。

不过这一次，我惊讶地发现他们两人有些警觉，甚至还有些忧虑。刚开始时，加博尔和安娜对于情势的改变都非常热切，不过他们告诉我，去年会过得那么困难，连他们自己都觉得讶异。他们不喜欢政府所采取的保守、基督教民族主义的趋向，对文化的价值遭到摒弃觉得很不安，发现自己很难认同采取一种更商业化的文化的急迫性。加博尔对其任职的文学杂志的逐渐萧条，甚至可能歇业感到忧心忡忡，对他的新尝试，即以商业为基础运营巴黎杂志《国际文学》(*Lettres Internationales*)的匈牙利版，也甚为烦恼。

安娜是和我交谈的匈牙利人中，第一个提到"女性问题"的女性，她对于这方面的若干倒退现象也感到沮丧。事实上，她并不认为自己是个女性主义者，她知道女性主义的概念已经被前朝的"样板女性"所毁掉了，那些都只是展示给粗心的外国人看的，就像俄国的波将金村（Potemkin villages）*一样。然而，眼下年轻女性间所流传的回归"子女、厨房、教堂"†的思潮却让她深感困扰。

我觉得相当古怪，一个年长的女性可以抱持如此充满活力的前瞻观点，年轻一辈的女性却那么不符潮流地自我退缩。不过，加博尔和安娜是战前自由主义所塑造的大都会现代主义分子，经历了战后东欧的种种奇特变迁。他们这类知识分子，起初便视将要到来的为带有獠牙的进步主义，因此他们的浪漫绝不会转为狂热与激情。起居室内悬挂着加博尔父母的画像，美丽的脸庞流露着早期现代主义风格的优雅。加博尔还记得自己在匈牙利北部乡间度过的快乐童年，那时唯一的电动车是他的玩具车，周末通常是在朋友家度过的，和他们一起的还有艺术家和作家。安娜的回忆则包括她母亲告诉她的有关外祖父的故事。安娜的外祖父是个画家，他的女儿们刺绣时，他会读海涅（Heine）的诗给她们听。安娜的祖父则像许多

---

* 1787 年，俄皇凯瑟琳大帝出巡克里米亚途中，克里米亚总督波将金为营造繁荣假象，下令在她巡游经过的地方搭建了许多造型悦目的假村庄。

† 德语 Kinder, Küche, Kirche, 或称"3K"，是一句传统的德语口号，描述了德国传统价值观中保守的女性社会角色。

匈牙利犹太人一样，第一次世界大战时加入奥匈帝国军队，并以东欧贵族后裔的身份成了战俘，在西伯利亚（Siberia）被囚禁了六年之久。

加博尔和安娜很少意识到自己的犹太血统，直到第二次世界大战开打。匈牙利以德国盟友的身份加入战局，而在那之前，霍尔蒂（Horthy）*将军政权便已开始扭转数十年以来的犹太人同化政策。但"伟大的休止"，借用安娜选择的字眼，发生在1944年，希特勒下令占领匈牙利，设立一个亲德政府，由霍尔蒂继续摄政。在那之前，布达佩斯没有德国人，安娜的家人和他们的社交圈也觉得自己跟噩运没有关系。

1944年，针对犹太人的隔离和驱逐政策开始了。安娜的父亲被送往劳工营，安娜和妈妈必须搬到犹太人居住区。接着是熟悉的后续政策：学校关闭，佩戴黄星标志和拥挤的犹太区。不过他们仍然相信这一切很快会结束。安娜的一个阿姨被放逐到乡间，曾写过一张明信片给她们，上面只有一句话："我们被带到奥斯维辛（Auschwitz）。"没有人知道那代表什么意思。

1944年10月，霍尔蒂透过无线电演讲，要求与同盟国维持特殊的和平。安娜的父亲短暂地从劳工营获释返家，家人们也以为最坏的情况已经过去。但就在那时，随着霍尔蒂决定完全从轴心国抽身，反犹太人的行动加强了。安娜的母亲被带走；一位有办法的表亲协助安娜，一起短暂藏身在一个画家朋友的画室，正如安妮·弗兰克的情况一样。德国人到过那建筑一次，但没有走过庭院；第二次他们就长驱直入了。

---

* 霍尔蒂（1868—1957），匈牙利的军人与政治人物。1920—1944年掌握军政实权。1945年苏联红军占领匈牙利后，流亡葡萄牙。

那个晚上,安娜被带到多瑙河沿岸。聊到这里,她顺带一提:"你有没有去过卢卡奇(Lukács)温泉?就在那附近。"我去过。那是布达佩斯美丽的浴场区,有好几层梯台和各种温度的户外温泉。这群人的前四位被编成一组射杀,然后被扔进多瑙河。安娜和她的表亲被编为第二组,受令上前一步,她们知道,这就是生命的终点了。

结果她们又错了。受命执行这项任务的匈牙利人说,他们没有兴趣屠杀无辜的妇孺。他们说,他们会离开五分钟,还给了她们每个人一点钱。

安娜和她的表亲逃到最近的一个藏身处,即温泉厕所,在那里站了一个晚上。安娜当时想的是:"如果这次能够活命,那么在这一生中,我还会害怕数学考试吗?"结果,她还是会怕。熬过了饥饿、更多次的躲藏与布达佩斯围城战,她终于明白,即使有过这些经历,对日常生活的担忧终将接手,学校考试依旧让人紧张。

一切结束后,安娜和父亲团圆,不久后他们即发现母亲没有活下来。然后,她继续生命的下一篇章,就像她无法提前想象过去的篇章一样,也无法预料未来的发展。

比起离开东欧的犹太人,我们对于战后那些留在东欧的犹太人了解很少。他们通常是同化较深的犹太人,而且在共产主义之下,本来就不该有种族区别。那是共产主义许诺的一部分,也是吸引许多犹太人加入共产党的原因。无需否认,和波兰的情况一样,在匈牙利的党员中,也有许多优秀的犹太人。安娜是1947年加入的,部分出于理想,部分出于现实。一个党内女同志暗示安娜,他们可以帮助她上大学,否则安娜绝对读不起。

此外,战争的深刻经验也让她认为这个世界实在应该进行些改革。"我本来是个很热情的人,直到世界开始翻转,"安娜以她一如既往的平和态度叙述,"而这世界也未免翻转得太快了。"首先,安

第四章 匈牙利

娜本人很快成为嫌疑犯,因为她的"资产阶级"背景,因为她懂英文,因为她有一次写了"课程"这个词,证明她是个势利的人。

然后她认识了加博尔,这使得情况更为复杂,因为当时加博尔的继父正在监狱。"我们的幻想在1953年破灭了。"安娜说。在所有前共产党员的生命史中,都有个令其意识觉醒的确切日期,就像指弹一下,便从催眠状态中醒来。对安娜和加博尔而言,那震撼倒不是来自斯大林的去世,而是加博尔的母亲终于获准探视遭到囚禁的丈夫,由此得知她的丈夫是莫须有地被囚禁的。在那之前,就像许多这类囚犯的家属一样,她总认为一定是因为某些事,或许是一件小小的违法行为才导致被囚。在我们的世界中,追求合理性是一种自然的冲动,我们都很害怕到头来只是纯粹、黑暗的无理性。但情况竟然就是如此。

在这个发现之后,而且知道许多人也有类似经历后,安娜加入了一群内部的反对派改革人士,并参加了一个正酝酿1956年起义的文学杂志。她温柔地回顾那段岁月,包括文人间的友谊和丑闻,对话的生动活泼,特别是那种有着共同目标的感觉。由于不服从中央政策,杂志编辑定期性地遭到撤职,只是换来的人从来不会变得更驯服或少惹是非。有一次,前任警察总长被任命为总编辑,结果令他上司懊恼的是,杂志竟然仍继续原本的改革路线。然后是1956年革命那离奇的两周以及骤然的压制。那次革命的奇特在于,最初几天虽然局势紧张,城市的有些地方战事激烈,但其他部分却不受影响,平静如故。起先,安娜还有种节庆的感受,之后情况急转直下。

当一切结束时,结局对安娜而言是无可避免的。她离开了共产党,结果几乎找不到工作,不过她并不觉得自己有其他选择。"我知道得太多了。"她简单地说。对她而言,从来没有要不要重新加入的问题,真正的问题反而是她今后的作品,是否还要使用"反革命"这个词——那是官方对 1956 年革命的欺人之谈,因为一旦使用,便等于屈从于扭曲的事实。"这是我永远都不会做的事,"她说,"我也从不使用那个词。"

摒弃对共产主义意识形态的依附更为困难。安娜仍然记得一位朋友在 1956 年事件后不久所用的一种表述:"你知道,当我是共产党员的时候……"安娜当时非常震惊。"不过我还是共产党员啊,"她心想,"是党本身变了。"

我问她是什么因素导致她幻想的最终破灭的,她拿自己母亲的去世与之比较,而且毫无夸张的不协调感。"她被带走的那天,我便失去她了,但是当时我不知道。我一直等,也许会有消息,也许我们可以找到她。失去政治信仰也不是一朝一夕的事。"

对安娜和许多共产党员来说,1956 年的革命和 1968 年苏联入侵捷克的双重震撼,才完全唤醒他们当时已泰半理解的事。对于弗洛伊德所谓重大创伤需重复发生,才会印刻在潜意识中的理论,此例不啻提供了反证。

加博尔则留在党中,一直到最后,也许因为他意识到,掌握他们人生的命运本来就无所谓理性可言,也或许因为天性乐观使他不愿面对最严酷的事实。加博尔说,他是一个永远不愿离开童年的人,因此充满热切的玩心,即使谈起战争中比较危险的时刻,也有如一种极度刺激与荒谬的冒险。他在战前便加入了共产党,即使他身边的人开始被逮捕,尽管继父被抓走,他也没有改变。"我完全不懂这整件事是怎么回事,"他说,"我知道那些人跟官方的立场不一样。然后,我了解这整件事就像宗教法庭(Inquisition)*一样,他们先决定谁有罪,然后才去证明。但问题是我接受了这一点,这是一种

---

* 天主教成立的法庭,负责审判和裁决天主教会所认为的异端。

第四章 匈牙利

自我防御的心态。在整个共产主义中，始终有些精神分裂的状况存在。"

加博尔唯一一次觉得自己和党有了无法协调的冲突，是党居然要他从事一份朝八晚五的工作。对一个自尊心很强的中欧知识分子而言，这是一种无可容忍的侮辱，所以他断然拒绝。总之，他留在党内的动机逐渐变得比较务实，虽然在最后阶段时，他觉得党员资格本身"很有意思"。他们的讨论经常很热烈，从内部可以学到和做到的一些事，在党外是无法完成的。"不要把围墙拆掉，你懂吧，但推推围墙则无妨。"

不过，加博尔和安娜都继而成了大众文学家，战后依然在东欧占有一席之地，而最矛盾的是，他们的境遇使他们比较接近两次大战间的巴黎文人，而非战后的纽约知识分子。他们有很多时间，不需要太发愁金钱，对重要性、使命感和文化则具有强烈意识。加博尔成为一名剧评人，对于先锋派情有独钟，任职于一家文学杂志社，写了很多关于戏剧的书。安娜最终在一家女性杂志社找到工作，让她有机会旅行和从事创作。唯一遗憾的是，她不知为何，依然算是边缘的文学人物。但当我问她是否会觉得因为她是女人，所以事业多少受到妨碍时，她说其实不会。而我之所以这样问她，是因为知道她对这种事非常警觉，"其他的歧视现象太多了，"她说，"在战争结束后，我们经常开玩笑，如果德国人征服我们，罪名就出在我们是犹太人；如果英国人征服我们，我们就是匈牙利人；如果俄国人征服我们，我们就是资产阶级分子。所以你根本不需要是个女人，就会受到歧视了。"

倒是加博尔表示，目前的改变所给予他们的困难，并不亚于他们之前经历过的一切。在经历了如此惊涛骇浪的人生之后做此回答也许令人费解，但是这些改变确实对他们世界的深层结构产生了重大的撼动。加博尔说，目前不确定的程度比数十年前还来得严重。在卡达尔时代，人们知道游戏规则，也知道有墙壁的存在。你可以去推，但墙壁不会倒塌。可一旦墙壁消失了，虽是良性的改变，却也创造出另一种混乱与迷惘。没了墙壁后，要如何定位你自己？又要去推什么呢？

安娜对于文化价值遭到摒弃特别觉得焦虑，其他时候也就罢了，怎么会是现在，现在是文化终于真正获得自由的时候！她这一生都在避免自我造假欺骗，结果现在却被迫适应全新的折中妥协。当她谈到她的杂志如何试图迁就"大众"口味时，更加义愤填膺。"我不会去写女明星和她们的狗。除了评论，我不会写文章推销书，我拒绝干这种事。"在那段恶劣的旧日子，她曾采访匈牙利作家，并集结成书，结果有人要她拿掉有关康拉德·哲尔吉的那一篇。她拒绝了。后来经过一番讨论，她虽同意删掉几句话，但那个章节至终获得保留。而现在，她不可置信地说，经常合作的出版社竟以商业性不足为由，说无法出版她的新书。

"告诉你实话，"她说，"我们依旧在反对阵营中，也很惊讶自己的处境会这么困难。"经过一生浮沉，他们试图坚持开明、现代主义的文化价值——这种情感再度面临危机，而且不仅是在东欧而已。

"我们太老，不适合做这种事了，"加博尔说，然后又悲伤地加了一句，"下一步该思考的是死亡，那也不是什么令人愉快的事。"虽然我并不觉得他们老了，但这也可能是改变所带来的影响。他们是一种标志性人物，代表时间的流逝，个人时代的推移，正需要就生命做一总结，也需要权衡力量重新再起——就像所有决裂和开始的契机，一种生命无常的体现。

第四章 匈牙利

* * *

去年在此地时,我曾短暂探访过匈牙利东北部一个小村落克勒姆(Köröm),因为那里深得我心,所以这次决定再去一趟。我和一个年轻的文学讲师和翻译托马斯(Tomás),以及他任职于国立博物馆的考古学家母亲伊洛娜(Ilona)一同开车前往。那个村落接近米什科尔茨(Miskolc)这个外表恐怖的工业城市,它号称拥有匈牙利最高的"摩天大楼",据我肉眼观察,大概十六层楼高。不过在接近克勒姆时,我们经过了几处地势平缓、未经修饰的美丽风景,点缀着小型湖泊和池塘。接着我们搭乘渡轮越过慵懒、藏在阴影中的绍约河(Sajó River),渡轮大得可以容纳一部车,灵巧地依靠水流导航。岸边有棵高大的垂柳,牛群在安静地饮水。托马斯从小就经常来这里,对伊洛娜来说,这里则是第二个故乡。我看得出来,这里的田园色彩与轻松温暖对他们具有唤醒记忆的迷人魅力,即便对我也不例外。

我们在克勒姆的歇脚处是一座巴洛克风格的教区住宅,主人是位天主教神父,每个人都直接叫他托尼(Tony)。我们抵达时,托尼正在为一张他从附近农舍找到的路易十四时期的精致桌子上亮光漆,那张桌子过去是用来剁猪肉的,刀痕仍历历可见。此外,托尼还是个唯美主义者,一个时髦男子,他所住的古老结实房子中,满是他所找回来的杂七杂八的工艺品与古董家具。

除此之外,他还是个精力无穷的人,在这偏远的村落创建了一个名副其实的公益之邦:他船运大批书本与衣物给受困于特兰西瓦尼亚的匈牙利人;为智力发育迟缓的孩子举办教育度假营,自己也在当地学校教书;去年夏天,还有一群志同道合的荷兰青少年前来此间为他的项目提供帮助。

克勒姆本身是个完美的风景如画的村落，有着玲珑的小木屋、清丽的空气和点缀着露珠的花朵。这里的房子色彩明亮，与波兰和捷克以土黄为基调者大相径庭——这里还更靠近南边一点，而且大部分房子都有一个侧廊，竖着一根根方形的白色廊柱。对于这些廊柱，托尼有个理论，或他所谓的资料。他坚称这些廊柱起源于古希腊卫城（Acropolis）*，后来经过文艺复兴与巴洛克建筑流传下来。村民们的廊柱规模虽然小得多，但肯定是在努力模仿。托尼对太阳底下的任何事物，几乎都有一套理论。

当然，托尼之所以在此地落脚，背后也有一个故事，一段历史故事。不过当我们坐下来共进晚餐，围坐在奇大无比的旧式厨房的大餐桌旁时，他又精神奕奕地聊起手边的各种事情来。他个子很高，身材健壮，满头华发，面色红润，一双蓝眼坦诚而年轻。他说在外出旅行时，别人常误以为他是"美国佬"，也许是他神情间总流露出某种纯真或坦率吧。晚餐由他的管家伊隆卡（Ilonka）准备，貌不惊人的她个头结实，动作笨拙，手忙脚乱，看来个性颇为害羞。但她的料理技术却毫不笨拙或怯生，甚至可说已达艺术极品之境。这顿晚餐她做了一道带点苦味的色拉，里面有十二种绿色原料，包括几种托尼鼓励她使用的当地药草——托尼主张要就地取材；接着是加了鹅肝的清汤，滋味之精致是我从来没有品尝过的；在搭配了包心菜的意大利面中，伊隆卡展现了将完全相左的食材微妙地搭配在一起的本领；那类似海绵蛋糕的甜点卷包着杏仁内馅，质地松软得让人难以想象它们是如何结合在一起的。我对于每道菜都赞不绝口，使得伊隆卡防卫性地垂下厚镜片后的眼睛，像是怀疑我在讽刺她似的。不过托尼开心地聊起食物，将美食文化衰退和即将复苏的

---

* 早期人们在山下平原修建城市的同时，也会在附近山区修建军事要塞，称为卫城。

第四章 匈牙利

历史叙述一遍，并将之与共产主义以及将来的变化等等联系起来。此外托考伊葡萄酒（Tokay，匈牙利语为 Tokaji）也被他颂扬一番，真是人间美味。

接下来他继续解释，当地野生动植物有种特殊的力量和韧性，因为喀尔巴阡（Carpathian）盆地极端善变的气候逼得所有生物都必须不断适应。接着话题又转向匈牙利人的性格，根据托尼的说法，经由不断反抗和调适的平衡过程，匈牙利人也有种特殊的活力。他说马扎尔部落发源于亚洲内部，在大约三千年前从周边的蒙古部落脱离出来，大约两千年前，托尼继续说，开始往西移，最后才落脚于现在的区域。依照他的说法，这个民族的力量在于它有能力整合周遭文明的特质和习俗，同时又能避免被完全同化而丧失自我意识。所以马扎尔人在亚洲和欧洲特质间发展出一种微妙的平衡，这种弹性使得他们能适应各方影响，而不致丧失核心性格。"法国人，你知道，被他们的荣耀感困住了，"他说，"他们的荣耀成为他们的负担。而对匈牙利人来说，很少有什么事是绝对的。"

在冗长的晚餐后，我很快便入睡了。配给我的房间十分宽敞，有十字造型的拱形天花板和厚厚的墙壁，窗户装在深嵌的壁龛中。第二天，我在村子里绕了一圈，这里的生活真是一目了然，犹如敞开的牡蛎壳。

克勒姆可以分为地理上颇为明确的两部分，一边是匈牙利人，一边是吉卜赛人。我们穿过吉卜赛区，伊隆卡分发衣服给所有前来领取的人。一群孩子聒噪地跟着我们到处走，个个脸孔美丽，配上大大的眼睛，而且很快仿效起我们的动作和他们听到的英语。克勒姆的吉卜赛区很明显也有自己的等级制。在比较"好"的地区，房屋是灰泥粉饰过的，有些还算宽敞，只是没有任何外在装饰；比较贫穷的地区则有如贫民窟，房屋简陋，有些甚至仅仅是用大片硬纸板混合上泥土、稻草和其他杂乱的东西组合而成的。夏天，赤身裸体的孩子和大人懒洋洋地闲晃着，后面跟着一样懒散的狗，给人一种嘉年华的怪诞氛围；不过若换成冬季，住在这里一定很凄惨。听说每到冬天都会有人冻死，尽管说实话，经常都是些喝醉酒，还没到家便在半路睡着的人。

在匈牙利经常可以听到对吉卜赛人严苛的批评，不过在托尼看来，光是吉卜赛人的大量存在，便是匈牙利灵活性的证明。"匈牙利的边境比较宽松，"他说，"所以吉卜赛人才会在这里，而不是在西欧。从某一时期开始，西欧所有土地都被划分为私人财产；但这里每个村庄都有些公共土地是不属于任何人的，而且每个村都有条泥巴路贯穿而过，方便他们搭乘篷车旅行。匈牙利是唯一一个可以在泥巴路上行进上百英里的国家。"

好几个世纪以来，吉卜赛人一直是欧洲另一个"异类"。就像犹太人一样，他们是恐惧与嘲弄的对象；但除此之外，这两者是既相同，又完全不同的对偶。犹太人靠着书本和圣经延续至今，吉卜赛人则在没有文字文化，也没有复杂信仰体系的情况下繁衍。他们经常依附于所住地区的宗教，所以在克勒姆，他们会来托尼的教堂，只是也会把他们习俗的痕迹带进仪式中。他们会在死者棺木上留些香烟和伏特加酒，有一次甚至还放了一把小提琴，让往生者在前往下一个世界的路途中能获得慰藉；同时他们也经常觉得往生者的鬼魂会缠着他们。总而言之，吉卜赛人对我而言，俨然是生活于上帝律法及日常法理之外、独一无二的奇特实验——那是一种流动、游牧、短暂的存在，既看不出社会规范的制约，也看不到超越当下的欲望。令人惊异的是，这种方式的存在居然一再证明了它的韧性，以及吉卜赛人之不可同化的特质，仿佛没有体制的生活也是人类存在的有力假设，并不亚于坚守体制的生活模式。

第四章 匈牙利

　　所有这一切都在逐渐改变，而且很可能会改变得更多。我心情复杂，被赞成进步的道德正确以及不无遗憾的美学撕扯着。又将消失一些色彩缤纷的差异，但不用说我也知道，这个世界不是影视技术公司，不会为了我而制作精彩的影片。不管怎样，当我行走于村落周边时，立刻明显感觉到了吉卜赛人生活方式的危机。我停下脚步和一个年轻家庭聊了一下，他们身旁就是寒碜的居所，院落里满是铁丝、车胎和杂草。那个父亲在一盆泥水中泡脚。他很骄傲地告诉我们，他会看电视上的新闻节目，知道匈牙利各个政党的名称。至于比较大的变化……没有，他看不出他们会为吉卜赛人做些什么。"就像街道的名称一样，"他说，"名字虽然改了，但街道还是一样。"他看上去对自己的比喻感到很满意。那个母亲怀抱着一个小男婴，我问她是否梦想孩子上高中，或哪天能上大学。"他干吗做那些连我都没有做过的事？"她反驳道。

　　但是一个新成立的吉卜赛政党"弗洛里帕"（Phralipa）在当地的年轻代表却马上宣称，他们人民的新目标之一，便是教育自己。龙托·奥蒂洛（Ronto Attila）是个安静害羞的年轻人，他交叉手臂环在身前，像是在保护自己不受伤害。我们在一间比较富裕的水泥屋内交谈，房间内装饰着各种便宜的布料、成排的酒瓶和极为庸俗的石膏塑像。墙上挂着一张老旧的万宝路（Marlboro）男性香烟广告，天晓得那是如何辗转来到此地的。房内有各种各样的人，各个年龄的人，就站在四周，从敞开的门进进出出，观看房间里的动静。

　　虽然对生命的政治理解跟吉卜赛人具体实在、近乎异端的、与意识形态无关的存在可谓大相径庭，但这个情景和与龙托·奥蒂洛的对话，都显示出一种类似政治自觉的萌芽。对我所问的大部分问题，这位年轻的党代表都以非常精明甚至套路的方式回答，和任何政客没有两样。全世界的答案都一样！但是他所描绘出的问题是严峻的。在过去两年里，百分之五十的吉卜赛人失业，其中大部分都在米什科尔茨的工厂工作。没有工作就没有办法盖新的房子，因此有时一间房子得住上二十到二十五个人。龙托·奥蒂洛正在申请资金，成立他们自己的建筑公司。他花很多时间在填表格上。事实上，吉卜赛人的卫生条件不是很好，经常生病，所以就必须填表申请伤病补助金。他把他正在填写的一些表格拿给我们看，证明他说的是实话，或许也是为了炫耀，因为他是此地少数几个知道怎么做这些事的人。他用充满责任感的柔和语气向我们确保，他愿意为他的同胞做任何事。毕竟，他是他们的代表。

村里还有其他吉卜赛政党吗，我突然心生一念，便随口问了一句。对这个问题，这个新的民主主义者的反应可就本能得多。"我不会让其他任何人进来的！绝不容许！"他宣示着，两眼闪闪发光。嗯，这些才只是开始，等到明年，虽然未必是他所期盼的，但龙托·奥蒂洛一定就会得到答案了。我们又在另一间糟糕的简陋住宅前驻足，一位抽着烟，身形瘦削，神态紧张的女人邀请我们进去。但见屋内是泥巴地面，墙上贴着一张从杂志上剪下来的非常旧的丽塔·海华丝（Rita Hayworth）*的照片。"我只有一个人。"她告诉托马斯，表情极其忧伤。她先生去年冬天过世，孩子们也都离开家了。"我没有其他人。""住在这里一定很辛苦。"我环顾四周。"不是的，"她痛苦地摇摇头，"那不是问题。问题是我只有一个人。"无论何处，人类的情况都一样。

我们辗转走出吉卜赛村落，后面跟着那群以模仿为乐的孩子。托马斯领我来到当地企业的办公室，这家公司雇用了村内大半的匈牙利人口。我们跟公司的会计员聊天，她是个金发、结实、四十多

---

* 丽塔·海华丝（1918—1987），美国知名女演员，1940年代红极一时的性感偶像。

岁的女子，精力充沛，口齿伶俐。政局的改变为公司带来极其讽刺的转变：1960年，村子经历了强制性的、令人厌恶的集体化政策，现在则面临同样出于被迫、毫无意愿的私营化政策。不错，刚开始时，村民是心不甘情不愿地进入公司的，那名会计告诉我们。对很多人而言，这是一种悲剧。不过后来他们就习惯了，公司也经营得非常成功，收益逐渐增加，共享的农业经营方式变得更容易也更有效。所以现在，每个人反倒都对即将到来的私营化的最后期限心存忧惧。

会计皱着眉头，真心烦恼地谈到分配众多共同财产的实际困难。员工要负责将价值一亿匈牙利福林的财产以代金券的形式分给两百名企业员工。但是要如何比较一块土地和一辆货车的价值？而且如果一块土地小到无法自足地经营农业，被分到的人又该怎么办？何况，大部分农民此刻都已经失去独立务农的本领了。她看不出任何解决方法，同时，公司营运已经出现困难，亦即当前东欧许多大企业所共同面临的恶性循环问题。当国家津贴停止，公司的主顾——比如米什科尔茨的一些从克勒姆购置牛奶的工厂——都开始停止付款，他们该如何支付乳牛所需要的饲料？很快地，公司员工的薪水也将面临危机，不过目前她还没有告诉他们这件事，不想让他们紧张。这是一种出于父性或母性的心理吧，我很能体谅这点，因为我看得出来，她是真心把公司问题当成自己的问题来看待。

我问她新成立的各个政党对她的窘境有没有什么帮助，这激起了她相当激动的厌恶。没有一个政党有任何帮助，他们全都各怀鬼胎，而她自己有两百名员工和实际的问题需要解决。他们只担心谁可以支持他们的理念——"所以他们才叫政治人物啊"——关心的不是实际的日常难题。

不过我接下来遇到的一个政治人物，似乎对所有问题和访客都有负责的意愿。他是克勒姆的市长，另一个精力旺盛、滔滔不绝的人。我开始相信托尼的理论，所有生长在喀尔巴阡盆地的物种都特别强悍。市长身材矮小，头发艳红，满脸雀斑，非常好客。他亲自来花园迎接我们，还拿自家葡萄园所酿制的托考伊葡萄酒招待我们。那酒滋味独特细致，混合了淡淡的松脂酒*和甜甜的波尔多葡萄酒之味。我们一边饮酒，一边听他比手画脚地高谈阔论。他告诉我们，"人们"对于新的自给自足的运作方式很难适应，仍然等待"上面"的指导。然而他不等待任何人，已经开始采取了一些行动。比如他已开设一间独立的小学，也正在规划许多其他项目。他自己是个老师，也是个足球运动员，喜欢新鲜的事物，喜欢采取行动——这正是他当初决定竞选市长的原因。

公司的事该怎么解决？我问他。他长长叹了一口气。是啊，那的确很棘手。不过他觉得有个解决方法，就是幸好，就在村子外缘有座温泉。他的想法是在公司解散后，立即再重组一家新的，以这座温泉为中心建立一个别致、一流的度假胜地。

当我向托尼提及这件事时，他露出一脸好笑的神情。"啊，对，那座温泉，"他说，"多年来，那已经成为克勒姆的固定观念了。"那座温泉就那么诱人地位于邻近地区，而且未经开发，只要加以适当的支持，应该就会成为村民梦想中会下金鸡蛋的母鸡。这个评论使我对村民生活有了整体的概念：这里的村落和梦想中的温泉，过去几百年都基于相同的计划；在这里住了好几个世纪的吉卜赛人；此处的现代问题；以及回到那座可以像魔术一样解决所有难题的诱人温泉。

不过当然啦，还有另一段历史切入这徐缓漫长的生命周期。

---

* 希腊常见传统酒，已有两千多年历史。

第四章 匈牙利

我在托尼的房间和他聊了许久关于他遭迫害的那段岁月。托尼也在监狱中待过，前后八年。他是明曾蒂主教（Cardinal József Mindszenty）*所领导的激进派教士之一，在"那一小段时间"——他对1956年革命的称呼——之后，是被指定遭受特别报复的一群教士之一。

托尼说，教士比较容易适应监狱生活，因为他们没有妻儿需要操心，神学院的生活也已经为不论是与他人共享隔间还是更大的孤独都做好了准备。"每间牢房就是一个有四名教士的小修道院。我们可以互相打气。"在这"小修道院"中，他们互相教授语言，在肥皂上刮写单词，还在卫生纸上写祈祷文。有时他们还会为彼此举行弥撒，使用监狱里的面包和他母亲藏在蛋糕里送给他的一颗葡萄籽，把水倒在上面。"一滴就够了。"托尼说。我不禁联想到格雷厄姆·格林（Graham Greene）†的《权力与荣耀》（The Power and the Glory）‡，以及小说中描述的，对一个堕落的教士而言，弥撒所具有的神奇与转变的力量。

后来，教士们被转入其他牢房，和其他囚犯拘禁在一起。托尼说，和他同监的狱友都非常优秀。有一位前朝的部长，一位马克思主义哲学家和一名宪兵。他们之间产生了非常有趣的对话，从他们的小宇宙中，狱友们试图拼凑出一幅"统治体系的心智图"。在这共同的困境中，虽然有时人们相互斗争，"彼此深恶痛绝"，但他们却发展出了"非常、非常深厚的"友谊。

---

* 明曾蒂主教（1892—1975），匈牙利籍天主教教士。
† 格雷厄姆·格林（1904—1991），英国小说家、剧作家、评论家，代表作有《恋情的终结》、《命运的内核》等。
‡ 以墨西哥为背景的小说，主题在强调世界的权力和荣耀往往是一时的，只有上帝的荣耀是不变的、永恒的，最终的权力也掌握在上帝的手中。

最后，托尼被狱内一个团体征召，为秘密警察翻译文件；如果不是这样，那些文件将永远不见天日。其中包括美国外交政策杂志中的论文、丘吉尔的回忆录、有关苏联间谍系统如何运作的书籍，以及训练狗的手册和药品手册等等。毋庸置疑，正是这些阅读强化了托尼天马行空式推测的嗜好，例如他认为整个卡达尔时代是苏联主导的针对匈牙利人精心设计的实验。不过，根据他的经历，也不难理解为何他认定在权力的世界中，怀疑是事实之母。

有没有人陷入绝望？在我试图揣摩这翻转的世界的过程中，这是我的标准提问。托尼的答案和每个人的答案都一样。他不谈论信仰，也许那方面太过敏感吧，只说心理上的存活非常仰赖个人的性格。托尼记得有个运动员拒绝做任何体力锻炼，因为他觉得牢房内的空气太污秽。"对我而言，运动对我帮助很大，"托尼笑着说，"还有瑜伽。但是对他而言，在那种环境下进行体力活动是无法忍受的，因此干脆说空气很糟糕。"

在那段时间里真正始终陪伴他的，他说，是体认到在任何情况下，人们总可以寻找到一小处开口、一个小洞、一粒仅属于自己的东西，人可以在任何状况下都设法过"一种合理的生活"。这小小的体认也已经透过一段段一般人难以想象的故事，缓缓地在我心中成型。这些故事是东欧人生命的历程，是他们共同拥有的生命记忆的一部分。我可以想象，他们也共同拥有由此得出的一种认识，就是同时承认权力与不公正，并且明白其实根本不必完全臣服，总有些什么是他们可以在其间运作的。

出狱后，有一阵子托尼不能传教，而在工厂和教区图书馆工作。他利用那段时间学习艺术和大提琴，并组织教会的各项展览和音乐会，获得了广泛的关注。布达佩斯教会事务局最终得出结论，他做这些事惹出的麻烦比三个激进的教士还要多，于是决定让他恢复传

第四章　匈牙利

教，条件是必须前往偏远的克勒姆，等于遭到放逐。

托尼同意了。过去二十年，他蔑视当局的判决，将他的教区周边转化为一个艺术家、学生和国际天主教青年骨干的小型聚会中心。他的蓬勃活力使其有如一个因为不再恐惧而任由自己精力脱缰狂奔的人。我们的谈话在托尼的房间进行。房内摆放着一台三角钢琴，他正在学习弹琴；另外还有一摞赏心悦目的书，以及几幅现代宗教绘画。他给我看一本他写的书："出于我私人的热情。"写的是皮林斯基·亚诺什（Pilinszky János）*。根据托尼的描述，皮林斯基堪称匈牙利的 T. S. 艾略特（T. S. Eliot）†。最好的报复便是活得精彩，这世俗的观念似乎很适合托尼思虑周详的积极作为。毫不意外，托尼对改变十分乐观，对他的同胞适应改变的能力也抱持着极大的信心，正如他们已经适应了许多其他事情一样。"匈牙利人很有天分，"他说，"他们想要好的东西，最好的东西。"之后他便披上黑色长袍，主持晚间布道去了。

在我们谈话过后，我在克勒姆安安静静地走了一个钟头。牛群沿着主路默默前进，然后用鼻子顶开栅门，自己进入它们的庭院，有如五点钟离开办公室的人群。村子里干干净净，村民在他们的小阳台上聊天，有个吉卜赛男孩在一小片无人的草地上唱歌。时间慵懒怡人地往前挪移，正如天际的太阳。

在我离开克勒姆之前，另一个精力旺盛的人出现在草原的景致中。她向我介绍自己是玛吉特阿姨（Auntie Margit），这里的人习

---

* 皮林斯基·亚诺什（1921—1981），匈牙利诗人，曾为第二次世界大战战俘，诗作风格以并具天主教信仰和思想的觉醒闻名。
† 艾略特（1888—1965），英国诗人、评论家及剧作家，其作品对 20 世纪，乃至今日的文学影响极为深远。1948 年获诺贝尔文学奖。1922 年出版的《荒原》被视为 20 世纪最有影响力的诗作之一。

惯称呼年长的女性为阿姨。玛吉特阿姨有双大大的蓝眼睛，头上戴着头巾，嘴里只有一颗牙。她似乎永远面带笑容，话又多又快，跟我讲话的态度宛如我是她的朋友，尽管她满口匈牙利语。在七十几岁时，玛吉特阿姨成了一位艺术家。这一切起始于一名来自布达佩斯的有名艺术家在当地教会指导的绣帷编织活动。玛吉特阿姨当时便感受到内心的召唤，并在那以后开始创作起自己的绣帷图案来。她把她的作品拿给我们看，其中大部分是在几平方英寸的帆布上编织的小画，包括她的孩子们的婚礼、某个人的丧礼、圣人的肖像画等等。她从一个古老的抽屉中小心翼翼地取出折叠的桌巾和衬垫，上面有她母亲和祖母绣制的花样。她从小就看着女人们制作这种几世纪来都没有改变的红色绣帷，她说这是她最初的灵感。当我告诉她，她正追随着摩西奶奶（Grandma Moses）*的脚步时，她开心地握紧双手。在我们准备离开时，她还特地拿出一小片圣安东尼（St. Anthony）的绣帷，一手在她胸前按了一下，然后把绣帷递给我，手劲出奇地有力，表示这小小的作品是她的一片心意。

　　我心想，管他政不政治，这才是一位改变自己生命的人。不是每件事都恰好符合预定的形态，感谢上苍，这些无以数计的活力元素，或乐观或忧郁的性格，永远可以超越或颠覆更系统化的生命现实。

　　回到布达佩斯，我参加了两个性质迥异的活动。一个是由桑多尔·费伦齐协会（Sándor Ferenczi Society）主办的国际心理分析会议，名为"走向千年之末：政治更迭与精神分析"，翻译后的译名

---

* 摩西奶奶（1860—1961），美国女画家。她出身农家，只受过有限的教育，七十多岁时才因关节炎放弃刺绣开始绘画，共作画一千多幅，是自学成才、大器晚成的代表人物。

第四章　匈牙利

意思稍有偏差。

这类会议不是第一次在布达佩斯举行，但值此新环境，仍具有关键意义。匈牙利是东欧唯一一个精神分析传统挺过冰河时期而幸存至今的国家；不过即使在这里，精神分析也有将近二十年的时间只能在地下运作，维系传承于一线之间。其实在 20 世纪早期，布达佩斯可谓仅次于维也纳，是精神分析这奇特新知识的萌芽与发展之地。费伦齐是弗洛伊德亲近的弟子之一，其他几位精神分析的奠基人，包括巴林特·米歇尔（Balint Michael）[*]和玛格丽·马勒（Margaret S. Mahler）[†]也都是匈牙利人。

这次集会的主题，可以被概括为政治压迫和个人压抑之间的关系。演讲的题目诸如《记忆与责任：政治无意识》（'Memory and Responsibility: The Political Unconscious'）、《三代精神症模型》（'A Three-Generation Neurosis Model'）和《政治社会的性格与变异》（'Character and the Change of the Political Regime'）等等。从这些演讲简化的英文翻译看来，这些心理学家所关注的内心问题，其实几乎是"外在世界"的复制。他们谈及历史的"累积性创伤"和"生存策略"，对此最重要的是遗忘。有人说："被**要求**不要记忆。"还有人则谈及分割与碎片化，这源于经验与知识的分离。"匈牙利人有个大问题，"中场休息时，有人告诉我，"就是他们一直被教导要有两张面孔，一张是公开的，一张是私下的。结果到头来，连他们自己都分不清楚哪些是谎言，哪些是真实了。可以想象，随之而来的就是某种程度的分裂。"

在匈牙利创伤的后续，有人解释道："历史根本不容许我们坐

---

[*] 巴林特·米歇尔（1896—1970），匈牙利心理学家，第二次世界大战开始后移居英国。
[†] 玛格丽·马勒（1897—1985），匈牙利心理学家，早期在奥地利发展，第二次世界大战开始后移居美国。

下来反省，对前一时期的纷乱整理出思绪。"而现在的问题是，在最深的心理层面，也是在国家层面，到底要追溯到多久之前，才能重建一套对生命或对历史的融合一贯的叙述呢？还有人提议"脚本概念"的精神分析疗法，亦即同时检视外在和内在的现实。

这些问题跟一般精神分析师会讨论的寂寞和个人主义等等所引起的精神症迥然不同；不过，就像其他所有一切一样，精神分析在某种程度上是其赖以实现的文化所不可避免的一部分。我跟组织这场会议的费伦齐协会主席哲尔吉·希道茨（György Hidasz）聊了一下，他是匈牙利精神分析得以存续的主要功臣。我们讨论的话题转向精神分析中的禁忌话题。匈牙利患者和分析师之间可以轻松地讨论金钱这个西方人士总是讳莫如深的议题；但另一方面，希道茨说，他知道在某些个案的整个分析过程中，患者的犹太裔身份从头到尾都没有被提起过。对此我感到有些惊愕与神奇，不过或许我不该如此，文化毕竟会真实反映在心理层面上。在精神分析方面，东方和西方虽系属同一传统，但两者迥异的历史经验自然会创造出不同的问题，甚至不同的人的建构。此刻齐聚此地的精神分析学家所最关注的，是东欧在此转变之际最切身的问题，即从其漫长的黑暗中寻回共同的过往，并设法接纳他们经历过的种种令人难堪的真相。

用歌剧之夜作为我匈牙利之旅的最终乐章，可谓完美至极。轻歌剧是在政权更替、革命与反革命中幸存下来的匈牙利传统之一，也许是因为本身过于微不足道，够不上被镇压的资格吧。这出轻歌剧在一家特殊的剧院演出，酒红色厚绒布装饰的楼梯栏杆，外加处处金碧辉煌的过度装潢，提供了最理想的奢华背景。观众的穿着也同样花哨、欢乐而俗丽。我所看的歌剧名叫《维多利亚》

第四章　匈牙利

(*Victoria*),是一位名叫亚伯拉罕·保罗(Ábrahám Pál)[*]的剧作家的作品。在没有英文节目单辅助的情况下,我所理解的剧情讲的是同名女主角的感情冲突与纠葛,因为她不知该情定英俊的美国外交官,还是潇洒的匈牙利轻骑兵。剧情中还出现了战鼓,我猜是第一次世界大战。单薄的剧情中夹杂了音乐、动作、服装和活力四射的喧闹场面。多种文化的混杂,交织成一个巧妙时尚的夜晚;从中可以窥见好莱坞巴斯比·伯克利(Busby Berkeley)[†]的歌舞片、哥萨克(Cossack)[‡]的杂技表演、维也纳华尔兹、罗马尼亚和波兰的民谣,以及日本的天晓得什么东西。在这中间,还有一段苦乐参半的美妙曲目,弹奏犹太的曲调,从悠扬到逐渐活泼,用以调侃讽刺,并和一段军队进行曲相互对比。整场表演不断提醒我,好莱坞电影和百老汇音乐剧有多少是中欧的后裔,而美国大众文化又有多少受到这种精致欢乐及喧闹精神的影响。表演不断赢得观众热烈的掌声和欢笑,人们还跟着节奏一起拍手,正符合轻歌剧的轻佻与喧闹。

《维多利亚》这出戏剧的概念可以在共产主义后的现代匈牙利重复上演,只需换上更新版的国际音乐总汇,再把外交官换成美国生意人——不过轻骑兵的角色或许就只能换成一个不那么浪漫的人物,诸如雅皮士之类的了。就某一层面而言,所谓万变不离其宗——但我却不再知道,这是一种悲观的,抑或是非常乐观的至理名言。

---

[*] 亚伯拉罕·保罗(1892—1960),匈牙利犹太歌剧作家,1927年任职布达佩斯歌剧院,以轻歌剧逐渐闻名。
[†] 巴斯比·伯克利(1895—1976),好莱坞导演和歌舞编导,代表作有《第42街》、《淘金女郎》等。
[‡] 生活在东欧大草原,即乌克兰和俄罗斯南部的游牧民族。

第五章

罗马尼亚

也许每个旅行家的想象中,都有一处心灵的百慕大三角洲,集合了所有对无名危险和未知黑暗的不安。在我的想象中,没有任何创意地,这种莫名危险的代表就是罗马尼亚;而在罗马尼亚旅馆的夜晚,最令我隐隐感觉恐惧的,是特兰西瓦尼亚这个词。

这种不安不仅源于当地嗜血的贵族——尽管光是阅读虚构的吸血鬼德拉库拉(Dracula)的原型的故事,便足以吓得人血液凝固了。他是弗拉德·德拉库(Vlad Dracul)的儿子,名叫弗拉德·则别斯,或称穿刺弗拉德(Vlad Țepeș, Vlad the Impaler)^{*}。虽然历史上并没有他从少女颈部吸血的记录,但其真实的"丰功伟业"也够骇人听闻的了。弗拉德·则别斯是15世纪中叶特兰西瓦尼亚公国的王子,统治手腕极为残酷。如其绰号所示,他特别擅长穿刺之刑,将人钉在尖桩上。有段时期,他的城堡院落中被处以此种极刑的封建

---

* 弗拉德·则别斯(1431—1476),"则别斯"在罗马尼亚语中的意思即为"穿刺"。

领主多达数百名。以当时还不算发达的技术来说,他——尽管还有其他许多人——绝对有资格称得上我们这个时代大屠杀的始作俑者之一。

特兰西瓦尼亚在我心中的形象,也因为较近期的暴力事件而显得更加阴暗。罗马尼亚是我访问的国家中,唯一一个在改变的同时伴有武装战斗之处,最惨烈的流血事件有些就发生在特兰西瓦尼亚的城市蒂米什瓦拉(Timişoara),亦即罗马尼亚"革命"最先爆发之地。在巡游东欧的过程中,我不断听到有关火车在夜晚遭到抢劫,游客在特兰西瓦尼亚幽暗森林中失踪的故事。匈牙利的朋友们还警告我,不要搭乘挂匈牙利车牌的车子进入特兰西瓦尼亚,因为罗马尼亚多数民族和数目庞大的匈牙利少数民族间的关系相当紧张。他们自己通常也会绕道维也纳租车,再穿越罗马尼亚边界办事。

不过,我第一次经由特兰西瓦尼亚进入罗马尼亚,还是搭乘了一辆匈牙利车牌的车子。而即使不考虑外在的危险,只是为了平复我自己的恐惧,这段旅程我也找了美国朋友彼得同行。在我们跨越国界前,罗马尼亚的迹象便开始浮现。彼得曾经到过一些世界上更偏远的地区旅游,养成了让人搭便车的习惯,所以在布达佩斯和德布勒森(Debrecen)之间,我们就停车载了两个走路的人,大家一路相伴直抵特兰西瓦尼亚。

这两个年轻人黑发黑眸,在我们离开匈牙利之前,一直拼命地搜购食品。"罗马尼亚没有东西吃,"他们紧张地说,"那里一团乱,什么都没有。"两人都来自特兰西瓦尼亚东部地区的布科维纳(Bukovina),同为电气工人。他们本想前往奥地利申请工作护照,结果在边境被遣返,无功折回。对此,他们似乎就是一脸的认命。也许正如他们所形容的,眼见一大群人试图跻身神奇的西方,令他们心存羞惭吧。他们当中一人的英语和法语说得还好,因此我们便两种语言掺杂着用，吃力但足以理解地相互沟通。罗马尼亚的情况很糟糕，他一直重复地叨念。伊利埃斯库（Iliescu）*总统承诺得太多，结果什么都没做，恐怖的秘密警察仍然到处都是。不错，伊利埃斯库的救国阵线（National Salvation Front）在选举中赢得了绝大多数，但——那电气工人认为——那是他们控制了电视和广播，占尽所有优势的缘故。他用法文说了一句："戴菲斯帽的土耳其人！"这应该是土耳其人占领时期流传下来的一句俗语，意思是，人在谋求私利时总是狡猾无情，就像戴菲斯帽的土耳其人。

结果，在匈牙利这一侧我们没有找到一家食品店是开门的，只好在只剩一片残梗的小麦田间拿出随身携带的食物像野餐般分享，然后带着残余的几片西瓜，离开了这富饶之地。到了边境，但见一长排车辆等着入关，旁边竖立着几个令人满头雾水的英文标志："建筑等城市"，"喂食时请熄火"，第三个标志则是各种大小引擎的不同限速。不知出于什么原因，我们的护照被拿去检查，人则被赶到路边等待。所幸我在布达佩斯的书店买了几本英文诗集，现在就阅读约瑟夫·布罗茨基（Joseph Brodsky）†的诗打发时间，在这种情况下倒也蛮合适的，顺带平息内心的焦躁感。大约两个钟头后，他们很有礼貌地把护照还给我们，却没有做任何解释。

一旦进入罗马尼亚境内，我们的乘客便开始道歉。为道路、风景以及贫穷等情况频频致歉。彼得和我都不觉得我们所目睹的情景有任何不同寻常之处，倒是我已经在旅游期间碰到太多这种自贬式

---

* 伊利埃斯库（1930— ），罗马尼亚社会民主党成员，曾任罗马尼亚救国阵线委员会主席，1990年、1992年和2000年三次当选罗马尼亚总统。
† 约瑟夫·布罗茨基（1940—1996），美籍苏联诗人，1972年被迫离开苏联，流亡美国，在大学任教与写作，1987年获诺贝尔文学奖。

的民族习性了。除了被贬抑为二等公民所令人感到的真正的羞辱，仿佛被迫处于此等窘境就已经令他们想要阻止外国人的评论，不愿再当面受到屈辱了。至少，他们希望借此表明，他们对自己国家的可悲处境不是全然无知。

不过当我们行驶在乡间道路时，贫穷的状况也确实越来越明显，柏油路面越来越少。这些道路上的行车状况委实令人叹为观止！鹅群在我们车子前面昂首踱步，仿佛我们不过是另一只鹅；健壮的牛拖着车，跟我们分享狭窄的小径；牛群恣意漫步，仿佛这地方是属于它们的。我们经过的每个村落，都见人们三五成群地在昏黄的天色中站着聊天，孩子们朝我们又叫又笑，仿佛我们的车子给他们带来莫大的快乐。但也难怪，毕竟我们经常开好久都看不到另一辆车。

我们原本预计晚间抵达奥拉迪亚（Oradea），根据我可靠的福多尔（Fodor's）*旅行指南，当地应该可以找到旅馆。但是由于距离目的地还很遥远，而天色已暗，时间又不早了，车行速度非常缓慢的我们决定就近落脚于一个我们始终不知其名的山中小镇。结果竟是闯入了一间有如来自地狱的旅店，参观的每个房间都没有灯光，湿气很重，且每样东西都弥漫着一股臭味——据我判断，是一种混杂了变质的油腻和一层层汗臭的气味。无奈我们别无选择，只能留宿。我们的乘客则决定继续他们无望的便车之旅。把他们留在半路上的我们，心中不无少许的罪恶感。

那家所谓的旅店外面一片漆黑，只有一盏灯闪烁着光，仿佛是一个高大异常的山怪之家，或者是一间搭建于高架上的狭窄木屋，里面还飘出乐声。我们往人声处走去，爬上摇晃的室外台阶，置身当地的夜生活。在一个大约两个衣物间大小的房间内，有一

---

* 世界最大的英文旅游资讯出版公司。

第五章　罗马尼亚

个吧台和三张桌子，大约坐着六个人，全都一身国际化年轻风格的打扮：皮夹克、细腿裤和长耳环。一台音响播放着美国迪斯科音乐。我一方面觉得有趣，一方面又觉得丧气：世界上再也没有所谓遥不可及的角落了。但是我们所点的饮料却是当地的，一种名叫拉奇亚（rachia）的李子白兰地，味道尝起来好似润口清淡，其实却是我所品尝过的最烈的酒。第一杯下肚后，彼得和我便很容易地被说服用若干美金和一个身穿皮夹克的年轻人换了些列依（lei）*。喝了第二杯后，我的视线变得异常清晰，但爬下室外台阶时却出奇地困难。不过鉴于我所要住的房间，我又很高兴有这预料之外的后劲让我沉沉入睡，无法进一步检视我所睡的床铺或周围其他任何东西。

随着旭日东升，我想象中的阴沉也转换为一片明亮。阳光灿烂，小村落依偎在青翠的山谷中。拉奇亚没有留下宿醉的不适反应，这也正是该酒所引以自豪的特点之一。令我们大感惊讶的是旅店居然供应早餐，或者勉强可称之为早餐吧。餐点设在旅店旁边的水泥阳台，食物放在一张卫生堪忧的桌子上：包括差强人意的鸡蛋和一片干面包，可惜的是没有咖啡。我们要了一点冷饮，结果送上来一种黏稠、泛黄、味道完全不能接受的液体，让我们决定放弃。英国广播公司（BBC）曾报道罗马尼亚爆发的霍乱，虽然是在更南部的地方，不过还是近得让人无法放心。

这分明是宁静晴朗的一天，四周风景优美。我到底在怕什么？此时此刻，我无法想象这里会发生任何恐怖的事，尽管这显然也是想象力有未逮之处。我们悠闲地继续上路，前往克卢日－纳波卡（Cluj-Napoca），彼得在那里有约。车行间，周遭景色洋溢着亚热

---

* 列依，罗马尼亚货币名。

带风情，令人有置身亚洲的感觉。空阔的青翠山丘在烈日下起伏，折射着光线；牛群在慵懒沉寂的池塘中饮水；人们骑着自行车，头上戴着圆锥形宽边草帽。

我们经过的村庄，一幢幢小木屋都涂着薄薄一层向日葵的亮黄、青柠的绿、靛青的蓝，只有这样的艳阳才能容纳并淡化色彩，大大减少了俗丽感。有些低矮的石造教堂，尽管规模不大，却有着哥特式大教堂的繁复精细设计。也有些极简的白色木结构教堂，优雅纤长的银色塔尖闪着微弱的光泽，几乎融化在阳光中。

罗马尼亚的哲学家米尔恰·伊利亚德（Mircea Eliade）[*]或许曾在这附近漫游过，才会认为每个人的心中都有一座典型的村落形象，而我也觉得我们所经过的村落满足了我对乡村景致的想象。在更实际的层面，我也可以理解这片美丽富饶的地区为什么会成为各方所觊觎和争夺的目标。特兰西瓦尼亚可谓中欧内的中欧，是混乱甚至黑暗的中心。在14、15世纪享有了一段时间的自治后，特兰西瓦尼亚便迭经易手，更换主人。1600年特兰西瓦尼亚初次和罗马尼亚其他地区组成联盟，却只维持了不到一年，此后直到第一次世界大战结束，才再度有组织联盟的机会。经土耳其奴役约一个世纪后，特兰西瓦尼亚成为哈布斯堡王朝的禁脔；1867年，基于奥地利和匈牙利的"折中方案"，特兰西瓦尼亚成为匈牙利的一部分。然而1918年，由于罗马尼亚加入协约国参战，作为对此的回报，特兰西瓦尼亚重新回归罗马尼亚。第二次世界大战期间，特兰西瓦尼亚有很大一部分重新为匈牙利取回，但1944年又再度裁定重归罗马尼亚，作为对苏联占领比萨拉比亚（Basarabia）和布科维纳两地区的补偿。

---

[*] 米尔恰·伊利亚德 (1907—1986)，著名宗教史家，代表作有《神圣的存在：比较宗教的范型》、《萨满教：古老的昏迷术》等。

第五章　罗马尼亚

这也难怪当地匈牙利和罗马尼亚两方人民从来没有机会心平气和地化解彼此间的芥蒂。

在接近奥拉迪亚时，我们又载了另一个便车客。她是个身材健壮、精力充沛的女子，勉强会说英语和法语。她说她是工程师，不过在东欧，这个名词涵盖了许多罪恶。当我们拒绝接受她塞给我们的列依时，她索性邀请我们到她家里去坐坐。那个小区杂草丛生，人烟罕至。这是我所见到的第一栋罗马尼亚公寓，所以颇感好奇。即使以东欧的标准而言，这里也算狭小而贫困，不过都是一个模子里造出来的。在小小的客厅里，她貌似吉卜赛人的女儿正在看电视上的美国摇滚乐团表演。书架上，除了摆放有罗马尼亚的书外，还竖立着《浮士德》（*Faust*）和《群魔》（*The Possessed*）。女主人告诉我们，她本来打算教文学的，但是"我们只能做我们能做的，而不是我们想做的"，她用法语优雅地说着，耸了耸肩表示认命。

当我要求借用洗手间时，她显得有些沮丧。"我们罗马尼亚的工程很好，但就是少个收工。"她解释，在国家忠诚和此时的尴尬间犹豫。我明白她的意思。只见地板是外露的水泥，天花板和墙壁上有松脱突出的铁丝，浴缸内积满污水，还有一截宛如汽车轮胎的东西。无论她所谓的收工是什么意思，这里确实"少得很"。

我暗自希望她能为我们提供点吃的，但是我的愿望落空了。不过我们的女主人用小型咖啡杯请我们喝了浓郁的土耳其咖啡，还告诉我们她非常高兴有机会邀请我们到她家来。直到不久前，和外国人晤面还是一项会遭到惩处的犯罪行为。比如她的工厂里就有个职员因为和一个波兰籍的同事关系友善，结果遭到每个工厂都有的秘密警察的威胁，说会遭到某种处罚。从那以后，那两名同事便相互回避。这名工作伙伴还是来自罗马尼亚的"兄弟之邦"的！这件奇闻显示了罗马尼亚直到近期所受压迫的程度，以及对私人行为的控制，都超越了我在其他国家之所见。

"那些秘密警察还到处都有吗？"我问。

她又心照不宣地耸耸肩，说了一句："不然你期待什么呢？"

然后她马上精神奕奕地说："不过我不怪伊利埃斯库，"她表示，"那是幼稚的做法。我们不可能一天就拥有民主。我们每件事都要学习。我们没有民主的传统。我们其实算是东方国家。"

离开那里之后，饥饿感越来越扰人。我们已经走了一整天，却只见到一小间阴阴暗暗的所谓的"餐厅"，而且只供应一种类似牛肚汤（tripe soup）*的食物，散发出难以描绘的油腻味道。尽管饥肠辘辘，我却无论如何都无法吞咽那道黏腻的黄色汤料。

这一切都意味着在抵达克卢日—纳波卡时，我对当地的魅力完全无动于衷，只管直接开向一家号称当地顶级豪华的饭店。那地方有点古怪，也许是因为那种模糊、无处不在的衰败气息，却突兀地搭配着豪奢等级的壮阔规模吧。人们各自成群地坐在阳台餐厅的木制长桌旁。我们找到一处空位坐下，旁边是一对年轻男女。那男的又是一个"工程师"，不过正在接受训练成为一个哑剧演员。他会说法语，这点实在幸运，因为我们正需要一个人帮我们沟通晚餐。点餐过程显然需要高度耐心的外交技巧。首先，我们被长久的等待磨炼了耐心，终于有个侍者走过来，我们赶紧表达最小的要求：请给我们一点东西吃，任何东西都可以。我甚至不太敢提出我想要喝点冷饮，只要不是黄色的，什么都可以。经过那哑剧男一番冗长的意见交换，侍者离开了。我紧张地询问待会儿会供应什么。我们的中间人比了一个或这样、或那样的手势。"他会去跟某个人讲，"他回答，"他会想办法的。"又经过一阵漫长的等待，那个侍者走回来，

---

* 一种用动物内脏烹调的汤，据说有缓解宿醉的功效。

又是一番热切的讨论。"他会给你们拿点肉!"哑剧男胜利地宣布。但是冷饮呢?我一定要喝点冷的东西!哑剧男起身,去跟一整群站在门口的侍者积极交涉。大概十分钟之后,奇迹发生了!一瓶冒着晶莹泡沫的矿泉水被送到我们面前。最后,一顿可以下咽的晚餐也终于送到了。

"这里的食物是怎么回事?"我们问那位好心的翻译,"都跑到哪里去了?"

"黑社会,"他说,"中间商。他们从商店收购所有东西,以高价卖给少数人。"他一脸的厌恶,"这里很乱,一片混乱。以前,你至少知道可以喝到啤酒,喔,也不是每天都有,但至少是一周一次,星期二喝得到。但是现在没有了,什么都没有了。我们是第三世界的国家!跟东方国家一样!"

晚餐后,我们四处浏览,发现克卢日—纳波卡其实是个很漂亮的城市,地道的欧洲风貌令我惊艳,如此眼熟、美丽的欧洲啊,竟在这么遥远的世界一角!"纳波卡"一词是古罗马的名字,此间人口众多的匈牙利人仍称呼这里为科洛斯堡(Kolozsvár)。这座城市由文艺复兴时期匈牙利国王马加什一世(Matthias Corvinus)*所建造,市镇中央有座令人景仰的哥特式大教堂;围着赏心悦目的广场,店面门面均漆成这一地区巴洛克色系的乳黄色和白色。

不过建筑虽然是欧洲风貌,气氛却是……巴尔干式的。"要买吗?要买吗?"我们走在街上,人们接近我们悄悄询问,虽然我们根本不清楚他们想卖什么。"香烟?巧克力?肥皂?"一群顽童也问我们。我们表示两手空空没有钱,他们表现出来的不是失望,而

---

* 马加什一世(1443—1490),文治武功卓绝,其统治下的匈牙利领土达到历史上面积最大,国力也达到最强。从1458年以十四岁之龄登基,至1490年身亡为止一直在统治整个帝国。通过数次军事运动,后又成为波希米亚之王以及奥地利公爵。

是厌恶。我们走向车子时，发现两名男子正旁若无人地查看车子门锁，直到我们上前指出我们有车钥匙，他们才佯装无事地离开。那晚稍后，我们看到一队清洁工人，大多是身穿宽裙、头戴围巾的妇女，在几乎全黑的天色中，手执大型扫把在扫街。是谁指派他们这么晚出来扫街的？这种荒谬绝伦的情景几乎出自尤内斯库（Ionesco）*之手，或是齐奥塞斯库（Ceaușescu）†的杰作，那人素以怪异随兴的作风闻名。

第二天早上，我们出发前往马拉穆列什（Maramureș）那处紧邻俄国边境的区域。往东北行驶途中，我们很快发现自己置身于山峦起伏、美丽原始的风景中。我们经过的村落绝不富饶，却展现出丰富的美感，让我们完全浸淫在所见的一切当中。一幢幢屋子漆着明艳亮丽的色彩，阳台装点着精致的铸铁边框。屋顶也经常带有活力洋溢、造型繁复的塔楼、老虎窗和尖塔，宛如童话故事的迷你版本。大部分的木屋前面都有雕工细致、独立的木质门廊，有人告诉我这些门廊代表从生到死的通道——这里的人都以宁静而非恐惧的心态面对这趟人生之旅。此外还有上面带伞状顶棚的石井。

乡村小路上，女人们的穿着和我在布达佩斯瓦茨街上所看到的一模一样，她们手中拿着成卷的蓬松白色羊毛，边走边梳理。在逐渐暗下来的傍晚，她们坐在室外织布机旁，就在路旁树下将羊毛编织成多结的厚实地毯。我们停下来看她们工作，她们也笑眯眯地邀请我们趋近观察，手中的编织节奏不乱。虽然细节不同，但此情此景就像我儿时记忆中波兰乡村古老、质朴的一面，让我深为感动——感激这熟悉的异国风情，这欧洲赖以成长的深耕文化，迄今依然存在。

---

* 尤内斯库（1909—1994），生于罗马尼亚的法国剧作家，荒诞派戏剧最著名的代表之一。
† 齐奥塞斯库（1918—1989），罗马尼亚领导人。在位二十年，1989年被国内革命推翻后遭枪决。

第五章 罗马尼亚

傍晚时分，我们来到博尔沙（Borsa），这座城市高踞在马拉穆列什山上，是特兰西瓦尼亚山脉的一部分。只见主广场上都是人，主要是男人，全都无所事事地站着。看到这群人没有假装忙碌，坦然露出毫无罪恶感的懒散状态，虽然怪异，倒也不至于令人不悦。不过，我们的抵达还是引起了一番骚动。人们走向我们，提供一些无法理解的服务。一名出租车司机站在他破旧的车子旁，透过一连串繁复的手势，表示可以卖汽油给我们。由于已经两天没看到任何加油站了，所以我们欣然接受他的提议。"多少钱？"我们问。那人用手势告诉我们一桶十五美金。彼得正准备接受，但一种源自体内深层、属于东欧的原始本能，促使我虚张声势地回口道："十美金。"那人佯装痛苦地考虑了半天，十二美金，他终于回答，一副做了天大让步的口气。好，我说。那人马上和我击掌为凭，其他人也纷纷发出满意的声音，因为我懂得他们的游戏规则。

随着生意谈成，所有事也回归正常。那出租车司机靠着他的车子，继续和他的同伴聊天，对我挑眉的询问，他只是举起一只手，摆出不要紧张的手势。我耸耸肩。因为没有迹象显示马上会有什么动静，彼得和我就沿着博尔沙的主要街道往下走。我们发现了一家商店，自然而然地进去逛。店里摆放着一些丑陋的塑料夹克，不过也有些色彩鲜艳的当地制手工地毯，让彼得颇感兴趣。又开始了另一场交易。"多少钱？"他询问店里一位略通英语的年轻女子。那女孩咯咯笑着，找一名较年长的店员商议。

"也许三十美金，"她终于回复，"也许五十美金。"凭这种方式也想欺骗没有警觉性的外国人！

回到广场后，那名出租车司机还在聊天，丝毫不受我们返回的打扰。我们站了一会儿。"旅馆？"我们问道，指指对街一栋长相可悲的建筑。"不是，"众人异口同声道，并往东指，"**现代**旅馆。

综合大楼。在那里。"

过了好一阵子,在某种无形力量的推动下,出租车司机终于上车,示意我们跟着他开上一条乡间小路。我们在他家外面停下,这里靠近一条湍急的山间小溪。他从屋内取出几桶汽油,小心翼翼地注入我们的油箱。

值得庆幸的是,"综合大楼"看来还蛮舒适干净的。一名橘红色头发、面色红润的接待员紧张地注视着我们,向我们保证他会尽最大能力说服侍者供应我们晚餐。经过一番幕后交涉,他端来了尚过得去的食物。我一直纳闷,难道侍者真的会拒绝服务?基于什么理由?这一切似乎都令人伤脑筋地取决于个人。

房间还算不错,让我惊艳,只是墙壁管线内不断传来恼人的背景音乐。我要求领我到房间的女服务员把音乐关掉,她虽然照做了,却不可思议且不以为然地瞪我一眼。我显然已经忘记优雅或**现代化**是什么了。过去几天,我一直梦想能洗个真正的热水澡,现在终于可以如愿以偿了吧!可惜,**现代化**的水龙头里流出来的水跟其他地方一样冰冷。"八点,我们有热水。"那名红发接待员信誓旦旦地向我保证。不过当我九点回到房间时,水还是一样冰冷。"八点到八点半,我们有热水!"我被如此告知。痛快地洗个热水澡的幻想就此破灭,不过这类欢愉享受——它们已经不再是日常必要之事了——的无限期展延,是身在东欧必须学会的事情之一。

作为补偿,而且是东欧的标准补偿方式,我们可以在阳台上小酌一杯。同时,精力充沛的接待员还提出给我们讲述有关"革命"的小故事解闷。他说,一切爆发时,他人在布加勒斯特。当时他开车进入一栋政府建筑,结果才刚把车开出来,建筑物就陷入火海。他比手画脚地叙述,带有夸张意味。我们很难断定他所说的到底有几分是实话。

第五章 罗马尼亚

第二天早上,我们步入山区,草坪上露珠闪闪,溪水淙淙,微风轻拂。远处不时飘来牛铃清脆的声音。而到了山顶,我们甚至进入了故事书中的情景,我觉得故事书应该就是从这里取景的吧。只见一间长木屋旁,一个老人和一个小男孩正看着几头牛吃草,那老牛郎身材小巧,体型瘦削,皮肤粗糙,"满面风霜"一词立刻进入我的脑海。小男孩则身穿白衬衫,绿色厚羊毛长裤,搭配镶有银钉的黑色背心,外加一条宽边浮雕皮带。他的皮肤是橄榄色的,一双大眼睛充满了智慧,脸上洋溢着我所见过的最清澈、最甜蜜的表情。

那老人邀请我们到他的小木屋内。木屋很矮小,我们几乎无法完全站直身子,且弥漫着苦涩的浓烟,原来是一个木桶内正在熬制奶酪。他舀了几勺牛奶般的甜蜜凝乳奶酪给我们吃,不过浓烟刺鼻,彼得和我都无法在屋内久留。那老人示意想试戴我的太阳眼镜,然后点点头表示赞许,他可以用它来抵挡阳光和浓烟。若那眼镜不是根据医嘱特制的,我一定会送给他。因为如此,我们送了些从旅馆带出来的熏肠给他,然后继续前行。在这逐渐加速的时代,真怀疑这种慢工细活的生产方式要如何存活。(不过后来我们得知,这类牧羊和牧牛人是罗马尼亚少数能赚大钱的,因为他们制作的奶酪可以外销。根据当地传言,有个新贵牧羊人还购置了一架直升机,载着他从一个山头飞到另一个山头。)

在下山途中,我们遇到一群野餐的人,邀请我们加入。他们用铁叉烤肉,还带了一瓶烈酒轮流分享。所以这里还是有食物的,也许当官方系统失灵时,就只能透过私人渠道流通吧。我们也贡献出剩余的香肠。在高亢激昂的兴致中,一个男的开始高歌,同时用力拍打大腿。

"伊利埃斯库,棒!"一个女的高声喊叫,并竖起大拇指。"救国阵线,棒!"她所展现的热情令我不解,因为伊利埃斯库最近才调派戴头盔的矿工前往布加勒斯特，以暴力方式，而且似乎也是非法地驱散一项示威活动。

"你喜欢他什么？"我们问道。

"他像一个好爸爸，"那女的以法文回答，一副肃然起敬的神情，"他会照顾我们，他会为我们着想。"

另一个女的默默注视着这一幕，然后用英文对我们说："你看，我们就是这样，"她说，"我们没有民主传统。我们仍然需要一个强大的领袖。"

她自我介绍说名叫科尔内利娅（Cornelia），邀请我们第二天到家里坐坐。她在鸽子笼似的房间里帮我们准备咖啡，同时以一种渴盼、热切的语气跟我们聊天。她长得蛮标致的，橄榄色皮肤，杏仁般的眼睛，衣着轻便优雅，宽松的丝质长裤搭配卡其色长上装，竟能展现出一种都会风情，也许跟她学英语的方式一样吧，也是从电视和电影中学来的。罗马尼亚将法文视为亲近的外语，学校经常会教，或者人们私下传授。他们对法国文化极为仰慕，对系属拉丁语系也颇为骄傲，虽然罗马尼亚语言中，其实有着强烈的斯拉夫元素。但是科尔内利娅从来没有出过国，对所有事都充满了好奇心。她在这里当老师，丈夫在军中，不过她很快向我们保证："我们也不知道发生了什么事，我们被蒙在鼓里，也糊里糊涂的。"她指的是罗马尼亚到底如何发生"革命"，甚至有没有发生革命，都折磨人地没有定论。伊利埃斯库毕竟是党内部的人，而且早期是齐奥塞斯库的盟友，只不过近期属于一个"自由派"的支派。尽管如此，尽管有人质疑秘密警察仍在运作，尽管存在那些矿工的暴行，伊利埃斯库仍然在罗马尼亚群众中享有广泛的支持。科尔内利娅无法告诉我们其中原委，她似乎自己也十分困惑。"不，我其实不喜欢他，"她说，"但也许我们应该给他时间。我不知道。我真的不知道。"她看起来很沮丧。然后，似乎找到了正确的表达方式，她又用比较活泼的口气继续道："你看，我们就是这样，非常感性的民族，不怎么理性。我们一部分是希腊人，一部分是达契亚人，一部分是拉丁人。我们是地中海的一个民族。我们其实是东方人。"

她的说法其实前后并不一致，但是我开始能够辨认出罗马尼亚人在转型期所套用的公式了。每个国家都有一套这种公式，像护身咒语一样不断重复，或像在一片混乱中，勉强抓住一根理解的稻草。"我们总有办法熬过这一关的"，波兰人一直这么说。"什么都没有改变"，匈牙利人一致认为。而现在罗马尼亚人的说法也显出一贯性。"情况很乱，"他们都说，"我们还没有准备好。我们不懂民主。我们其实是东方人。"当然，套用公式的说法并非解释，却提供了线索理解人们是如何经历他们的境况和世界的。罗马尼亚人在说这些话时，通常都带着认命的口吻，仿佛这场乱局不是任何人的错，而是一个无法避免的情况，一切都是命。

科尔内利娅说她不是一个"爱国志士"，但她爱她贫困的国家，尤其马拉穆列什，她对此地的历史文化都有很深的研究。"你也许不知道，"她告诉我们，显然是从我们的名字中判断出我们都是犹太人，"这里以前住了很多犹太人，现在都没有了。我常常想到他们，有时候会去看看他们的房子、墓地。你们在附近看到的最漂亮、最大的房子有些以前就是犹太人的。有时候我甚至觉得我还能感觉到他们的存在。"

不，我不知道，我也没料到在特兰西瓦尼亚这个遥远的角落竟有个一度繁荣的犹太社区随着战争而消失。犹太人在这段时期似乎一直是困扰着东欧地区的幽灵，犹太人在此间无可避免的缺席，本身就是一种出席、一种错误。总之，对于像科尔内利娅这样的人，内心还留存着犹太人的点滴记忆，为当年没有多认识一点镇上的犹太居民所表现出来的真挚遗憾，我还是心存感念。也许我们不会经常表现出良知，但我们心底还是有良知的，对过去错误的记忆不会那么容易被抹去。

在我们整个谈话过程中，科尔内利娅的两个朋友始终在看电影《夏夜的微笑》(Smiles of a Summer Night)。尽管我们拥挤地坐在一起，他们却始终没有分神多瞄我们一眼，连我们离开时，也只是懒懒地挥挥手。反倒是科尔内利娅在送我们上车之际，展现出几近拉丁族的热情。

* * *

有谁会留意一个名叫萨品塔（Sapinţa）的小村落的存在？不过此刻我们正前往萨品塔发掘"革命"之事。过去几天，我们一直听说萨品塔发生了一件重大的事，包括公路封锁和让布加勒斯特派出陆军直升机。"是真的革命。"有人语气兴奋地强调。或许革命，货真价实的革命，终于来到罗马尼亚了。

萨品塔位于博尔沙西部几小时路程处。我们接近傍晚抵达时，当地看来有如荒废的小镇。灰扑扑的路面上不见人影，连动物的声音也听不见。只有窗帘紧掩的窗户，以及气氛沉滞的静谧。不过，我一直记着一位匈牙利朋友的指示。"去找教士，"他建议，"他们认识所有人，知道所有事。"平矮的小屋上方清晰可见东正教教堂的尖塔，不过教堂空无一人。只是教堂附近有座墓园，引人好奇，所以尽管我们并非为此而来，还是到里面去停留了一阵。那座墓园满布十字架，大小形状一致，但都充满了强烈的色彩。每个十字架上都绘有一个场景，描述了墓里住客生前的职业，画风原始、笔触细密：有坐在织布机旁的妇女，有牧羊人、鞋匠，甚至是出租车司机。

第五章　罗马尼亚

经查阅我的福多尔指南,原来这里叫做"快乐墓园"不是没有原因的,因为整座墓园洋溢着近乎恼人的欢乐气氛。这座墓园最早是斯坦·彼得拉什(Stan Pĕtraş)这位男子的创作,他和死亡之间,必定有种亲密而奇异的关系。不过他在1970年代末期已经离世,所以他那想必是某位不知名门徒所画的画像,此刻正从某个十字架上朝我们猛皱眉头呢。在墓园后方,我们又看到一个男的正在绘制另一个人像,看来快乐的死亡已然成为本地的标准模式。他领着我们前往就在路旁几步远的教士住宅。

那座房子又大又安静,我们穿过敞开的庭院栅门走进去。一个女子默默打量了我们一下,示意我们跟着她。我们被请进一个大房间,中间放着一张书桌,身着黑色长袍的教士就端坐在书桌后面。他年纪很轻,个子很高,面貌英俊且带着稚气。他一样慢条斯理地打量着我们,用罗马尼亚语问了一个问题。我们摇头表明听不懂,并试图用我们会的语言跟他沟通,但是没有一种奏效。有很长一段时间,我们只能彼此相视无言。然后教士下定决心,领我们到另一个房间,光线没有那么刺眼,而且比第一个房间还大。房间布置得像土耳其的后宫,铺满红色系的地毯,散置着大型靠枕。教士有礼貌地招呼我们坐下,我们便坐了下来默默等待。最后,一个男孩走了进来,乖乖站在他父亲的椅子后面,等待父亲的指示。他们轻声交谈了几句——所有的一切都以诡异、缓慢的方式进行——之后那个男孩就过来试图用英语和我们说话,可惜他的英语词汇量大概只有十个,很快我们便无以为继。他们父子又交谈了片刻,然后那男孩朝我们微微鞠了一个躬,便离开了房间。

我们又继续等,继续默默注视着对方。巴尔干时间。我们就这么坐着,有如禅学大师。其间并没有尴尬,没有手足无措的频频点头或安抚性的笑容。我开始有种奇特的放松感。对事件的认知也开始改变，不再坚持完成某个计划，只是静待其变。反正世事总是如此推演。

接下来发生的事是我们被带到花园，坐在荫凉蔓藤顶棚下的一张长木桌旁。强烈的阳光透过叶缝闪烁摇曳。在蔓藤顶棚外的花园中，几名农妇打扮的女人正在除草，动作流畅稳健。虽然我不知道下一步会发生什么事，但觉得这样也挺好的。教士的另一个儿子出现了，年纪更小，也更无拘无束。他没有跟我们对话，却抛出一堆不可思议的字汇。"巴塔哥尼亚（Patagonia），"他询问地望着我们，"亚利桑那（Arizona）、阿根廷（Argentina）、明尼苏达（Minnesota）、波哥大（Bogotá）。"他想知道我们有没有去过这些地方。我们每点一次头，他便觉得神奇得双眼发光。对他而言，提到的这些地名已经是全世界，实在充满了神秘。

教士的妻子端了一盘食物和饮料走出来。教士喝了几杯当地酿造的饮料，并鼓励我们照做。在过了又是营养缺乏的一天后，我们狼吞虎咽地解决了送上来的鸡蛋和辣味香肠，然后继续坐着。而我开始失去信心，变得有点坐立难安。

不过我错了，有个隐秘的目的其实正在运作中。那个较大的儿子再度现身，后面跟着一个身材不高，步履轻盈的男子。他自我介绍说是一位来自布加勒斯特的记者，已经在这里待了几天，采访有关"革命"的消息。他说法文，且正处于极度兴奋的状态。他会告诉我们是怎么回事。果然，教士和记者一开始竞相谈论起最近发生的事情，整个气氛也随之活跃起来。他们谈得兴高采烈，尽管我们起先只看到热烈，却不解其意。

以下是在他们的热切讲述中浮现的故事：在"后共产主义"统治下，五千名萨品塔居民选出一位新市长。他是个很有原则的人，教士两眼发亮地说，一个好人，道德的典范。萨品塔的民众很爱他，因为他想要将土地发还给原地主。但是原来的市长来了,或者应该说回来了,民众对他的厌恶一如对新市长的喜爱。"那些人干了很多坏事,令人发指的事。"记者激昂地宣称。不过几天之前,被罢黜的市长还在一队武装人员的陪伴下,冲入新市长办公室,用武力将合法的主人逐出,和其党羽夺回权力。就是在这个时候,善良的萨品塔居民挺身而出,群集坐在主要道路上,阻碍罗马尼亚各地来此的交通长达两天。

他们的情绪随着叙述这些事件而逐渐亢奋。教士几乎穿着黑袍满场飞舞,帮我们的杯子斟满酒,还热情地展示他刚生的婴儿,要求我帮他照相。每个人都试图营造出一种印象:这里的人非常特别,人品正直,具有乡土情怀。他们拼命工作,跟布加勒斯特的人不一样,夺走他们深爱的土地绝对不公不义。

一名满脸胡茬的农人在言谈间被带了进来。他身穿工作服,戴着宽边黑帽。他不但亲眼目睹,而且参与了这些事件。在接下来约一个钟头里,他就只是静静地站在蔓藤幕帷下,偶尔喝杯酒。但一谈到事情经过,便不禁激动地两眼噙着泪水。那两天中,人们手牵着手一起唱歌,成年的男男女女都为之哭泣。"这是真正的革命。"他们一直重复,很高兴亲自采取了行动,仿佛首度发现这么做的可能性。

可惜这个故事终究没有得到让人满意的解决。公路被封锁了两天后,国家军队搭乘直升机进入萨品塔。令人难以置信的是,士兵们以莫须有的罪名逮捕了新任市长,他现在正在地方监狱等待审判;共产党市长则掌握了职权,不过他也担心自己激起的反感,因此有好几个晚上都不在当地,而是跑到萨图马雷(Satu Mare)去过夜。

好像没有人知道下一步该怎么做,或这种情况的合法性如何,或他们具有什么权利。对自己的反抗感到兴奋的他们,却依旧接受僵硬的权力行使方式，这是此间和东欧其他国家最主要的差异。这里，桥梁尚未建成，还差一步没有到位。

我们坐在树丛中，夜幕安静而徐缓地降临。故事讲完后，我们便到萨品塔阴暗的道路上散步。四周一片宁静，只有附近谷仓中传来马嘶声。幽暗中，白色鹅卵石似乎发出了微光。教士的小儿子低声念着美国篮球选手的名字。彼得像记者那样企图和坏市长的妻子攀谈，对方当然置之不理。我们回到教士宅邸，教士的妻子带我来到内室，她已经帮我准备好了床铺，上面放了许多枕头。我踉跄地摸黑去外面使用厕所，然后到处寻找水源。厨房内有个水龙头，但是没有水。天亮时，他们送来一个金属杯，里面装着冷水供我梳洗。因为身上实在没有更像样的礼物，所以我放了几块美金，但是对方坚决拒收。

我们开车回布达佩斯去还车，天气炎热，路上仿佛在跳炫目的光之舞。英国广播公司报道着一则奇怪的新闻，说伊拉克（Iraq）进军科威特（Kuwait）。彼得和我茫然对望一眼，这个世界充满了怪异的骚动。教士推测这趟旅程需要五个钟头，大概是以巴尔干时间计算的吧，因为我们整整耗了十二个钟头。我本来计划下午搭乘飞机前往布加勒斯特，但是当我们抵达目的地时，飞机早已飞走了。

因为误掉飞机的缘故，我决定搭乘东方快车折返罗马尼亚。彼得已经前往布拉格，我再度只身上路。为了搭乘这个传说中的交通工具，首先必须汗流浃背地在购票队伍中遥遥无期地等待，晚间还得如此再来一遍，因为有人跟我说，如果想要卧铺的话，最好早点去车站。我确实需要卧铺、渴望卧铺，因此提早了一个钟头抵达。结果发现我真的太傻了。在接下来的三个钟头里，车站时刻表不断更新东方快车误点的时间。我又累又饿，还无法移动。即便入口处

第五章　罗马尼亚

附近的酒吧对我的诱惑力更大，我却无法忍受拖着行李再度长途跋涉，穿越宽广的车站走到那边去，只能意气消沉地默默站着，陷入一种自怜的情绪，心想难怪旅游的书大部分都是男人撰写的。在这趟旅程中，我不只一次有此感慨，当初到底是着了什么魔，非得干这种事不可呢？

当波尔特－东方快车（Balt-Orient Express）驶入车站时，我已经快要达到忍耐的极限，尽管心中也明白，我的忍耐力其实充满了弹性。眼前是一列难掩风霜的火车，也不知道从哪里冒出来的一群人蜂拥而上。我跟着人群移动。旁边一个瘦长的男子自告奋勇，愿意帮我提一件行李。我快速打量了他一眼，没有时间深思熟虑，只能反射性动作，便把一个行李箱递给了他。他把我推向卧车车厢的方向，然后祝我好运。我试图向列车长反映我要一张卧铺，但他只是不耐烦地将我推上车，然后车子马上就开动了。

这是我的低潮期，筋疲力尽、精神紧张，也没有任何抗拒能力，实在无法面对站在走道上完成接下来十五个钟头的旅程的可能。所以当列车长经过身边时，我便发出无言的乞求，希望在目光中同时传递一抹威严与绝望；但他此刻已化身为动作不疾不徐的重要人物，只比了个少安毋躁的手势。

我再度有种走投无路之感。然后，事态突变，只见那列车长从他的隔间走出，帮我打开一间卧铺车厢。我没有夸大其词，才往卧铺上一坐，它就塌了。不过这不是问题。列车长苦笑地摇摇头，又领我到另一个车厢。我索性大胆问他有没有餐车，因为从早上开始我便没有进食。然而浮现在我脑中的，是从电影看来的东方快车，这辆车上当然没有餐车。幸而我的新朋友列车长举起了食指，似乎在说："等一等！"几分钟后，他端了一盘食物过来，显然是分了一半晚餐给我：若干山羊奶酪、一些西红柿和几片非常干的面包，还给了我一把瑞士军刀和一瓶矿泉水。我深受感动。冥冥之中，总是有贵人及时相助。就这样，我吃了一顿晚餐，花了几美金和一包极受欢迎的健牌（Kent）香烟。然后突然间，我的心情奇特地整个翻转过来。就这么简单，毫无道理的，我不再感到害怕。我必须承认，在这几趟旅行中，我经常被一种类似恐惧的心情所干扰。我害怕的不是极端的事，比如遭到抢劫或暴力攻击之类的，因为我身上没有什么好偷的，而暴力行为则属于我根本不愿去想象的另一层次。困扰我的，主要是些低层次的焦虑感，像是担心这趟东欧之行会不会超出我的能力所及：比如没办法处置我的行李，没办法找到食物和饮水，或迷失在一个偏僻小镇的黑暗道路上，语言不通，无法向充满敌意的陌生人解释我的情况。这种不安的感觉也许是因为这种吉卜赛式的漫游，实在不适合一个中产阶级的乖乖女。一个真正的淑女绝不会让自己陷入这种粗糙的窘境。

不过现在，不知为何，那种焦虑感就这么消失了。我不知道我必须在这辆脏乱的火车中待多久，我也不知道答应和我碰面的新朋友会不会在布加勒斯特等我，但突然间，这些都没有关系了。兵来将挡，水来土掩。接下来总是会有事发生，这个原则已经逐渐深植我心。这个世界还没有走到尽头，人们也还没有陷入绝境。大半时候，大家都会伸出援手，而不是带来威胁。

隔壁车厢的一个旅客敲敲我的门，低声问能不能跟我换点美金。他说他要去土耳其度假，但是没有一点真的钱，怎么能玩得尽兴呢？当然可以，我说。为什么不让他在土耳其痛快地玩一番呢？我注视着车窗外移动的一颗颗硕大明亮的星星，然后沉沉入睡。到了边境时，我被海关官员吵醒。两个体格魁梧、身穿军服的罗马尼亚人在我的卧铺上坐了半个钟头，费力地填写表格。所幸我已然转换新情绪，因此这些显得极其自然，也非常友善。之后我再度陷入熟睡，

第五章　罗马尼亚

等再次醒来时，火车已穿越特兰西瓦尼亚阿尔卑斯山脉，来到一片干涸的平原。下午一点钟左右，火车驶入布加勒斯特。

幸好我已经调整心态，获得心情的宁静，因为布加勒斯特火车站可是需要坚定的心智才足以应付的。火车站宽敞但混乱，而且非常炎热。来往穿梭、推挤的人打扮破旧，还有几个衣冠不整的男人挨近我，试图帮我提行李。当我看到答应前来接我的帕维尔（Pavel）和斯特凡娜（Stefana）时，实在开心不已。我只在纽约见过他们一次，当时帕维尔在新学院（New School）*教书。尽管在年龄上我们差距很大——他们比我年长约二十岁，但我们却一见如故，他们也出于一时慷慨的冲动，提议在布加勒斯特接待我。他们暗示，我在当地绝对需要有人照应。

我们热切地彼此招呼，仿佛认识多年的老友。接着，他们领我走向一辆破铜烂铁一样的古老的伦敦出租车，由一位脖子很粗的人驾驶，斯特凡娜说是他们的"家庭司机"。我跟他们报告我的旅行经历以及那位慷慨的火车列车长。"他是罗马尼亚人还是匈牙利人？"斯特凡娜和帕维尔异口同声地问，然后忍俊不禁——他们身为饱经世故的国际人士，还有这种古怪的爱国本能反应，自己都觉得好笑。

斯特凡娜的公寓小巧玲珑，布置典雅，洋溢着土耳其的风情。虽然和帕维尔是多年的伴侣，他们却分开居住，我住在斯特凡娜这里。袖珍的起居室内摆着缎面扶椅，较大一间房间是斯特凡娜的寝室兼书房，床上铺着一条洋红色丝绒被，上方墙面则挂着一条色调较深的挂毯。高高的窗户上百叶窗紧闭，隔绝热气和阳光，让屋内朦胧怡人。在缺少其他资源的情况下，这是个善用品位和可爱物件

---

* 一所位于纽约市的美国高等教育机构，乃世界著名的左派大学。

装点的柔美居家。我们的餐饮由"已经在这个家一辈子了"的弗洛丽卡嬷嬷（Domna Florica）负责打点。只见在迷你而原始的厨房内忙碌的她，动作间充满权威与笃定。虽然年纪很大，身材矮胖，满脸皱纹，但是眼神却流露出一抹机敏与睿智。她用茄子蘸酱和不同的蔬菜色拉调制出极为美味的一餐——在接下来几天，我将逐渐体会到要调制出这样一餐多么困难。很早便疲惫入睡的我，对斯特凡娜和帕维尔超乎义务和期待的款待，可谓铭感五内。第二天一早，我被窗外某处庭院中传来的公鸡啼鸣叫醒。

早上，斯特凡娜带我到菜市场散步，来一场当地之旅。第一次行经此间，但觉街道上散发出一种彻底凄凉的气息，那种凄凉，远非常态所及，几乎无以言喻。时间虽然还早，但热浪袭人，沉闷凝滞，空气间弥漫着尘土。宽得离谱的道路空荡而慵懒。我们走过一段情况比较好的街道，有树木、低矮的别墅和一座漂亮的教堂，然后一阵蔬菜腐烂的酸臭气息扑鼻而来，显示市场就在附近。小型广场上搭建着顶棚，下方设了几个小摊位，贩卖一些蔬菜、果实和山羊干酪。顶棚外围的地面上也有人直接铺放报纸来陈设货品，有许多茄子、一些质量不佳的苹果和梨子。到处可见各种垃圾，增加了浓烈的臭气。

斯特凡娜将这个市场视为一种进步和相对富足的象征。但就一般民众的食物供应而言，也就仅止于此了。广场四周有些性质怪异的"食品行"，窗户上是硬化的陈年污垢，室内一副任由衰败的景象，有如洞穴般空荡和潮湿。油漆早已剥落，地面暴露出水泥。架子上几乎空无一物：东欧式的空虚，巴尔干式的空虚。一间食品行展示着几箱玉米粉；另一家则陈列了一排的罐装水果，外面摆放着大牛奶桶。不过斯特凡娜说她绝不会去碰这些牛奶，因为从乡间运抵此

第五章　罗马尼亚

地时，经常就已经腐败了。一家店外站着一排人，斯特凡娜说，这代表那家店有新鲜面包。尽管热气扑鼻，我却感到一股类似退化与死亡的寒意。这种情况、这种坠入混乱的景象，人们为什么可以接受？为什么没有人大声抗议？触目所及，女人们走进那些凄惨的店内；街面上则是一群群敞着衬衫的男人，无所事事。这里几乎看不到活动，听不到噪音，仿佛连谈话都已经没了气力。

我们买了些蔬菜，斯特凡娜又带我到当地的主要干道胜利大道（Calea Victoriei），向我展示些那姑且名为"革命"——不论其准确的名称应该为何——的事件的纪念地点。斯特凡娜的容貌和动作都比实际年龄年轻许多，她的面孔有种脆弱之美，战前成长在克卢日－纳波卡，后来成为共产主义信徒。她形式上仍留在共产党，属于低调的党员，但多年来，她一直参与帕维尔的破坏行动。身为社会学家的她，拥有媒体的专业知识，但是对于"革命"期间究竟发生了什么事，她和其他人一样一无所知。像其他人一样，因为她认定有某种因素明显在干扰他们的努力，所以更加执意要探究悬而未决的问题。

近期曾发生暴力事件的痕迹在胜利大道逐渐扩宽为格奥尔基·乔治乌－德治广场（Piaţa Gh. Gheorghiu-Dej）之处，令人压抑地明显起来。阿西娜宫饭店（The Athènee Palace）内部仍可瞥见昔日的辉煌，但墙壁上布满弹孔。国立图书馆丧失了几千本藏书，搭设的脚手架后方，看得到严重毁坏的痕迹，外交部所在的皇宫也受损严重。不过虽然就在其他建筑附近，共产党总部却毫发无伤。为什么会这样？这也是让民众深感困惑的问题之一。这难道意味着共产党也牵涉在推翻齐奥塞斯库的政变中吗？难道幕后已有协定，在齐奥塞斯库下台后由谁掌权吗？政权更迭已过去了九个月，布加勒斯特的气氛仍充满谣言、各种解读、猜测，没有定论。

大学广场（Piața Universității）在距离这些地标不远之处，是下一个转折、下一轮暴力事件的纪念场址。1990年6月，学生在此长达数月的静坐，被伊利埃斯库从北方召集而来的矿工暴力驱散。从那时起，这里便逐渐成为一个有组织的圣殿。法律与建筑员工大楼外墙上挂着一条布条幅，上书："新共产主义净化区，这里曾发生过谋杀——行经此间请心存敬重。"在大楼正面一个壁龛内放置着惨遭矿工毒打的学生领袖马里安·蒙泰亚努（Marian Munteanu）的画像，四周装饰着干花和黑布条。散置在街上的黑盖炭盆里面燃烧着炭火和蜡烛。一小群人在此转来转去，每天晚上皆是如此。

新的圣地已然在整个东欧形成，用以纪念革命的主要人物和烈士。但是这处临时的圣地比其他所有圣地更戏剧化、更有活力，就像一处活火山。它的能量尚未耗尽，炽热的余烬暗示着另一次爆发的可能性。

在"事件"后，一群知识分子和文艺界人士组成了社会对话团体（Group for Social Dialogue），提供一个独立讨论社会和政治问题的平台。刚开始时，大家对此团体皆寄予厚望，或许也激发出些真正的评论。罗马尼亚虽然有组党的意图和目的，但除了政府外，并没有其他重要的政党组织。源于国家农民党和国家自由党的两个"历史"党派，既很少发声，也没有得到普遍的支持。和东欧北方的三个国家相比，此地存在的这种异议的种子在齐奥塞斯库统治时期便已经被完全驱散和压制了，因此这里并没有现成的组织架构得以作为反对党的跳板。尽管被寄予厚望，但据我所知，社会对话团体大部分时间都在斗嘴，迄今并没有什么实质成效。

不过，团体总部是若干有兴趣的外国人交流信息的非正式中心，因此在任何跟信息有关者都很难获得的罗马尼亚自有其价值。该团体所在的建筑兴建于18、19世纪之交，状况不错，在齐奥塞斯库统治时期属于他的一个儿子；如今是个有模有样的办公室，也有一些学术人物穿梭其间。

在铺设着大理石地砖的门厅，一个被称为"艺术家"的男士说他可以让我看些关于那些矿工的影像记录，随即又说现在没有办法，也许改天吧。这件事拖延了几天，过程令人尴尬而混乱，不过后来我终于在合适的时候逮住了他。他架设好放映设备，然后不知从哪里冒出一个年轻女子和我一起观看，并用非常破碎的英语翻译旁白部分。那些影像虽然是没有经过剪辑的毛片，但大部分却都无需言语即一目了然。画面内容包括在大学广场静坐的学生、知名人物的激情演说，以及人人都在唱即兴改编的歌曲。他们在广场静坐了好几个星期，要求政府清除内部的"新共产主义"。其中有首歌曲声称"我是个小流氓"，却将这侮辱的字眼变为体面的敬语。"伊利埃斯库唯一的贡献，是把这个名词神圣化。"一个人评论道。让我惊讶的是，那位帮我翻译的女子说那些学生没有表现出应有的分寸，他们唱歌、玩乐，一直持续到深夜，激怒了人们，所以矿工介入时，才会有那么多人乐见其成。但她显然是站在学生这边的，只是似乎不愿意表露激愤或明显的立场。

然后，矿工出现了。影片中记录他们在诡异的宁静中抵达布加勒斯特外围，戴着大型头盔，挥舞着皮棍，一个个长着年轻、热切的脸。镜头转到布加勒斯特市中心。矿工们似乎随心所欲地奔跑，追逐人群，包围一个男人，殴打一名女人。"我当时就在那里，"帮我翻译的女子在一旁说，"他们无缘无故地打人。如果你穿牛仔裤，那就代表你有美金，是叛徒。如果你穿短裙，那就是妓女。"那些矿工狂热地攻击。一名年长的绅士向他们喊："这不是革命，这是国家的胜利。如果我说的不是真话，你们可以打死我。"但是其他人则向矿工们比出胜利的手势，并指指人群，似乎是在说："去打那个人。"然后矿工们登上火车打道回府。他们冷漠地用皮棍敲打着皮靴，头盔上插着花朵，每个人都可以借用纯真和甜蜜的标志，神情愉悦，对自己的杰作心满意足。一名矿工高兴地说："为了自由！"有些女人跑上前去，献上更多的花朵。

我心情阴郁地走回斯特凡娜的家，有些事我真的不懂。我不明白那么渴望成为新世纪值得信赖之人的伊利埃斯库，为什么会选择一个那么容易让人联想到法西斯主义的策略；我不懂他为什么还能维系民众对他的普遍支持。这不只是一桩脱离常规的行径，根本就是不同的规范。就像每次遇到一种完全不同的现实感，这次令人惶惶不安。当天晚上，我们坐在桌旁唯一一圈灯光下，听斯特凡娜细数围绕这些超现实奇特事件的问题。首先，伊利埃斯库为什么非得召集矿工前来？是因为警方和军方不会服从他的命令吗？还有，是谁煽动起不安的气氛，使得恢复秩序似乎成为必要之举？后来关入狱中的群众中，很多根本就是"乌合之众"，仿佛是从其他监狱或疯人院抓过来的，完全不像有能力组织任何事的人。这些难解之谜令斯特凡娜相当沮丧。她已经比大多数罗马尼亚人更清楚自己的立场了，但面对这种令人发指之事，即使她的风格也未免太过温和了。

不过，在我聊过天的人当中，没有一个对这件事感到震惊，没有一个人的语气是我所预期甚至期待的强烈谴责。是啊，发生这种事是可怕的，人们都这么说，但是伊利埃斯库并非出于恶意，只是没有那么明智。总之，就我们目前所有的而言，他算是最好的了。矿工的暴力现身，虽然从"正常"观点而言好像根本无法接受，但经由这种冲突的情感或宿命论的看法，将其融入混沌阴郁的猜测、诠释和谣言，也就得到全盘接受了。

第五章 罗马尼亚

我勇敢地只身步行穿越布加勒斯特市中心，但迎接我的是更多美学的挫折感，一种简直和道德的鞭笞不分轩轾的折磨。除了人为的灾难外，布加勒斯特在1977年曾遭到地震的自然灾害，因此市中心地区大部分建筑是地震以后兴建的。但连这些建筑都已经呈现荒废之感，似乎任由其自然退化，走向腐朽。热气逼人，令人无精打采。有些"商店"的橱窗上挂着污垢，后面则陈列着少数凄惨的商品：一些玩具、几箱橘子汽水和几罐刮胡膏，更增添几抹荒谬的感觉，犹如一个虚幻的世界。

我的脚步逐渐放缓。一则因为炎热和周遭环境，一则因为周围的人群。不知名的布加勒斯特群众给我的第一印象是心神不宁，就像那些怪异的建筑物一样。我知道在齐奥塞斯库手中被毁掉的事物之一，便是由于医药缺乏和居住环境恶劣，摧毁了罗马尼亚人民的健康——政权的蹂躏似乎完全彰显在百姓身上。布加勒斯特人的脸孔苍白、黯淡、早衰，身体经常呈现怪异的扭曲，有时甚至已经变形。但还有一件更困扰我的，是他们神情的木然，缺乏敏锐性，缺乏表现力。这也是奥利维娅·曼宁（Olivia Manning）*在她的《巴尔干三部曲》（Balkan Trilogy）中所注意到的一件事。历史的长期混乱会表现在人民的脸上吗？没有一个国家的历史是像罗马尼亚这般一团糟。到处都是漫无目的聚集的男人。这里唯一生动的色彩是几名妇人身上所穿的便宜、刺眼的布料，其所构成的俗丽，或许是为了弥补周遭的一切吧。在回斯特凡娜家的途中，我在一家露天"咖啡店"逗留了片刻，听说那是一个新的时髦地点。但那里却没有咖啡，唯一供应的冷饮是那种我在特兰西瓦尼亚便领教过的黄色饮料。

其他东欧地区的人民都争辩他们如何是"真正"欧洲的一部分，

---

* 奥利维娅·曼宁（1908—1980），英国小说家、诗人及评论家。

唯有罗马尼亚像是勉强攀附于欧洲，随时都可能坠入另一个时空，是另一种完全不同的存在。

斯特凡娜带我去拜访她的一位女性朋友，其所任职的新闻界在伊利埃斯库统治下已重新复苏。我们爬上一截黑暗的楼梯，来到一个幽暗的小型公寓。斯特凡娜的朋友安娜（Anna）个子很高，皮肤黝黑，五官分明。在我看来，穿着一件低胸露背长裙的她，有点像土耳其人。

安娜在国家广播电台工作多年，直到该电台受到埃列娜·齐奥塞斯库（Elena Ceauşescu）的青睐。罗马尼亚文化界是埃列娜的统驭范畴，而受到她的青睐绝对不是好事。不知何故，齐奥塞斯库夫人对电台展开清算，一口气开除了大约八十名员工。在执政党反复无常的劣迹中，这类专断的开除也算是罗马尼亚独有的特色，更增添一种残暴任性和荒谬的意味。人们在形容那些年的气氛时，都试图向我传递这种感觉。

我问安娜，她的电台同事有没有表达抗议，联合起来。"你在开玩笑吗？"她发出沙哑的大笑声。"光是送出有一个人以上签名的便条纸便属违法。如果联合起来，你想法律会怎么样？"

但是人们至少会私下表示同情，或商量该怎么做吧？我追问。我把波兰的经验转嫁到这里，但是这里的情况显然不同。安娜意味深长地耸耸肩。"在到处都是告密者的时候？我们当时很害怕，天气也很冷，要熬过冬天已经够我们烦心了，大伙儿全都待在家里。"

被开除后，安娜有好几年的时间都在一家电影院担任售票员，直到身居要职的"某人"，跟另一个"某人"交涉，她才被获准在电影院内部工作，担任经理助理。在那些"事件"后，她一个被判二十年不得从事新闻工作的朋友受邀经营一家原本属于共产党的报

第五章 罗马尼亚

纸，这才邀请安娜来替他工作。

罗马尼亚就像其他东欧国家一样，几乎在一夜间便冒出几百家报纸和杂志；但是据我所知，大部分都是谣言制造工厂，粗制滥造些观点不同的错误信息。安娜当然并不相信扭曲的事实，但她也不相信所谓的新闻客观性。在她看来，新闻记者是具有新鲜想法和观点的人。她负责报道有关政府和政治的消息，但是当我询问她从哪里搜集资料时，她告诉我她是从电视看来的——而电视本身是由政府控制的，另外就是出于自己的想法。她说比较具有调查或报道性质的新闻模式，在这边只有丑闻记者才会使用，他们侵犯人们的私生活，揭露他们生活中八卦的细节。她不会给自己找这些麻烦，所谓"事实"、"公正"、"真实性"等存在，在这里根本无从取得。但对她而言，这些似乎并不足以构成重要的标准。不过我想也是，"客观"新闻报道的理念还没有完全传到东欧，这又是一个我们认为理所当然，这里却不以为然的观念。

我问她对于她所报道的政府有什么看法，她同意伊利埃斯库的所作所为吗？喔，并不尽然，她回答说。不过也没有明确地表示反对……又是那种奇特的模糊其词。安娜显然是个很有活力和智慧的人，但是我在此间经常感到困惑的，是她为何不愿做任何结论，不愿说"是"或"不是"，不愿表达愤怒，不愿明确表达她的观点。

斯特凡娜和我在夜色中走回去，穿过一片漆黑的街道。这种漆黑是乡村森林间的墨黑，绝非属于城市街道的。这分明是布加勒斯特相当市中心的地区啊，但是没有街灯，周围的建筑也没有透出光线。在浓雾中，我几乎看不清脚下的路面。斯特凡娜回想起昔日漫长、寒冷的冬天，为了节省金钱，为了让罗马尼亚免于负债，齐奥塞斯库切断了他的子民家中和大部分公共场所的暖气，又是他的一个残暴手段。虽免于负债，却苦不堪言。有些老人在家中冻死，小孩也因此毙命。斯特凡娜受了很多苦。那种冷是无从化解的：冰冷的剧院里，演员们颤抖着表演，观众们也颤抖着观看。经常不只是街上不供应电力，人们家里也没有电，因此布加勒斯特一时之间便退化进抱团取暖、工业化之前的黑暗时期。

我们小心翼翼地走在鹅卵石路面上，突然间，面前冒出一个男人，有如幽灵现身。在黑暗中，我们根本没有注意到他朝我们走来。他问我们现在几点。我们回复他没有恶意的问话，又继续前行，脚步有点踉跄。想想数年生活在这种黑暗中，以及绵延数月的天寒地冻，我终于明白人们为何会失去斗志、失去抗拒的力量，甚至失去希望。

但是当我询问斯特凡娜在纽约待了一年后，再回到这里感觉如何时，她说："喔，我好高兴能回家，我几乎哭出来。"这就是局外人不能理解之处：千丝万缕将我们维系于故土的乡思，即便家乡是这般艰难。有时候，或许正因为故乡是这般艰难。

在罗马尼亚的种种匮乏之中，也许最严重的是可供参照的过去经验的匮乏。最近的过去代表的是一种负资产，几乎是纯粹的赤字；如果想要树立新的目标，比如多元化的民主，较远的过去也缺乏先例，缺乏参考点，因此新的理念无所附庸。罗马尼亚历史的特点是断续多于持续，是压制多于独立，是不同形式的专制主义多于自由主义。

共同的过去为什么、或者会如何影响现在，对我来说一直是个谜。我不相信光凭记忆就可以保证学到教训，或者保证从经验中受益。但是今日的东欧却是活生生的例子，证明共同的过去对于现在的确事关重大。如果小时候曾有祖母讲英雄事迹给你听，描述他们如何为众人的自由而奋斗；或在高中的时候，读到相关的文章，描

第五章 罗马尼亚

绘一个美好的社会应该是什么样子的；或者家族传说中有个精力旺盛的叔叔，和两个朋友开了一家小店，后来发展成大企业，生产的帽针都出口到了美国等等。这些都很重要，因为这些故事会引导你朝某个标准或行为迈进。这些故事将理想化为实际，会让你相信为自由而战不是空想，相信冒险开家自己的小店是可行的。

有一天，我跟经济学家达扬·达亚努（Daian Daianu）谈起这件事，他认为甚至经济改革也非常倚赖某种社会传承。"没有人知道罗马尼亚要如何转型，"他说，"因为这里没有社会基础，没有可以起步的传统。"

达扬本人在罗马尼亚也算异数，年纪轻轻，短袖运动衫塞在长裤里，一身利落打扮，拥有美式作风和技术治国的专业知识。不久之前，他试图分析社会主义的经济体系何以"在基因序列层面有了瑕疵"。不用说，他的研究计划无法从老师处获得多少帮助，后来研究成果之所以能够出版，原因之一竟然是研究太过复杂，以至于大部分同事都看不懂。他骄傲地告诉我他正在筹划成立一家经济研究机构，而且已获得西方的资金支持。

尽管信心满满，但达扬承认国家的现状令他完全陷入困境。"问题出在缺乏一个活生生的共同经验，"他说，"波兰有团结工会，已经运作了十年，人们学会了如何团结，如何采取行动，所以他们的改革很快就取得进展了。但我们这里不知道如何信任彼此。我们习惯等待官方解决所有事情，或者等待西方伸出援手。等了又等，西方始终没有来。我们必须学习自己做事。"

但是一个处于混乱瘫痪状态的国家要如何振奋起来？罗马尼亚的问题，不是先有鸡还是先有蛋的问题，而是**是否**有鸡、**是否**有蛋。没有一个已经存在鸡和蛋的过去，他们要如何凭空生出鸡或蛋来？

在阴暗的邮局里,我买了些明信片,结果到手的是几张泛黄的纸张,上面是几幅影像模糊、丑陋至极的布加勒斯特图片。"垃圾!"一名青少年言简意赅地评论一句,他身穿尺寸过大的夏威夷衫,脸上沾着黑色污渍。接着那无赖模样的青少年坚定地跟着斯特凡娜和我来到街上。"美国都没有这么贵。"他反抗地宣称。"没有吗?"我惊讶地反问。"没有。"他回答,"看吧!那里两百美金就可以买间公寓。"他拿了张皱巴巴的纸给我看。我仔细查看,原来是一张洛杉矶报纸,看来他已经保存了好几年了。我告诉他,现在他不可能用这个价钱买到公寓的。他一脸狐疑,继续跟着我们,不断提问:"每个月买食物要花多少钱?搭地铁要多少钱?"我努力用些数字满足他,他把那些数字全写在掌心里。"你打算去美国做什么?"我问他。"美国有很多有钱人,我要替他们做事。""那上学呢?你怎么上学?""很多伟大的商人都没有上过学。我想安德鲁·卡内基(Andrew Carnegie)就没有上过学。"说完话,他就跑走了。

啊!是了,这正是最纯真的美国梦,不受任何信息的干扰。不过谁知道呢,我对斯特凡娜说,也许他具有真正的企业精神吧。但斯特凡娜一脸沮丧。她听说过和那孩子完全一样的故事,企图进入神话之邦,但是很快便被毒品和色情行业吸收了。当然,那确实是更可能的结果。

刻板印象其实就是事物的典型样貌,这句话再度获得证实。我安排访问的库尔达将军(General Culda)完美符合我想象中的某种典型军人的样子。他的样子很像拉丁美洲军团或菲律宾军团中的一员,个子短小精悍,健壮结实,一直保持抬头挺胸的姿势。穿一件短袖军装的他有双浅蓝色的眼睛,带了一群随员前来,房间内还有

第五章　罗马尼亚

另外两名制服人员，其中一名负责帮我们翻译。

库尔达将军在罗马尼亚陆军中位阶很高，是我在此间遇到的第一位乐于清楚表达自己意见的人，同时带有华丽的政治辞令。他毫不犹豫地提到"国家价值"和"崇高爱国价值"，而陆军有保护它们的职责。他不断谈及社会中有某些"成员"没有充分尊重这些价值，以及"尊重游戏规则"的必要性——这是他非常喜欢的一个词。他的人物性格的可预测性和语言的重复性让我深感神奇。他真的相信自己所说的话吗？一旦语言充满套话，便失去了说话之人心口一致的可信度；但之后我又转念一想，个人信念的公式化应该也是相信的一个表征或表现。

按照将军的观点，当然，是那些成员拒绝按照游戏规则行事，才造成了最近所有的纷争。不过，我问他，真的有必要召集矿工前来吗？

他斜眼瞥了我一眼。"你当时在我们国家吗？"

我承认当时我不在。

"那容我告诉你一些细节。"他极有礼貌地提议道。

对我已经听过无数次，而且始终分析不出原委的事件，他给出了他的版本：那些不尊重游戏规则的力量占领大学广场长达几个星期，交通为之阻塞。而且那些人一直试图以非法方式"让人民迷失方向"，即让人们收到错误信息。他们还提出没有根据的主张，尤其是宣称有些人不应该拥有权力。他们说罗马尼亚大多数人不了解情况，因此少数人有权提出解决方式。他们这样根本不民主。

不过，当局自我克制，没有使用武力。"罗马和巴黎的记者们问过我好几次，"将军像其他所有人一样，引用西方意见说，"这种情势我们还要容忍多久？"

最后，在选举逐渐迫近的 6 月 13 日，实在已经是非干预不可了。

于是当天早上,"维持秩序的力量""解放"了大学广场,"布加勒斯特松了一口气"。但是不守规矩的成员再度发起攻击。他们焚烧警车,猛力攻击剩余的警力,逼得警方只好撤退逃走。

幸运的是,就在那时,人民意志的真正代表出于愤怒在北方自发兴起。"我们现在才知道,"将军宣称,"甚至在总统提出请求之前,有好几千人就已经开始往布加勒斯特移动了,绝对不只是矿工而已。你必须了解,住在布加勒斯特外的百姓认为首都的人都腐化了。"

在这种气氛中,将军补充道,可以想见矿工为什么会直接向反对党总部挺进,他们在那里发现了违禁品,好多瓶子里装满汽油,准备用来当汽油弹。当时的氛围还有一个有意思的地方,就是有时候人们会提供给矿工们一些错误的信息,想借矿工的力量进行私人报复,攻击无辜的人。这可以解释当时为什么有些矿工会反应过度,这点确实很不幸。不过主要的问题还是在于那些力量拒绝按照游戏规则行事。

这便是他的说法,有条有理的另一个故事,好人和坏人颠倒的版本。其后,我跟朋友聊起时,大伙又开始出现不同的诠释、猜测和评注。将军为什么要编造矿工攻击反对党这种莫名其妙的事?而且,矿工事先怎么会知道各反对党的地址?有太多细节无法吻合。有权力的一方,先天占有统筹规划的有利位置。比如撰写侦探小说的作者,他们知道发生了什么事,也知道他们想要传递什么样的印象;但他们的"读者",不幸地,也就是他们行动的目标,却只有碎片的信息,零星的线索,和一种感觉,意识到这个国家内部有某些地方已经腐化。只是在罗马尼亚,人们仍然无法相信那腐化的源头可以被发现、被审问或被要求承担责任。在东欧其他地方已经逐渐透明化的权力,在这里却仍然是混沌、神秘而难以理解的。

不过让人好奇的是,将军也有他的困惑不解,即他笃信这些事件的背后有股邪恶的势力在操纵。对他而言,那势力便是匈牙利人。在我们的对话中,不管我的问题是什么,或我们所谈的主题是什么,他动辄便提及匈牙利人。对他而言,追根究底,匈牙利人俨然是罗马尼亚大部分灾难的源头。将军相信是特兰西瓦尼亚的匈牙利人挑起了国内的不安;极右翼组织"罗马尼亚家庭联盟"(Vatra Românească)的成立,只是为了回应匈牙利人的挑衅;罗马尼亚在国际上风评不好也是匈牙利人故意散布假消息的结果。"我不是说匈牙利正准备开战,"他说,"但这是种非传统的作战方式,包括操纵舆论和信息。那是现代军队必须有所防备的,我们正在设法应付这种战争。"

将军带有偏见地谈论匈牙利人,而且不时目光狡黠地斜瞄我一眼,希望我明白其实还有很多话是他不愿意说的,有太多事不是一目了然的。显然,即便身居权力中心的人,也在搜索另一股势力,肯定有某个潜藏的原因,某个秘密组织的存在,使得他们始终无法遂行绝对意志。

"匈牙利人"、"罗马尼亚人"、"波兰人"、"捷克人",这些名词被一遍遍提及,起初代表着确实的存在,但后来相反的,它们似乎成了某种讽喻的形象,跋行在抽象、疲惫的心灵领域。在当今这个从波兰到匈牙利的时间还来不及看完一部伍迪·艾伦的电影,斯洛伐克的大部分计算机都和IBM的产品兼容的世界里,这些指称又有什么意义?但问题是,这些称呼背后或里面包含了太多历史。有一天在布加勒斯特,我跟佐娅(Zoia)聊天,她是个温和、有思想的女性,有很好的自由信念。我以为她对匈牙利和罗马尼亚的关系会表达出比较亲善的观点,结果不然,她反而激动地叙述当年匈牙利人治理特兰西瓦尼亚时的残忍行径。这些虐待和不公不义的故事,全是她从父母那里听来的。"我不是那种有偏见的人,"她说,"但是匈牙利人真的很傲慢。他们认为我们低人一等,对待我们像奴隶一样。我们好长一段时间都是奴隶国家,到现在有些人走路还是会习惯性地低着头。"

我问她,现在特兰西瓦尼亚只有两百万匈牙利人,却有八百万罗马尼亚人,这种比例应该无助于匈牙利人的傲慢吧。但是这整个问题显然已经挑动了她敏感的神经,不会因事实已经改变而轻易被抚平。几个世纪的伤害和不公不义,如今已渗透到了抽象层面,而抽象意义的"匈牙利人"和"罗马尼亚人"此刻仍继续为其所受的伤害互相报复。在旅程中,我经常想起《哈克贝利·费恩历险记》(*Huckleberry Finn*)*里哈克贝利·费恩所描绘的一段远在南美的世仇,双方荒谬而狂烈的争执,其起因早已被遗忘,唯一留下的就是报仇的义务与责任。

至于布加勒斯特本身,则让我不断想起奥利维娅·曼宁的《巴尔干三部曲》这三本笔法艰涩的小说,其中所传达的罗马尼亚氛围迄今仍清晰可见。其第一部设定在第二次世界大战之前和之中,但她所描绘的情况和今日政局的混浊、流言蜚语、谣言、腐化、官员的无情毫无二致。诚然,曼宁曾在布加勒斯特居住了几年,当时这里粮食丰盛,既有堕落富有的贵族,也有贫困不堪的小农;但除此之外,她仍目睹了同样的漠然、混乱,以及突然的夺权。曼宁所描绘的英国女人对她周遭的情况一则觉得恶心,一则觉得神奇,经常表达出敏锐的观察力和判断力,只是这些对于她周遭既深且广的混浊与非道德终不济事,但那也不算她的错。

---

* 马克·吐温的儿童文学作品,书名即主人公哈克贝利·费恩,乃《汤姆历险记》的续集。

第五章　罗马尼亚

但我又想起了保罗·戈马（Paul Goma）这位罗马尼亚作家。他一生饱受政治迫害，但在回忆录里描写他的国家时，却充满了感性的抒情。他在靠近苏俄边境的一个村落长大，仍记得那些蜷缩在茅屋中的农民所承受的非人待遇，瞬息万变的政治不公，以及面对布尔什维克党（Bolsheviks）和战争逐步进逼的烦忧。不过他的回忆录中也充分描写了生动的乡间生活、早熟的性启蒙、有趣的当地怪谈，以及亲密而无拘束的人际关系的刺激与趣味。这也许可以提供一条线索，说明东欧、中欧和中南欧的人民为何对自己的国家具有如此强烈的依恋，以及一旦离开后那种难以描述的乡愁。东欧世界的人类行为不像西方，受到清教主义、个人主义或过度的自我意识的限制，需要相称的尊严和距离。从我在波兰度过的童年，我可以体悟：戈马所描述的，是人与人之间比较亲密的近关系，其中有丰沛的爱，以及随之而来的恨，还有维系两者的力量。

　　从外部获得的对一个地方的感受，经常有别于内部人的观感，这点在罗马尼亚表现得特别明显。只要我仍抱持一向的思考体系，或我的"标准"，或维持一个敏锐观察者所需的距离，这里的生活简直就没法过。但是几天后，也许是因为别无选择吧，我渐渐屈服于一种消极接纳的机制，放松自己，浸淫于周遭含混和倦怠的气氛中。而一旦这么做了，某种有趣的改变就发生了：所有似乎无法忍受的情况都开始变得足以忍受了。我陷入一种无拘无束的奇特情绪，仿佛平常想要好好表现的压力，或内心**努力**的渴望——即便不知道为了什么目标而努力，全都戛然而止。反正任何努力、伪装和矫揉造作，或在布加勒斯特紧闭双唇、摆出勇敢的模样都毫无意义，不如干脆放松心情。有那么一段短暂的时间，我失去了对事物做判断的感觉；但也开始理解，这里的人们是怎么熬过来的了。

在布加勒斯特的第十天，我发现商店橱窗内有牛肉，展售的方式是将全牛分成四块，吊挂在屋顶的钩子上，还滴着血水。商店内几个人就坐在那些实在不赏心悦目的肉块下方。不知道为什么，并没有群众前来抢购。我在橱窗前看了好一阵，那牛肉的卖相实在令人触目惊心。但是商店前为什么没有出现排队的人潮？是因为大家都知道肉不好吗？我始终不得其解。这幕情景仍然是一张无法解读的快照，算是罗马尼亚超现实主义的另一画面。

* * *

我到新闻之家（Casa Scînteii）去拜访《罗马尼亚文学》（*Romania Literara*）杂志的编辑尼古拉·马诺列斯库（Nicolae Manolescu）。新闻之家的字面意思是"火花之家"，直到最近，一般人皆称其为"谎言之家"，目前已经重新更名为"新闻自由之家"。新闻之家的建筑是众多婚礼蛋糕式建筑之一。这种结构的建筑由苏联当年或大方捐赠给它的附庸国家，或要求其附庸国家兴建以示效忠。而这栋建筑除了不自然的设计外，还带有罗马尼亚特有的那种难以描绘、处于严重崩解状态的外观和感觉。这种效果最主要来自没有光线的走廊，人们穿梭其间，一副置身香榭丽舍大道（Champs-Élysees）的模样，墙壁和地板还散发出难以辨识的气味。

《罗马尼亚文学》办公室结合了崩解和褪色的优雅，马诺列斯库先生书桌上的玻璃有裂痕，墙壁上也有1977年大地震所造成的龟裂花纹。办公室内有张厚实的长型木会议桌，还有几把磨损的绒布椅。

多年来，《罗马尼亚文学》为罗马尼亚公认的重要文学杂志，而尼古拉·马诺列斯库本人也是国内首屈一指、意志坚定的公众人物,浑身散发出无穷活力,脸上一直带有顽皮的神色而充满生气。他挖苦地评论罗马尼亚可悲的现状("如果罗马尼亚曾有资本主义的话,我们保准也会把资本主义摧毁的;我们是灭绝大师。"),不过对于未来,却仍抱持着令人惊异的乐观主义。《罗马尼亚文学》员工齐聚于办公室,他们马上让我有种宾至如归的感觉,就像其他地方文学杂志社的员工一样犀利、神经质、语带讥讽,同时亲切友善。他们拿给我看过去几年在8月23日那周发行的杂志。8月23日是苏联陆军解放罗马尼亚的纪念日,直到目前为止,也是罗马尼亚的国庆节。在齐奥塞斯库统治时期,当天成为众人向统治者家庭集体致敬的日子。在最近一次8月23日的周刊中,前面几页都是齐奥塞斯库的巨幅照片,标题中尽是对领袖的颂扬之词。整体印象令人震惊,尤其鉴于齐奥塞斯库缺乏任何高贵气质或个人魅力。那些照片显示的,说来毋宁像个三流的暴发户,脸上闪现着精明的狐疑与自满之情,呈现一种令人不悦的组合。"真正的《罗马尼亚文学》从第五页开始,"一名编辑解释道,"那页以后是未受影响的。这是我们做出的妥协。"这项妥协比大多数出版物的情况要好,一般出版物从头到尾都被卑躬屈膝之词渗透了。

一名年轻作者神经紧张地抽着烟告诉我,他们经常被迫写些亲齐奥塞斯库的文章,但其实是有办法抗拒的,虽然一般人都认定你做不到。或许就是因为这种假定,才让有组织的知识分子抵抗势力总是被大举摧毁。秘密警察一再制造他们的爪牙遍布每个地方的印象,因此几乎没有人敢测试他们的实力。再加上齐奥塞斯库完全不可预料的善变,他几乎是随自己的兴致在统治国家,没有任何可看出的规律可循。

"齐奥塞斯库只是罗马尼亚一连串掌握实权的跳梁小丑之一,"一名编辑告诉我,同样也猛抽着烟,"你知道,尤内斯库从中蹿起并不是意外。对他而言，荒谬剧就是现实。"

在这个房间内工作的作家所承受的压力也没有完全消除。其中有几人成为中伤性文章的目标，"官方"记者还会打电话来威胁——即便"官方"记者的权力应该已经减弱了，但其实骚扰他们的还是过去那一批人。我问他们现在到底在做什么。在其他后共产主义国家，前"官方"作家大部分都保持低姿态。"他们都跳上了骏马。"马诺列斯库先生如此回答，意指他们把赌注押在政治新贵身上，而且显然狐假虎威，继续耍弄恫吓的伎俩。

晚间，马诺列斯库先生邀请我和几名作家去卡普沙饭店（Capsa）用餐，那里是战前布加勒斯特文人名士惯常的流连之所，经常被视为本地少数"好"饭店之一。果真，餐桌上铺着白色桌布，木质护墙板上装着幽暗的灯光，相较于当地情况，卡普沙的确富有多了，只是夏夜闷热沉滞的热气和苦等两个钟头才送上食物的服务，还是让体验大打了折扣。

在我们苦候食物之际，唯一的慰藉只是温热的啤酒，那同时也是顾客和侍者之间的笑柄。虽然时有断断续续或以英语翻译的方式进行，但我们之间的对话倒是更为妙趣横生。"我大概认识三千个英文字，"其中一名作家凄惨地说，"但正好都不是霍夫曼女士今天晚上所使用的。"通常，每逢对话难以为继时，都是由玛格达（Magda）填补空白。她是马诺列斯库先生的助理，精力充沛，本身也是位作家。座中个个都幽默风趣，别忘了无论在哪里，作家都是搞怪的一群人，但是这些作家也承认，他们对于新的文字自由感到紧张。"以后再也没有借口了。"罗马尼亚最负盛名的老一辈小说家之一，康斯坦丁·措尤（Constantin Țoiu）悲伤地说。他的意思是，以后他们再也不能躲在东欧作家惯于使用的象征主义和密码游戏帷幕之后了。原本流行的伊索寓言式风格突然被视为中世纪的过气写作手法，也是出于同样的理由。古典寓言的存在，是因为有一个共同的圣经体系可以参照。东欧作家们所操弄的典故之所以有意义，是因为有一个包罗万象的系统存在，每个人只要使个眼色就知道对方的意思，作者和读者也能透过彼此心知肚明的方式串联共谋。但现在作家必须另辟蹊径，直接表达他们想要传达的意思，这也许是最困难的一项技巧。"我不知道已经这把年纪的我，是不是还做得到。"措尤先生坦言。满头白发的他带有古典的迷人风采。"也许到头来，我会发现自己根本没有什么可说的。"

马诺列斯库先生调侃另一个作家奥古斯丁·布祖拉（Augustin Buzura）："他是——我是说他曾经是——罗马尼亚最好的作家，至少到目前为止是这样。"

"你的意思是，他必须重新证明他的实力？"我反问。

"是啊！这是真的，"布祖拉先生说，摆出谦卑的姿态，"我必须等马诺列斯库告诉我，我是不是做到了。"

东欧正在重新评估文学的价值，而且就像所有的重新评估工作一样，这不但会影响未来，也会影响过去。诸如《自由的哭泣》(*cris de liberté*)等昔日以隐喻方式完成的作品，有可能会变得完全无趣——许多作品已肯定是如此下场，因为现在自由已经成为理所当然的了。

然而这并不意味着这些困于此项理论转折中的作家不能吃、不能喝、不能快乐。用过晚餐——那送上的餐食倒是很像样——后，布祖拉提议我们去大学广场看看，那里应该正在发生"一些事"。晚餐前，我们曾看到一群人聚集在那里，比平常人多，也比较骚动。

我们穿过阴暗的街道抵达现场，在阴影中见到一幕怪异的景象。数十名警察正不疾不徐地排成一个整齐的四方形。在夜色中，他们阴暗的身影相衬于成排举在身前的长形白色盾牌，宛如中古骑士。

在无形分界线的另一侧,则是密集的人群。一旦队伍就位,警察便一致朝群众挺进;同时,群众也近乎仪式性地往前涌,然后又像浪花一样退去,警察随即跟着后退;然后,他们又往前挺进,日本歌舞伎似地跳着"威胁",上演一场影子戏。

"即兴表演。"马诺列斯库开心地说。布祖拉聚精会神地看了又看,马诺列斯库则看着他。"啊!作家,"他说,"他下一部小说的场景。"

无疑,东欧作家还是有他们的写作主题的。不过此刻没人了解我们正热切注视的这一幕有什么意义。是抗议吗?是有组织的吗?是谁号召?第二天,有些人被逮捕,然后就是谣言、阐释和猜测。就目前而言,这只是罗马尼亚政治大剧的一个小插曲,但这是一出随时可能转化成现实的戏剧。没有人知道这次聚会会是一场悲剧,或是一场闹剧;没有人知道接下来会发生什么事。

一年后,当我再次飞抵罗马尼亚机场时,当地气氛如何?在抵达一个新地点,或和一个新朋友见面时,总有一刻直觉地获取整体的印象。之后,确定的感觉会逐渐碎裂,微妙的感受会逐渐囤积为模棱两可,要经过许多次理解的重构,才能将碎片拼成全貌。但是在我第二次抵达布加勒斯特时,有好一阵子,眼前只见到罗马尼亚的碎片。或许是因为有只杂种狗,绝望、饥饿地跛着畸形的腿,尾随着乘客乞讨;也或许是因为一张张风华褪尽、布满皱纹的脸上那种被剥削的怪异神情吧。两个衬衫衣摆飘在长裤外的男人绕着狭小的等候室走了一圈,然后聚在一起,交换着什么秘密——天晓得他们是从事什么行业的。还有一个男的,在我通过海关后便开始黏着我,低声说着:"出租车",口气谄媚又坚持。"不用了。"我一直说,因为我在等斯特凡娜。但没有用。他仍然跟着我到电话亭,又跟着我到长椅，而且还多了个同伴，一直轻声耳语："出租车。"直到我不耐烦地厉声回了一句："不要！"他们两人才愕然地往后跳开，不再纠缠我，却还是站在安全距离外瞅着我，看我会不会改变心意。

斯特凡娜出现了，后面跟着脖子很粗的格拉迪奇（Gradici）先生。我们搭乘格拉迪奇先生的灵车，以合乎礼仪的缓慢速度驶抵市中心。斯特凡娜的公寓里有热水、伏特加、弗洛丽卡嬷嬷的拿手色拉和帕维尔，还有愉快的对话。

再见布加勒斯特，几乎有种类似愉悦的感觉，或许纯粹是因为熟悉感带来了喜悦，也或许是因为再度浸入那种缓慢、懒散的生活步调。但是市区的主要部分跟我上次来访相比没有多大改变。灰尘飞扬的道路上看不到新商业活动的征象，只有一家落满灰尘的商店在卖洗发精、威士忌和香烟。我很快得悉那家商店的店主以前是秘密警察。

齐奥塞斯库时代最恶名昭彰的暴行之一，是夷平整个村庄和市镇，以进行他自己的建筑工程计划，诸如水坝和"现代化"的住宅工程。幸亏他活得不够久，无法按照他的心愿完成所有计划，不过也有近乎四十个住宅区，包括许多历史建筑成为这项异想天开的奇举的祭品。有几处被铲平的地方就在布加勒斯特附近，因此在这个酷热的早上，我便和斯特凡娜搭乘格拉迪奇先生的车子前去一看。这类有代表性的暴行，有种令人着迷的怪异之处。

在格拉迪奇先生庄重的车速下，从布加勒斯特到最近一个村落弗勒迪切斯库（Vladicescu）约十五英里的路程，耗了我们一个钟头。不过映入眼帘的不是一个村落，而是一片空旷。在我们驶入空荡的主路后，绵延不绝的，尽是一片荒凉的平地，连一棵树都没有，延伸直到天际。一无所有，在行驶几公里后，才终于看到一点东西，一片平坦中孤单的点缀。那是三个袒胸露背的男人正在空旷的平原上吃力地搭建一间半完成的屋子。我们趋近观看，见到他们使用的建材是稻草、黏土、若干硬纸板以及几片胶合板。这将是间极为原始的房子，不过却是他们当中的两位，即一位非常年老的男子和他的儿子，在村落被摧毁前原本居住的地方。

他们告诉我，当齐奥塞斯库决定移除他们的村落时，他们奉命在接到通知两个星期之内，就要搬离住了一辈子的地方。于是他们搬到布加勒斯特的亲戚家居住，并在当地寻找卑贱的工作糊口。他们没有其他选择。在齐奥塞斯库的计划中，并不包括向他们提供替代住宅或生计。"幸亏，"他们中的一人说，"齐奥塞斯库还来不及在这里做什么就死了。"所以此刻他们正在以前旧宅的遗址上重新搭建自己的房子。"不过你也知道，"那儿子告诉我，"我们没有钱，没有建材。这样做是因为父亲老了，他想要找回自己的家。"

街对面，一位年纪很大的老妇人正痛苦地弯着腰，从路旁水井打水注入水桶。在我们走近时，她沉默不语。对我们这种贸然闯入的陌生人，她当然有不说话的权利。不过当我们走开时，她却在我们身后用几乎是愤怒的口气大叫："我是回来这里等死的，我想要死在我出生的地方。"

弗勒迪切斯库是遭到纯粹恣意破坏的一个地点，我们来到的下一个村落——盖尔曼尼斯特（Ghermanest）则更为态度不明。齐奥塞斯库在那里还有机会执行他至少部分的计划。只见路的一边，盖尔曼尼斯特一如传统村落，有着色彩缤纷的小屋，种着花朵的小小庭院里养着小鸡；而马路另一边和这质朴聚落面对面的，是三层楼高的楼群，相比之下，显得格外刚硬高耸。让人觉得糟糕的事实是，这些楼房建筑其实没有那么糟糕。因为这是齐奥塞斯库的暴行，所以我很想痛恨它；但是我在东欧看了太多这种结构，因此我知道这些楼房不是最差的。楼房涂着柔和的黄色，每栋楼之间还有些零星菜园。一个女的正从窗口往外看，胖胖的手臂架在窗台上，满怀兴味地观察着我们。但是当斯特凡娜说明我是美国访客，询问可否参观一下她的住处时，她没好气地回答："我不想和美国沾上任何关系。"然后砰地关上了窗户。这是害怕外国人的旧习惯？还是真心的厌恶？

不过另一个年轻女子则很乐于邀请我们参观她的公寓。踏入公寓的斯特凡娜和我再度有种心情复杂的惊讶感。公寓房间相当宽敞，厨房里具备在罗马尼亚几乎从未曾听闻的东西：一台洗衣机。斯特凡娜和我困惑地对望一眼。那名年轻女子告诉我们，比起以前和公婆同住的老房子，她更喜欢这里。这里有自来水，冷热都有，不需要再去水井打水了。这里"现代化"，对年轻人比较好，只是老人家还是比较喜欢老房子。

回到车上后，斯特凡娜承认这些地方跟她原本想象得不一样。也许即使怪兽也有野心，甚或有类似理想的一面吧。早期时，齐奥塞斯库曾有志成为一个开明的专制者，一个类似罗马尼亚君王的人物，领导国家迈向伟大和现代，即便需要以恐怖和铁腕来成就现代化也在所不惜。事实上，大部分西方领袖都喜欢齐奥塞斯库所实行的路线，以及对抗苏联的外交政策，还曾欣然邀请他到各国首府访问。

回到布加勒斯特后，我去参观了著名的国家统一广场（Piața Națiunile Unite），亦即齐奥塞斯库献给自己丰功伟业的最后一个礼物。那是一个疯狂自大者的纪念碑。从广场延伸而出的大道宽阔单调，两侧的人行道是一般人行道的三倍宽，两旁公寓建筑的窗户也比一般窗户所需要的尺寸都大。但即便是这里，也流露出对时尚的野心：建筑由干净的白色石头所建造，屋顶上有精美的小雕像、老虎窗和其他小巧的结构，似乎同时反映出特兰西瓦尼亚村落的美感，以及我在布加勒斯特一些老旧建筑所看到的奇特的后现代混合风格。这只是门面而已，斯特凡娜告诉我。在外墙的后面，许多公寓没有暖气或室内管线设备；而且，就在这些门面建筑的后面，还有许多尚未完工的骨架，或许注定永远没有完工的一天。为了这些建筑，齐奥塞斯库铲平了布加勒斯特一些最有魅力的小区和许多古老的建筑。

当我们走近这大杂烩的主体建筑时，其规模好似更显膨胀。* 办公大楼内，高大壮观的窗户后面是一片宽阔到夸张的空间，灰尘密布，空无一物，只有一摞摞随意散置的箱子。然后便是登峰之作：齐奥塞斯库的皇宫，就像头阴沉的庞然怪兽，据称有四千个房间，坐落于一片杂草蔓生的空地上。这栋建筑的风格很难描绘，事实上，根本没有风格可言，有的只是失去光辉的矫揉虚饰。这位共产主义君王追求硕大的病态在这里达到了最高峰，而也就是在这里，齐奥塞斯库见证了自己的衰落。当他最后站在阳台对民众讲话时，群众报以嘘声。也许他的坠落在这个场景中便可预见，没有实质内涵的华丽辉煌到达极限，并像过度膨胀的气球一样，终究难逃爆裂的命运。在那之后，不出几天工夫，齐奥塞斯库荒谬地企图逃跑，结果被粗暴地处死，虽然几乎没有人会为他的死亡落泪，但是在一个新的、所谓民主的时代，居然上演这种戏码，也属怪异之举。†

---

* 指1984年动工的"人民宫"，即今日的议会宫，当时为仅次于美国五角大楼的世界第二大宏伟建筑，相对的广场和大道等庞大建筑群，则是其配套建设。

† 齐奥塞斯库夫妻被伊利埃斯库授权成立的特别军事法庭快速审判，遭到枪毙，时称"七日革命"。齐奥塞斯库1989年12月20日结束访问伊朗，21日在今为议会宫的阳台上发表上文提到的那场演说，26日全世界电视新闻中便出现齐奥塞斯库夫妻遭枪决的画面。

第五章　罗马尼亚

去年还在担心如何维持他身为罗马尼亚最佳作家地位的奥古斯丁·布祖拉，此刻已然成为一个叫做文化基金会（Cultural Foundation）的机构的领导人，而我正好要去该基金会处理一些私事。附属于基金会的一家出版公司打算帮我出版我的第一本书，内容有部分谈到我在战后波兰成长的故事，他们邀请我来讨论有关出版的事宜。

我和马诺列斯库先生的助理玛格达，也是我那本书的译者，一起前往赴约。路上我们在附近地区绕了一下，结果在这里看到了布加勒斯特的另一面。有个街道两旁皆有路树排列，房子皆采奇特混搭风格的单层独栋的小区，混合了东方式盘柱和屋瓦、西班牙式露台和现代化的对称设计。这令我想起加州的融合式的建筑奇幻风格，不过加州的融合是在追求新的境界，所有风格和意义都可随意组合，而这里的融合则是历史运作和各种文化长期混合的结果。在这个小区，布加勒斯特从欧洲的边缘滑落，但不是坠入第三世界，而是掉进古老的东方。我心想我们当中终究不乏有钱人，即使布加勒斯特也不例外。玛格达说，这些房子以前主要属于朝中显贵，如今多半也仍是这些人的。

我们受出版公司会计主管邀请进入的房间，也有一种东方的空间感。房间很大，只有墙边放了几张缎面椅子。我的经纪人在信中只大略提到"买断版权"和"收取版税"的议题，会计主管和玛格达则努力商讨相关事宜。在整个交谈期间，会计主管始终带着一成不变的笑容，露出金牙，我也反射性地效仿他保持微笑，玛格达亦然，我们就在这种紧绷的礼貌气氛中进行了交易。我从一开始就不打算在罗马尼亚讨价还价；但即使就当地的贫困标准而言，我认为提供给玛格达的条件也太低了。我事后建议她可以尝试谈判，争取比较高的费用，她沉思着回答："对，好主意。我应该更精明一点。"

不过我看得出来,这个概念对她而言还很新,学起来也困难。

会计主管告诉我,我的书印发多少要由中央办公室评估罗马尼亚民众的需要后决定。看来罗马尼亚的集权主义尚未灭绝。另一方面,他提到去年一年就有近三百家新的出版公司成立和超过六百种杂志和报纸创办,这个数据简直像是一场噩梦。不过,我也自我安慰大部分出版公司甚至还来不及向某个中央办公室正式登记,或许就如昙花一现般消失得无影无踪了。

谈完生意,我们鞠躬致意,绽开空洞的笑容,然后被护送到门厅,等待会见布祖拉先生。这不是我所经历的第一个罗马尼亚会客室,所以我做好了耐心地漫长等待的准备,我们周围的人也都麻木而认命地等着,一副早已习以为常的模样。一个年长的男性得知我是美国来的,便以谴责的神情瞅着我。"你们在雅尔塔(Yalta)背叛了我们!"他指责我,显然受到的伤害还未愈合。"你们抛弃了我们!"我不是第一次碰上这种突如其来的指责,而且不知道为什么,经常发生在这类会客室中。好像对于这位老先生而言,从当初受到不公正待遇使他的生活陷入瘫痪开始,迄今四十五年,不过是段漫长的等待,直到此刻才终于碰到一个可以代表"美国"的对象,让他宣泄出来。"喔!我们不是回来了吗!"我开玩笑道。他则行了个花式鞠躬。

上回我们谈话时,布祖拉先生是众多期待西方王子或权贵资助他完成出版梦想的人士之一。一年以后,他对这类名人已经不再存有幻想。"他们来这里,表达他们的兴趣,不过一旦谈到比较具体的事项,就什么都没有了。一点都没有。"他语气热烈,肉肉的脸因生气而僵硬,"我受够了这种西方作风的谎言,受够这种原始的欧美作风了。"

我哈哈大笑。所以从他的立场而言,原来我们才是原始的!不过他的意思是什么?

"呃,你知道的,他们来这里,想的都是愚蠢的事情。就因为我负责这个基金会,就因为我想做点事,他们就认为我一定是新的权贵。他们宁可听到有人在街上大叫:'打倒伊利埃斯库!'因为他们认为那才是反对势力。"

布祖拉没有把我包含在他所指责的西方原始主义中,我当然受宠若惊,虽然我并不确定我是不是够资格。在罗马尼亚这可恼的混乱中,我怎么可能知道什么是什么,或者谁是谁?

"他们只懂得黑和白,"布祖拉继续道,"这是原始的,是齐奥塞斯库式的想法。两者简直没有差别。"

"但是你知道,罗马尼亚的情势对外国人来讲,有时候真的太混乱了,"我试探着说,"充满了模棱两可。"

"我认为文明人应该懂得模棱两可的事情,"他语气厌恶地坚称,"其实他们一开始就没有兴趣,只是用这种美丽的包装表示拒绝而已。"

总之,布祖拉说他是出于一种公共责任来做这项工作的;事实上,他宁愿回到他的写字桌,回到小说安全的复杂中。我觉得他的话中显然对自己居于这种带有政治性的职位保持着一点自卫心理。在其他东欧国家,这是知识分子可以名正言顺介入政治的难得的绝好时机,知识分子也会毫不犹豫地抓住这个机会。但是在罗马尼亚,权力仍妾身未明,无法拥有清白的美名,而政治性知识分子的选择也依然如故——要么是肮脏的有效行政,要么是纯粹的边缘化。

不过,在我上次来访至今的这一年间,政治气候中有些事情已经改变、推动及透明化了,即使还不到先有鸡还是先有蛋的层面,但培养鸡或培养蛋的环境已然浮现。一年前,罗马尼亚匈牙利族民主联盟（USHR）*存在的权利还遭到质疑，如今却已经有了比其他任何已经存在的反对党都多的拥护者——从而重复了一个在整个东欧地区都很明显的模式，即实际的倾向和行为掩盖了口头表达的民族偏见。另外还有从"社会对话团体"延伸而出的"公民联盟"（Civic Alliance）这个尚称不上政党的组织。在许多人心目中，它提供了真正能够对抗伊利埃斯库"救国阵线"的希望。马诺列斯库先生凑巧是该联盟的要角之一，也是可能的总统候选人，他邀请我去参加他们的会议。

因此，某个下午，我便在永远活力充沛的玛格达的陪伴下，爬上一座办公大楼布满灰尘的宽阔楼梯，来到公民联盟的门口。一个年轻、消瘦、似乎没有吃饱的年轻人出来应门，却立即试图把我们推出去。在玛格达抗议后，他犀利而仔细地盘问我们是谁，想要干什么。最后他终于让我们进门，并小心翼翼地把门锁上。然而我们一入内，他便站到我们面前，开始讲述他最近的政治功勋。他骄傲地告诉我们他是个吊车操作员，罗马尼亚第一位共产党领袖彼得鲁·格罗查（Petru Groza）的雕像就是他摧毁的，完全是自发行动。当我适当地表示敬佩之意时，他又大胆地告诉我们，竖立于布拉索夫（Braşov）的斯大林雕像也是他推倒的。"我从小就反抗共产主义！"他宣称，露出几乎没有牙齿的笑容。玛格达和我决定封他为雕像终结者。

另一个男的踏入宽敞、灯光幽暗的房间，代替雕像终结者陪伴我们。他矮矮胖胖，表情温和，声音柔和，跟先前那位的犀利健谈正好成了对比。不过他一样不假意寒暄、不浪费时间地直接告诉我

---

* 罗马尼亚匈牙利族民主联盟，1990年初成立。它声称不从属于任何一种意识形态，是一个代表和捍卫罗马尼亚的匈牙利少数民族利益的组织。

们他内心的话。他是黑海边造船城市康斯坦察（Constanța）的工会领袖，正在筹备一项总罢工的行动，预定几天后开始。但是他不知道有谁会参加罢工，又有谁可以依靠。他们中间仍有讨厌的昔日中阶当权者，会吓唬工人，也会在其他工会中离间他们。当然，那些工会中也有些是政府的打手，会宣扬根本没有罢工的必要。不过，他能置身此间是非常有意义的，这可是一名工人阶级代表踏入了政治过程，他也很高兴能和公民联盟联手，有幸结识"罗马尼亚最伟大的一批人"，这里也没人质疑他不是教授。

在他谈论之际，其他人纷纷来到房间内，会议随即开始。公民联盟或许是罗马尼亚反对势力中最重要的种子，不过目前还只是在灯光阴暗、其貌不扬的房间内，赤手空拳摸索的几名身穿衬衫的成员而已。从讨论中我计算出，他们的预算才一百八十五美元左右。他们认为自己需要募款，也需要一份报纸，不过还不知道该如何为这个想法寻得资助。就在这时，我对数目激增、毫无价值的出版品的惊恐促使我提出我的意见，也算是我唯一一次干预其他国家的政治。他们也许不需要一份报纸，我建议道，必要时发布党讯也一样。他们对我的意见先是抱持怀疑的态度，但是当马诺列斯库先生几乎同时也表达了相似的看法后，我的意见获得了采用。这让我开心极了。

他们讨论到盛大的发布会要邀请哪些人士参加，在发布会上将宣布成立政党。是不是应该邀请政敌前来参加？这些都是有关民主的尴尬事宜……

同时，他们还要考虑总罢工的事情。马诺列斯库先生希望罢工可以举行，但是如果政府真的垮台了，他们也不清楚会发生什么事。公民联盟准备介入吗？他已经准备好接受总统提名了吗？碰上关键时刻，他们认为自己可以组织力量；但是就高层次的政治而言，此举显然不够周全，太过即兴。

事后，马诺列斯库先生、玛格达和我又前往卡普沙饭店继续热烈的讨论。马诺列斯库先生告诉我，他最近被指控从一个美国组织接受了不少于一百万美金，而且中饱私囊。这则构陷的故事被政府控制的电视台报道成仿佛既成事实。事后一名记者还打电话问他怎么处置那笔钱。"我已经喝下肚了。"他回答，但是对方显然没有领会他的幽默。

就像东欧兴起的大部分政治新贵一样，至少以西方的名词而言，马诺列斯库先生是位社会自由主义者和经济保守主义者。然而在他的观点中，还有一丝纯属罗马尼亚人的想法：他也是个保皇者。他说，如果他成为总统，就会试图迎接罗马尼亚最后一位皇族，即米哈伊国王（Mihai I）[*]回国，建立一个以西班牙为范本的君主立宪政体。

对于这个观点，我虽惊讶，却不震惊，因为我已多次听说罗马尼亚最近兴起的新保皇主义，因此知道这是一项非常严肃的政治主张，其所蕴含的绝望心态，也许比滑稽歌剧的表演还要真切。米哈伊国王在父亲被迫退位后曾短暂登基，于1944年反法西斯起义中扮演了不无贡献的角色[†]，并在1947年共产主义解放后退位。那时他才二十出头。往后的几十年间，他安静地住在瑞士，成为历史上一个被遗忘的人物。但如今在历史无止境的转折中，他有可能又要扮演重要的角色。许多罗马尼亚人都有这种想法，尤其因为他在战后便没有受到国内情势的牵连，因此可以解决罗马尼亚目前错综复杂的难题。"国王不会成为伊利埃斯库，"玛格达简短地解释道，"他会是一个跟我们完全不一样的人物，跟我们以前所有的都不一样。

---

[*] 米哈伊国王（1921—2017），罗马尼亚王国的最后一任国王。
[†] 米哈伊国王曾加入国内支持同盟国的阵营，成功以政变方式推翻当时支持轴心国的内阁，得以和德国脱钩。

第五章　罗马尼亚

国王和伊利埃斯库？"她哈哈大笑，"不，完全不可比。"

马诺列斯库先生认同国王会成为一个一统局面的人物，可以超越罗马尼亚政治上的仇恨心理，超越一般人的怀疑，像西班牙国王在佛朗哥（Francisco Franco）*下台后所扮演的角色一样，成为民主的仲裁人，每个人都可以对他表示尊敬之意，又无需放弃对党的忠诚。再者，马诺列斯库先生说，国王是个非常好、让人敬重的绅士。然后他忍不住跟我们提到有次在美国碰到国王和他太太的有趣轶事，我们也再度开起玩笑来。看来马诺列斯库先生虽有很多事需要烦恼，却始终无碍于他的幽默感。我告诉他，他也许可以成为第一个把嘲讽风格带到官场的总统。"那是我的梦想！"他大声说，虽然我怀疑世界上有哪个国家对此做好了准备。

洲际酒店（The Intercontinental）是布加勒斯特最时髦的大饭店，也是深受外国商人和记者青睐的住处。这其实是个可憎之处，大厅毫无优雅可言，聚集着神情可疑的人士，酒廊更有如阿肯色州（Arkansas）乡间的公交总站。不过洲际酒店好歹有两间有桌布和冷气的餐厅，所以我邀请扬安·马诺列斯库（Ion Manolescu）到其中一家餐厅碰面，他是尼古拉·马诺列斯库的远房亲戚，也是一个精力旺盛的年轻作家，不料这邀约提议却换来一阵紧张的沉默。

怎么了？我问。是这样的，扬安紧张地回答，他们并不总是欢迎罗马尼亚人进去，尤其是没有外商同行的罗马尼亚年轻人。

呃，那样不对，我们不应该放任他们这样做，我义愤填膺地说，虽然对他的说法也还半信半疑。我实在不该如此。当心高气傲，不

---

* 佛朗哥（1892—1975），前西班牙国家元首、西班牙首相，西班牙长枪党党魁。1939—1975 年独裁统治西班牙。

愿让我插手的扬安走向侍者时,只见侍者马上粗鲁地皱起眉头,告诉他没有位子。这显然是个谎言,因为餐厅内几乎没有什么人。这时,我出面介入,据理力争,结果他们告诉我无论如何会为观光客找到位置,他们还有另一间餐厅,价格是这里的五倍。我们退了出来,扬安满脸受了羞辱的表情。

  在为他的国家表达歉意后,扬安开始向我吐露他的文学野心。二十三岁的他有双黑色、专注的眼睛,说起话来滔滔不绝,颇有智慧。我常听人说,年轻这一代没有受到老一辈极度妥协的污染或扭曲,是罗马尼亚真正的希望,或许也是唯一的希望。确实,扬安具有热切、完全觉醒的智慧,只有将自己的工作视为使命,而不只是一个职业或事业的年轻人才可能拥有这种特质。他属于一个非常年轻的作家团体,在文学还被视为禁区的年代,便沉迷于他们的文学的理想。在那段黑暗时期,他们阅读每一部可以到手的现代文学作品,比如某个古怪外国人留下的品钦(Pynchon)[*]、巴思(Barth)[†]或巴塞尔姆(Barthelme)[‡]的小说,而且彼此传阅,直到纸张褶皱不堪,此外他们还看手抄的诗集。

  这个团体最热切的希望,是能和最近的罗马尼亚传统做干净的切割。在他们眼里,所有老一辈的作家即使没有妥协,也不足以作为楷模。"就某种程度而言,他们总是在迁就检查制度写作,"扬安说,"总有一种面纱,一层帷幕,掩盖在他们所写的所有文句之上。"有太多罗马尼亚现实没有被呈现在文字中,其情况比在话语中还要严重。比如,扬安说,在罗马尼亚文学中,没有一个遭到秘密警察痛揍的角色。所以他们团体的一个信条和承诺就是:"拒绝暗示手

---

[*] 品钦(1937—),美国作家,以写晦涩复杂的后现代主义小说著称。
[†] 巴思(1930—),美国小说家,其作品被认为具有后现代主义和超小说性质。
[‡] 巴塞尔姆(1931—),美国后现代主义小说家。

法。拒绝伪装掩饰。"他们想写的书中会存在被秘密警察痛揍的男子。事实上,扬安即将出版的第一本小说里就有一个这样的角色。他说自己和同伴对这本书的价值都很有信心,仿佛这本小说是所有人的财产;他也相信他的同伴告诉他的是真话。他们早前还互相许诺过另一件事:不管真实多么伤人,凡事绝对真实。"我们整个社会都习惯了谎言,"他说,"所以我们希望拥有一个可以绝对真实和真诚的地方。"

他们判定,在他们所处的世界,文学上最能发挥力量的便是政治小说。不过并非传统形式的政治小说,那个就免了。他和他朋友是彻底的后现代主义者。"现在不能写索尔仁尼琴(Solzhenitsyn)*那样的作品了,"扬安说,"奥威尔(Orwell)还差不多,虽然他们希望能比他再多'小说'一点。"政治意涵,不错,但也要有想象力和风格。还有思想,绝对要有思想。他们的作风是亲美的,扬安说,部分原因是为了摆脱上一辈的亲法作风,他们想用"正面迎击、直接和犀利的美国手法"写作。不过他们也尽己所能地阅读法国的批评理论,因为他们相信除非完全明白自己的所作所为,否则无法成为一个好的、伟大的作家。

他强烈的严肃态度,精力充沛的企图心和决心,以及令人惊异的知识,在在令我感佩。除了致力于小说创作,扬安也会写些政治评论,但他随即表明这不是因为他喜欢,而是因为:"在这种时刻,我们必须这么做。"我怀疑在西方是否会有任何二十三岁的年轻人说得出这样的话来。不过话说回来,扬安和他同辈的西方人根本生活在不同的时代。尽管扬安期望成为后现代主义的时髦男子,但是

---

* 索尔仁尼琴(1918—2008),俄罗斯作家,著名异议人士,1973年著《古拉格群岛》揭露苏联劳改营内幕,曾获诺贝尔文学奖。

种种纠缠、纷扰和严酷事实的压力却不是他所能摆脱的。

扬安在谈到他需要阅读、需要了解和需要去做的事时所表现出的那种殷切和渴望，令我想到另一位罗马尼亚的知识分子米尔恰·伊利亚德年轻的时候，至少是他还没有发展出摇摆不定的政治信念，使他太过接近法西斯右派的时候。在他布加勒斯特的小房子里，伊利亚德同样也以或许是许多"乡下的"知识分子都有的一种永不满足的饥渴态度多方涉猎。对他们而言，广大的世界只是内心渴望的遥远目标，而没有对自己"主要传统"的焦虑感或傲慢心态，将自己隔绝在其他文化的多样性之外。过去，这种边缘性经常是一种力量的来源；未来，对扬安和他的朋友而言，这也会成为他们的助力。

帕维尔看起来比七十岁年轻很多，使我很难把他本人和他的年纪联想在一起。他常穿牛仔裤，敞领衬衫，动作也和年轻人一样灵活敏捷，脸上老是带着狐疑困惑的表情，似乎本应一闪而逝的神情却永远停在了脸上。他说一口准确、流利的英语，只是偶尔会被冠词的神秘所难倒；他也偏爱犀利的箴言，经常神来一句，却用得恰到好处。在他身上，我经常感受到的罗马尼亚人的混沌已然被淬炼成了对似非而是的谬论、矛盾、繁复等的洞察能力，清晰易懂且准确细致。

他在谈话间偶尔掺入的奇特字句，让我开始对他的个人经历有了线索。他是我十分熟悉的一种人，却也是我几乎毫无所悉的一种人：他是"他们"当中的一分子，而且曾经是完全忠贞的信徒。他有点让我想起我的父亲，也许因为他们都有相似的背景。究竟多大程度上是命运选择了我们，而非我们选择了命运，这是我在这趟旅行中心中经常会升起的感慨。人的命运，其实很轻易便可能完全逆

第五章　罗马尼亚

转。就所有悲惨的层面而言，帕维尔的命运几乎可谓我的家庭历史的另一种可能。

帕维尔无法轻易谈论他的过去，而我感觉那并非因为其中蕴藏了太多秘密，而是因为牵涉到某种深沉复杂的情感。待他终于决定跟我谈时，我发觉他的过去其实就是最典型的那种：一个我们这个时代东欧共产党员典型的一生，不同的或许只在结局而已。东欧孕育了这种超越个人的生命模式。

这一切的源起，照帕维尔的说法，是因为当年"存在一股邪恶的危险力量"。尤其在罗马尼亚，法西斯主义在两次大战间已经变成一种显而易见的、广受欢迎的势力。对帕维尔这种成长在赤贫、半文盲家庭的年轻犹太人来说，想要对付这种势力，选择其实并不多。出于因缘巧合和个人倾向，帕维尔受到共产党的吸引，十几岁时，便已加入了一个高度秘密的小型行动；但是他没有马上成为运动所想要的服从的战士。1936年，当莫斯科进行公开审判时，他告诉他的组织联络人说他并不认同这种做法。这一年轻时的表态马上便被记录下来，终其一生，帕维尔的政党档案都保留着这"黑暗的一页"。

不过逐渐地，他的信仰和服从能力都加强了。虽然在我所认识的人当中，他属于饱学之士，但他却从未完成高中学业，因为母亲是家里的经济来源，而他上学所造成的经济负担已经超出了母亲的负荷。接着，战争和牢狱又相继介入。不过他贪婪地继续阅读，培养出了对文学的热情。后来在监狱中，他又开始自修外语。他最主要的教育便来自两个地方：政党和监狱。

1940年他第一次遭到逮捕，在狱中待了半年。第二次，他被法西斯警察逮捕，在那个"艰困时刻"，他真正体会到罗马尼亚人行为的奇特与矛盾。指控他的是法西斯主义者，然而，他认识的某个邻居，同时也是半合法的狠毒法西斯组织铁卫团（Iron Guard）*成员，不但去探监，还传授帕维尔接受审讯时必要的应对技巧。那一次，帕维尔拘留了三天就被送回家。几天后，他得知那位帮他忙的邻居参加了一次恶名昭彰的行动，屠杀了五十名前朝官员，包括罗马尼亚的政治精英。

"我真的认为罗马尼亚人有种凡事瞬息万变的感受，"帕维尔反思那些事件说，"罗马尼亚的法西斯主义到头来没有那么严重，罗马尼亚的共产主义到头来也没有那么严重。"

也许这种瞬息万变的感觉，还有一切现象和信仰的虚幻感，可以解释我经常在和罗马尼亚人的对话里感受到的那种飘忽不定的感觉。对于那么短暂的事物，何必采取什么坚定的立场呢，反正所有事物都会消失在永恒之流中。但这种宿命论本身也许就是从一种无法抗拒的非理性环境，从一连串反复无常的权力统治中孳生出来的，这种权力并非出于民众的选择或偏好，而是直接强加在民众身上的。

帕维尔第三次遭到逮捕是在1941年5月，就在罗马尼亚正式参战之前，这次他被送到劳改营待了三年。那段经历是其性格形成的重要里程碑，这种启蒙仪式是许多未来的权力核心人物所共同拥有的。帕维尔谈起这段往事，称之为他人生中最美好也最悲惨的岁月。最好的是同伴，在专门为共产主义分子而设的监狱和劳改营里，帕维尔得以结识一群未来的国家新领导人。在这段共患难期间，他们达到了帕维尔所形容的一种结合了团结一致和"自然等级制度"的形态，一种理想社会的雏形。"这是社会化的一个很特别的经验，"他说，"一个小社群，面对共同的危险，具有非常精准的角色分工。这是我一生中唯一一段心悦诚服地臣属于他人的时光。有些年长的

---

* 铁卫团，1927—1941年间罗马尼亚的一个极右恐怖组织，后因武装暴动而遭歼灭。

领导人已经在监狱里待了十年了,他们当中有些很有人格魅力。我相信他们的操守,相信他们与生俱来的领导能力。"

然后,他补充道:"不过喜欢等级制度这一点,正是作为狂热的信条主义者、作为斯大林主义者的必要条件。"当年他发现这个事实时,一定很痛苦。

当时,帕维尔并不了解这种理想社会在道德上所蕴藏的危机。在强烈的团体精神驱使下,帕维尔一行人一到监狱,便决定举行苏联革命周年纪念,包括阅读和诠释果戈理(Gogol)的作品《钦差大人》(*Inspector General*)。

帕维尔的狱友中,其中一位便是大名鼎鼎的尼古拉·齐奥塞斯库,他也作为活跃的年轻共产党员而被捕入狱。就帕维尔而言,他们两人几乎一见面就不投缘。他们在小小的牢房中共处了两个月,牢房里还有其他囚犯,但是相对于其他人的友爱,齐奥塞斯库始终郁郁寡欢。"我们住在一个相当亲密的环境中,甚至不准去庭院散步。我们俩都是年轻的共产党狱友,所以彼此间建立起同志情谊,进一步了解对方,不是很自然的事吗?但,不是的。他跟别人建立关系的基本方式便是鄙视对方。在心理上,他让我想起一个古老的亚洲制度:太监。太监的阉割代表提供具体证据,证明皇帝是至上的。齐奥塞斯库的轻蔑也是依据同样的原理,借由否认别人的美德从而表示自己的至上。我在他身上可以嗅到仇恨的本能。"

帕维尔记得一件事,让他永远对齐奥塞斯库怀有敌意。有段时间,狱友举办了一次下棋比赛,用面包做成的棋子对弈。结果帕维尔赢了。"其实我的棋艺并没有那么厉害,"他说,"但是在那间可怜兮兮的牢房里,我是最厉害的。齐奥塞斯库的棋艺根本还属于初阶。但是我赢了以后,他却向我挑战。我说我们两个比,他和我都不会开心,但他还是坚持要比。我们就对弈了一盘,结果当然就如大家所预料的。想不到那件事还有后续,是大家没有预料到的:从此,他再也没有跟我讲过一句话。"

在齐奥塞斯库出任总书记时,帕维尔便料到他会变得比原先更可怕。"他不是冷漠,而是燃烧着仇恨。我预期他最终会发展成恣意处死别人。也许外在环境不利,使他不能达成所有的心愿。"认为齐奥塞斯库相对内敛,显然源于一种东欧式的对极端的看法。而和他正好相反的情况,则出现在埃列娜·齐奥塞斯库身上。帕维尔刚认识埃列娜时,她还是个贫穷、安静的年轻女子,没有任何野心,不料后来却成为一个极尽浮夸的怪兽。除了她本人和她丈夫之外,她禁止任何人公开庆祝生日;她也禁止科学院录用新人,因为她本人自认便是所有学识的化身。"有段时期,"帕维尔咯咯笑着说,"我们的院士非常短缺。"

不过这种敌视的情况在监狱中很罕见。真正的困难是体力上的,尤其是饥饿。"我们当时很年轻,因此需要吃是很自然的,"帕维尔说,仿佛连这点脆弱之处也需要证明是合理的,"从这点来看,监狱生活真的很可怕。要解决饥饿,就要工作,那是唯一的生存之道。我负责砍柴,拼命工作。在冬天的时候,我上半身是热的,两脚却冻僵了。饥饿真是一种折磨,因为它把你困在内心的监狱里。有段时间,我连做噩梦也跟食物有关。不过也是在某个特定的时刻之后,我就开始适应了,从那以后,我总算取得优势,失去了胃口。就连现在,如果有好的同伴,我会享受食物,但是除此之外,我并不觉得有需要或有必要吃东西。"我面带询问地看着他,他点点头,就是这个意思。

帕维尔出狱时,他"不但成为坚定的共产党员,而且准备好要采取行动了"。在罗马尼亚共产势力强大后,他的狱友事实上成了中央委员会。他那时二十几岁。有一阵子,他跟其他年轻干部一起

第五章　罗马尼亚

工作,后来被安置在外交部,"负责希腊内战和南斯拉夫叛逃事宜",亦即负责组织反铁托势力。后面这项工作是为公开审判和扩大整肃行动做的准备。帕维尔的工作使他必须被牵连到这类可怕的事情中。其实他这两种工作的性质,即便用温和的说法,也都算是有冒险性的。在政治游戏中,你永远不知道忠贞何时会被重新解读为背叛。

从他位于内部的有利位置,帕维尔可以亲眼目睹这样的政治转折,以及他的朋友们逐渐擅长的致命阴谋。他知道战后第一任总书记乔治乌–德治如何身在狱中,却仍有办法进行谋杀行动。他见到对势力庞大的安娜·波克尔（Ana Pauker）[*]和其他"右倾分子"的公开审判是如何酝酿的。但话说回来,安娜·波克尔本人的无情也不遑多让,曾让自己的丈夫在1930年代遭到枪决。帕维尔也目睹过那些曾经参加了西班牙战争的人,是如何成为特定的致命报复的靶子,只因一项嫁祸铁托的阴谋,需要他们充作例证,而铁托曾参与组织国际纵队（International Brigades）[†]。

在这期间,最令帕维尔感到不安的,是目睹自己曾经极其敬佩的人物,变成危险的势利小人。"我觉得很失望,"他有所保留地叙述,"亲眼目睹并亲身经历真正的英雄主义转变为懦弱胆怯。斯大林主义最可怕的一项成就,就是这种物质、道德和政治腐化的结合。"也许对他最大的打击来自他的良师益友,一个他在狱中特别尊敬的人。那人调任从事一项最初很神秘的新职务:成立秘密警察。

---

[*] 安娜·波克尔（1893—1960）,罗马尼亚共产党早期主要领导人之一,曾担任副总理,外交部长。1952年遭到清算。

[†] 1936—1939年西班牙内战时,中国、英国、法国、美国等国家的志愿兵组成国际纵队,以对抗西班牙法西斯主义势力。纵队成员亦包括诗人、艺术家、医生与记者,如海明威、乔治·奥威尔、毕加索等。

那位良师益友原本是怎么样的人？我很好奇。我的问题似乎仍然令他痛苦。"他是所有人当中最有人性的，"他终于回答，"即使被关起来，他仍然保留着他的人性。"那位朋友对帕维尔最后的帮助，是没有带着他一起赴任。如果他进入秘密警察体系，帕维尔认为，那么他也会变成"一头怪兽"。我想表示异议，但是他制止了我，语气坚定地说自己一定会的。这正是某些体系的缺陷，它们能够让人有这种转变；而党本身也变成——事实上是早已经成为一部地狱制造机，能够把人变成恶魔。"你不能想象的是，"帕维尔说，仿佛试图让我理解这一切的恐怖，"在这个过程中，那种被绝望击溃的内在的错乱。"

但尽管如此，和党分离的那种痛苦，对帕维尔而言仍有如一种背叛，或有如失去一段深厚的感情。"痛苦的过程，"他说，"从生命中一段快乐的时期，一种深陷在狂热中的生命，转变为批判的立场，明白理想和现实的差异。在这个过程当中，你会一再迟疑。很多时候，你会想要胆怯地认同他们，继续保持沉默，听凭英雄主义蒙羞，或顶着英雄主义的光芒说些模棱两可的话。有时候我非常不快乐，不知道作为有纪律的革命战士，我的责任是什么；或者作为一个人，我的责任是什么。"

我问他，他的犹太身份在脱党一事上是否起了作用，但帕维尔认为他自己首先是罗马尼亚人。帕维尔的年轻时代，比起我们来，或许还比较正常，即使最卑微的市民都抱持着普遍主义和理性启蒙的梦想。他的父母是非信教者。"我是一个世界公民，"帕维尔半开玩笑地使用一个早期的字眼，然后又自我更正，"不，其实我是罗马尼亚人，虽然有时候这并不是件好事。"他对自己的保守表述报以微笑，"就理性而言，身为犹太人比罗马尼亚人有趣多了，不过这也不是我们可以选择的。有些人想强迫我承认我是外国人。这是一种反犹太的胁迫形式，逼迫一个或许不是犹太人的人接受犹太人的身份。我从来不会屈服于这种威胁。"

他的个性让他抵抗任何会驱使他背离自己真正信仰的威胁。他的怀疑——他称之为初尝自由的滋味——逐渐加深，于是越来越难以掩饰他的不满，越来越难以接受交给他的命令。"在狂热的时期，我很高兴能执行命令，"他说，"后来，接到命令让我觉得很不舒服。我已经逐渐变成一个个体，这一点，从党的观点来看……"他停顿下来，搜索适当的字眼，"这么说好了，'显得可疑'。"那时，他已决定离开他的职位，他说，机构希望他消失，而他也巴不得永远不要回来，于是他们同意分道扬镳。

1956年，他以三十五岁的年纪进入科学院，主修历史和社会学。其中部分原因是作为"自学成才者"的他，想要弥补缺乏正式教育的缺憾。在情感上，这生命的新一页，开始于他近乎绝望，也就是失去信仰的绝望时期，伴随着一种"强烈的罪孽感，某种类似宗教性的'我有罪'的感觉"。

走出绝望的道路，极其矛盾地，竟需要回到源头。就像许多激进分子一样，帕维尔没有读过马克思的著作，便成了一个马克思主义者，而现在他开始研究马克思、研究列宁。"批判列宁，就像是一种对至亲的异端行为。在感情上，我没有办法这样切割。我需要从理论着手，发展出一套批判的观点，方是对抗我的感情的方法。"

帕维尔从事政治心理分析的一个方式，是埋首写作，向自己解释他和斯大林主义的结缘。他近乎着迷地不断书写。不过在写到两千多页时，他就决定把手稿烧掉——留着这些手稿太危险了。想不到在一个处于全面监视下的社会，就连焚毁自己的手稿也会让人起疑。那些纸张太厚重，燃烧时烟很大，有些忧心的邻居前来拜托帕维尔不要再生火,因为他们担心秘密警察,那无所不在的秘密警察会认出燃烧纸张的味道而前来调查。

完成学习后,帕维尔开始在罗马尼亚电台工作。1967年,他意外获得许可成立一家社会学研究机构。从那时起,他的身份即使不算异议分子——因为在罗马尼亚并没有异议分子生存的环境——至少也是个评论家。那个机构展开民意调查和测验。有好些年,帕维尔说,他"很高兴能出版当权者不愿听闻的结果"。他所写的演讲稿和文章,就当时的标准而言,足以被判定为颠覆分子。他认为自己之所以能逃过惩处,是因为那些负责审稿的中层当权者担心有目前身处高层的他以前的朋友在包庇他,于是那个体系所制造出来的妄想心理,反过来却成了对抗自身的机制。

他的罪恶感起先是因为脱党,现在却转变成因为曾经身处党内。1980年,他回到一个他认为可以"结清旧账"的计划,就是分析斯大林主义及其遭到扭曲和失败的原因。

书写这种手稿当然极端危险,帕维尔和斯特凡娜他们也确实承担了相当大的风险。1982年6月一个炎热的日子,帕维尔来到斯特凡娜的公寓,结果发现公寓被翻得乱七八糟,斯特凡娜也不见踪影。神奇的是,他的手稿仍安放在桌子下的一个架子上,其实他们是按照爱伦·坡(Allan Poe)*失窃的信的原则存放手稿的,就是放在一个一眼就可以看见的地方。这个计谋奏效了。

帕维尔随即拿着手稿跑到一个他认为很可靠的老友那里。大约三十年前,这个友人遇到了麻烦,他是因为参加西班牙内战而失宠的人之一。从那以后,其他党内友人都避之犹恐不及,只有帕维尔仍继续跟他交往。帕维尔说,这并非出于勇气,而是因为他做不出

---

* 爱伦·坡(1809—1849),19世纪美国诗人、小说家和文学评论家。

那种事。当时友人对他由衷地表示感激，反而让他吓了一跳，所以他完全没有料到三十年后，当自己恳求朋友帮他暂时保管手稿时，友人竟会断然拒绝。不过事实就是如此。帕维尔从未原谅他那位朋友，他们也没有再见过面。

在那同时，斯特凡娜受到秘密警察的审讯。她采取装傻对策：对审讯者始终以礼相待，客气对谈，假装什么都不知道。结果表明，在面临危机的时候，她无所畏惧，使得秘密警察只好放了她，什么情报都没有打探出来。帕维尔的女儿也遭到审讯，同样毫无所获。

那份手稿最后在美国出版了，帕维尔对此心满意足。那是一本内容非常紧凑，以近乎警句的风格对权力和财产集中化进行的研究。根据帕维尔的观点，这正是导致斯大林主义不可避免地走向经济衰退和诉诸压制手段的背后机制。

我问他，除了斯特凡娜，他在写这本书的时候还有没有其他知识分子共同参与。没有，他回答，他"不希望把这件事弄得像在进行什么阴谋似的"。但毫无疑问，这种隔绝也嵌在罗马尼亚的生活逻辑中，嵌在铺天盖地的恐惧与相互猜疑的气氛中。

他现在还保留着这种隔绝感。帕维尔在时局改变后，其实还像之前一样，是个与众不同的人：一个深陷共产主义，仍认为自己是"左翼人士"的人；一个背负双重负担，在重新组合的罗马尼亚拼图中找不到任何安身立命之处的人。"对老一辈的人而言，"他说，"我是个变节者；对新的一代而言，我不是一个值得信任的人，因为我曾是斯大林主义者。所以我很容易受到指责。"还有，他有种斯多葛哲学默默承受一切的心态，也许来自他深切的罪恶感。他补充一句："我帮助左翼最好的方式，就是不要直接参与。我曾经试图参与形成的，就是'原本那个'左派。"

他是否终于在情感上和党完全切割开了？"这种事很慢，非常慢,"帕维尔感伤地说,"不过,呃,我猜想,愈早离开那套信条,脚步就愈不会陷得那么深。"

帕维尔的"脚步"似乎陷得非常深,甚至导致了重组他的内心世界,以及他的信念。不过也许在同那套信条决裂后,他依然能够有所归属。"悲哀的是,"他说,"性格上我并不是一个狂热分子。我之所以变得狂热,是因为我年轻,以及当时的环境。然后我两样动机都失去了:环境和年轻。"

在这方面,他并不特别。他特别的地方在于承认自己应该负责,承认他的过失。成为那段恐怖历史的共犯这件事始终如影随形地困扰着他。在最近一次会议中,帕维尔遇到一位知名的匈牙利前共产党员,告诉他说她对自己的过去"丝毫没有应该认罪的感觉",因为她是出于真心信仰,因此所作所为是出于善意,而且一旦不信了,她的行动也随之改变。帕维尔觉得这种自我原谅的行为,是"一种舒适形态的无知。还有一种无知,是拥有钢铁意志的男女,直到终了都坚信不疑,而且相信真正的高贵就在于这种坚定的心志"。

"我为什么要提这件事,"他继续说下去,"是想告诉你,我并不认为自己是清白的,不是因为我一开始就已经加入,而是因为后来我还继续参与其间。我不知道你能不能想象,"他继续叙述,表情间仍流露出饱受折磨的痕迹,"要承认你曾经奉献的一切,你生命的本质和核心是一项错误,有多么困难。"

当然,我可以想象犯错后的沮丧,但这远是一种锥心之痛,任何人都没有办法用"没有关系,不要紧"来安慰他,毕竟他所牵涉的情况太恐怖,他所参与的共谋也太沉重。然而,在听他述说的时候,我觉得他也已经完成了一项值得称颂的大事。通过与自己心中的天使和魔鬼搏斗,他把自己生命中的可怕事迹转化为觉悟和良知,亦即一种将来会有助于我们思考的经验,进而转化为一段有用的历史。

第五章 罗马尼亚

或许出于某种责任感，我决定去拜访一所孤儿院。孤儿院跟罗马尼亚有很多不愉快的关联，跟其近代的恐怖也有所牵连。我已见识过一些孤儿院令人沮丧的照片，其中收容着因为输血而感染艾滋病的婴儿，以及关在兽笼似的栅栏内往外看的肮脏受虐儿童。我并没有兴趣亲眼目睹那些景象，但刻意回避似乎也不应该。玛格达提议陪我去看看，于是我们就搭乘格拉迪奇先生的车子出发前往土伊康（Tuican），我们获准参访当地一家孤儿院。当车行接近目的地时，方向变得很难判断，地貌也没有标示作用。到处都是泥巴地，几乎看不出马路在哪里。经过一个钻油厂，我们被迫在机器间穿梭；油井旁有个可怜的小游泳池，上面漂浮着油光，有孩子在里面泼水嬉戏；接下来又是绵延的泥泞山坡地，格拉迪奇先生的老爷车差点陷在泥淖中，幸而我们想办法把车子推了出来。

最后我们终于找到了那家位于主村外一个山丘上的孤儿院，大门处有群孩子，大小都有，两手紧抓着金属栏杆。第一眼见到他们，我承认我很害怕。那些孩子中，有的因为精神疾病和发展迟缓而面孔扭曲；有些动作不协调；有个男孩剃光的头上布满白斑；还有些孩子看来神情正常，我不怕他们，却反过来为他们感到害怕。

一名身穿护士服的女子前来陪同我们，挡开那些一进门便紧紧围绕在我们身边的孩子。他们立即驯服地退开，反应之利落令我顿感一阵寒意。主楼内只见一个没有人照顾的脏兮兮的小孩正在攀爬一截阴暗的楼梯。我们被带到一间面积很小、气味怪异的厨房，另一名同样穿着护士服的舍监正在收听收音机里播放的古典音乐。她同意跟我们谈谈，但是她不能带我们去参观其他地方。根据规定，星期日访客不能随意走动，或许这就是我们受邀当天来访的主要原因。

但是我觉得我看得已经够多了。当我在这间怪异的"办公室"

落座时，不舒服的感觉立刻上身。那位身形矮胖、面无表情的女舍监在这里已经超过三十年了，她告诉我们这个孤儿院曾经历的几个不同阶段。孤儿院收容情况最严重的个案，许多孩子是被父母抛弃的，还有许多是有残疾的。在1960年代早期，罗马尼亚情况相对比较好的时候，这里也比较舒适，有足够的员工，孩子们也有玩具和手工艺品。然后在1970年代后期和1980年代早期，齐奥塞斯库时代的灾难开始了，先是资金被撤回，接着是员工和水电。一个没有经过训练的员工必须照顾六十名儿童，经常没有水可以给他们洗澡或洗衣服。许多孩童都难免骚动或焦虑，而应付他们最好的方式就是让他们昏睡。最近这些日子以来，情况已经好转许多，主要是因为有个瑞士团队对孤儿院感兴趣，因此带来了金钱、药物和专业知识。瑞士人员发现，许多原本以为没有希望的迟缓儿其实只是运动神经的问题，借由适当的训练，可以轻易复原。如今有些孩子甚至已经可以上学了。

那位舍监以平静单调的语气跟我讲述这些，脸上带着空洞的笑容，仿佛在报告公司的季度盈余情况。她还谈到一个女孩，说她离开孤儿院后，不知感恩地告诉别人有关孤儿院的可怕故事，包括挨打和被拴上铁链等等。在我们谈话期间，孩子们几次好奇地探头探脑，结果舍监只瞥上一眼，他们便赶紧退开了。有一阵子房间内充满粪便的臭味，舍监冷静的姿态却丝毫不为所扰。我心想，这冷漠的女人收听贝多芬音乐的房间，简直就是人间地狱。

玛格达和我带了几箱饼干给孩子们，在我们离开前，舍监告诉我们："你们放心，我们一定会分下去的。"其实我根本没有想过他们有可能会不分给孩子们，这句话反而透露出贪赃的痕迹。在走出孤儿院时，孩子们再度围住我们。"我妈妈什么时候会来？你是谁的妈妈？"他们不停地追问。一个孩子勾着我的手臂，陪我走到门口，

第五章　罗马尼亚

眼中流露出我所见过的最单纯的悲哀和乞求。

返回布加勒斯特的途中,玛格达反常地感到头痛。"你知道吧,秘密警察从这种地方带走了很多人,"她告诉我,"听说在这种环境下长大的人是最驯服也最残忍的。你也看到了,只要有人给他们食物,给他们关心,即使是残暴的关心,他们就会像狗一样忠心耿耿。"对,我看得出来。但此刻我所感受的,不是完成一项使命的成就感,反倒是目睹了这一切后所浮生的奇特罪恶感,为以一个局外人的身份目睹一场悲剧而深感罪恶。

布克洛尤(Bucâloiu)一家人,包括莉娜(Lena)、格奥尔基(Gheorghe)和他们十六岁的儿子约努茨(Ionuţ)都是热切的爱国者。出于对祖国的骄傲、宽大慷慨的心胸,以及,有个美国朋友或许也不错的心态,他们提议带我参观罗马尼亚的各个景点。莉娜是个心理学家,格奥尔基在一家工厂担任管理工作,约努茨则是个有思想的少年,具有让人惊艳的英语词汇量,对文学作品广为涉猎,对任何有关美国的事皆抱持着不可遏制的好奇心。

他们的达契亚(Dacia)仿佛是一个手工并不灵巧的青少年用硬纸板组合而成的,坐着那辆车,我们参观了布加勒斯特近郊的村落和古老遗迹。现在,莉娜、约努茨和我又搭飞机前往位于罗马尼亚三大主要区域之一摩尔达维亚(Moldavia)东北角的城市布科维纳,此行的主要目的是参观当地我慕名已久的著名彩绘修道院。

我们搭乘一架小型螺旋桨飞机抵达苏恰瓦(Suceava)机场,迎面而来的是令人困惑的罗马尼亚乱象——奇特的气味,大厅正中央居然有一些离奇的水坑。机场外,我们见到了莉娜的朋友,也是此行寄宿家庭的主人科卡(Coca)和米哈伊(Mihai)。然后,又是一辆质量低劣的达契亚,载着我们行驶在乡间的道路上。比起南部,这里的景色更苍翠，草坪更绿，树叶更繁茂，光影的嬉戏更生动，微风也更愉悦。在雷佐里（Rezzori）*所写的《一名反犹太分子的自传》(Memoirs of an Anti-Semite)中，布科维纳是个古怪的地方：一个同时存在腐化的贵族、无知的农民、博学的犹太人和矛盾的反犹太分子的富饶之地，不同群体共同生活在意识形态的迥异和日常生活的亲密之中。即使现在，我们还是窥见得到现代和工业革命前不同时代的混合。道路上，汽车和马车争道，农民和吉卜赛人同行。马的鬃毛上垂挂着红色绒球和流苏，在鲜艳的色彩中上下晃动。这里的房子不像我在附近的马拉穆列什所见的装潢精致，但也有雕工精美的木质大门，外观体面繁荣。

"齐奥塞斯库的手没有伸到这么远的地方吗？"我对这一切深表赞叹，"还是这个地区的人抵抗不从？"约努茨翻译科卡的回答："我们不听他的，"她哈哈大笑，"我们不去听，也听不到。"

这便是置身天高皇帝远之处的好处。当皇帝品行邪恶时，他的指令要花很长时间才能传到边陲，且沿途已经遗失泰半。我开始思考，我们这个世界重要的区别不是北方和南方，或东方和西方，而是首府和地方。在动乱时期，地方各自成为运作的枢纽。"耕耘你自己的花园。"我半自言自语地评论道。"对对，伏尔泰总是给出金玉良言。"约努茨马上领会了我的意思。

我们的目的地是靠近苏联边境的伐木小镇肯普隆格（Cîmpulung），镇的另一边以前是摩尔达维亚的一部分，在上一次瓜分领土时被切割了出去，迄今分离主义仍闹得沸沸扬扬。

科卡和米哈伊住在肯普隆格外围和喀尔巴阡山脉接壤之处。他们务农，但也在城市工作。科卡是护士，米哈伊是汽车技工。就在

---

* 雷佐里（1914—1998），罗马尼亚作家及戏剧演员。

他们平凡低矮的农舍旁，竖起了一栋正在兴建的新式钢筋水泥房屋，这种样式我在东欧地区随处可见。因为在美丽的古老房屋中，突兀地夹杂着其貌不扬的新式建筑，所以罗马尼亚的村庄变得像个折叠的屏风。科卡和米哈伊对他们的新家极为骄傲，他们打点这个家已长达十二年了，迫不及待地想搬进去。房子后面有个一亩左右被照看得很好的菜园，一片玉米田和一个可爱的果园。

我们享用的超级美味的大餐中，部分食材就是这里产的。大伙儿在一个怡人的花园凉亭中享用晚餐。首先端上来的是一大杯苦咖啡，以及和咖啡交替啜饮的当地烈酒帕林卡（Pálinka）[*]。"喝啊！"科卡一直怂恿我，因为我是几人中喝得最慢的。"我要你透过帕林卡的眼光来观察布科维纳。"这种可以引发心脏病的饮料组合之后，是一道搭配着蔬菜和酸乳的精致的小牛肉浓汤，以及装饰了蒜蓉的牛排。

"啊！甜蜜的生活。"我用意大利语赞叹着。心想如果罗马尼亚再接近意大利一些，就能理解这句话了。

"《甜蜜的生活》（*La Dolce Vita*）[†]，"米哈伊接口道，"费里尼。"

"你看过那部电影？"我颇为惊讶。

"两次，"米哈伊回答，"很好的电影。"

看来我对此间乡村褊狭落后的先入之见有点大谬不然，不过这些甜蜜，这丰富的滋味，为什么没有传到布加勒斯特去？

"有什么意义？"米哈伊耸耸肩，"他们不给我们足够的钱，只想直接拿走。如果有机会，他们还是会把什么都拿走。"他给我们讲了一个农民的故事。那个农民只因为杀掉了自己的牛，而没有交

---

[*] 喀尔巴阡盆地产的传统水果白兰地。
[†] 意大利电影，导演为费里尼，曾获得金棕榈奖。

给集体农场而被带上了法庭。就连这种事也有其历史渊源。我曾看过相关资料，知道罗马尼亚农民在奥匈帝国统治时期有时会把自己饲养的牲畜杀掉，以逃避外国领主强制征收的重税。

光听米哈伊和科卡的述说，会觉得政局的转变似乎没有给他们的生活带来多少波动。"在肯普隆格这里，管事的还是同样那批人，"米哈伊说，"但是他们不会打扰我们，我们也不会打扰他们，我们只想过自己的生活。"

他们憎恨的对象，其实是吉卜赛人。科卡说，他们才是真正从新情势中受惠的一群人。他们有做生意的头脑，又习惯到处流动，现在可以一个国家一个国家地贩卖他们的商品了。科卡在说这些话时，不免流露出轻蔑和愤怒。我也听别人这么评论过。吉卜赛人是公认的可以持偏见立场抨击的对象，就连约努茨这个对自己的意见一向深思熟虑的年轻人，也不免抱持这种态度，尽管他说他对任何"有成就"的吉卜赛人都很尊敬。约努茨认为吉卜赛人主要是依据"丛林法则"生存，这种人必须非常强壮，是"一个真正的人"。随后他又引述了一些吉卜林（Kipling）[*]的相关诗句。

尽管其他人似乎都毫不受我们方才享用的美酒佳肴的影响，我却突然发现自己的动作变得非常迟缓，于是决定小睡一下。科卡带我到一间大房子，里面都是被子、枕头和温馨甜蜜的刺绣品。她帮我打开电视，这被认为是一种非常时尚的好客表现，就像美国郊区家庭所习惯的背景音乐一样。

接下来，米哈伊带我们去登山。由于他们家位于山脚，那山相当于从他家后院开始便笔直上升。我们走了大约两个钟头，大半时间都穿梭在一片茂密阴暗的森林中，里面满是高大的常青树。直到

---

[*] 吉卜林（1865—1936），英国作家及诗人，1907年获得诺贝尔文学奖。

第五章　罗马尼亚

最后一段路，我们才来到一片沐浴在阳光下的青翠山坡。陡坡上有位农夫正在割草，有个小男孩蜷缩着坐在高草中，宛如融入周遭环境的小动物；老鹰翱翔天际，无声无息地在大地上搜寻猎物。这里空气的纯净、掠过山脊的凉风、泉水的冰凉、草坪镀着金光的翠绿，在在令人着迷。米哈伊拔起一株蕨类植物的根，告诉我们这种蕨根具有人参提神的特性，并鼓动我们嚼一嚼。不知道是蕨根的效力还是景色的魔力，我确实开始觉得比较轻松，也没有那么累了。

即使这如诗如画的田园风景，也不是没有历史的。那位收割牧草的农夫前来跟米哈伊打招呼，两人指给我草坪中若干斜坡和小丘。第二次世界大战时，德国人便是躲在这里，击毙了企图攻上山丘的俄国人。我问当地人支持哪一边？"喔，我们都支持德国人。"农夫骄傲地回答，米哈伊也表示同意。罗马尼亚站在德国一方参战，直到最后时刻才转向；但是对这里的人而言，俄国人才是他们真正的敌人，至今依然。

下山途中，约努茨告诉我有关"谜奥理空间"（Mioritic space）的概念，这一概念经常被引述为罗马尼亚神话和精神的重要内容。概念的起源"谜奥理"（Miorița），是远古口口相传的一首诗，有许多不同的版本。而在文字记录的版本中，则是一首简短的叙事诗，描写三位分别来自罗马尼亚三个地区，即摩尔达维亚、瓦拉几亚（Wallachia）和特兰西瓦尼亚的山中牧羊人，其中两人密谋暗杀另外那个。他们想要暗杀的那位来自瓦拉几亚的牧羊人收到了一只母羊的警告，于是决定安详地把自己献给布满星辰的天空，和死神联姻。由于这是一个典型的背叛和分裂的故事，因此将"谜奥理"视为民族神话对我而言实在是不可思议，然则罗马尼亚人强调的不是谋杀，而是诗里面所描述的平静接受无常和死亡的意念。"谜奥理空间"是一个过渡的空间，是在山中游荡的空间，是变动的空间。

以一种爱国的方式，约努茨爱这首诗。他指出这首诗的前几句："靠近一个低矮的山坡／在天堂的门槛／小径下坡之处／来到旷野与尽头……"正好描绘了我们此刻所行经之处。我的感想是，这则短小精悍的传说中所体现的矛盾——一方面带有温和的宿命论，另一方面诉诸暴力——正是我在罗马尼亚气氛中所感受到的，迄今亦然。

回到农庄，科卡准备了胖乎乎的西红柿煎饼，上面涂着奶油和糖浆，裹着油亮糖衣的李子，当然，还有帕林卡和咖啡。她似乎喝醉了，热情地把我揽在胸前，要我告诉"每个美国人"她的度假地点。同时，米哈伊应该去美国赚大钱，我应该帮他找"第二个老婆"，这样他就不会太郁郁寡欢了。米哈伊抗议他不要一个新老婆，他只想带辆大车子回来，比如一辆凯迪拉克之类。在肯普隆格，美国梦显然生动而美好。

我在黑暗中摸索，绕过铁链拴着、朝我低吼的狗去室外卫生间，然后跟跄地摸回来，精疲力竭地倒在柔软的床铺上，裹在被子里。"我会让你在两根稻草间睡着。"科卡早先曾说，我想她的意思是我会一眨眼的工夫就睡熟。她果真说到做到。

第二天，莉娜、约努茨和我出发去参观修道院。乍看之下，那些修道院在干净的空气中显得格外光彩亮丽。我们首先抵达的是沃罗内茨（Voroneț）修道院，它面积小巧，设计精简，只有木质屋顶往外延伸，像小鸟的羽翼般呵护着砖结构的屋身。塔楼上的屋顶往上收拢，有如一把中国油纸伞。我在农家和水井上都看到过这种设计，已经算是一种标志性样式，不断重复出现在简单的农舍和宗教建筑上。修道院内部，狭窄的空间以一种几乎难以承受的华美，不断扩展与奔放，内侧石壁上的每一寸，包括高耸的圆形大厅、壁龛和墙壁，全都覆盖着壁画，描绘圣经和历史故事。这里甚至有种

第五章 罗马尼亚

近乎东方意味的灵性，通过绝对的丰盈挣脱感官的羁绊而达到超然状态。修道院外著名的外墙壁画，也是美到极致。壁画中所描绘的情景经常是阴森的，如天使刺杀小鬼，死者从坟墓里升起等等，但是画风的生动，完美地平衡了民间艺术和高雅艺术，而且画像和细节的丰富也表现出一种丰沛的感情而不显阴沉。外墙壁画的主色调沃罗内茨蓝也有其神秘的一面。调制这种蓝色的技法显然已经失传。这种蓝色具有弗拉·安杰利科（Fra Angelico）*蓝的纯粹和正统，差别只在于这种色调更为暗沉也更为柔和。

距离沃罗内茨修道院不远处的悠墨（Humor）修道院重复了大致相同的美感体验，不过主色调换成了红色。修道院前出现了一种十分不同的景象：一个皮肤上布满白斑、类似麻风病疤痕的乞丐。我往他的篮子里丢了一点钱，然后转开视线，不忍直视他伸出的两臂。但莉娜却让我出乎意料地扑哧一笑。她以医生的眼光打量那名乞丐，解释说他是特别为我们做出的这种不忍卒睹的效果，也许根本没病。"我喜欢，"她愉快地说，"很精彩，有戏剧性。"我很难理解。即使出于伪装，那乞丐的存在也依然令人沮丧。但是我看得出来，她觉得真正有趣的是那种夸示的恐怖，那种表演，那短暂的单人秀。

莉娜在肯普隆格有位做心理医师的朋友，我们一起去当地精神病院探访他。我武装好自己，准备迎接更多的罗马尼亚式惊悚。结果医院建筑本身至少和我预想的并不一样，是奥匈帝国时期遗留的建筑，虽然外墙有些地方已经剥落，但是医院内部铺设着马赛克地砖，墙壁是悦目的水蓝色。莉娜的朋友彼德雷斯库（Petrescu）医生告诉我们，他是故意保留医院外观，不去修缮的——这样"他们"

---

* 弗拉·安杰利科（约 1395—1455），文艺复兴时期意大利画家。

就不会看中这栋建筑，据为己用了。

彼德雷斯库是个羞怯内敛、神色忧伤的人。在罗马尼亚人的脸上经常可以发现这种模糊的神态：五官温和，蓝色的眼睛因一种不确定而黯淡无光，声音非常安静。他让我们穿上医生大褂，这样比较不会打扰病人，然后带我们参观他引以为傲的医院，尤其是浴室的卫生状况。

当我们来到男病房时，所有病人都从病床上爬起来，立正站在床边以示敬意。撇开这一抹威权感不论，彼德雷斯库以一种熟悉的亲切对待病患，用手轻按病患的肩膀和额头，声音温柔地鼓励他们。一名病患乞求医生让他喝点酒，彼德雷斯库温婉地拒绝了。后来他告诉我们那个病人是名教士，尽管用尽所有医疗手段，仍无法治好他的酗酒问题。有一次，他甚至中断了一个葬礼仪式，只为回到自己屋内解决酒瘾，等教区居民跟过去找他时，他竟然已经呼呼大睡了。不过东正教教徒对于他们精神导师的小缺点似乎非常宽容。这名教士已经入院好几次了，每次都能顺利回归他的宗教工作。

走廊上有个看上去是绝望的化身的男人，头发蓬乱，身上穿着睡衣，外面套着一件敞开的袍子，走来走去，偶尔停下来，凝视着天空。"波兰人，"彼德雷斯库医生说，"抑郁症。"仿佛这两个词就足以解释一切了。

在女病房区，同样是温和的叮咛以及更多的诊断："神经衰弱"、"性倒错"、"精神分裂加愚蠢"，彼德雷斯库简要地概述，所涉及的领域非常奇特，立即让我们有置身历史更早阶段的感觉。不晓得与这些医学名词相伴，病人是否也有着比较古老的病征。

回到办公室后，彼德雷斯库告诉我们，他是这座医院七十名病患的唯一心理医生，也是整个地区唯一的一个。他有个柜子，里面堆放着法国、意大利、英国和美国的药品，都是罗马尼亚骇人听闻的健康情况被披露后所陆续获得的医疗救济。由于缺少人员和时间，这所医院主要靠药物治疗，不过彼德雷斯库自己也经常不确定这些外国药品的正确用途和剂量，完全靠临床经验随机应变。他一再重复，最重要的治疗方式，是他和病人间的"情感关系"。"我们互相认识，互相了解，"他说，"我们是同一个社会的成员。我知道他们的困难。这是一种相互尊重的关系。"他每周大概花半个钟头和每名病患在一起；十个星期后，大部分病患都会被送回家，由家人接手。他说他的目的不在于分析病人的灵魂，而是让他们重新回到社会。

当我们离开医院时，彼德雷斯库说，医院的真正问题是秘密警察仍然潜伏在四周，这也是他邀请我们晚间来访，而且没有把外面的灯打开的原因。甚至在锁门时，他还神经紧张地四处张望了一下。

"不过，政权已经更替，他们还在做什么？"我问，对这些隐秘兄弟的角色深感困惑。

"占座位和下棋吧。"医生含混地回答。莉娜认为，秘密警察目前虽然没有明确的职能，但是他们正在等待良机，卷土重来。我很难判断真相到底为何，秘密警察到底是真的无所不在，或者只是人们昔日古老的、合乎情理的偏执心理的投射。不过无论孰真孰假，阴影笼罩的恐惧气氛确实迄今仍萦绕不去。

参观完毕，彼德雷斯库邀请我们去他家，他说在那里才能比较自由地谈天。就罗马尼亚的标准而言，他家算是相当富有的：宽大的房间、上好的木雕、一座菜园和一些果树。有个房间里全是俄罗斯和罗马尼亚的圣像画，从14世纪到19世纪都有，靠墙壁堆放着数十幅。我问他哪里搜集得来这些艺术品，他只含糊地笑了笑。应该还有某种交易在内，或许是用病人给他的小费购买的。在罗马尼亚，如果单看政府薪资，医生属于薪资最低的专业人员；不过每个病人都知道，医疗费用还应该包括某种形式的回馈，像是金钱、食物或礼物等。和莉娜旅行时，我们会顺道拜访她以前的病人，那些人全都盛情款待我们；莉娜也告诉我，她随时都能仰赖这些病患。反过来，在这些访问中，莉娜也经常把病人带到一旁做一些非正式的治疗，没有人认为这种交易不正常。

晚餐期间，彼德雷斯库和莉娜告诉我，他们和医疗领域的最新发展已经脱节，一是无法和西方同仁有任何接触，二是几乎没有接触文献和医药信息的渠道，甚至无法估计他们究竟落后了多远。现在他们则因为经济原因，仍然处于孤立地位：到西方旅行完全超出他们的经济能力，甚至图书和杂志也买不起。

罗马尼亚的精神病院有没有被用作政治目的？我问他们。起先，他们只是空洞地否认；然后才犹豫地承认，或许在某些地方曾被政治利用。不过，他们又赶紧澄清，政府只会利用一些特殊人员做这种事，大部分医生都是诚实的人，甚至根本不知道有这种事。在我们共处的这个晚上，电话响了好几次，都是病人有所需求；彼德雷斯库医生似乎都很乐意地提供帮助，以模糊而担心的声音跟病人交谈。他和莉娜都很勤奋工作，比大多数人都辛苦。"这是一种奉献，"莉娜说，"我只是运气不好，才在这场火中燃烧。"以罗马尼亚人戏剧化的夸张倾向，我想这句话的意思是在表达他们全心全意的奉献精神。和罗马尼亚人聊天时，我经常有一种感觉，今晚也不例外，就是有一种障眼法，企图掩盖某些无法看透的或半真半假、或谎言、或我无法揣摩或怀疑的迷障。不过即便如此——纵使存在困难和腐败，纵使存在对专业关系的陌生，我还是坚信这里仍普遍存在着希望帮助别人和做好事的愿望，只是对我们而言，以一种特别且闻所未闻的形式出现。

我们在肯普隆格闲逛,约努茨突然冒出一句让我惊讶的话。他说:"我羡慕你,你就像一个自由的人一样行动。"

"你不觉得你是个自由的人吗?"我问。

"你知道,我们还是很害怕,"他回答,"我们仍然会回头张望,我们都有这个习惯。我很痛恨这一点,也企图克服,但这种事需要时间。"

"但是你这一代的人呢?你希望以另一种方式长大吗?你会希望自己在不同的国家长大吗?"

"当然,我们是有希望的。我们都是十几岁的青年。如果连我们都不抱希望,谁还会有希望?不过,在每件事情都在发生变化的这段时期,我们正好进大学……感觉很混乱。我们能信任的老师太少,你知道,"他继续说下去,"我没有方向感,因为我什么都想阅读,什么都想知道,但是我没有系统,我不知道从哪里开始。"

"不过你还很年轻,"我插口道,"你可以一步一步来。"

"对,我知道我还有很多年,"他承认,"但是很奇怪,我总有种时间的危机感……每件事都按时发生,问题就在这里。我读过米尔恰·伊利亚德早期的小说,充满象征性,我不懂那些象征,但是一件事导向另一件事,就像在字典里一样。"他用手比了一个编结的手势,表示每件事都交织在一起。

"也许我不够强壮。"他沮丧地说。

"对什么而言不够强壮?"

"拥有目标。我不希望你认为我很下流,但是我能找到的表达字眼,是我不想成为一个知识的手淫者,只是求知,求知,求知……总要为了某个目标而求知。"

约努茨认为他想成为一个精神病学家,像他母亲一样,因为精神病领域结合了真知和实践。他想去美国上医学院,却又挂心父母。

"我看见他们很……混乱,被这段时期弄得很累。而且不只混乱……还有创伤。比起一年前,我父亲的头发白了很多。他可能会丢掉工作。我母亲工作得比以前还要辛苦,因为他们正在裁员。如果我离开几年……很多事都可能发生。"

"另一方面,我很爱他们,可我不想和他们联结太深……我不认为子女应该参与他们父母的战争。那不是自由。"

"你知道,"他继续说,"我想到一个罗马尼亚的民间故事,那个故事是这样开始的:有一对老夫妻没有孩子,他们一直祈祷能有个孩子。后来他们有了一个孩子。当然,那孩子很神奇,才三个月就长到像其他孩子一岁那么大。不过很快地,那个孩子就离开了。我想这个故事有两个意义:生命都有自己的命运,以及万物都各有其自由。"

的确,自由不仅是一个政治概念而已,在听约努茨述说间,我不禁震惊于人性的神秘,竟能孕育出自由。他的好奇、他对更广阔视野的需求,都是无法从孕育他的环境获得解释的。偶尔,人的个人特质会超越几乎任何条件的限制,去追求自己的目标和表达的路径。或许对于变革最根本的希望,是期待那些改变终能创造出足够的空间,让那些道路通畅无阻吧。

到了离开肯普隆格的时候了。我们将搭乘火车返回布加勒斯特。我们一直担心会误点,不过米哈伊开车送我们到车站,他宣称"人绝对不要追着火车或女人跑"。显然,我正好错过了要在今晚举行的一场农民婚礼,还有仪式上许多正宗的当地舞蹈。不过我也开始怀疑这些故事是不是专门编造出来诱惑我的。

我们订的是卧铺,但是有人——那个所谓无所不在的"有人"啊——骗了我们,我们被带到一个只有普通座椅的车厢。莉娜和列

第五章　罗马尼亚

车长展开了激烈的外交谈判，最后列车长终于同意给我们一个卧铺。每个人都坚持我睡卧铺，莉娜和约努茨则去别处碰碰运气。睡在我上铺的是个年轻医生，只会讲少量英语，不过还是设法告诉了我：秘密警察仍然掌控每件事。就这样，脑海里萦绕着那个早已熟稔的概念，我沉沉入睡。

返回布加勒斯特途中，虽然没有见到真人，但是我对秘密警察这个概念有了更切身的体验。玛格达和她的朋友米尔恰（Mircea）与我相约在洲际酒店共进晚餐，充作道别宴。米尔恰是一个身材高大、个性开朗的医生，在6月13日那个重要的凌晨矿工们出现时，正好在救护车上轮班。对于那天凌晨在大学广场所目睹的场景，他仍然有种鲜活的戏剧感。其中最戏剧性的一点是，当时其实根本没有发生任何事。广场的一边聚集了约三千名军人，另一边则是流浪汉和一群乌合之众。群众朝军人胡乱扔些东西，米尔恰一直说，那情景就像在表演，军人一起朝群众逼近，群众往后退，然后军人再像浪花一样往后退。这正和我上回在大学广场所看到的一样。"就只是表演，"米尔恰说，"如果他们真想驱散群众，不到十五分钟就可以办到了，绝对没有问题。"这是罗马尼亚的政治剧。只是在那一次，不论由谁制作，都是刻意想要在现实中引起行动。

玛格达随即谈到另一个"他们还在这里"的轶事。今天她经过护照办公室时，瞥见一个令她记忆深刻的人。她在1970年代曾去申请护照，在等待相关文件期间，负责她的业务的职员故意整她，结果护照一等就是十年。在这期间，那人经常含沙射影地讽刺她、威胁她，让她不必要地跑来跑去，还用性暗示的言语吓唬她。"你当真等了那么久啦？"虽然这几年间他们一直定期见面，可是那人还会这样佯装惊讶地问她。我不由想起卡夫卡《审判》（*The Trial*）

中的门房。不过话说回来,在世界的这个角落,随随便便就会联想到卡夫卡。

因为我在付账方式上改了主意,所以我们的晚餐以一小段戏剧性事故结束。我先是用美国运通卡付账,但是在玛格达和米尔恰的劝说下,决定改用罗马尼亚币列依支付。此举让侍者大为光火。"你不能这样做!你不能!"他尖叫着,试图从我手中夺走信用卡,一张脸涨得通红。为了证明我可以,我立刻把他拿给我的信用卡账单撕了,这更让他的怒气上升到最高威胁的等级。"你不能!"他再度咆哮,"我要去找秘密警察!"

"请便。"我说,佯装无所谓地比了一个邀请的手势。这种露骨的不公正行为迫使我冷静以对——当然,我之所以能采取高姿态,也是因为我是外国人的关系。那侍者怒气冲冲地离开,我瞅了瞅玛格达和米尔恰,看这件事给他们造成了多大的不愉快。"你这样做是对的。"他们说,但是我也看得出来,他们非常紧张。

那侍者回来,一言不发地扔了张新账单给我。我猜一定有人告诉他要迎合外国人,但是对待罗马尼亚人则不必。"你们以后再也不准踏入这家酒店!"他朝玛格达和米尔恰大叫,而且一副想揍米尔恰的模样。我们走出酒店,一个陌生男子尾随而来,朝米尔恰嘟哝了一句:"我很高兴出席你的葬礼。"

我们心惊胆战地离开酒店,我不由自主地回头看是否有人跟来。突然间,街上的气氛似乎朝我而来,我不喜欢士兵身揣自动步枪四处巡视的画面。或许我也体验了一丝罗马尼亚人生活了数十年的恐惧氛围,体验了一抹余韵,而那对于他们而言,就像一贯的天气。"你知道,他们可以轻易找秘密警察来,那家酒店就是秘密警察经营的。"米尔恰说。不管怎么说,我们并没有遭到实际的危险,刚刚所发生的不过是个愚蠢的恼人事件。不过这件事让我体会到,被一个人愚

第五章　罗马尼亚

蠢的一时兴起所惊吓是多么让人讨厌；而不断发生这种事，不断压抑自己的恼怒和愤恨，又是多么令人懊丧；再者，必须克制和束缚一个人见义勇为的天性，终至被压缩为挫折和苦涩的迷茫，又是多么让人心生怨恨。

在我计划离开的前几天，布加勒斯特发布了大罢工的声明。没有人知道罢工是否真能实现，不过在所宣布日期的前一天，布加勒斯特的气氛开始升温。我当天原本要去访问一家工厂，但一大早，工厂的两位经理却出现在斯特凡娜家，劝阻我前往。工人们情绪不安，我或许无法获准进入，何必自找麻烦呢？

我问，尽管如此，我可以去一趟试试看吗？噢，如果你坚持的话，他们说，随即沉默下来。斯特凡娜告诉我，他们这么说，就是真的不愿意带我去的礼貌讲法。因为我没有其他办法进入工厂，只好做出让步，也让大家都松了口气。

我去旅行社确认预定的火车是否照常运行，出租车司机操弄着他那辆破车，指着窗外一排排站在街上，手持条幅的人，他们就是我想参访的那家工厂的工人。

旅行社内排着一列列没有尽头、也不移动的长队。但现在我是何等能等的人啊！我静静等候，仿佛我在生命里所扮演的角色就是等待，以不可思议的认命态度等待。一种牛一般温和的耐性已经取代了我一向的焦躁，我对时间和舒适的感受已经在这趟旅行中被彻底改变。当我终于站到柜台前时，柜员告诉我，如果有其他变化，请直接收听广播。

第二天下午，五颜六色的游行队伍大步走在胜利大道上，每面旗帜的中间都有个大洞，戏剧性十足，挖掉的是原来共产党的标志。空气中弥漫着紧张、兴奋的气氛，人们脚步迅捷地在街道间穿梭。

然后，什么都没发生，草草落幕。长相帅气的总理彼得·罗曼（Petre Român）前去接见工人，向他们解释，政府目前没有钱给他们加薪。他们显然理解了。就这样——又一场没有开始就结束的游戏，又一个没有完成的表态，又一次一如以往的和稀泥。

在罗马尼亚的最后一个晚上，我去欣赏了《仲夏夜之梦》(*A Midsummer Night's Dream*)，这布加勒斯特最热门的话题。首先要说，这出戏是两大著名流亡人士获准归乡后的作品。听说翻译非常精彩，译文出自尼娜·卡西安（Nina Cassian）[*]之手。她是位旅居纽约的诗人，在流亡多年后终于获准自由来去。导演是利维乌·丘莱伊（Liviu Ciulei）[†]，他的才情已经在美国获得认可。

这出戏在一间不透气的小剧院演出——这里没有空调之类的东西，而布加勒斯特的六月有时非常炎热。演出水平一流，而且剧情正微妙地适合罗马尼亚的氛围。在丘莱伊的诠释下，《仲夏夜之梦》摇身一变成为讲述侵犯和人类顺从性的戏。在回家的路上，斯特凡娜、帕维尔和我所谈论的内容，正是过去四十年间所有东欧地区不断重复的情况，亦即试图将戏剧内的象征，对照于罗马尼亚的现实状况。"我想我们还是得这样诠释下去，"帕维尔说，"什么事都关乎我们、我们、我们。"

我一直联想到汤姆·斯托帕德（Tom Stoppard）[‡]一出杰出的戏剧《狗姆雷特，唬克白》(*Dogg's Hamlet, Cahoot's Macbeth*)，把

---

[*] 尼娜·卡西安（1924—2014），罗马尼亚诗人、散文家，在多家文学出版社担任编辑，也是罗马尼亚作家协会的主要成员。1985年赴美国访问，因政治因素不得返国。

[†] 利维乌·丘莱伊（1923—2011），罗马尼亚导演、剧作家及演员，《新闻周刊》尊之为"国际影坛上最大胆、最富挑战性的人物之一"。

[‡] 汤姆·斯托帕德（1937—   ），英国剧作家，曾获得奥斯卡金像奖。

第五章　罗马尼亚

语言和艺术在不同背景下所能产生的不同分量，以戏剧化的方式表现出来。在斯托帕德这出戏的第一幕中，语言只不过是在剧里被扔来扔去、玩弄操作的色块；而在第二幕中，一名捷克作家在自己的公寓里秘密创作《麦克白》，充满了冒险、危机、抗议和一种对自由的大胆欲求。在纽约，制作华美的《仲夏夜之梦》会是一出甜蜜的纯艺术之戏；但在自由与正常都还无法被视为理所当然的罗马尼亚，艺术的意涵也只得被迫延伸。

那天晚上，我做了个整合了我对罗马尼亚所有印象的梦。梦里我身在一群意大利人当中——可能是因为罗马尼亚人经常视自己为拉丁人吧，而那些人个个都有张令人不安的模糊面孔。其中一人因为心脏病发作跪倒在地，其他人虽然都是医生，却没有一个伸出援手。我费尽力气地想要用一条毛毯盖住他，只见他的脸色越来越苍白，却奇特地并没有濒临死亡。然后门开了，另一个脸孔模糊的人走进来通知我："这都是一场实验。一场表演。"斯特凡娜和我对此意见一致，都认为罗马尼亚的气氛已经渗透到我的意识中了。

到了要离开的时候了。晚间，斯特凡娜送我到火车站。不可置信的是火车居然准时到站，而且列车长带我到一间私人卧铺，没有任何刁难之举。我感激莫名，很想把我的健牌香烟全部送给他，但斯特凡娜坚定地按住我的手。给小费是要有技巧且适量的。我们互相道别，然后我很快进入梦乡。当我醒来，火车正停在一处不知名的地方，小鸟轻快地高声啼唱。时间大约是清晨五点，我已经进入保加利亚境内。

第六章

保加利亚

来到保加利亚,可说我已经超越了之前的预想和偏见。保加利亚这个名字中就回荡着若干异国情怀,毕竟,这里是莎士比亚笔下伊利里亚*的真实地点,也是古希腊神话人物俄耳甫斯（Orpheus）†的家乡古色雷斯（Thrace）‡之所在,还是拜占庭、奥斯曼和斯拉夫（Slav）影响所及之地及古代商路交会之处。而现代的保加利亚,却存在于我的知识范围之外,即使以我在波兰长大的背景而言,这里也属于化外之境,是个遥远国度。

不过在首度踏上索非亚的土地时,我发现这里完全是现代化气氛,充满不安与转变,似乎正酝酿、翻腾或纠结些什么。1990年夏

---

* 伊利里亚,欧洲历史上的一个地区,在一些文艺作品中,伊利里亚被视为遥远、奇异及幻想的国度之名,如莎士比亚的《第十二夜》。
† 俄耳甫斯,古希腊神话中的音乐家和诗人。
‡ 古色雷斯,东欧历史学和地理学上的概念。今天的色雷斯包括了保加利亚南部、希腊北部和土耳其的欧洲部分。

天，共产主义尚未完全退场，舆论基础还没有定向。我离开布加勒斯特时，脑海中残存的影像是无聊闲晃的民众和排列为伍的警力。抵达索非亚后，在乘车离开机场的途中，我发现市中心部分遭到封锁，警察在周遭戒备；某个广场上，但见另一拨无所事事闲晃的群众。

"有问题，很多问题。"当我们确定彼此可以用最基本的俄语沟通时，出租车司机立即告诉我。昨天晚上，他解释道，共产党总部大楼遭到攻击，然后有人威胁要自焚，因为他要共产党退出政坛。

"但那样做也许并不明智吧？"我试探性地询问。我的俄文无法使我委婉其词。"是啊，是的！"他语气强烈地回答。虽然已更名为社会党，但保加利亚仍是东欧集团内唯一一个共产党在最近一次自由选举中赢得多数的国家，此举使得他们成为东欧唯一一个没有借由操弄选举而成就此等功绩的共产党。

不过接着，那出租车司机又表示，其实攻击政党总部并不太聪明。"搞破坏，"他的语气充满厌恶，"流氓手段。"

因为从罗马尼亚打电话几乎完全不可能，因此我并没有预约索非亚的旅馆。在出租车司机的热烈推荐下，我随意挑中了索非亚大饭店（Grand Hotel Sofia）。那家饭店位于市中心，占地甚广，一言概之，就是俗丽。室内装潢主要是塑料材质，颜色是灰暗的橘色、浅褐色和紫色。走道弥漫着洋葱味和浓郁的汗臭味。灯光到处都调得很暗，或许是出于节俭的生活习惯。背景播放的是1955年左右的酒廊音乐，让我的情绪更为消沉。在这不怎么干净的大饭店里，到处可见成群的俄国人和越南人，一副难以遮掩的坚定的党派形象。索非亚大饭店是一个属于权贵的酒店。

因为我无法接受餐厅的模样，便叫了客房服务，包括一份尝起来明显腐烂了的牛排。"我想肉可能不新鲜。"当侍者前来收拾餐具时，我告诉他。"我也不确定。"他严肃地回答，让我第一次领略到保加利亚人的坦率。第二天早上，我立即转到另一家设施比较好、价格也比较公道的住处。

虽然第一印象不佳，但索非亚那股松散、中性的特质却马上获得了我的好感。也许因为它的大小规模适中，没有压迫性的关系，也或许是东欧元素和南部强烈的光和热的戏谑组合，使得每件事都呈现出不同的感受吧。第一次细看之下，索非亚就像是横跨在东欧破败不堪的乡间小镇与意大利或希腊同样破败的小镇之间。现代的索非亚大部分兴建于19世纪末期，然后在20世纪逐渐发展。由于没有经历过非常繁盛的阶段，因此形成此刻没有什么特色的特点。这是个建筑矮小的城市，很少有建筑超过三层楼高。无从描绘的灰色石砖建筑社区令我联想起波兰克拉科夫周遭的建筑，不过有几张摇晃的塑料餐桌和橘色座椅的户外"咖啡厅"，却又流露出强烈的南方色彩。街道上和不起眼的小公园里，经常可以见到低声咕咕叫的鸽子。

这里的人们面容也形形色色，颇为美好：高挑精瘦的女子，面孔呈现出显著的斯拉夫族特征和骨感的雅致；黑眼睛黑胡子的男子，宛如拜占庭圣像或禾林（Harlequin）*言情小说封面的男模；身着宽大黑袍的东正教教士；以及戴着斗篷样头巾的波马克人，亦即保加利亚的穆斯林。

这里的人种由绵长的历史孕育而出，色彩似乎比较稠密浓烈。保加利亚虽然属于少数文化，却拥有伟大精深的历史厚度。这种厚度令我着迷，仿佛在山岩间遇到一处小水池，结果发现池水的深度竟然深达地心。在国家历史博物馆，我见到了金质手工制品，做工

---

* 一家总部位于加拿大多伦多的出版公司，主要出版言情小说及女性小说。

精细,无懈可击,也许是世界上最古老的文物。还有祭祀用的碗盆,有着细致的铸铁缘饰;若干金银丝细工项链,可以追溯到公元前3600年,比其他地点发现的类似工艺品早了约一千年。另有后期的色雷斯器皿,形似典雅的酱汁盛器,尖嘴处拉长为美丽的马匹或狮身鹰首兽。色雷斯石雕带上装饰着优美的人物塑像,其优雅的体态仍可在走在大街上的索非亚人身上窥见一二。还有纤小的女神雕像,比其他所有文物都更古老。虽可轻易将它们托于掌心,但那丰满的臀部造型,仍给人一种极有权威与规模的感觉。

从民族认同来说,保加利亚人也拥有悠久的历史。第一个保加利亚王国在第7世纪时即已建立,远在英格兰之为英格兰、法兰西之为法兰西之前。第二个王国更延续到13、14世纪。发明西里尔字母(Cyrillic alphabet)*并将其推广到整个地区的僧人西里尔与美多迪乌斯都来自此地。第一部斯拉夫文学作品用保加利亚文撰写,早期俄国文学也从保加利亚丰富的僧侣传统中获得了滋养。

尽管有着悠久的历史,但保加利亚小国寡民,又位居重要贸易枢纽,难免成为各种侵略、掠夺和觊觎行为的目标。索非亚本身便多次遭到摧毁和重建。最初在此定居的是色雷斯部落之一的塞尔迪人(Serdi),其后由罗马人占领,并将其兴建为一个相当繁荣的地方都会。在拜占庭时期,此地以"三地卡"(Triadica)闻名,意思为"在群山中"。君士坦丁大帝(Constantine the Great)也很喜欢此地高山平原的位置。斯拉夫人在公元4世纪左右来到此地,重新将其命名为"史瑞迪克"(Sredec),亦即"中央"的意思。这座城

---

* 通行于大多数斯拉夫语民族的字母书写系统。必须要说明的是,西里尔字母并不是西里尔发明的。西里尔发明的是格拉哥里字母,西里尔字母是西里尔的学生克莱门特在保加利亚第一帝国的奥赫里德人文学院对格拉哥里字母进行简化而产生的。

市所遭受的最大打击,来自447年匈奴人在阿提拉(Attila)*率领下的大肆破坏,几乎从地图上消失。其后,拜占庭的一位皇帝查士丁尼(Justinianus)在第6世纪时又重新兴建,他的一项丰功伟业是兴建圣索非亚教堂,不过要到许久之后的14世纪,这座城市才以索非亚为名。

圣索非亚教堂如今依旧屹立于市中心,以毫不矫饰的娴雅展现着古典气质。教堂附近有些打扮新潮的年轻人正有模有样地表演披头士的歌曲,如孔雀般色彩绚丽的吉卜赛人则提议说要帮你算命。入口旁边有人正在发放免费食物,人们安静地列队领取。在宽大的教堂内部,没有贩卖风景明信片的小店,没有细述教堂历史的海报,也没有其他标示展现教堂的重要性与历史价值。灰暗的石砖上不见任何美化的装饰,没有雕像,也没有高柱或任何神圣的小摆设,有的只是比例完美的低矮圆顶、罗马式拱门和三座中殿,营造出简单、具有智慧的效果。这个教堂内部似乎在说,我们需要的只是这些,这种空灵和完美已经足够。圆顶下方的圆形大厅浸没在舒适的幽暗光线中;鸽子径行飞入,在破旧的地毯上摇摆踱步;人们随兴进出教堂,短暂停留,静思默祷。

在距离这处神圣建筑不远处,是一个外形更为壮观,震撼力却略有不足的地标性建筑——亚历山大·涅夫斯基大教堂(Aleksandar Nevski Memorial Cathedral)[†]。话说回来,在索非亚几乎没有什么地方是距离遥远的。教堂那金色洋葱球状圆顶以及金碧辉煌的内部,

---

* 阿提拉(406—453),古代欧亚大陆匈奴人最为人熟知的领袖和皇帝,史学家称之为"上帝之鞭",曾多次率领大军入侵东罗马帝国及西罗马帝国,并对两国构成极大的威胁。在西欧,他被视为残暴及抢夺的象征,而古北欧的萨迦文献则形容他是一个伟大的皇帝。

[†] 一座新拜占庭式的东正教大教堂,是东正教在世界上最大的教堂之一,也是巴尔干半岛最大的教堂。

在在令人联想到俄罗斯风格。这座建筑的兴建缘于特殊的俄罗斯—保加利亚关系，因为这座教堂被视为感激俄罗斯人协助保加利亚人从土耳其手中夺回自治权的一个象征。奥斯曼土耳其人的控制，亦即此地之"土耳其枷锁"，前后共维持了五百年，且手段无情残暴——或许因为保加利亚人从来没有停止过激烈抵抗的缘故。只是面对土耳其帝国，一个小国不论是党派的颠覆活动还是大规模的起义企图都无济于事。直到另一个帝国，即俄罗斯帝国在1887年向奥斯曼帝国宣战，保加利亚才终于获得自由。这种种事件，以及语言、字母和宗教上的亲密，都是保加利亚与俄罗斯友好关系的原因。这种友情，在某种程度上，即使在伪善的苏维埃"兄弟"时期也得以存续。

保加利亚的改变比我所造访的其他国家还要慢上几个月，也就是说，我刚好赶上保加利亚转变的当下，而且正好就在急转弯的转角处。这段时期，经济情势介于已经倾覆的中央集权系统和尚无头绪的新秩序之间，所有生产和分配的机制皆告崩溃，在物质上有如遭遇了心跳中止。单纯就消费主义——啊！这个名词距离现实委实遥不可及——而言，索非亚的情势并不亚于布加勒斯特，所能供应者几乎等于零。就我所知，在中央百货公司的一个大型超市内，全部商品只包括几盒可怜的饼干和茶叶包。我看到人们大排长龙等着购买洗衣皂。人们也很担心在油电极度短缺的情况下，将会度过一个黑暗、寒冷的冬天。

抵达几天后，我在保加利亚反对势力创始人之一德扬·丘扬诺夫（Deyan Kiuranov）的陪同下，光顾了市中心附近一处地下通道里的一家"咖啡厅"。侍者端来一道像三明治一样的食物，并告诉我们没有矿泉水，没有糖，没有牛奶，也没有色拉。

"啊，是的，我们的苦日子才正要开始，"德扬·丘扬简短地说，

"我们会超越1980年的波兰，大家最好先有心理准备。我们要开始过苦日子了。"

透过一个共同友人的介绍，这是我跟德扬的第一次碰面，但是我们立刻就聊开来，仿佛两人背景、观点和教育的迥异完全无碍于事。我后来才意识到我们之所以没有隔阂，是因为德扬所受的教育差不多是世界性的，但他坦诚的性格也让我俩一拍即合。戴着厚厚眼镜的他，身穿一种白色无袖的尼赫鲁上装，身材有点胖，整个人散发着难以抵挡的聪慧和活力。

德扬提醒了我，在还不算太久的过去，波兰是贫困的代表，而保加利亚则代表了地区性繁荣的标准。如今这两者却突然翻转过来了。不过经济上的黯淡并不足以阻挡保加利亚人对新政治局势的热情，在后共产主义的最初阶段，保加利亚政坛的热闹和罗马尼亚可谓正好相反，各种新兴政治团体风起云涌。我表示自己没太明白，拜托德扬帮我列举几个从左翼到右翼的新政党。

"你是指战前的左翼和右翼，还是战后的？共产主义的？后共产主义的？"德扬问我，厚厚的镜片后闪烁着一抹玩味的笑意。我举双手投降。至少暂时地，东欧已经彻底混淆了这些分野。我们决定不管这种区分了，德扬继而告诉我，在这个人口不到九百万的国家，有十六个政党统一在反对党的旗帜下，名曰"民主力量联盟"，或者简称"民盟"（United Democratic Front, UDF）[*]。还有几个议会外的反对组织，因为票数不足，无法成为这个新立的民主俱乐部的完全成员。另有一个崭新的共产党，迹近极端主义，以及两个以生态为号召的政党。此外还有一个名叫人权运动的组织，完全在常

---

[*] 此处作者似乎搞混了，民主力量联盟的英文应是 Union of Democratic Forces，缩写为 UDF。

见的分类之外，代表为数众多的土耳其少数民族的利益，不过有些非土耳其民族的保加利亚人也开始加入。

除了民主的百花齐放外，在政治松绑之初，想象力也发挥到近乎神奇之境，这似乎是保加利亚所独有。比如在选举前三个月，索非亚的一个主要广场上神秘地出现了一块帐篷区域，本打算作为一个平等社会的缩影。几百个人住在那个独立的小区，小区为所有人提供自己的市政服务和免费医疗。也许这一乌托邦式的古怪想法可以追溯至保加利亚文化中深植的古老的共产社会习俗。在非常早的时候，外国旅行者就曾经在斯拉夫社会组织中观察到过这种共产与平等的倾向；在10世纪时，保加利亚就曾鼓吹一个名为波格米勒异端教派（Bogomil Heresy）[*]的激进信仰系统，试图废除教会中所有等级制度，包括男女间的不平等现象。保加利亚基本上始终维持农村的生活形态，直到近期才跟上工业化的脚步，而一些古老的习俗，比如分享食物和亲友间相互接送孩子等，一直维系到今日。

德扬在异议活动的早期阶段曾发挥相当作用，并参与了生态开放党（Eco-Glasnost）的创建，目前该党已成为议会反对势力的中心。不过他很快退出官方政治圈，对于权力的运作和阴谋感到灰心，因为一旦拥有了若干权力，他的异议同志便会开始分裂。他很担心他们会自行孕育出新的精英主义，进而晋身新的权贵。

我感到，德扬的不抱幻想源于他的高道德期待。不过事实上，他刚刚获邀担任一个新的职务，而他对于能够出任刚成立的"反党派"报纸《地缘政治报》（*Geopolitika*）的编辑，显然颇为兴奋。乍听

---

[*] 波格米勒异端教派，10世纪时成立于保加利亚第一帝国，呼吁回到早期基督教，拒绝教会的层级结构，其主要的政治倾向是反对国家和教会当局。

之下，我以为他说的是"反－反党派"，但他说："不是的。我们还没有到需要一个反－反党派报纸的阶段。也许将来会，但必须等到那时候再说。至于现在，我们的党派性已经达到极限了。"

这项新的职务也带来了新的职业伦理问题。比如德扬正考虑一旦出任新职，是否还应该继续担任保加利亚新总统、他的老朋友热柳·热列夫（Zhelyu Zhelev）*的非正式顾问。就当前保加利亚的标准而言，这样的安排完全不成问题；但德扬希望能免除任何怀疑，不仅就保加利亚的标准而言，而且就任何标准而言。

"不过有件事是肯定的，"德扬说，"如果要继续担任他的顾问，我就要拿薪水。"他就这项听似矛盾的说法继续解释：在保加利亚的新局势中，金钱已经成为一种道德中立的保证。金钱是美式作风，是反共产主义的；这种经济交易发挥作用的方式也和过去躲在幕后的耳语成交、私相授受不同。

"我们新近有个俗语，"德扬饶具兴味地说，"金钱是干净的。"

我哈哈大笑。经过多次扭曲辩证才终于得证：支领薪水代表你没有被收买。

吃完点心后，我们在附近散步。德扬领着我看一些当地景观：一座古老的清真寺，管理员正坐在地板上诵念可兰经；土耳其浴场，目前正关门整修中；几个贩卖鲜花和葵瓜子的摊位，里面飘出东方的音乐。我们谈到索尔·贝娄（Saul Bellow），德扬正在重新阅读他的著作；还有我在喜来登酒店（Sheraton Hotel）刚买的海明威的《流动的飨宴》（*A Moveable Feast*）†，那是我在索非亚所能找到的三本英文作品之一，当然，德扬也看过这本书。

---

* 热柳·热列夫（1935—2015），1990—1997年间担任首位民选保加利亚总统。
† 美国作家海明威的回忆录，记述了他在1920年代旅居巴黎的岁月。

在这几趟旅行中,我经常发现自己同时被包围在两个层次的现实中:一个是物质的极度匮乏,餐厅连一块方糖都无法供应;另一个则是德扬这样强烈的快乐、心灵的幸福,以及对新的可能性所展现的兴奋。保加利亚正置身新获得自由的道德事实与物质危机的残酷现实之间。此刻残酷的现实正排山倒海而来,有如背负西西弗斯(Sisyphus)的巨石,攀登民主之陡坡。不过我想,凭借人类的精力和智慧的神秘变量,再大的巨石,仍然可以往上推送。

在索非亚停留数天后,我联络到另一位生态开放党的创始人迪米特里娜·彼得罗娃(Dimitrina Petrova)。我和迪米特里娜曾在纽约有过短暂的会晤,她当时受邀在一群杰出的学者面前发表演讲,当时我即感到好奇,是何种环境孕育出了如此强大的人物,能在一个陌生的城市,置身一整屋的陌生人当中,以她竭尽所能习得的语言,面对询问者的提问,用令人惊叹的智慧、自信和魅力对答如流。她的回答和论述,使得复杂的理论逐步阐明,而达完整圆融之境,几乎像交响乐般结束在最明朗的音符中。那是一场精彩绝伦的表演。

此刻,她刚参加完在南斯拉夫某处举行的一场有关"转变"的会议返回国内,我通过非常有效的索非亚秘密情报网和她取得联络。迪米特里娜三十多岁,面容姣好,有张光滑的椭圆形脸蛋,举止有种动物般的沉稳,在紧张兮兮的纽约,特别令人侧目。但这种泰然自若的沉稳气质在这里处处可见,是一种体态的沉着,一种专注力,也不知是来自穿梭于嶙峋山路的习惯,还是来自自我的坦然态度。

上次晤面至今的数月间,迪米特里娜的发型已经从调皮的短发变为长长的马尾。她已成为议会的一员,因此议会是她带我参观的第一个地方,决定之迅速,正是她的典型作风。抵达议会后,她又为我挑选了几个具有代表性的人物：一位新的技术专家，一位狂热的生态专家，以及一位哲学型的共产党员。她把我介绍给那位共产党员时是这么说的："我把你介绍给霍夫曼女士，因为我想让她见一下真正的共产党。"

"社会党。"那人纠正道，举起一根手指开玩笑地警告。

"不过是用字而已。"迪米特里娜大笑。

"啊！迪米特里娜，身为政治人物，你必须了解用字的重要性。"那人佯装悲哀地评论道。但他们之间的亲切交谈，仍看得我大感惊讶。

在接下来的几天中，我花了相当多时间待在议会轻快愉悦的空间里，和一系列令人眼花缭乱的党派代表聊天，而他们相互间也都维持着轻松友善的关系。这是极为罕见的时刻，眼下的政治还不属于职业政治人物，反对党的成员也是专业人士和文艺界的精英分子。他们是一群精力充沛的人，休息厅和走廊上洋溢着活跃的文艺俱乐部的气氛，以及从事革命事业的热忱。

在议会中有一些女性，我特意跟几位女议员聊了一下。其中一位是自由党的创办人埃列娜·康斯坦丁诺娃（Elena Konstantinova），一位风韵犹存的中年女士，有张诚实的、不加修饰的美好脸孔，通常很难和从事政治运动的领袖联想在一起。虽然专业是文学评论，在政局变动前，和政治也完全没有任何关联，但她对自己扮演的角色十分自在。她之前曾在波兰住过一阵，研习波兰文学，对团结工会极为仰慕。在投入政治生活前，这就是她全部的启蒙了。之后改变开始，她觉得恢复父亲曾活跃其中的一个由知识分子组成的自由党派"激进民主党"（Radical Democratic Party）"应该值得一试"。而这个想法一在脑海中生根，她便发现该党一些最早的党员还在人世。于是他们齐聚一堂，认定他们曾经的思想值得复兴。就这样，他们再度成立一个小党，从过去的躯壳中复活。有时候，东欧的回到过去，还真是货真价实地回到过去。

迪米特里娜介绍给我认识的另一位女性是共产党议员伊琳娜·博科娃（Irina Bokova），一个几乎和迪米特里娜不相上下的对手。博科娃也很漂亮，黑发随意盘卷，颧骨很高，身着优雅的深蓝外套，围一条爱马仕围巾。这股时尚风来自国外。和许多权贵分子一样，她有机会去西方旅游，有一阵子还被任命为保加利亚驻联合国代表团的一员。她也从事新闻工作，写了许多让党恼火的关于女权的文章。

事实上，伊琳娜自认为女权分子，也试图聚集议会的女性成立一个两党联盟。这项联盟还没有成形，但这个下午，我见到迪米特里娜和伊琳娜在走廊上以同样的立场进行党团对话，因为一名议会议员竟然称呼女议员为话匣子。后来那位倒霉的议员被迫道歉了事，不过迪米特里娜饶有兴味地告诉我，那名议员在道歉时却又干了一件蠢事，说女人是议会的"装饰"。

很奇特的，在我旅游的诸国中，保加利亚是唯一一个以严肃态度讨论女权的国家，这也许和我感受到的本地人某种不设防的坦诚态度有关吧。在这一点，以及其他方面，伊琳娜和迪米特里娜似乎很相似，都属于某种不容置疑的后现代典型。我很难将伊琳娜与一个被视为反动势力的团体联系在一起，所以有一次我忍不住问她，是否考虑过跨越那道显然非常模糊的界线，成为反对派的一员。

"我绝不会有这个想法，"她非常热切地回答，"我不会离开党的，尤其现在党的情势比较弱，正在努力地进行改革。"她表示自己最讨厌的就是投机分子，一年前还信誓旦旦地对党效忠，却突然间冒出一堆政治正确的民主口号。你怎么能相信这种人？不，她是跟着党一起成长的，她欠党太多，她会和党在一起，试图从内部进行改革。

第六章　保加利亚

毫无疑问,机会主义者和拥有正直信念的人之间的差别,其实和意识形态的差别一样深切,这种情况在此刻尤为明显。迪米特里娜曾向我简略介绍过一位杰出的共产党议员,那人的儿子是同样杰出的异议分子。"我喜欢他们俩的地方在于他们强烈的感受,我的意思是真正地感受到他们的信念,他们的理想是从这种感受中孕育出来的。"她欣赏地说。把感受视为诚信的保证,而且应用于政治领域,的确是一种奇特、古老,又深具吸引力的想法。她本人也和几位年长的共产党员颇有交情,比如曾和我在议会休息室聊过一阵的乐天幽默、文质彬彬的鲍里斯·斯帕索夫(Boris Spassov)。除了身为议会议员外,他还是个哲学家,对逻辑和实证主义很有兴趣。他是迪米特里娜在索非亚大学的良师益友,也是对许多她那一代的活跃分子颇具影响力的老师。在那段日子里,他是位重要的马克思主义者,如今他自命为自由派的共产党员,但肯定是共产党,这一点他毫不避讳。

斯帕索夫很高兴用英语聊天。他几乎完全以自学方式学的英语,而且口语无懈可击。"现在的情况是没有希望,但是并不严重。"他热情地谈到他的党,然后又精神奕奕地论述党失败的主要原因。在他看来,问题在于共产党没有办法从工业技术模式转换到后工业技术模式。不过他认为共产党不但可以挽救,而且可以改造。他乐观地继续说,自己仍然相信马克思对于社会变革和社会团体行为有最为精准的概念。说到这里,他还特地引述他最近在英文期刊《马克思主义评论》(The Marxist Review)上所看到的一篇文章,并问我有没有看过最新一期的《新共和》(New Republic)杂志。他或许是在党总部看到这些杂志的,但话说回来,这里一向比罗马尼亚和捷克更容易获得西方出版物,而这种易于获取的特性,或许正可以部分解释何以这里的知识分子比较活跃,也比较儒雅。

"重点是,"他透露玄机地靠近说,"重点是,老实讲,相较于反对党,保加利亚的共产党有更好的知识分子。他们会提出更好的理论模型,甚至也是更好的社会民主人士。"他给了我一个聪明的眼神,看我是否能够领会这个转折,然后飘然离去,参加一项重要的投票。

我的确可以领会。我在其他共产党员口中也听说过斯帕索夫对共产党失势的这套分析,就我而言俨然是一种自我脱罪的中立性的论述。不过让我觉得有趣的是,今日保加利亚的共产党会和反对党争夺更好的社会民主人士的殊荣——就西方意义上的社会民主而言。也许,对于建构一个好社会的内涵,也即对这场游戏的基本目标,人们已经初步形成了共识,只是对于这场游戏应该如何恰当地操作仍相持不下。

当然,议会毕竟**不是**文艺俱乐部,也并非所有歧见都是友善的。在会议厅内还是有冲突、有嫌隙、有狂热的叫嚣。比如现在,会议厅内就因为数日前共产党总部遭到攻击的事件而群情高涨。两方都毫不犹疑地指控对方是煽起这次暴动的元凶。在这种政治纷争中,社会党,亦即共产党明显占有优势。不仅因为他们属于多数,而且因为他们的竞争对手还处于少不更事的阶段,对政治程序还怀抱着几乎令人动容的理想情怀。迪米特里娜告诉我,民主力量联盟几乎没办法酝酿任何策略,因为这个联盟的精神要求完全的诚信,不但彼此之间要有诚信,在议会中也要有诚信。

在此同时,共产党总部的攻击事件至少使得一个团体,也就是应该维护党部安全的警察完全陷入混乱。或者他们不该保护党部安全?这天上午,警察展开了一场静坐示威,要求或者说是请求有关单位就他们在新秩序中所应扮演的角色下达明确的指令。在党部的破坏事件中,他们因为反应缓慢和执行不力而遭到指责。不过他们

第六章 保加利亚

迟疑踌躇，不知是否应该迅速展开还击，其实也是可以理解的。如果每个人都突然站在民众的一方，那一旦民众出于貌似自发的共同意志，袭击昔日作为压迫者象征的党部，他们警察又该如何？他们应该接受谁的指令？如果只有一个主子，当警察就容易多了，每个人都知道，人民应该受到坚定、明确的权威当局的约束，不得逾矩。

我和一名议员针对土耳其人权利的谈话几经波折才成事。我们挑在一间私人休息室内进行，因为他意味深长地说："隔墙有耳。"即便如此，他似乎还是觉得不安，有一次还指了指天花板，让我了解，因为不可见的窃听者，有些话他没有办法直说。

我不确定这种谨慎的态度是有道理的，还是出于后共产主义时代的偏执，不过这位议员绅士的举止、柔和的声音以及对土耳其人的同情态度，全让我深受感动。保加利亚境内土耳其人的命运，似乎注定要么扮演残暴的压迫者，要么成为受到残暴对待的被压迫者。当保加利亚从"土耳其枷锁"中挣得自由后，有些土耳其人决定留下来，普遍来说是最贫穷和最没有受过教育的一群人，多半务农为生的他们毕竟已经在此繁衍数代了。但是一般人对他们的反感可谓根深蒂固。最近一轮对土耳其人展开的迫害行动是在1985年，为其助燃的与其说是民众的偏见，不如说是当权者对民族意识所存的敌意。土耳其人在某种程度上仍维持着他们的独立性，因此这些土耳其人会受到惩罚。迫害的方式相当怪异，在心理上却颇为无情，即要求土耳其人改用保加利亚的姓名。有谓姓名代表了人的本质，这正是活生生的例子。土耳其人宁愿挨打、入监服刑或被放逐，也不愿做出这种自我背叛的行为。有些人被迫臣服后，却因为丧失自我过于沉痛，最后仍不幸地选择了自杀。还有超过三十万的土耳其人索性逃到了土耳其，面对不可知的命运。

这些迫害所造成的伤害,是保加利亚反对势力得以形成的土壤。自从政局变革后,有二十万以上的土耳其人再度回归,现在他们的命运至少在法律上已经获得改善,虽然许多人回来后才发现自己的家园和工作早已消失。和我讨论的那名议员已经成立了一个委员会,调查土耳其人的待遇,并确保他们的权利获得了恰当的尊重。

　　那位议员以悲伤的口气讨论这个痛苦的话题,对受害者抱持同情的态度。因此几天后,当我听说这名议员当年竟是迫害土耳其人的积极分子时,简直难以置信。原本认定的事实竟突然被推翻,让我有点混乱。这种心境东欧人必定经历过好几千次,甚至时到今日也依然如此。这种震惊,不但因为发现一个表面极有道德操守的人竟然做出这种不道德的行为,也因为发现自己竟然遭到本身感知能力的全然背叛。知道自己竟可如此被感动、如此彻底地受到欺骗,感觉实在恶劣至极,因为这足以撼动一个人对这个世界的信赖。我终于领悟为什么政治上的诚信会成为如此受到强调的操守,当然,能否付诸实行又是另外一回事了。

　　在旅行的每个城市,我都会寻访当地的文艺俱乐部或文艺咖啡馆,以获取一点确定的温情和熟悉的小道传闻。但是索非亚作家俱乐部的小咖啡馆里面又热又挤,而且烟味浓到让我难以呼吸,尽管在东欧已经待过太多烟味充斥的房间了,我还是不得不认输。约好和我碰面的诗人鲍里斯·赫里斯托夫(Boris Christov)看出了我的为难,因此和我移步到楼上书店一个比较通风的地方。赫里斯托夫是保加利亚的著名诗人之一,个子很高,有着拜占庭式的长脸、逐渐灰白的胡须,以及深邃、严肃的灰色眼睛。他穿着印度式的衬衫和球鞋,走路如豹子般轻盈。

　　在这个较为舒爽的空间,布拉加·季米特洛娃(Blaga

Dimitrova）亦加入了我们。她也是一名诗人和小说家，或许还算是保加利亚最知名的文坛人物。她不太会说英语，但是个性宽宏和美好的一面却跨越了语言的障碍，自然流露。她的声音低沉，非常放松，带有很多气音，仿佛在吹奏一支音质特别滑顺的牧笛。这种共振经常可以在保加利亚人的声音中听到，难怪很多伟大的歌剧演唱家都来自这个地区。她长相美丽，总是笑意盈盈，神情间没有丝毫做作或自满，只有温暖的热诚。布拉加·季米特洛娃六十岁出头，博学多闻。在东欧地区，这种饱学之士比想象中要多，或许因为这里没有追求专业知识实现职场升迁的压力吧，也或许多少是因为这里的时间比较充裕。我曾经阅读过她的一些英译作品：她的诗结合了感官的享受和很强的思想性；还有她的一部小说，就其出版时间和地点而言，可谓具有大胆的破坏性。在那段时期，自由书写是不可能的，因此她大量阅读德国、俄罗斯、波兰和古希腊的翻译作品。

鲍里斯·赫里斯托夫则多的是时间，因为他受雇于一家电影公司，条件是别在这份"工作"中做任何事。他对此并没有怨言。他继续写他的诗，从一个作家的角度来看，他承认这种情况有种反常的优点。"我们这里的作家不需要为什么事分心，"他说，"写作就是要专心。需要大量的专注和少量的天分。当你被关在一个牢房里，像我们这样，就有机会专心了。"然后他又换了一个比喻以更好地解释，他说写作是一种沉思的方式，而这里的作家就像在"一个火箭里"，他还比了一个窄窄地上升的手势。

不管是在火箭还是在牢房里，他们有时候都会漫游到远古时代。我阅读过一些他的英译诗作，知道鲍里斯自己的诗跃动着超现实与泛神论的想象力，同时拥有自然、宗教和野性的气质；作品里充斥着乡间人物和半人的野兽，以及一种回旋的宇宙意识，其间无垠的空间和渺小的微观事件都紧密地结合在一起。那些诗篇令我想起保加利亚的民间故事，既世俗，又奇幻。

鲍里斯和布拉加两人都很喜欢保加利亚的民俗传统，他们为我讲述乡间口头传诵的非常繁复而深奥的诗歌。布拉加谈到远古的保加利亚神话，里面的诸神是非常遥远的，比希腊神话还要遥远，因此居间传达遥远神祇和人间世界讯息的大自然就变得非常重要。

"如果你能理解那些故事，"鲍里斯非常神秘地说，"你就会理解我们所处的深渊了。"

"深渊？"我问。"对，"他说，"我给你一个隐喻：一个深渊，底部是一个迷宫。"

这种说法已经超出了我所能理解的范畴，我们的语言沟通毕竟并非完美。不过这两位作家对其自身文化的理解与欣赏，让我颇为惊异。在与保加利亚人的对话中，我几乎没有察觉到其他东欧国家人民经常表露的自卑情结。或许因为保加利亚的地理位置，自给自足，偏处一角，没有受到当代的诸多拖累；也或许因为其文化的久远和累积了几个世纪的文化"自我意识"。不管原因为何，保加利亚人以别人注视下的轻松和坦荡游走于思想世界。保加利亚的知识分子对于形形色色的西方事物都神奇地相当了解，但他们的接受似乎并非震慑于西方中心的光芒，正好相反，是出于一种他们自身独立的自足性。

我问鲍里斯和布拉加有没有考虑过移民。对于我的问题，鲍里斯告诉我他曾经和艾奥瓦大学的一位男士聊天，那人曾试图提供给他一份工作，而且免费给他一座大房子。鲍里斯说："一个人需要的是他自己的房子和他的朋友，他自己的水，自己的苹果树。"

"还有他自己的问题。"布拉加补充了一句，脸上带着甜美的笑容。

"还有他自己的敌人，"鲍里斯用总结的口吻说，"我跟艾奥瓦

第六章　保加利亚

的那个人说，如果你能在我的房子里塞满我的敌人，我就去。一个人如果没有敌人，那要做什么？"

接着，鲍里斯又谈起索非亚处于世界中央的地位，还有我在此间所见到的那些美好的面孔，是经过几个世纪的文化交融所创造出来的。他谈论如何在古丝绸之路沿线的各种不同层次的蓝色中，从印度一直追溯文化的延续性到这里；还有如何在人的笑容中追寻文化的变迁，越往西方走，笑容就变得越为开朗。

那通往欧洲之路呢？我问，借用了此刻的比喻。

"通往欧洲之路？"他狐疑地重复道，仿佛这并不是最重要的事，"我想通往欧洲之路就在我们中间。"

"也或许在我们周围。"布拉加说。这是我只在这里才听到的概念。

索非亚的出租车是没有计价器的。同样的里程，他们的要价可以从三保加利亚列弗（leva）到三十列弗，按目前的汇率换算，亦即从四十美分到四美元。几乎每个出租车司机的挡风玻璃上都贴着令人嫌恶的色情明信片，连我有次碰到的女司机也是一样，仿佛这种图片是她的职业徽章一样。

不同寻常的是，克拉西（Krassi）的车上没有。他在仪表板上方挂了一个毛茸茸的黄色动物和一张圣像。克拉西是鲍里斯的朋友，正载我去鲍里斯家参加一个聚会，沿途不断以隐喻的方式发表他的观感。

"我们以前就是那副模样，"他指着一个相当奇特的画面，但见一个穿着邋遢的吉卜赛人用绳子牵着一头可怜兮兮的熊，"我们就像那只可怜的动物，被一个伪装主人的乞丐牵着。"

或者，看到一张塌陷歪斜的长椅他又说："那就是共产主义现在的德性。我们已经弄断了它的一条腿,现在还得弄断它其他的腿。"

终于,他的愤怒让我印象深刻,因此我问他为什么那么恨保加利亚的共产主义。"因为对所有文明的问题,它都限定了答案。"

我又看走眼了,本还以为他是个天真的人。而且,对克拉西而言,"文明的答案"似乎就在这里,在保加利亚。途中,他播放了一盒爵士录音带,当我说我从来没有听过保加利亚爵士乐时,他骄傲地回答:"哦,是啊!我们这里什么都有。现在全世界都会知道了。"

克拉西刚从瑞典回来,他本来想去那里打工,但是几乎找不到任何工作;而现在除了这个高度不稳定的出租车业外,他在这里也没有工作。他和鲍里斯是索非亚近郊同一个小区的邻居。"我们的牢房。"当我们驶抵那个巨大的工程时,他微笑地朝那片小区哈腰致意。确实,这片集体主义的住宅占地广大,绵延不尽,置身其间令人顿生沧海一粟、微不足道之感。

不过,鲍里斯却热情豪迈,一副大统领的模样,正式而殷勤地招呼每一个人。"非常欢迎来到我家,保加利亚,只要我活着,永远欢迎你来。"他宣称,举杯敬我和另一位翻译他诗作的美国诗人。

一位朋友在离开三十二年后,终于回到保加利亚。"他是我们最伟大、最真实的作家之一,"鲍里斯宣布,"而这两位,"他指着我和那名翻译,"是美国我最喜爱的散文家和我最喜爱的诗人。"

"保加利亚人只用最隆重的字眼。"那名新来者说。他曾在西方生活过,知道这种夸示的手法在西方是行不通的。

又有人进来,其中之一——也许两位——是保加利亚最伟大、非常伟大的电影导演。这些日子他们本应比较困难,毕竟补助金被中断了,但他们的情绪仍很高亢。其中一位正在拍一部电影,讲的就是他这位去国三十二年后归来的友人。"那只是给我们自己看的,给我们这帮朋友。"他解释道。相应地,那名放逐归来的友人,则表示他和鲍里斯正在努力准备"一个小节目,献给我们的朋友。他演奏小号,我负责唱歌,或许写点新诗,为我们的朋友表演小夜曲"。

"这是我们最喜欢做的,"有人插口道,"为朋友而付出。"他们似乎真的不在意这个世界是否正看着他们。

"我们比较喜欢这种音乐语言,"那名放逐者告诉我,"你知道有百分之九十的对话不是用语言表达的吧?剩下的百分之十也只是在散播虚假信息而已。"

鲍里斯最爱保加利亚文化中的音乐部分,经常和乡村音乐家一起进行即兴演奏,还收藏了很多民谣乐器,其中大部分都有历史渊源:其中一个是平扁的长型木质乐器,内部有两根管子,名叫双笛(dvoyanka),还有一种有三根管子。鲍里斯自己还发明了一种乐器,象征土耳其—保加利亚共存的可能性,用土耳其的唢呐(zurna)和保加利亚的嘟嘟克笛(duduk)组合而成。

这些乐器有些可以吹出巴尔干农人和牧人的特殊音律所需要的双声部和复杂的和弦。这种音乐有狂野奔放的旋律,其复杂性几乎难以掌握,而其音量和所采用的开放式五度和弦则需要很大的肺活量。这种时而穿透、时而纤细的音色,似乎跨越群山,或来自更遥远的地方;而时而跳跃、时而环绕、时而复杂的节奏,先是奔放而出,再逐渐收回,仿佛一遍遍地述说着思慕之情。

"如果你听了这种音乐,你就太了解我们民族了,"鲍里斯说,意指我将了解很多,"每个国家都有它自己的蓝调音乐,这些是我们巴尔干的蓝调音乐。"

在鲍里斯演奏完毕后,我们安静地坐了许久,接着美国诗人开始朗诵一些他记得的保加利亚童诗,然后大家此起彼伏地用华丽的词汇表达高度赞许。在旅行途中,我一直追寻仍然存活的"正宗"民俗文化,却屡屡与之擦身而过。正宗几乎从来就不是刻意追求而能获得的；然而一旦遇到了，你绝对一眼便能认出。

不知疲倦的迪米特里娜帮我介绍了几个大学生，他们都属于一个迄今仍在暗中运作，名叫"实践"（Praxis）的团体。这群活泼、有活力的年轻人的志向，是涉猎并实践所有形态的艺术创作。他们写诗、写小说、作曲和画画，甚至还在1989年之前极度困难的状况下制作电影短片。

为了解释他们创立的初衷，一位实践的成员带我到一个他们名之为"奇幻俱乐部"（Fantasy Club）的地方。如今回想起来，这俱乐部的全名其实也非常保加利亚，叫作"科幻小说、启发和预言综合俱乐部"（Integrative Club of Science Fiction, Heuristics, and Prognostics）。该俱乐部就坐落于官方文化中心内部，但直到最近，那家俱乐部都只是处于夹缝中的机构，所有东欧国家都存在类似的机构，在古怪或边缘化的掩护下，可以讨论些非官方的观点。我见了该俱乐部的创始人，一个面色苍白的中年男子。他蓄着长发，坐在一间画满神秘野兽和银河太空的旋转图像的阴暗房间里面。他在那群富有创造力的年轻人中间具有类似精神导师的地位。他认为科幻小说是一种高级形式，是思考未来的一种方式，也是探讨道德问题的一种方式。在俱乐部内他们不但讨论斯坦尼斯瓦夫·莱姆（Stanisław Lem）[*]和艾萨克·阿西莫夫（Isaac Asimov）[†]的作品，也讨论"国家问题和全球问题"、"西方和东方的思考形态"、"次文化和反文化"等问题，更不用说"恋母情结的症状"或"性关系的未来"等了。

---

[*] 斯坦尼斯瓦夫·莱姆（1921—2006），波兰科幻小说作家。他的作品常探讨哲学主题：科技的影响、智慧的本质与外星人互相理解的可能性、人类能力的限制等等。

[†] 艾萨克·阿西莫夫（1920—1992），美国著名科幻小说家、科普作家，美国科幻小说黄金时代的代表人物之一。

第六章　保加利亚

　　从实践团体富有创造力的作品中可以明显看出上述各种论调的影响。我后来又在一间沉闷的方形公寓内跟实践的几个人再度碰面，不过由于聚在此处的人充满活力，整间公寓顿时活跃起来。这群人的领袖，明显是位身材壮硕的长发年轻男子，他对艺术的爱好是全方位的。小客厅内有只阿富汗犬跳来跳去，和女主人一样有着纤细的腿和苗条的身材。男主人是个严肃的年轻人，态度率真，而且和其他所有人一样有哲学的背景。在索非亚住过一阵后，我坚信这里哲学家的比例绝对比哈佛大学或索邦大学（Sorbonne）*还要高。

　　房子主人和这个团体领袖的友情，源于双方父母都在石油公司工作，且都离乡背井远赴利比亚（Libya）生活的共同经验。利比亚有如一扇窥探世界的奇特窗口，虽然在那里觉得孤立而不快乐，他们却也发现这世界不只是既存的社会主义；也是在那里，他们的反抗意识开始萌芽。他们的作品应该就是反抗意识的呈现，但是对我而言，却宛如高度智慧和丰富庸俗艺术的奇特组合。他们展示给我看一些英译很糟的冗长诗作，描绘对奇幻世界的追求，以圣杯、僧人和其他寓言化的物品为主体。然后，有人播放了一盒他们歌曲的录音带，立体音效，那是他们非常得意的混音技术，不过坦白说，他们的音乐在我听来有如由新时代神秘主义和即兴的肆意铺陈、粗劣蔓生结合而成。

　　不过，撇开他们作品的怪异不谈，创造者本身的无穷精力、坦率的态度与舍我其谁的坦荡胸怀，使他们得以完全仰仗自身的资源，创作出这些作品，自始至终不期待任何报酬，甚至任何人的认同，这种种都令人感动。他们似乎认为自己无所不能，又或者是根本无视困难的存在。他们最新的作品是草拟了一份新的保加利亚宪法。

---

* 索邦大学，成立于13世纪，为巴黎大学前身。

他们把那份厚厚的文件拿给我看，内容已经翻译成英文。草案很详尽，思虑也很周全。他们告诉我，为了草拟宪法，大家都阅读了许多国家的宪法，而且讨论它们的政治哲学，直至深夜。

出于强烈的自我意识，他们认为他们的草案应该由政府接手，直接进行讨论，一旦被迫等待就深感挫折。我再度为他们意愿之认真所感动。他们虽然才二十出头，却显然不认为自己仍是刚体验人生的"年轻人"，而是拥有成熟目标的成年人。这群人的领袖是个非常好，也非常愤怒的年轻人。政府的忽视更使他对加在自己身上的种种限制感到怒不可遏。他想要打破限制，甚至想要移民。

在移民问题上，我就像哈姆雷特对婚姻一样：希望能到此为止。当然，我知道这件事的讽刺性，但是整个人口有如受到某种向阳弯曲的力量的驱使而向西和向北流动，这种连根拔起的代价与执意迁移的欲望，对我而言，俨然已臻绝望或无望之境。为什么希望总是往一个方向移动？如果我们总是在别处追寻希望，那各处的希望不是都逐渐凋零了吗？基于这种心态，我对这些年轻人展开循循善诱的劝导：如果你想去一个新的国家寻求发展，那么你至少得辛苦十年才能立足；与其如此，为什么不在这里辛苦十年，在这里参与兴建一个新的世界呢？

但是我的说法让那位长发艺术家很生气，语气中也充满不耐烦。他愿意去美国做任何工作，什么工作都可以，情愿去那里面对困难，也不愿在自己国家受到奴隶般的对待。"他们不尊重自己的百姓，"他热切地说，仍指控着昔日的"他们"，"你知道我说的意思吗？"

"以前也许如此，但是以后应该会改变了，不是吗？"我问。

"对，不过我只有一条命，"他说，"我不想再成为另一个迷失的一代的一分子了，这种人已经够多了。"

屋主对他的说法表示同意，不过他的妻子没有那么确定。她能在这里完成哲学学位就已经很满足了,而且她认为她先生的一本结合了科幻和政治讽刺的小说不久即将出版。不过,这些年轻人都挣扎着想要到一个更好的地方去。在他们心里,"更好"未必是更繁荣,而是更有尊严。他们对尊严的标准很高,而无论他们移民到哪里,正是这种尊严,这种对自己生命价值的骄傲感,必定会受到伤害。不过他们并不相信这一点。他们还年轻,他们想强悍而坚定地面对命运,展开对决,而且就趁现在。

我和一群来自克莱门特奥赫里德大学(Kliment Ohridsky University)的心理学家约好在水晶咖啡馆(Kristal café)碰面。咖啡馆旁边的一座小公园已经成为新兴波希米亚式商业活动的中心,这是政权垮台后冒出的第一类商业活动。就像大多数东欧各地骤然冒出的这类市场一样,陈列出来的商品质量低劣。相较之下,加州伯克利(Berkeley)的电报大街(Telegraph Avenue)俨然就是高级时尚区。手工粗糙至极的圣像复制品是售卖的主要商品,当我在一个摊位前询问价钱时,卖主向我强调:"这个很贵,非常贵。"保加利亚人的坦诚也许不太适合资本主义的运作方式。再往前走,几个年轻人在一处室外舞台上蹦蹦跳跳,绽放着狂野的活力,试图用嘶哑的声音诠释重摇滚乐的唱腔,却无掩其歌声的洪亮美丽。

在闷热、弥漫着烟味的水晶咖啡馆,我和那些刚认识的心理学家一起落座,不抱希望地等待着我们所点的咖啡。我们聊起他们正在进行的计划,和西方签订的契约。我再一次对他们的头脑灵活感到震惊:刚一开放,他们便着手组织会议、国际研究项目以及比较研究,似乎没有什么是他们所触手不及的。言谈间,我随口提及想去城外走走。他们说没问题,小事一桩。他们会帮我筹划一次到保加利亚最富历史性的城市之一普罗夫迪夫(Plovdiv)的旅行。不过怎么筹划？为什么要帮我筹划？我表示抗议。"我们喜欢做这种事，"他们想使我确信，"我们喜欢帮客人的忙。"他们很快决定由一个我还没见过，叫做娜迪亚（Nadja）的人当我的向导。一个人随即起身去打电话，回来立刻宣布娜迪亚很乐意带我去普罗夫迪夫。就这么一眨眼的工夫，诸事已定。保加利亚似乎就是这么办事的，简单迅速，对他们而言，起而行比坐而言简单多了。

第二天，我在指定地点和娜迪亚碰面，她以令我信服的热情向我保证，她也正想去普罗夫迪夫走走。没有问题，她先生可以开车载我们过去，唯一的问题是需要加油，能不能加到油比较不确定。不过她先生今天晚上会去一家加油站试试看。有时候晚上去排队的话，早上就可以加到油了。排一个晚上？我不敢置信地问。喔，是啊，娜迪亚微笑着说，她先生已经习惯了。

最后，娜迪亚的先生用我的美金在一家使用外币的专门加油站买到了汽油，那里只需要等上三个钟头左右，不像一般加油站要等十二或十五个钟头。就这样，一个晨光微亮的晴天，我们驰骋在前往普罗夫迪夫的高速公路上。开出低矮的柳林山脉（Ljulin Mountains），周遭的景色呈现出干旱与艰苦的样貌，路旁不是一片干燥的绿地，便是黄褐的残茎。今年夏天，全东欧都苦于旱灾和火灾。随着持续南行，树丛渐次繁茂，开始呈现出希腊北部的风情，而此处也确实离希腊很近。不过这里也是通往伊斯坦布尔（Istanbul）的路，色雷斯人、马其顿人、罗马人、拜占庭人、十字军和土耳其人的商队和军旅曾络绎不绝地穿梭其间。

只是，这些丰沛的历史在这里没有留下任何痕迹。光秃秃的山丘间唯一的路标是一间路边咖啡馆，那是一个一层楼高的水泥方形建筑。因为那家咖啡馆居然开门营业，而且供应味道浓郁的土耳其咖啡，因此对我而言，见到它的兴奋之情实不下于见到任何高贵的纪念碑。过去几个早上旅馆所供应的微温咖啡，让我饱受严重的戒咖啡因之苦。

娜迪亚是个二十岁出头的可爱女孩，个子很高，橄榄色的皮肤，配上一头浓密时髦的黑发和小鹿般柔和的黑眼，还有开朗、悦耳的笑声。她丈夫德米安（Demian）似乎刚得了热伤风，一直忙着量体温和喝茶，娜迪亚开玩笑地说他太宠爱自己了。"但是我喜欢被宠爱啊！"德米安说。我的手提包里正好带着一些我们皆抱以厚望的阿司匹林，这里阿司匹林很罕见，因此它的药效也就更令人啧啧称奇。

普罗夫迪夫是那种精神分裂式的城市，古老和新潮的分裂倍显刺眼，因为新潮建筑实在很丑陋：市郊地带坐落着一些生产计算机零件的工厂，接近市区的地区则蔓延着极不人性化的方形建筑，以及社会现实主义风格的旅店。

不过普罗夫迪夫的另一部分却展现着一种无法加以分类的陌生魅力。一本普罗夫迪夫指南中是这么写的："旧城迎向我们的，是罗勒的香气和古老木制品在阳光中烘烤的气息。短而狭窄的弯曲街道上，聚集着一簇簇色彩缤纷的房子，凸窗设计层叠交错，仿佛正相互依偎，在彼此耳边悄声低喃着令人轻松愉悦的沉寂和宁静之美"，意图以诗意的描绘弥补文法的缺失。

旧城的鹅卵石街道不但非常陡峭，还极端狭窄，房屋是所谓民族复兴风格（National Revival）*的建筑。其所展现的美感，宛如出于一个18世纪后期或19世纪初期，从长期蛰伏中重新为保加利亚意识所唤醒的害羞孩童。由于保加利亚意识除了艺术以外，少有其他表现方式，因此在艺术方面融合了各种民俗意涵。民族复兴风的

---

* 指保加利亚文艺复兴时期，乃奥斯曼土耳其人统治时期，约1762—1878年。

房屋，通常为富有的商贾所兴建，试图结合本土艺术和工艺的不同元素，其结果是非常明确的保加利亚风格，十分美丽。旧城区的房子上层比底层宽，因此颠覆了我们对房屋造型的惯常预期，但倒也不至于违背我们的平衡感。在外观上，这些屋子都漆着柔和的色彩，边框则采用深色木板以示强调。在有些已经作为博物馆保存的建筑内侧，则极其迷人地混杂着本土工匠的手艺和大都会的时尚。这些屋子的主人有钱从旅行中带回精致的法式橱柜和丝缎躺椅，不过在建筑活计上，他们都是雇用当地木工，精雕细琢地展现出匠心独运之美。屋子的天花板、门廊和窗板都采用近乎白色的浅色木材为底，雕刻着美丽、简单的图形，将传统民族图案转换为更为优雅的纹理。每个房间的图案都不尽相同，因为这些富商巨贾认为诉诸重复手法是件有失体面的事，会暴露屋主的想象力不足或资金短缺。这些房子中最为奢华的都属客房部分，当时招待客人也是一种炫耀的方式。在主客厅的天花板中央，通常会有一个雕工细致的雕花图案装饰，作为丰饶的象征。

镇上的大房子中，有一间过去为画家兹拉廷·博亚吉耶夫（Zlatin Bojadzev）所有。在踏入屋子的一瞬，我发觉自己再度面对一项极品中的极品，非但超乎我的期待，也超乎我美学范畴的储备。那间屋子目前是座博物馆，用以陈列博亚吉耶夫的作品。就像他的生命有明显的划分一样，展品也被分为两大区块。博亚吉耶夫在艺术史上是少数拥有非凡艺术生命者之一：他前半生用右手作画，后半生，也就是早期中风发作之后，则改用左手作画。两只手画出来的作品都非常好，不过在中风后，他似乎才发掘出自己完整的画风和力量。他早期右手的作品带有浓郁的荷兰暖色调和厚实的块状画风，描绘传统农家生活的情景。后期作品的画幅更大，画风也更松散狂野，大部分仍描绘当地的村庄生活，但当地色彩更浓厚，就像在保加利

第六章　保加利亚

亚神话故事或诗作中所感受到的那样，同时具有质朴和幻想的元素。他的作品中包括体型宽大的农民和醋商造型，令人联想到博特罗（Botero）*的超现实主义；也有类似夏加尔（Chagall）†风格的，如在神奇的乡村街道上聚集着做梦的人，一圈圈农民匍匐在地祈求降雨。有张描绘博亚吉耶夫家人的群像，里面画家本人蓄着胡须，身着西装，面带沉思，显然是家族中第一个"知识分子"；他的祖母有如邪恶的女巫，即将坐着她宛如飞弹的长鼻子起飞；前排有个男人正在切一头巨大肥猪的脖子，鲜血淋漓。作为第一个知识分子自有其贵重之处，那是一种属于东欧的贵重特性，其间农业文化和现代性相互碰撞，交融出突兀、矛盾与丰饶的亲密结合。

我想多了解一些博亚吉耶夫的生平和影响，但是博物馆的讲解员只有有限的英语能力，或许也只有有限的知识，她的介绍就像一只只会反复背诵导览手册的鹦鹉。"他是个大师。"她一直以紧张的语气重复，仿佛这句话便足以让我满意了。"大师"似乎不只代表伟大，也是一个职业领域，比如"工艺大师"。我喜欢这种对艺术家进行专业分级的概念——为什么他们可以免于这种明显的判别，其他人就不行？但对这位讲解员来说，这似乎在暗示博亚吉耶夫超凡入圣，不是人类所能判断或诠释的。正因为如此，博亚吉耶夫一直像隐士似地被封锁在自己的博物馆内，不被解释，在保加利亚境外不为人所知——但本人已臻完满。

在一整天的起起伏伏中，娜迪亚始终维持着不慌不忙、和颜悦色的态度，轻松指挥着每一步该做的事，因此当她宣布到了午餐时间时，我们都很开心地跟随她进入一家餐厅，在阳光普照的阳台，

---

* 博特罗（1932— ），哥伦比亚画家和雕塑家，以描绘体型肥大夸张的人物闻名。
† 夏加尔（1887—1985），出生于俄国的犹太人，后移居法国和美国，超现实主义画家。

置身阳伞下，享受了新鲜满意的一餐。

午餐谈话间，我发现娜迪亚和德米安对改变抱持着若干不同的观点。娜迪亚才二十来岁，她的一名心理系同事评价她"是我们最有战斗力的学生之一"。这句评语很难和她温婉的举止联系在一起，但是最近的事件必然是她年轻生命中的主要篇章。她有个招牌动作：摇三下手，姿态优雅且蕴含着叛逆，意思是指某件事"非同寻常"。她在谈起保加利亚国内所发生的情况时，便做出了这个手势。"一听说人们在集结，我们就赶去参加生态开放党的聚会，噢，当时觉得好自由！"她说，"那是第一次，我们可以公开谈论好多事，其他人都有这种感觉。从那时开始，每件事都改变了。"

并不是每件事都变得更容易了，远非如此。为了买些东西当晚餐，娜迪亚必须花几个小时排队；她担任研究生助教的收入，和德米安担任初级建筑工程师的薪水加起来，才勉强付得起房租。不过我可以感受到她对生活在一个变动国家的冒险充满了兴奋，她的生命已与其紧密相连。

德米安是个比较愤怒的年轻人，对执政党过去的行径，以及仍在进行的作为生气，也对自己因为缺乏技能和金钱而在工作上受到压制生气。他想离开，前往加拿大或希腊，娜迪亚有亲人在那里。总之任何地方都比这里好。

在此同时，德米安并未止步不前。他正为干涸的保加利亚农田开发新的灌溉技术，也写信给一家专门制造必要设备的美国公司，提议建立某种合作。他谈起这些时，态度轻松自如，我已开始习惯保加利亚人的这种态度了。在他看来，事业好像会自然而然地顺利发展。我不禁觉得，如果能直接把这种精神应用在保加利亚，那这个国家的脱困就指日可待了。

我们正准备离开餐厅时，一个坐在走廊说话轻柔的年长男子以

第六章　保加利亚　　　　　　　　　　　　　　　　　　　　　399

　　神秘的口吻问我们想不想看些有趣的东西。我们当然想看。随之而来的就是这栋餐厅建筑的参观之旅。原来在19世纪初期，这里曾是一个土耳其商人的住宅，里面有个真正的后宫，是一片美丽的圆形空间，天花板是亮丽的蓝色瓷砖，一张红铜桌面的咖啡桌，旁边摆放着红色厚绒长椅，另外还有一个小小的观望阳台，让屋主可以观看自己的妻妾们在下面嬉戏的情景。这还不是全部。我们的导游又满怀骄傲地带着我们到下一层参观。那是个土耳其浴场的遗址，建在依稀可见的古罗马地面上。在通往小浴池的台阶上有几个曲线曼妙的大型陶壶，沐浴者便是用这些陶壶淋浴。

　　导游坚持拒绝收钱，免费就普罗夫迪夫的古典文物为我们做了一次浓缩式的导览。我们徜徉其间，发现到处都展现着古典的遗迹。每当意识到自己行走的地面堆叠着过去的历史，我总是感激莫名——堆叠着成就、冲突和人类一再上演的激情与争执，似乎永远在变，又似乎永远不变。世代交替有如小草。* 远在色雷斯人统治的时代，这里就有个小镇，叫做普尔普蒂瓦（Pulpudeva）；马其顿国王腓力二世（Philip II of Macedonia）重新将其命名为菲利波波利（Philippopolis）；随后罗马人改名为特里蒙蒂姆（Trimontium）；土耳其人易名为飞利浦（Filipe）。在丘陵起伏的普罗夫迪夫的一个山脚下，这个小镇的罗马剧院仍伫立着，廊柱和座席的遗迹比例匀称，仍闪烁着白色的光泽，很像普罗旺斯地区艾克斯（Aix）的遗迹。罗马帝国皇帝图拉真（Trajan）在公元114年至117年建了这座剧场，后来几乎毁于阿提拉之手。在这里意外见到这座剧场的感觉是美好的，因为漫步在这半圆形的石椅间，就宛如置身欧洲任何一

---

*　这个隐喻出自《圣经·诗篇》103:15-16："至于世人，他的年日如草一样。他发旺如野地的花。经风一吹，便归无有。他的原处，也不再认识他。"

个地方，保加利亚和法国，或意大利，或英国的距离与界线都消失了，旷古的时间也消融了，只剩下单纯的欧洲和欧洲历史本身，即便只是短暂的瞬间，也成为超然一统的力量。

意外啊，意外！我终于在这个莫名熟悉的伪装下找到了你。

第二天，我们沿着陡峭的山路开上普罗夫迪夫附近一个名叫多尔尼维金(Dolny Vidin)的村庄，这里的人口组成一半是保加利亚人，一半是土耳其人。此地丘陵起伏，坎坷地布满石头。到处都是石头，粉碎成尖锐的石块躺在小径上，堆成小丘，充当粗糙的台阶通往两旁状似盒子的丑陋房屋——其中许多也是就地取材，用石头建造的。在小型中央广场上，几个人坐在长椅上，手指间转动着深琥珀色的椭圆形念珠。我们坐下来跟他们聊天。他们的态度顺服，两眼看着地面，一致认为我们该会会学校老师，他会告诉我们想知道的一切。几分钟不到，这个人就出现了，显然是听说村子里来了几个外人。他的态度敏锐且具有权威性，狐疑地质询我们是什么人。负责帮我们翻译的娜迪亚打消了他的疑虑后，那位老师便主张带我们去参观当地的清真寺。由外表看来，那清真寺只是另一间丑陋的水泥房屋，这里的信徒习于聚集起来隐秘地祷告。村子里的土耳其人不被允许建造装饰马赛克和尖塔的真正清真寺，只有寺的内部落寞地复制了寥寥可数的几样真的清真寺的元素：一个正方形房间内，墙被涂上了多种色彩，地板上铺着层层的小地毯，一面墙上有个壁龛，里面堆放着念珠和花朵。不过建筑本身缺乏若干对伊斯兰信仰而言很重要的细节，那位教师说，比如尖塔。现在，多尔尼维金的土耳其人总算有了指望，希望能盖一座真正的清真寺。

有几个人跟着我们一起进来，他们安静地站在旁边，态度拘谨，甚至驯服，和一般典型印象中强悍的土耳其人有天壤之别。他们似乎习于低着头,而且显然并不认为自己有说话的权利,整个人散发着难以言喻的消沉气息。

当学校老师讲起他们的故事时,娜迪亚又露出了她摇三次手的招牌动作。原来疯狂的改名政策就是从多尔尼维金这里开始的,老师本人就是遭到严酷迫害的民众之一。他在附近的战俘营被关了几个月。那座战俘营在斯大林主义盛行的1950年代遭到弃置,但1985年又重新启用,拘禁这批新的囚犯。最后,他和村里大部分人一样逃往土耳其,然后又和许多人一样回到了这里,不过把妻儿留在了土耳其。"我们中的很多人不喜欢土耳其的生活方式,"他说,"而且那里也没有工作。保加利亚是我们的家,我们在这里住了几个世纪了。但还是有些人害怕回来。那些当权人物还在这里,就是殴打我们、把我们赶走的人。"

"对他们来讲真是太沉重、太沉重了!"走出清真寺后,娜迪亚感慨道。的确如此。学校老师带我们到他家。那真是处阴郁的地方,外面长满杂草,台阶是几个摇摇晃晃地堆起来的石块。屋内有个小房间相当整齐,是他真正住的地方,包括一张床和一张光秃秃的桌子。房子的其他地方仿佛昨天才刚被飓风扫荡过,或被军队入侵过。地板上满是碎玻璃,一袋袋散开的洋葱,外加本应待在衣橱和柜子里的可怜物件——鞋子、锅子和衣物等,凌乱地四处散落,反映出我们这个年代的凄凉景象,混乱和逃亡的景象。人们经常只有几个小时的时间收拾衣物离开,他完整地保留着这个证据,或作为证明,或作为纪念。在邻近的一家公寓中,有张床垫靠在墙上,甚至还没有拆开塑料包装。主人脸上带着一种习惯性的惊惧和沉重。"他们随时准备走人,"老师解释说,"我们还不确定自己安全与否,所以他们连床垫都没有拆封。"

我们受邀到另一户公寓中喝咖啡,妻子忙着招待我们,长相很像西方人的丈夫则和我们聊着村落生活的相关话题，他对当地政治显然颇有野心。那妻子准备退回厨房，但我们鼓励她留下来。她虽同意了，但我仍然看得出来，以这种她并不习惯的方式面对陌生人，对她而言是痛苦的。她两眼低垂地坐着，显然认定她丈夫会为她回答所有问题。长得蛮漂亮的她，衣着就像任何东欧小镇里朴素的年轻妇女一样，而非我在一般年纪大的土耳其女子身上所看到的传统宽松长裤。但是我已经习惯了保加利亚完全放开、能言善道的活跃女性，以至于这位害羞、怯懦的人物仿佛来自另外一个时代。我也发现自己竟然带着人类学家的好奇心在观察她，毕竟她是我一直觉得有点神秘的那种沉默女性的典型，同时也在想，如果与她易地而处，我会有什么感觉。老实说，她看起来并没有不快乐。娜迪亚试图引她说话，但一旦我们将注意力从她身上移开，她显然便如释重负，接着又趁我们不注意时悄悄溜走。"对，这些都是东方的做法。"她丈夫说，显示他是个现代男子，可以理解我们对他妻子行为的看法。

离开公寓重新走回石头路面，一名有着沙色头发和悲哀蓝眸的年轻男子朝我们走来，自我介绍是本村代表之类的人物，主动提议陪我们在多尔尼维金走走。他名叫艾哈迈德（Ahmed），是人权与自由运动组织（Movement for Human Rights and Freedoms）的地方秘书，也是位"艺术家"。不过从他暧昧的口气和苍白的笑容来看，实在很难判断是哪种艺术家，或艺术家这个名词对他而言是什么意思。艾哈迈德有张表情丰富的脸孔，尤其是悲哀的表情，说起话来也有种忧伤的哲学意味。他领着我们到他位于村子边缘的"办公室"。那是个空空荡荡、没有粉刷的空间，中央摆着张凹凸不平的书桌；但艾哈迈德颇有架势地坐在书桌后，告诉我们这间办公室已经成为村中重要的所在，人们不时会前来请教一些切身事务。他们很多人对于自己有哪些新权利，或者怎么寻找工作都几乎一无所知——这里还有一个一直以来的偏见，就是碰上经济困难时期，首先被请走的，一定是土耳其人。艾哈迈德避谈自己的就业情况，似乎对没有工作感到羞耻；只谈土耳其人在迫害结束后，目前仍持续遭受的伤害。最糟糕的是，他们到现在还没有从那些曾经伤害过他们的人口中得到一句简单的"对不起"。不过，艾哈迈德仍然相信，如果不是为了"政治"，村里的人应该可以友好和睦地相处。今天是节日，他们会宰一只羔羊作为牺牲；但在他心中，那牺牲所奉献的不是伊斯兰教的神明，而是爱，因为人与人之间只有爱是最重要的。他的眼里充满感情。

"也许我是个浪漫主义者。"他说着，悲哀地一笑，俨然是个浪漫主义者。他让我联想到俄罗斯早期小说里经常出现的村庄浪漫事迹，这点保加利亚也不遑多让——描绘一些温柔的灵魂，在世界的小小一隅，怀抱远大的理想，做着世界和谐的忧郁之梦。

那天，我们还碰到另一个浪漫人物，是艾哈迈德的一位老农朋友，在被剥夺了三十五年后，刚刚重新取回自己的土地。他的农地沿着山丘向上延伸，种了玉米和洋葱，还有一个美丽的果园。当我们顺道造访时，他正在一棵樱桃树上工作。我跟从梯子爬下来的他说，能拥有这么漂亮的樱桃，可见生命并不全然是坏事。

"啊，但是我们不能光靠樱桃生存。"他悲哀地回应道。他是个真正漂亮的老先生，个子不高，身材精瘦，有张满布细纹、善解人意的面孔，两手染满了樱桃汁。

就像附近所有的农场一样，他的土地在1956年被夺去成为集体农场。但是他不愿为集体农场工作，结果被痛揍一顿，遭到拘禁。对保加利亚的农人而言，接受集体化措施格外痛苦，因为在社会阶层中，他们自认比苏维埃系统中公认的贵族阶级——工人——要高一等,结果现在工人反而跑来管理村庄。除了僧侣精英外,保加利亚从来没有过任何贵族阶级,农民一向是国家的中坚,一种天然的贵族。其他姑且不论,光是被逐出自己的土地,对他们的地位和尊严就是一大打击。

出狱后,这位农夫尝试在集体农场工作了几年,却越待越痛苦。为了取代反抗的农人,农场不得不从外引进的那些人根本不知道怎么对待土地——他的土地。发现自己实在看不下去了,所以即便痛恨山下那污染了周遭环境的锡矿工厂,他还是到那里去工作了,但由衷希望工厂会关门大吉。

"现在我终于又可以在自己的土地上劳作了,"他说,"我想要的就只是这样。"我们直接坐在干透坚硬的地面上,他用两手捧起一些土,让我们看看,这就是他所冀望的一切。然后出乎意料地,他突然哽咽一声,扭曲了表情。

有片刻工夫,他直挺挺地坐着,抽泣着,毫不掩饰他的表情。我想起一些古老的保加利亚故事,其中对土地的感情是支配一切的激情,会将人类的灵魂转化为贪婪与执着,以及致命的冲突。不过,我仍不免为之动容,动容于这种附着于一个地方、地球上某一特定地点的强烈感情,以及到这种年纪还为某项自己所深爱、失去,许久之后又重新取回之物哭泣的能力。虽然过去可以挽回,但毕竟无法全部挽回,至少会残留若干遗憾,遗憾自己所错过的机会,以及永远逝去的那段岁月。

"共产党!"我们往回走时,德米安愤怒地踢了树一脚。艾哈迈德手中提着一桶樱桃,是趁我们谈话时摘的。他告诉我们,那个农夫是他们土耳其人觉得可以信任的。"我们通常知道谁是好人,"他说,"他很孤独,不多话,但是我们知道他有他的优点。心地很好。"

土耳其人很少拥有土地,也就没有什么可以取回的。他们在锡

第六章　保加利亚

矿工厂做些技术性不高的工作，有些人还在附近的烟草田当季节工。艾哈迈德有很多时间，因此自愿带我们过去参观。我们沿着一条石头密布、尘土飞扬的道路行驶，来到一片遍布塑料帐篷的农地，帐篷内悬挂着风干的烟草叶。附近不见人烟，无情的烈日和浓郁的烟草叶融合成一股令人窒息的气味，我们在里头待上几秒钟就都受不了；但是在这里工作的人，似乎主要是妇女，却能在里面一待就是几个钟头。德米安一副要晕倒的模样，娜迪亚则"非同寻常"地摇着手。

归途中，艾哈迈德带我们参观一间保加利亚豪宅旁的壁画，告诉我们那是屋主委托他画的。我很惊讶该壁画所显示的功力，但艾哈迈德说那幅画让他惹上了麻烦。壁画上是一个非常程式化的、身着长袍的女人，画风比较接近抽象图案而非实际人物，而让艾哈迈德惹上麻烦的是那女人的胸部。如果近看的话，那胸部的图案似乎隐含有土耳其的半月形象征，有些人从中解读出了民族情感。结果，艾哈迈德被要求离职，至少他是这么说的。实在是因为他的态度略有闪烁，让我不禁有点怀疑他话里的真实性。那壁画真的是他自己画的吗？

多尔尼维金的晚间披上了粉红的色泽。我们正准备离开村庄时，艾哈迈德突然在街上站定脚步，态度变得非常正式，邀请我们"去他家作客"。娜迪亚很快告诉我们，这是有关名誉的事，因此我们也郑重地表示接受。他公寓大楼的入口处有种在村里许多人家门口普遍存在的、让人好奇的凌乱感，一扇门被扯开掉落在一旁，四处散置着玻璃碎片和尖锐的铁丝，仿佛屋外情况跟屋内住户的精神状态没有关系，内外的区分是突然而完全的。

不过屋内是个颇为体面的房间，整齐的上下铺，一张铺着桌巾的长桌。艾哈迈德的室友是个安静的年轻男子，帮我们端来美好的咖啡和质地坚实、味道甚美的辫子面包。艾哈迈德用梦幻的语气谈起加州,他有个叔叔在那里,答应邀请他去,他可以在那里的一间艺术学校修课,成为一个"真正的艺术家"……接着他又把希望寄托在祖父身上。他的祖父德高望重,是个受人尊敬的医者,如果他能治好一个患有癫痫的小男孩,就有可能致富。目前他正尝试采用一种特殊的药剂,包括让一条蛇吞食一只青蛙,再拿那条蛇的毒液注射……

言谈间,艾哈迈德取出一张他想为村落设计的清真寺的草图。我为自己先前的怀疑感到惭愧。那张画出奇的好,笔法细腻,有点皮拉内西(Piranesi)*的画风。我问他对土耳其或伊斯兰的传统了解多少。似乎不太多。村里的土耳其人庆祝节日,大部分都去隐秘的清真寺进行,有时还会祈雨;但是阅读《可兰经》是受到禁止的,大部分年轻人要想知道经文内容,还得靠年长者的口耳相传。"保加利亚人担心我们会成为狂热分子、原教旨主义者,"他笑了笑,"但是我们不会的。我们跟其他保加利亚人一样,我们是现代人。"

在我看来,现代和前现代混合成了一种奇特、令人困惑的组合。在我们谈话期间,艾哈迈德用一枝粗铅笔在纸上不断勾画,并在离开前让我看他的画作——又是一张技艺极佳的画,画着一个标准的土耳其人,还附有一段以保加利亚文写的话——因为保加利亚文很像俄文,所以我看得懂——表达了他的兄弟之情,以及希望全世界的人都能相互理解的企盼。

不过当我们道别时,他的心情变了,变得更为忧郁。"如果你要写本书描述这里的情形,我已经帮你想好一个题目了,"他和我握手时说,"我认为你可以叫它《希望之后的那年》。"接着我们就

---

* 皮拉内西(1720—1778),意大利雕刻家和建筑师。

第六章　保加利亚

离开了，他的神情则从忧郁转为消沉、沮丧。他把他的梦想、理念和愿景都告诉了我们，现在他必须回到他的日常生活，和昨天相比一成不变的生活。

第二天早上，我们往南进入罗多彼山脉（Rhodope Mountains），在古老的巴奇科沃（Bačkovo）修道院停留。这里的山急剧上升，形成墙面般的石壁，垂直探入深谷，溪水奔腾，泡沫翻搅。修道院伫立在山顶，宛如另一块特别方正的岩石。

保加利亚有许多这类堡垒似的修道院，有些已经超过一千年了，它们对保加利亚文化的存续起了关键作用。当其他所有地方的学问和文献被消灭殆尽时，这里的却得以保留，民族的情感也可以在这里自由表达。事实上，在土耳其入侵时，巴奇科沃修道院也曾被弃守过，直到第7世纪，僧侣才再度回归。许多修道院不只是灵修中心，也是秘密活动的基地，经常庇护法外之徒或农民党人，那些人在山区流窜，企图从土耳其占领者手中夺回自己所有之物，或报复他们加诸保加利亚家庭的勒索性重税和明目张胆的掠夺。农民党内有不少女性，包括游击队小组领袖在内。几个世纪代价惨重、不屈不挠的抵抗——保加利亚人的抵抗，并不亚于波兰人或匈牙利人。

除了为农民党人提供庇护之外，修道院也是保加利亚日常生活的一部分，修道士也不像其他天主教修士，很少耽溺于苦行的虔诚修行。在保加利亚传说和民间故事中，修道士经常以有罪的凡人形象出现，趣味成分远多于神圣的意涵。在修道院所保存的文学作品中，也包括淫秽、写实的日常生活描绘。有人曾说过一套修道士的秽言秽语给我听，充分展现了保加利亚语言的丰富性。

前往巴奇科沃修道院必须徒步走一条长长的陡路，经过一个巴尔干市集，两旁摊贩卖着落花生和葡萄干，不配套的弃置衣物，以及一般常见的漆工很差的新做圣像。修道院本身是个美丽的地方，结合了丰富的古老建筑和装饰，以及未经开发的清新自然环境。其基础构造甚至可以远溯到1083年，即保加利亚第二帝国的巅峰时期。* 整座修道院包括几个礼拜堂、教堂和宿舍，彼此以拱廊和庭园相连。让我颇为自得的是，我现在已经可以从中认出若干民族复兴风格住宅的建筑元素，它们日后不断出现在各种建筑上；每种文化似乎都有这类标志性的形式，可以让人从中窥探到它的世界观。装饰过的木制阳台衔接在石砖建筑上，上层建筑突出出来，还有罗马尼亚修道院常见的美丽的外墙湿壁画。

在一座教堂外面，有一群人正等待着受洗。执事挥手要我们进去，我们就这样一脚踏入了另一种漫无目的的徐缓时空。小礼拜堂内阴暗凉爽，从地面到天花板，乃至圆柱形的穹顶，都布满了12世纪的壁画，给人一种小巧丰盈的感觉。执事和德米安坐在一旁壁龛式的靠背长椅上，隔着高高的隔板低声谈话，无意间形成了一个完美的构图，宛如柯特兹（Kertész）† 或卡蒂埃—布列松（Cartier-Bresson）‡ 所拍摄的影像，让我顿生这样的印象：这位身穿黑色法衣的执事，袖口带有污渍，白色的胡须未经梳理，噘着嘴像带有不满，终其一生都在长椅一角，轻声细语。低语间，只见德米安拿出一个打火机给执事看。那位执事显然没有见过这玩意儿，打了几次都没有点燃。

我们等待着。大约四十五分钟后，执事才勉强起身，点燃几根

---

* 此处原书有误。保加利亚第二帝国1185年成立，1083年保加利亚大体上为拜占庭所控制。
† 柯特兹（1894—1985），匈牙利摄影师，以在摄影构图和专题摄影领域的开创性贡献著称。生前未获普遍重视，但现今却被认为是对后世影响最为深远的摄影记者之一。
‡ 卡蒂埃—布列松（1908—2004），法国摄影师，被誉为20世纪最伟大的摄影家之一。

第六章　保加利亚

蜡烛，提起一些靠在远古壁画旁的水桶，装水准备受洗仪式。"开始以后，十五分钟就结束了，"他告诉我们，"神父不会浪费时间在这种事上。"

终于，身穿华丽袍子的神父进来了，系着一条绣有金色花纹的蓝色缎带，身后跟着等待的群众。小小的空间马上充满了欢乐的嘈杂声。婴儿们哭泣，母亲们满面笑容。受洗仪式的确简单迅速，有如在文件上盖章一样。每名婴儿用水浇三次，在额头上比个十字架标志，然后立刻用守候的家属带来的毛巾包好。有两个青年男孩和两个成年男子也以同样的仪式受洗。"共产党"，德米安愤恨地低语。最近这些前朝权贵分子纷纷受洗，表示他们只是平民百姓。不管是不是党员，那两个男子和男孩都笑咧了嘴，对于背上被滴上几滴水似乎很开心。接着，大家手牵手，围成圆圈行进，神父相当敷衍地比着祝福的姿势，然后大家散开，谈笑声四起。在这间小教堂中，没有什么神圣的氛围，动作利落的神父和不耐烦的执事尤其如此。不过，尽管新近流行信教，但据我了解，保加利亚人整体而言是一个适应性很强的世俗民族，依附于他们所能见到、碰触到、感觉到的一切，而非现实世界之外的信仰。我知道有人对此颇感惋惜，他们认为一个强大的教会和强烈的宗教情感，比如像波兰那样，是对付共产主义最好的解药。不过保加利亚这种脚踏实地的经验主义，应该跟我在此间所感受到的健全的人格有关，人们不会受制于自我意识、自我扭曲和自我怀疑。娜迪亚曾研究过孤独的主题，那天稍后，我问她保加利亚公认的社会病态是什么。呃，孤独是其中之一。然后，她想了一下，回答我：抽烟。总体而言，这似乎是一种颇为田园牧歌式的状态。

我们从巴奇科沃修道院直接开车前往普罗夫迪夫火车站，接着我再自行乘车前往位于黑海沿岸的城市布尔加斯（Burgas）。保加利亚的交通网络使我得以用这种轻松的方式规划整个行程，因为迪米特里娜是布尔加斯人，而且正好在当地探望她的父母，刚好可以跟我在那里碰面。那天天气酷热，光是站在艳阳高照的普罗夫迪夫火车站便已令人觉得不舒适。德米安抱怨身体不舒服，他和娜迪亚两人都很担心火车上的情况。果不其然，那趟火车之行活像一场噩梦。车厢内的温度一定超过了华氏一百度[*]，而且人满为患，车厢里和走道上全都是人，空气中也缭绕着香烟的烟雾。所幸我瞥见了一个狭窄的位置，赶快比了个想坐下的手势，车厢内的其他人马上彼此挤紧了一些，一个人还坐到了另一个人的膝盖上，让出一个比较大的空间。我坐定之后才发现，这个车厢里全是一群年轻人，或者应该说是大男孩，说着俄语，全都是从西伯利亚来的。于是我们用我十分基础的俄语和一些泛斯拉夫的语言沟通，在整个一共四小时的旅程中，就我理解，他们不断赞扬西伯利亚文化的优点，还轮流喝一瓶看上去污浊的饮料，玩牌而且不停地抽烟，然后大剌剌地靠在彼此肩头睡觉。他们偶尔会胡闹，对我倒是都维持着良好的礼貌。只有一次，其中一人用挑衅的语气说了一些话，不过其他人很快就让他闭上了嘴巴。然后，在车行了大约三个钟头时，他们从头顶的行李架上取下一把吉他，开始唱歌。

  我的天啊，他们真能唱！他们唱的民谣，从节奏性的朗诵开始，然后上升到一种纯粹抒发内心情感的音乐，歌声中有种稳定强烈的力量，足以穿透人类尊严的核心。即使他们当中最令人讨厌的那个小流氓，老是大声侮辱其他人，还差点和人打起来，竟也因为率真、有力的抒情歌声，使得整个人发光发亮。单凭这项俄国人的天赋，

---

[*] 接近摄氏三十八度。

第六章　保加利亚

我便可以原谅他很多事了。这些人究竟使用了什么办法，竟可以唱出这等歌声啊。

然后他们收起吉他，每个人都将注意力集中于那瓶恐怖的饮料，以及相互喧闹上。他们告诉我，他们从早上开始就没有吃东西，而现在已经是晚上了。他们是在保加利亚"打工度假"，不过做些什么则含糊其词。在我下车前，他们告诉我，我应该去拜访他们的国家，我一定会在西伯利亚发现美丽而文明的文化。由于车厢里的热气和烟味，我晕晕乎乎地下了车，笔记本上多了几个西伯利亚的住址。

庆幸的是，布尔加斯的空气凉爽，带有咸味的微风，立即显露出海边都市的特性。迪米特里娜和几个朋友在火车站等我。他们的晚间节目已经开始，而且毫不犹豫就把我拉入了他们的团体。我们沿着一个赏心悦目、树木林立的海滨步道走回他们经常聚会的文化俱乐部，刚刚他们就是从这里到车站去接我的。布尔加斯是一个典型的东欧城市，就像波兰的扎科帕内（Zakopane）或匈牙利的圣安德烈（Szentendre），波希米亚的传统深植于周遭的一切。俱乐部既是文艺沙龙，也是文艺界人士的庇护所，里面有几个房间，装潢成保加利亚民俗风格，其间洋溢着对话声，人们在桌子间穿梭，和朋友打招呼。

迪米特里娜虽然住在索非亚，但她是从布尔加斯选出的议员，因此前来此间有走访选区的意味；但是对大家而言，她主要仍是个老朋友，因此她这桌的气氛友好欢乐。就像所有这类俱乐部，这里也有它的重要人物，其中之一便是斯多依鸠（Stoicho）。他既是自由投稿哲学家，也是来自全国各地的众多学子所推崇的大师。斯多依鸠蓄着胡子，身材肥胖，充满活力，待人友善，在许多方面都极具洞察力——属于东欧盛产的那种同时具有政治参与和旺盛的好奇心，且因观点挑战禁忌而让人激动颤抖的知识分子。

此刻，斯多依鸠正在思考文化差异的本质这个相当当代的话题，不过，他提出了一个颇为本地性的原创视角，认为每种文化都有其对话形式，关心的问题和兴趣点也与其他文化中的谈话主题不同。再者，斯多依鸠认为，每个文化的对话都有其独特的韵律，亦即一种文化情感的主要旋律。保加利亚文化的旋律表现在音乐中，每一小节都是三对四的节奏，而每一小节间也是三对四的节奏，这种延移、这种强烈的不确定性，正是保加利亚性格中一个很根本的东西，亦即对模糊性的接纳，对既定事态的接纳。

对模糊性的接纳，我曾听匈牙利人谈论过这一点，也曾听罗马尼亚人谈论过。也许这种接纳是这些地区的特征，毕竟这些地区都比较接近东方。不过这个理论中关于音乐的部分，我想只能来源于保加利亚，这里的韵律古老而有力，音乐之神俄耳甫斯的七弦琴仍然铿锵有声，余音缭绕。

接着，斯多依鸠又兴致勃勃地告诉了我们一些导致误会的国际会谈。最近在布尔加斯举办了一场哲学会议，会中英美哲学家只想谈论政治，而令他们失望的是，保加利亚学者只想讨论前苏格拉底哲学。斯多依鸠觉得西方人很"荒谬"，这毕竟是一场哲学会议啊。总之，不管多么国际化，他都不希望他的学生们追逐流行，而希望他们能追随自己的信仰。"你必须有自己的脸孔"，他是这么说的。

我再度对保加利亚在这方面所展现的自信以及对自我信念的坚持感到震撼。斯多依鸠随后又谈及另一则有关外国人的轶事："有些美国顾问来这里，为我们该如何举办选举提供咨询。他们对于事实和公众形象的划分似乎特别注意。所以最后我问他们，我们到底应该强调哪一样？他们居然回答：形象，永远要注意形象。"

"这我不意外。"我自认聪明地回答。

"不错,不过这完全误解了我们这里的人的心态,"斯多依鸠说,"人们已经厌倦了谎言,他们想要真实的东西。"

我心想,噢,那很好啊——不过很快,保加利亚人追求事实、追求真诚的性格立即报应到我头上。

一个身材高挑的戏剧制作人从桌子另一方倾过身来,热切注视着我问道:"现在,你是在办正事呢?还是纯粹享乐?"

这个问题的威力之大,让我有些不知所措,其实旅行途中这个问题始终在我脑海中徘徊不去。每个和我从事类似工作的作家,体内都抱持着这样一种复杂的怀疑或近乎不真实的感觉,以至于时时有种罪恶感。我喜欢围着这张桌子而坐的每一个人,事实上,我也很享受和他们共处;但是无从否认的,我内心一角始终维持着身为一个观察者的距离,观察周遭发生的每件事。

幸亏桌旁有其他人好心地试着请问我话的人打住,别再说了。"不要把我扯进这个问题。"他们一个接一个重复着这显然是选举口号的话,完全可以理解为何这个真诚的问题会让我觉得尴尬。

"你懂吧,这是对形象的执着,"斯多依鸠说,"他们想知道这里发生的事情是否真实。"

我急切地表明写作这个行业在工作和日常经验之间几乎没什么分别,这已经是我所能做的最贴近事实的表述了。我们又讨论了一下这个问题,看得出来桌上每个人都知道我们短暂关系的复杂性和其所可能造成的误解,也因为有这层理解,我们观察者和被观察者、访问者和被访问者之间假定的不对等关系,就这么自然而然地消散了。我不是冷眼旁观者,他们也不是没有觉察能力的个体。我们一同分享此刻小小的两难之境,当一切终了,我们有了一次普通的、真正的对话。

迪米特里娜邀请我留宿她父母家，我们在其他所有人的陪同下，穿过凉风舒爽的街道，来到一栋标准的东欧式公寓住宅，拜其地方性的小规模所赐，看起来不那么沉闷。迪米特里娜的父母以我逐渐习惯的坦率方式欢迎我。她的父亲热切地跟我握手，母亲则露出热切欢迎的笑容。迪米特里娜的父亲是工厂工人，是一位劳工阶级的老式共产党，也是目前新成立的社会党最忠贞的骨干。他和女儿对很多事情的看法不同，但一样互相尊重、感情亲密。一张迪米特里娜的竞选海报骄傲地悬挂在客厅里。她的母亲是希腊裔保加利亚人，当地就有一个很大的希腊社区，她是这里的治疗师。迪米特里娜告诉我，就在当天早上，她母亲还被请到楼下去为一个病情相当严重的邻居看病。她开出的处方是间歇性的饥饿疗法，当然还有其他一些治疗方式。迪米特里娜斩钉截铁地说，就算是沉疴重病，这些疗法也一样有神奇的功效。

今年夏天，布尔加斯每天只供应几个钟头的自来水。没有人知道水何时会来，不过一旦水来了，消息马上就会传遍整个市镇，大家赶紧跑回家洗澡，然后用水桶储水备用。传言说那天晚上稍晚些时候会有水。在此同时，迪米特里娜的父亲端出绝佳的晚餐，有保加利亚主食之一的豆子汤、沙丁鱼与西红柿沙拉。迪米特里娜回想起她在这里的成长岁月，渴望求知，想要主宰一切。她仍然有追求自我完美的强烈愿望，在议会工作之余，仍试图抽出时间阅读和写作。她育有两个小女儿，不过当我询问在保加利亚的情况下抚养孩子的困难时，她回答："喔，并不困难啊！他们就在你身边成长。你只要让他们长大就好。"当她不在家时，她的先生克拉西会照顾孩子。她说其实克拉西比她更有耐心。当他们两个都很忙时，孩子就去跟克拉西的父母小住，他们在乡下有间房子。

那天夜晚，自来水果真来了，我们赶紧把握用水时间轮流使用。

第六章　保加利亚

在那间小小的公寓中,每个人都极其慷慨地接纳我的存在,而这种情境转变对我而言似乎寻常之至。我似乎再次习惯了幼年时亲友间的热络关系,不然,就是保加利亚人穿透困难屏障的天赋实在具有感染性。

迪米特里娜和她的朋友们喜欢结队旅游,在接下来的几天,我加入他们随兴的旅游团,游览布尔加斯和周遭地区。冷战期间,保加利亚黑海海岸属于东方集团,而里维埃拉(Riviera)*则属于西方集团。对数以千计的波兰、捷克和匈牙利的年轻人而言,能到黑海避暑是最浪漫的假期。权贵人士和大学生在此各有其指定的海岸区。此处令人向往的另一个原因,是可以在海边遇到西方游客。许多年轻女性前来这里,其实怀着不只是浪漫,而是实际的期盼,希望能遇见某个人,随后带她们前往"另一边"。她们经常能够如愿,所以这里的海岸便以成就诸多罗曼史和婚姻契约而闻名。最近因占有汇率优势之故,多数是奥地利的游客。至于其他东欧国家,则因为铁幕已经打开,前往西方之路,不管是两厢情愿还是尔虞我诈,都已改为以搭乘夜间火车或颠簸的大巴为主。

我们在阳光海岸一个相当美好的度假村徜徉了一阵。那里的旅馆强势地突出在白色沙滩上,但海滩并不拥挤,民风也不保守:人们穿着泳衣来回其间,态度轻松,不会遮遮掩掩。海水看起来非常清澈,但别人信誓旦旦地告诉我这里已经今非昔比,因为布尔加斯的工业造成了严重污染。啊,同样的议题遍布全球。

不过,迪米特里娜和她朋友阿内利亚(Anelia)此刻所讨论的是她们的私生活,这个议题永远是最重要的。阿内利亚已经离婚,

---

*　意大利地中海岸著名的避寒胜地。

正在谈一场姐弟恋。提起男友时,她显得非常浪漫,也非常坦白。她想要跟那个男人生个孩子,很担心他会离她而去。一向很有主见的迪米特里娜不理解阿内利亚**为何需要**那个男人。不过阿内利亚并不打算质疑自己的情感,她是又一个浪漫主义者,把自己完全交付给情感。"你对爱情有什么看法?"聊着聊着,她突然问我,一脸的梦幻神情,却非常热切,仿佛这种问题是有答案的,或仿佛有谁可以提供某种终极启示似的。但是我回答她,对于这个问题,我懂得并不比她多……

但是阿内利亚和她的情人在公开场合的言行举止却极其谨慎。当我们一起漫游时,他们表现得好像不太认识对方的样子。这种公开和私下的清楚区分,对他们而言似乎是绝对必要的,因为维持自尊的本质,就是绝不让自己的私生活公开化;但在自己可以信赖的小圈子中,却又可以坦诚相见。而我之所以被归入其中,或因我是迪米特里娜的朋友,也可能因为我是外国人吧。

在阳光海岸之后,我们又前往索佐波尔(Sozopol)这个位于布尔加斯南方一个小海岬上的市镇。继在普罗夫迪夫碰到种种意料之外后,我感觉自己在索佐波尔又撞见了异国风情。这个迷人的小镇曾经是远古的阿波罗尼亚(Apollonia),亦即希腊最古老的一个殖民地。当地还曾矗立一尊巨大的阿波罗雕像,在该城遭洗劫后,雕像被运送到罗马。如今,这里犹如一方小巧独特的宝石,几乎全部是保加利亚文艺复兴阶段的古老房子,浅褐色的木料散发着淡淡的温热海水的气息。整个市镇都浸淫于这种属于更北方土壤的浅褐色泽中,弥漫着芳香的气息以及南方的阳光。索佐波尔已成为行家眼里一处相当时髦的休憩地,许多文化盛会也打响了它的名号。在海岬的一侧,海水拍打嶙峋的岩岸,掀起光亮的水蓝与泡沫的晶白;在另一侧,则有一条蜿蜒的海滨步道,路旁种着无花果树,树干几

第六章　保加利亚

乎呈直角地伸向海面，仿佛想用宽大叶片的叶尖碰触水面似的。在这美丽蜿蜒的步道，温暖的空气中飘散着树木的幽香，混合了海水与阳光，诉说着一种神秘的南方气息，一种感官上的圆满。

那个晚上，我们小团体中一个为当地报纸撰稿的记者宣称想要采访我。顿时，我们的世界变成一种交互采访的莫比乌斯带*，访问者和被访问者的角色不断转换，无缝对接。那位记者主要想知道我对他的国家有什么看法，但出于某种原因，我们无可避免地聊到了东欧反犹主义的话题。那位记者说他无法理解，比如波兰为什么会有反犹主义，"明明那里有那么多犹太人"。

这是一种独特的保加利亚观点，因为保加利亚似乎是在反犹主义上难得清白的一个国家。保加利亚在第二次世界大战中对犹太人的保全，是那段黑暗时期一项几乎被埋没的伟大事迹。因为站在德国这方加入的战争，因此保加利亚政府承受了极大的压力，被要求将住在国内的二十万犹太人驱逐出境，但保加利亚当局力抗这个压力。鲍里斯国王（King Boris）将许多索非亚的犹太人迁移到乡间比较安全的地区；议会中亦有对德国要求的抗议；保加利亚东正教主教甚至热切地宣称，如果他们国内驱逐犹太人的火车开动，他个人将在第一节车厢前卧轨抗议。结果，几乎所有保加利亚的犹太人都得救了。

我告诉他们当我第一次听说这些事迹时，心中多么感动，他们也同意，那是他们国家值得骄傲的一项义举。然后他们改变话题，问我之所以能在《纽约时报》工作，是否因为我是个迷人的女性的

---

* 只有一个表面和一个边界的结构，由德国数学家、天文学家莫比乌斯和约翰·李斯丁在1858年独立发现。这个结构可以用一个纸带旋转半圈再把两端粘上之后形成。

关系。当然，他们这么说让我受宠若惊，不过我向他们解释，我们是不会因为这个理由而被录用的；即使因此获得录用，对我们也不是一种赞美……

解释，相互解释。有时，当我瞥见一丝细微但明显的差异时，不禁怀疑我们到底能多么完整地阐述自己。

* * *

迪米特里娜、阿内利亚和我再度回到布尔加斯的文化中心，不仅因为那里保证可以喝到咖啡，也因为我们约好和一个据称是许多布尔加斯艺术家的"缪斯"的女子碰面。听说那女子非常优雅迷人，是个"精致的女人"，迪米特里娜这样强调。待我亲眼目睹，发现那位"缪斯"比我在此地所见的任何人都精于化妆，举手投足间不无搔首弄姿之处，还有刻意展现某种风情的意味。她自认是个浪漫的人，有些惺惺作态地告诉我们她目前正在写的诗，以及和某位天天见面的男士之间书信的往来，因为有些事只能用写的方式表达。其他人显然都很崇拜她，认为她非常有女性美；不过对我而言，这些人自身的坦诚，毫不狡诈或矫作之处，好像才展现出更有力的女性美。

最后，话题转向政治，三位在布尔加斯当地都具有一些影响力的女性，开始研究谁应该出来角逐即将来临的地方选举。她们提起几个名字，然后又都否决了，因为那些人太想掌握权力了。

我问，在政坛，就某种程度而言，不是就该想要掌握权力，或至少知道怎么运作权力吗？

对，缪斯回答，不过她看得出来，哪些人追求权力是为了造福人民，哪些人又只是为了满足个人野心。她提到的那个人，呃，他太过于汲汲营营,忙于推销自己,企图讨好每一个人。不,她们想要的人选至少得表现出不是那么想要当选的品位。

我问她:你或阿内利亚不能出来参加什么选举吗?

两个女人都摇摇头。我们都太贵族了,缪斯终于回答,微微嘟着嘴。太贵族,以至于无法出面争取一项我们可能无法争取到,或可能表现不够好的职务。尊严的一部分就是不要强求,要知道自己的局限所在。

在我与东欧人的言谈间,这已然成为一个熟悉的论调,即对权力的新清教徒思想,部分源自过去数十年所孕育出的强烈反感,部分源自存在已久的对野心的不信任。从共产党分配权力时期沿袭而来的一项假定是,同意参加权力游戏的人,几乎就自动成为可疑分子。从更稳定的封建社会所传承而来的古老思潮,则认为那些企图攀爬社会阶梯、超越自己或突破限制的人,要么是道德操守有问题,要么就是笨蛋。

就这种逻辑而言,高贵的政客是一个矛盾的词句,而诚实的统治则是无从想象的谬思。虽然大部分时候,政治实务确实符合这个可悲的前提,但是在这几趟旅行中,我经常思考,在我们综观情势时,需要容许可能的政治艺术,亦即政治应被视为一种可能性的艺术,而不是一种理想或妖魔。

事实上,那天晚上稍晚时候,我便见证了一个对我而言的良好政治的可行典范。那天晚餐,一群人快乐地聚集在餐厅,迪米特里娜在离开布尔加斯之前,决定向她的友人说明议会最新情势的进展。她开始说的时候,话声柔和,但随着她继续,声音和神情都越来越有力量。皱着眉头的她,展现出一种极其专注的政治魅力。她不是在为观众而表演,但每个人都极其专心地听她述说。她毕竟是一个完全值得信赖的人,是他们所认识的人,也是一位政坛人物,其中并无冲突之处。"不好意思,我必须用保加利亚语说,"她一度转向我解释,"我想让我的朋友知道现在政坛的情况。"就这样,她想让他们知道现在的情况。然后,她又回到她的话题,继续说。我看得出来,她在架构不同面向,直到每件事都条理分明,清晰呈现。

我在保加利亚时,一直想到丽贝卡·韦斯特(Rebecca West)*和她的杰作《黑羊与灰鹰》(*Black Lamb and Grey Falcon*)。那本书讲的是南斯拉夫而非保加利亚,但是在这里,我却可以活生生地见证她所描绘的诸多感受。1936年,韦斯特前往南斯拉夫旅行,原本只是单纯的出于工作所需,但她却爱上了所目睹的一切。1937年她重返南斯拉夫,追逐她当初的迷恋和直觉,探寻她所爱的究竟是什么。她丈夫一直逼问她为什么坚持要回到那里,她的回答几乎难以言喻,或神秘难解。她告诉他,南斯拉夫是"一个每件事都可以理解的地方,生活模式诚实无欺,使得迷惑根本无法立足"。她试图和丈夫沟通,不怎么成功地描绘在当地所感受到的一种难以描绘的圆满、一种充足。她丈夫问她这种感受来自哪里,她回答:"喔,那里有一切,除了我们自己有的。不过我们拥有的似乎太少了。""你的意思是,英国拥有的很少?"她丈夫追问,"或者整个西方?"她令人难以置信地大胆回答:"整个西方。"

那是第二次世界大战爆发前的南斯拉夫,是近期连串暴行之前的南斯拉夫。不过我一直在想韦斯特在那里究竟找到了什么,因为我在与南斯拉夫相邻的巴尔干国家也感受到了这种难以描绘的完满。我是透过种种不完整、短缺和年轻人的愤怒——丽贝卡·韦斯

---

* 丽贝卡·韦斯特(1892—1983),英国女爵士,作家、记者、文学评论家。西塞莉·费尔菲尔德(Cicely Fairfield)的笔名。

特之前也在南斯拉夫发现了许多愤怒,以及政治的纷扰和愤慨感受到的;是在人们坦诚的面孔以及不和其他人比较的傲然自信中感受到的;是在每件事的泰然处理与执行,没有小题大做或患得患失中感受到的。他们似乎有本事可以消除许多起心动念和实际行动之间的紧绷关系。

当然,即便是在1930年代,南斯拉夫也不能算是什么人的政治典范,这点丽贝卡·韦斯特是深深了解的;而就任何宽松的标准而言,保加利亚也绝非人间天堂。但是我在这里的许多人身上所见识到的那种人们与自己、与世界直来直去的关系,以及由此释放出的坦率的能量,在我看来,实在是一种重要而深刻的自由形态。

对不知情者而言,1991年夏天的索非亚似乎是一个物资匮乏之地,但是在二度造访时,我却看到了进步的标记。某个晚上走在安静荒僻的街道上时,德扬指着一些新的私人商店要我看,我惊讶地见到一家化妆品店里摆放着成排的洗发精——先前这里根本没有洗发精,洗发精仿佛是样神奇的东西,足以代表最新潮却又相当节制的东欧唯物主义。

"我们很快就进入后现代状况了。"德扬说着,带着我穿过一个室外商场。只见一片歪倒的简陋木屋和临时搭建的柜台上,虽然极其刺眼,却包罗万象地展示着各种种类、样式和地区不同的商品。手工陶器和万宝路香烟争相陈列,一张报纸上散置着向日葵种子,旁边则是精密的电器工具。一个垃圾桶翻过来,成了赌博的场地,随之因为一场短暂的扭打和一名友好的警察的介入戛然而止。赌客纷纷作鸟兽散,不过警察一转身,他们又立即回来。再走几步,一名手提公文包的东正教教士正饶有兴味地看着另一群赌客,几乎完全不在乎自己应该树立什么榜样。

当然，如果被定义为异质元素的杂乱堆栈，那么后现代主义其实一直存在于我们周遭，甚至存在于东欧看上去最单一的时代。这里始终有犹太人、吉卜赛人、土耳其人，以及各种混合的语言与其他时代的蛛丝马迹，甚至在此间的居民也能清楚地看出这一点。只是现在这些歧异终于获得承认，这种注意到断裂与差别之处，而非盲目追求稳定与同构型的承认，方使东欧正式踏入我们这充分异质性的世界。

德扬过去一年经历了若干失望，至少十年的炽热希望与破灭期待都混乱地压缩在了这一年。编辑的报纸因为没有经费，始终未能发刊，他现在在一个以研究和发展民主习惯为宗旨的新机构"民主中心"上班。某个早上我找到他时，他正在接待一个中国代表团，接着又是另一个从丹麦来的团体。这个世界对于东欧版的民主实验逐渐感到好奇。

在过去一年中，他也曾出外旅游，到美国这后现代之都进行了短暂的访问，对那里无所不在的大众文化，也就是"适用于每个人的文化"，以及一种特殊的、源于意识到自己的行为无须永远谨守一定的规范而获得的自由皆颇感神奇。"那里给我一种感觉，好像可以随时走出家门，然后消失。"德扬梦呓般地说。我告诉他，就我而言，这种没有规划的自由其实也有潜在的危机。就像我们会苦于过分强调协调和象征主义，可一旦缺乏，又会感受到一种失范。也许有用的自由和良善的社会的意义之一，便是找出一种快乐的象征性平衡吧。

这回遇到迪米特里娜时，我发现她言谈间反常地没有耐性，甚至还有些厌倦。在经历困苦的秋季和冬季后，经济情况终于开始好转。有段时间索非亚粮食缺乏，她还把小女儿送到乡间和祖母生活。

第六章　保加利亚

她也正在考虑辞去议会的工作，因为议会变得太钩心斗角，无法让她觉得自己正在做些有用之事。反对势力民主力量联盟对于她而言，也变得太过保守。她以一贯的敏锐性分析，民主力量联盟内部已经有了一小群人，目的不在追求任何目标，而只是"维系机构本身的永久性"。她觉得追求共同理想要比维系职业生涯或官僚体系还要重要的那段短暂时光，已经成为过眼云烟。从现在开始，政治回归政治，唯一的不同在于对国家事务的高度幻灭感。

不过让迪米特里娜感到最为痛苦的是缺乏时间。她很想多花点时间陪女儿，但是突然间她变得比以前更加忙碌。她想创刊的杂志很难发行，她需要募款，而议会有议会的事，迪米特里娜觉得自己每件事都无法做好，好像，她比了一个姿势——手中抱着一堆西瓜，结果全滚到地上去了。我想保加利亚这句话的意思，就像杂技演员同时把太多的球抛到了空中。"我可以用些精神分析，"她说，"我们很多人都需要。"

"欢迎来到后现代，"我说，"精神病理学家是一定会跟着来的。"

完整听过德扬的故事，我只意外地觉得自己对其梗概有多么熟悉：他这一代东欧人拥有的共同历史特征实在是太强烈了。就像许多东欧异议分子领袖一样，他是那些迭经各种怀疑与幻灭，却仍留在党内的早期理想主义共产党员的儿子。德扬本人则以其特殊的方式，历经信仰、修正、怀疑、绝望与异议等过程，那种种我都相当了解。

但德扬的叙述中有一个保加利亚独具之处，在于他和他父母的故事间的关联性。保加利亚的反对活动迟至1980年代中期才开始，德扬曾积极参与，无役不与。但是这期间最令人惊奇的意外，是在一段痛苦的不和后，尽管只有短短一段时间，他和父母竟然归属于同一方。在双方都不知情的情况下，父母和他都加入了开放与改革俱乐部（Club for Glasnost and Perestroika），亦即日后反对势力的雏形。他们是在去参加第一次会议的途中，才发现彼此所前往的是同一个地方。对于他那仍在党内的双亲而言，这是相当冒险的一步；但他们党内有好些同志也都去参加了。

另一个重要的保加利亚独具之处是，在改变后，德扬的双亲决定重新加入他们的党。当执政最久的独裁者托多尔·日夫科夫（Todor Zhivkov）*1989年决定下台时，共产党也表达了改革的意图。德扬的父亲不久前才因为从事异议活动而遭到开除，结果不但受邀恢复党员资格，还被提名为政治局的成员。意外的是，德扬竟然劝他接受。"我们很理智地考虑过这些事，"德扬说，"我告诉他，去吧，你是从那里开始的，尽你的全力去做！"显然，当时连德扬也有足够的理由相信共产党可以变得更好。

过去一年，德扬对父母党内新角色的态度变得相当复杂。"对我而言，他的最好还是不够好。"他谈起自己的父亲，语气出奇地强硬。不过，自始至终，他从未批判过他父母的信念。当他谈起父母，尤其是谈到母亲时，语气中有坦率的不以为然、诚挚的尊敬和一种对自己倚重最深者毫不妥协的批判态度。他形容自己的母亲是一个"激进的"独立、正直的人。最近，他也据此批判自己的母亲人生中第一次变成了一个"美国妻子"，换言之，一个盲目支持自己丈夫的妻子。不过，从他的批评中，仍可察觉他对自己母亲的期许。"其实她还好，"德扬说，仿佛刻意压抑对自己母亲的极度骄傲，"我想你会发现，她还不错。"

---

* 托多尔·日夫科夫（1911—1998），于1954—1989年担任保加利亚共产党中央委员会第一书记，为保加利亚人民共和国的领导人。

第六章 保加利亚

德扬不是唯一一个对他母亲推崇备至的人。始终维持娘家姓的伊斯克拉·帕诺娃（Iskra Panova）在索非亚享有近乎狂热的声誉。人们谈起她，都说她是个极有魅力的老师。她曾经在索非亚大学教授过法国文学，是个具有勇气和同情心的传奇人物，是少数不可企及、不容怀疑的人物之一。

不过在我们见面的前几分钟，帕诺娃和一般和蔼的家庭主妇几乎没有两样，担心自己家里是否整洁。其实，她的公寓一尘不染，摆设着19世纪的木质家具和物件，带有漂亮的本地风格雕工。七十余岁的帕诺娃身材娇小玲珑，面孔美丽温和，一边脸颊上有颗很深的酒窝，镜片后一双大眼睛，眼神仁慈而专注。不过她的声音比想象中还要响亮且低沉，是她个性坚强的第一个线索。她起先不太愿意和我交谈，可一旦获得她的同意，聊起天来后，她就毫无保留地坦率与慷慨。

她言谈中也极具雄辩的威力，我留意到这是她那一代共产党员的共同特点，具有劝服的力量，或许也表达了采取行动、向外在世界发展的心志，而非走向内在和自我怀疑。和许多共产党员一样，她拥有非凡的历史记忆。在她的诠释中，保加利亚共产党过去五十年的兴衰，就像她自己生命中的所有经历一样历历如绘，彼此交织为一。

她的传记也落入熟悉的动荡模式。到现在，我已经熟悉了其中的大部分元素。诸如她父亲是早期共产党活跃分子，她自己在监狱和劳改营有过一段历练。在战争刚开始时，她曾因参与反法西斯活动而被判处死刑，有和陀思妥耶夫斯基一样等待执行死刑的经验；但在最后一刻，她被改判为无期徒刑，直到战争快结束时才获释。在囚禁期间，她归纳出一些比意识形态更基本的结论。"我本身算是个人主义者，"她说，"但是生活在一个过分拥挤的牢房中，你会开始想，到底是在人群间比较好，还是单独一个人比较好？我决定还是在人群中比较好。这些也许是简单的问题，却也是深刻的。监狱就像个教授友情和团结的学校，里头决定了太多人的命运，需要互相帮助。比如，我们知道何时会执行死刑，会看到那些等待处决的人。我们学会如何跟他们相处。不管如何，人都可以获得深刻的结论，会发现价值的所在，而那些价值都会留在你体内。"

有段时期，她从事正式党职，然后怀疑的种子开始侵蚀。战后她担任一家青年杂志的编辑，但是因为某个原则问题而辞职，成为文化部部长，之后嫁给了她的副部长。"我负责理论，他负责组织。"她幽默地叙述。接着她决定转向"真正的科学"，亦即语言学，她曾在莫斯科学习过。后来，帕诺娃因为偏好俄国早期结构主义*而非斯大林主义流派的语言学，以至于惹上麻烦，这也让我得以窥探本地知识界的复杂性。她和先生也于日内瓦为联合国工作过一段时间，正逢捷克遭到入侵的"黑暗"消息传来，因而决定脱离党内主要活动，而成为文学协会独立的异见者。

保加利亚的转折来自较近期的阶段。保加利亚目前那相对而言比较没有报复性仇恨的政治气候，或多或少是因为自一开始许多改革派的共产党员便和反对运动有关。保加利亚战后第一任总统热柳·热列夫和五名党员创立了开放与改革俱乐部。帕诺娃对此并不表示惊讶。"是党本身让他们改变了意见，"她说，"部分因为党教导他们要从政治的立场考虑事情，部分也因为党本身可恶的作为。"

帕诺娃觉得"比较神奇的"是反叛的党员接到最后通牒，要他

---

* 社会科学流派，侧重对结构的认识，提倡一种整体的科学，透过表面现象寻求底层的关系，以期获得放诸四海而皆准的结构，是20世纪后期分析研究语言、文化与社会的流行方法。

们在政党和俱乐部两者之间做选择时,每个人都选择了俱乐部。

接下来的转折来自改变之后,她和其他一群共产党员最终决定脱离新成立的反对联盟,重新回到党内。为什么?

"在第一次圆桌会议讨论中,有些令人困扰的倾向,"她回忆道,"那里有种原始的反共产主义,一种反社会主义,也是一种反民主主义。我在政治场中太久了,你知道吧,我很清楚这些倾向会如何发展。甚至现在我就可以看出来它们会逐渐开花结果,我可以看到反动倾向正在萌芽。"

就这个观点而言,她的看法和德扬相当接近,他也对同样的倾向深表担心。不过德扬选择退出直接的政治行动,帕诺娃则决定重新介入战斗,在她原有的舞台上打一场新的战争。出于某种原因,保加利亚的共产党已经重新获得了足够的信赖,争取到像帕诺娃这样忠心耿耿的卫士。正如帕诺娃所言,也许是因为这里的共产党"不是进口的",它有着本土的根源。虽然犯下不少暴行,却没有摧毁国家的经济命脉,保加利亚因而成为共产主义的东欧集团中,唯一经济获得发展的国家。

总之,帕诺娃就像其他采取同样路线的自由派共产党员一样,热切地相信他们的党可以改造,可以成为一个良善的势力。在上次代表大会后,"它已经开始走出过去了"。

她希望她的党能真正摆脱过去,重拾古老的理想主义核心,也就是当初吸引她的那一部分。不过她所忠于的也是真正的过去,尽管有那一切痛苦纠结。"我们的历史,那漫长的历史,"她的声音逐渐扬升,"那是此刻还可以把我们维系在一起的力量。所谓的我们,包含了那些在劳改营的老共产党员,那些眼睁睁看着别人在监狱里遇害的人。说来辛酸,太多过去的囚犯现在成为彼此的敌人。许多当年我在监狱里认识的女人,现在再也无法和她们说话了。还有许多1940年代被处决的同志，如果能活到今天，也会变成我无法苟同的人。英雄变成杀手，不过那些被杀害的人也奉献了自己的生命。这些是深层的结构，是我们之间深层的关系。"

"几年前，"她追溯道，"德扬告诉我我已经完成了我的使命，应该把我的理想传递给他了。这个嘛，我不想传递我的理想。我虽拒绝了旧旗帜，但是旧有运动的观念仍然是我认同的。这是我们必须保留的，不是作为过去的遗物，不是作为旧日的红色女性，而应该将之作为一粒种子，可以继续栽培。"

她信念的强烈令人感动。她虽然没有把"运动"传递给德扬，却传递了某项更为深刻的东西。在言谈间，我告诉她我很敬佩她拥有充沛的希望力量，让她得以有效地重新开始；她闻言即毫不犹豫地回答说她需要，也期望能拥有这股力量，因为经验告诉她，大部分的希望其实只会导致失望。"我有一种算法，"她说，"要达到你希望的百分之三，你需要有百分之三百的力量。但是我也有一个原则，乍听之下也许很荒谬，但是对我却很有帮助，那就是如果一个人一开始就做些保证可以成功的事情，那对他其实并不好。其中也蕴含了一个道德信条：如果你已经做过分析，那么不管是好是坏，你都必须遵循，即使你不知道将来会发生什么，或会把你带向何处。"

依据道德信条采取行动，承受自己分析的结果，是这对母子共有的对于生命的反思。此刻德扬的分析正带领他导向非常不同的结论。"我们已经失去了一套信念，"他说，"如果我理智地做事的话，就要阐释另一套新的信念。"

换句话说，他正在进入一个更为个人化、更为多元的世界，这或许是他的母亲永远不愿去做的。在这个跨越中，他希望能跟过去完全切割。"忘掉过去，"他以近乎愤怒的口吻说着，"让我们往前走吧。过去对我们不会有帮助。我不愿我的孙子辈知道那些，连我自己的孩子都不要。往后看只会给我们一个错误的概念,以为我们真的知道我们在做什么,其实我们根本不知道。喔,是的,我们已经用各种方式企图加以分析了,我们有数学模型,我们什么都尝试过了。我们以前有这个时间,但在这种新的情况下,那些一无所助。"

这是对急剧变化的强烈反应,也是一种非常后现代的历史观。有时候,过去不会照着逻辑推展到现在;有时候,经验的"教训"本身就有误导性,因为历史是不会重复的。这种强烈的反应,就某一方面而言,跟他母亲其实是一样的。他们所选择的道路十分不同,但是其中强烈的洞察力和正直的信念却是共通的。在保加利亚特殊的政治气候中,这种延续的形态在将来或许会有用,或许可以使继续前行不用背负太多苦涩的心理。

在索非亚诺富特(Sofia Novotel)酒店一间中性格调的整洁房间中,我蜷着身子捧读在布达佩斯书店买的一本艾丽丝·默多克(Iris Murdoch)*的小说。看这本小说纯粹是为了逃避——应该没有比从东欧到艾丽丝·默多克的小说世界更遥远的距离了。不过结果一如以往,一个人阅读的东西要么呈现出心中所求,要么就是这阅读回应了需求。《神圣与世俗的爱情机制》(*The Sacred and Profane Love Machine*)这本小说,正如其自白中所说,是对"历史人物的沉闷小说"的反制。每个人物都活在一连串无法预期的翻天覆地中,接下来什么都可能发生,事实也正是如此:一场美满的婚姻突然发生令人震惊的外遇事件,分手、重新联系、偶然与意外。正如书中

---

* 艾丽丝·默多克(1919—1999),出身爱尔兰的作家,受封为女爵士,1978年出版的《大海,大海》曾获得布克奖。

人物都设法从自己的立场取得某种控制与秩序,但层出不穷的事件却仿佛自有其独立的生命般。现在不再是过去之因所结的果,人物不是命运。

的确如此。这是对东欧近代历史最好的说明了。谁会在1979年,甚至1988年猜到1989年是重要的一年?然而,即便只关乎自己,我依然怀疑我们能否活在完全的偶然中,而不涉及一些比较深层的联系。"历史人物的沉闷小说"。是的,如果全部还原成过于武断的推论,那的确是沉闷的:我怕猫,因为我母亲打过我;我喜欢夕阳,只因为那是爸爸回来的时刻。但是生活在一连串不衔接的片段间,会导致另一种宿命论:如果我们的生命就是一件接一件该死的事,那我们还要做什么呢?我可以理解东欧为什么有那么多人争相攀附某种替代的信仰机制,因为如果没有信仰,没有怀抱一点对未来的希望,没有一些或许虚幻但却必要的虚构,人们就很难形塑自己眼前的生命。

一个晚上,我和替代社会主义党(Alternative Socialist Party)这个小型的议会外党派的几名成员聚会,他们的座右铭为"用好心情从事政治"。我想这个座右铭对世界各地的政党应该都派得上用场。聚会的气氛当然相当友善。一名该组织的创始人问我,他们的党可以在美国顺利运作吗。我的建议是:"如果你们肯把社会主义这个词拿掉的话,也许吧!"

达维多夫·阿森(Davidov Assen)是一个爱打趣的幽默的人,最近刚成为克莱门特奥赫里德大学哲学系主任。他想起自己那位身为共产党官方哲学家的祖父,早年曾卷进麻烦中,只因在文章中言及"仿效"列宁。

"如果不仿效他,那应该拿列宁怎么办呢?"我问,对专政下知识界的规矩中这一新的调整深感困惑。

"当然是研究和尊敬他啦！"阿森回答。

这个话题让另一名成员想起他们那个主要由哲学家组成的"牢房"是如何捍卫热柳·热列夫的。热柳·热列夫目前已是保加利亚总统，但当年他曾写了一本关于法西斯主义的书，结果引起轩然大波。另一名成员也提及他们当年遭遇的真正麻烦，因为他们没有充分赞誉托多尔·日夫科夫女儿写的一本书。就他们看来，那个女儿是个精神分裂者；但是对托多尔·日夫科夫而言，却是"圣人中的圣人"，比马克思主义的十个基本信条更触犯不得。

他们现在可以畅所欲言有关战争的故事，那对他们宛如记忆犹新的一场闹剧。

其后，阿森令人困惑地简短描绘了他本人意识形态的曲折之旅：从一个成长于莫斯科的年轻先锋，变成正统的神学士——即便他是犹太人——然后成为修正主义马克思信徒，最终成为一个怀疑论者，在组织内部进行反组织斗争。

现在呢？"啊！现在更难了，"他承认，"现在有了真正的选择权。以前，你甚至无法选择成为英雄还是牺牲者。像我认识一个人，他写的东西让他惹上很大的麻烦——他曾经一度成为英雄，但后来被党召回并得到晋升，结果却成为一个越来越可怕的人。"

"不过并非无法控制。极权主义是整体性的，所以才叫作极权主义，在内部没有办法拨弄它，你得跟它共存共荣。"

"现在每件事都是一个决定，一个性格的象征。比如现在有可能送我女儿到国外读书。比如在我们系里有这样的问题：是要雇用一个以前的权贵分子，还是雇用一个居心良好，却比较没有能力的人。这些是真正自由的选择。"

无论是大规模的还是小规模的，个人层面的还是政治层面的，这都是缓慢、戏剧化、难以捉摸和史无前例的变化中，最简单的本质。而在种种可能的变量，包括遗憾、怀旧、苦涩、报复、执着的记忆和自我欺骗的遗忘等等当中，达维多夫·阿森找到了一种衔接过去和现在的方式，似乎是真正自由的，也是真正解放的。

我问他，他过去的经验是否有助于应对今日的种种。

"啊，我对过去没有一点遗憾，"他回答，"因为其一，这是政治和人性方面一次鲜活的体验。但这让我想起尼采，"他继续说道，"尼采曾说：'那是生命吗？是真正的生命吗？那就开始吧！'所以我也这样说，"他以此作为总结，两眼闪闪发光，"我说，就让这一切开始吧！"

后 记

从索非亚出发的回程中，飞机在贝尔格莱德机场降落过境。大家都专心地抬头看头顶上电视里的新闻，我却被大厅的闪亮精品店吸引了注意。干净的铬合金玻璃、闪闪发亮的商品！我并不算是个抗拒不了购物欲望的人，但是在好几个月缺乏这种简单的快乐后，我似乎深深感觉自己运用消费者选择的权利遭到了剥夺，所以才会像个饥渴于糖果的孩子一样，把鼻子挤到玻璃展示橱窗前，根本没试穿就买了件衣服。我的天啊！反正就是要买点**什么东西**。结果那件衣服根本穿不上。

隔天我就搞清楚了那些人为什么会那样专心地看电视了，原来南斯拉夫暴发了反抗行动。有一瞬，我为当时的轻浮感到愧疚，但是我不太相信那个消息。在我走过的那部分东欧，对经验、战争记忆和欲求常态的控制，在我眼里似乎都已坚定到足以镇压更为愤怒的情绪。不过在南斯拉夫，激情依循着一种完全不同的逻辑，发展出某种糟糕的可能。

回来后，纽约好像比以往还要极端。浮华和退化，这两者在东欧都极罕见。重返纽约后的几个月里，东欧人的声音总是在夜里叫醒我。一个罗马尼亚经济学家从哈佛打电话过来，用一种满是迫切的声音说他有多想证明自己，想要做好……"这里有这么多伟大的人。"他近乎绝望地说。"我相信你可以做得很好。"我鼓励道。"噢，谢谢你，谢谢你这么说！"他激动地说，好像我刚丢给了他一条生命线。一位保加利亚籍的年轻女子从艾奥瓦大学打电话给我，用喘不过气来的小声跟我说几天前发生在校园内的谋杀案。"很抱歉打扰你，可是我没有办法直接打电话给保加利亚那边的人，告诉他们当这些人被杀时，我事实上就待在房间里，"她致歉道，"他们不会明白的。"

在纽约街头，波兰语是此间七种左右的常用语之一。他们来了，东欧人来了，近距离地观察我们，如同我们现在可以观察他们一样。世界彻底变得流动，而且互相渗透，不过也变得更加分离。或许正是互相渗透才产生了分离的需求，在让路给我们这个世界的混杂现实前，那零散、反复在东欧某些地区上演的超大国主义，可能是民族身份的最后象征。

那些事实依然在东欧存在，在变迁流动中上演。在我旅游过后，捷克斯洛伐克分裂成两个国家，波兰议会通过了一个倒退的反堕胎法案，匈牙利反犹太人的余烬继续搅动着。与此同时，除了罗马尼亚之外，大部分地区的基本经济趋势无疑是向上的，失业状况也没有预期中的那么普遍；而即便是罗马尼亚——那里的矿工又被政府召唤去帮忙——也不见戏剧性的对民主的滥用。在我走访的大部分国家，社会安全结构——像是免费教育和免费健康医疗等——姑且不论质量，也都还在。换句话说，消息是比希望的更好，也比害怕的更坏。在最初的欢欣鼓舞之后，东欧人本身即敏锐地意识到他们处境的限制：社会改变，还有经考验证明可信的社会体系的有限性。这些限制也源于他们国家的经济崩溃，源于无法光靠好意就摧毁或者重建的物质世界的艰困。如果改变某种程度上是复古的革命，那它们同时也是怀疑的革命，是去除了天启希望的革命。

在乌托邦理想的缺席中，在他们自称的自由规范和保守拉扯力量的混合里，这些更温和的东欧社会正在仿效我们这当代的"正常"世界，而且刚好在一个我们的社会安排的缺点也变得明显的时间点归队。在我们这边，持续把东欧当成我们投射的一个屏幕来观察的诱惑依然强大，那里依然是个广阔的区域，也可视为道德的荒野保留地，应能幸免于西方更深的腐败。铁幕已经升起，可是想象的帘幕得花更长一点时间才能升起，而如果我们因此而倾向于对冷战的怀旧，或是为东欧人最终变得和我们太相似而暗自失望，我都不会惊讶。不过在最好的情况下，我认为东欧应该不算是个投影，而是倒过来，是一种自我反射。只要它不断尝试，想要变得更像我们，东欧在某种意义而言，就是对我们立场的检验。那里的社会目前是个实验室，里面的一切都被从碎片中重新定义，而且是在我们世界的语境下、以我们的术语来重新定义。因此，他们等于是在间接地挑战我们，重新思考我们的世界到底是什么，还有我们想要世界包含什么；其中什么是有价值的，什么又是该被指责的；什么是我们会建议我们友善以待的人采纳的，什么又是该丢弃的。我们真的要建议某些人希望东欧人采纳的纯粹的唯物主义吗？又或者，对于这个问题，纯粹的非唯物主义？对我来说，变化所带来的一个潜在的振奋人心的影响，是它们显然搅动了经常让人郁闷的过时分类，那是我们在社会辩论中习惯用来自我定位的分类。

确实，如今东欧人所面对的挑战之一，也是能够理解他们的人所面对的挑战之一，是调整分类、滤镜，甚至是情感，透过那些来了解他们的经验，以跟上变动中的经验本身。但是后来者也可能有某些优势。格特鲁德·斯坦因（Gertrude Stein）*就曾经说美国是这世上最古老的国家，因为论进入现代化，它是第一个，而东欧有可能是**某种东西**的先锋：是与我们还未信服的某种方式不同的"第三种方式"。就像现实当中的所有实验，那雄伟、复杂的东欧经验既已成定论，也是全然流动的。它的结果只能随着时间渐次呈现，也可能——或许是幸运的——永远都不会有最后的论定。

纽约
1993 年 4 月

---

* 格特鲁德·斯坦因（1874—1946），美国作家与诗人，但后来主要在法国生活，并且成为现代主义文学与现代艺术发展的重要助推力量。

致 谢

对于本书在出版过程中各个阶段所受到的殷切关注，我深感荣幸，尤其感谢维京企鹅出版社（Viking Penguin）的帕梅拉·多尔曼（Pamela Dorman）和海尼曼出版社（Heinemann）的汤姆·韦尔登（Tom Weldon），感谢他们在编辑稿件过程中所展现的耐心、理解和机智；还有两家公司编辑部所有善解人意、总是好脾气地与我共事的人，尤其是维京的帕里斯·沃尔德（Paris Wald）与贝恩·坎拉尼（Been Kamlani），以及海尼曼的萨拉·汉尼根（Sarah Hannigan）。真心感谢我的经纪人乔治斯·博哈特（Georges Borchardt）冷静和睿智的引导；他办公室的同仁一贯可靠及友善，尤其是亚历山德拉·哈丁（Alexandra Harding）和丹尼丝·香农（Denise Shannon）。艾尔兹别塔·玛蒂尼亚（Elzbieta Matynia）和伊万·桑德斯（Ivan Sanders）一开始就给予了莫大的协助；琳达·班贝尔（Linda Bamber）、雅努什·格沃瓦茨基（Janusz Głowacki）、彼得·霍金斯（Peter Hawkins）、埃娃·库雷卢克（Ewa

Kuryluk）、玛尔塔·彼得斯韦兹（Marta Petrysewicz）和劳里·斯通（Laurie Stone）在本书成形阶段提供了兼具洞见与同理心的反馈；萨拉·贝尔施特尔（Sara Bershtel）敏锐地审视原稿，她和桑迪·麦克拉奇（Sandy McClatchy）的热情鼓励给予了我莫大助力；他们的支持和兴趣对我意义非凡。

此书的撰写获得古根海姆纪念基金会（John Simon Guggenheim Memorial Foundation）的慷慨赞助；哥伦比亚大学（Colombia University）东中欧学院（Institute on East Central Europe）邀我担任访问学者，让我得以进入大学图书馆，后来在某种程度上证实这是相当重要的经历；而待在雅朵（Yaddo）和麦克道尔文艺营（MacDowell Colony）的几个礼拜，使我的工作有了新的思路。深深感谢所有机构。

我去的这五个国家中有很多人，若无他们的慷慨、开放和殷切招待，我绝对无法进行或者完成这项工作，在此无法一一向他们表示感谢。在一本类似这样的书中，作者只是媒介，而不是演员，而对于所有陪伴着我走过整段旅程的东欧人，例如夏尔巴族（Sherpa）向导、维尔吉尔（Virgil）、各位东道主及朋友，我衷心盼望他们能感到这本书也是为他们而写。

理想国译丛
imaginist [MIRROR]

001 没有宽恕就没有未来
[南非] 德斯蒙德·图图 著

002 漫漫自由路：曼德拉自传
[南非] 纳尔逊·曼德拉 著

003 断臂上的花朵：人生与法律的奇幻炼金术
[南非] 奥比·萨克斯 著

004 历史的终结与最后的人
[美] 弗朗西斯·福山 著

005 政治秩序的起源：从前人类时代到法国大革命
[美] 弗朗西斯·福山 著

006 事实即颠覆：无以名之的十年的政治写作
[英] 蒂莫西·加顿艾什 著

007 苏联的最后一天：莫斯科，1991年12月25日
[爱尔兰] 康纳·奥克莱利 著

008 耳语者：斯大林时代苏联的私人生活
[英] 奥兰多·费吉斯 著

009 零年：1945，现代世界诞生的时刻
[荷] 伊恩·布鲁玛 著

010 大断裂：人类本性与社会秩序的重建
[美] 弗朗西斯·福山 著

011 政治秩序与政治衰败：从工业革命到民主全球化
[美] 弗朗西斯·福山 著

012 罪孽的报应：德国和日本的战争记忆
[荷] 伊恩·布鲁玛 著

013 档案：一部个人史
[英] 蒂莫西·加顿艾什 著

014 布达佩斯往事：冷战时期一个东欧家庭的秘密档案
[美] 卡蒂·马顿 著

015 古拉格之恋：一个爱情与求生的真实故事
[英] 奥兰多·费吉斯 著

016 信任：社会美德与创造经济繁荣
[美] 弗朗西斯·福山 著

017 奥斯维辛：一部历史
[英] 劳伦斯·里斯 著

018 活着回来的男人：一个普通日本兵的二战及战后生命史
[日] 小熊英二 著

019　我们的后人类未来：生物科技革命的后果
　　　[美] 弗朗西斯·福山 著

020　奥斯曼帝国的衰亡：一战中东，1914-1920
　　　[英] 尤金·罗根 著

021　国家构建：21世纪的国家治理与世界秩序
　　　[美] 弗朗西斯·福山 著

022　战争、枪炮与选票
　　　[英] 保罗·科利尔 著

023　金与铁：俾斯麦、布莱希罗德与德意志帝国的建立
　　　[美] 弗里茨·斯特恩 著

024　创造日本：1853—1964
　　　[荷] 伊恩·布鲁玛 著

025　娜塔莎之舞：俄罗斯文化史
　　　[英] 奥兰多·费吉斯 著

026　日本之镜：日本文化中的英雄与恶人
　　　[荷] 伊恩·布鲁玛 著

027　教宗与墨索里尼：庇护十一世与法西斯崛起秘史
　　　[美] 大卫·I. 科泽 著

028　明治天皇：1852—1912
　　　[美] 唐纳德·基恩 著

029　八月炮火
　　　[美] 芭芭拉·W. 塔奇曼 著

030　资本之都：21世纪德里的美好与野蛮
　　　[英] 拉纳·达斯古普塔 著

031　回访历史：新东欧之旅
　　　[美] 伊娃·霍夫曼 著